U0452190

什么是好大学?

邬大光 著

图书在版编目(CIP)数据

什么是好大学？/邬大光著.—北京：商务印书馆，2023(2025.10 重印)
ISBN 978-7-100-22013-2

Ⅰ.①什… Ⅱ.①邬… Ⅲ.①高等学校—研究—世界 Ⅳ.①G649.1

中国版本图书馆 CIP 数据核字(2023)第 031743 号

权利保留，侵权必究。

什么是好大学？

邬大光 著

商 务 印 书 馆 出 版
(北京王府井大街36号 邮政编码100710)
商 务 印 书 馆 发 行
北京通州皇家印刷厂印刷
ISBN 978-7-100-22013-2

2023 年 3 月第 1 版　　开本 880×1230　1/32
2025 年 10 月北京第 8 次印刷　印张 11⅜
定价：66.00 元

序

我这几年很少给新书作序了,年纪大了,精力有限,还要给博士生上课和写自己的论文。所以,邬大光教授最初提出希望我为他这本书写序时,我本是不想写的。但是,他跟我说,他也有几年没出新书了,这是他多年潜心高等教育研究的结晶,并半开玩笑地说,希望我的序能给他的书提升影响力。我不知道我的序是否有这个作用,但书中的部分文章我是看过的,虽然并不是严谨的学术论文,但对认识高等教育规律是有意义的。何况他又是我带的第一届博士生,我了解他有一股不达目的不罢休的劲,所以我只好勉为其难,为他作序。

大光教授的新书以"什么是好大学?"为题,题目选得很好。我们做高等教育研究的人,倾毕生之力就是要研究什么是好大学,如何建设好大学。他的这本书从国内大学、国外大学,大学校长、大学教师,大学文化、大学建筑等多个视角,呈现他对"什么是好大学"的思考。这些思考有感性的,也有理性的;有我赞同的,也有我不赞同的,但不管怎样,这些确实是他多年所行所思、所见所闻的记录,是用他自己的脚丈量出来的感悟,体现了他在高等教育研究方面的心得体会。

大光教授这些年这类文章写得比较多,这些文章并不是严谨的学术论文,不是按照论点、论据、论证等严谨的学术研究方式撰写的,但这些文章也不是一般的散文和杂文,它们和高等教育研究都紧密相关,所以应该算作是学术随笔。我曾问过他为什么要写这类文章。他说,担任学校管理职务以后,工作比较忙,很难有整块的时间做查阅文献资料、数据分析等耗时费力的事,但由于身在大学,所接触的每件事都跟高等教育有关,每天总能接触各种新鲜的事物,因此有很多感悟。他曾经分管学校的国际交流工作多年,去过不少国外的大学,这些经历也能启发他各种新的思考。开始他只是想把这些记录下来,但写着写着,就乐在其中了,甚至觉得这种"不正规"的学术随笔更能自由表达所思所想,而且这种学术随笔比他的学术论文传播得更快,更有影响力。我不赞同过分关注影响力,不能为了影响力而写文章,但他对高等教育研究的执着我是认可的。这些年他从事学校管理工作,虽然工作忙,但并没有因此丢下高等教育研究,对于高等教育中的各种现象也始终保持着敏感性,不断思考,并且记录下来,形成文章。他的这些思考有闪光点,有自己的见解,甚至还有一些批判精神,我觉得这主要是因为他的思考来源于实践。我常常会提醒我的学生,高等教育研究具有很强的实践性,不能坐在书斋里闭门造车,一定要接触实践、深入实践。应该说,大光教授在这一点上做得比较好。

对于什么是好大学,我认为很难有一个统一的标准。现在很多人都用大学排行榜来判断什么是好大学,但排在前面的大学就一定是好大学吗?研究型大学就一定是好大学吗?我觉得不是这样。我们国家有一些地方大学,在世界大学排行榜上虽然默默无闻,但它们为国家发展尤其是地方发展培养了大量人才,支持了当地的社会经济建设,我觉得它们就是好大学。所以,"好"是一个相对标准,不能把"好"理解为精英,理解为顶尖,而应该是各有其好。大光教授的这本书在这方面体现得还不够,希望他继续挖掘!

大光教授虽然是我的学生,而且从1997年开始他就在厦门大学工作,但是他从什么时候开始对大学历史与文化现象感兴趣,原因是什么,我已经记不清了,也没有问过他。我知道他近些年在做中国大学的迁徙研究,他也总会找我访谈一些大学旧事,有些事如果不是他问,真的已经淡忘了。有时候我还得替他查一些资料,才能完成他的访谈。但是很遗憾,这些访谈内容并没有体现在这本书里,我问他为啥?他说放在了另一本待出版的书里,看来他在大学历史与文化方面的研究还有很多的计划和打算。

大光教授这些年的学术兴趣很广泛，对他来说好像没有什么学科边界，他是以大学、以高等教育为中心，不断向外拓展，什么现象和事物都能和高等教育研究联系在一起。比如说大学和建筑、大学和斯文等等，这些初看题目很难想象其内容的文章，他也能娓娓道来，洋洋万言。他的学术兴趣也转换得很快，一会是清考，一会是在线教学，一会是成绩单，一会又是大学迁徙。他有时会把他的论文打印出来拿给我看，得意之情溢于言表，我现在已经很难跟上他的思路了。从大的方面看，这应该是好的现象，说明他还有学术热情和充沛精力，但我也希望在他从管理岗位退下来之后，慢慢地深深地沉下来，对一些高等教育研究中的基本问题和重要问题进行深入研究，在中国高等教育理论方面贡献力量。中国需要新时代的高等教育学。所以，我希望他能尽快写出一本新的《高等教育学》，届时我会继续为他的《高等教育学》作序。

　　是为序。

潘懋元

2022 年 4 月 6 日

目　录

写在前面 1

一、好大学

什么是好大学？ 15
大学理想漫谈 36
大学现象杂谈 46

二、好校长与好老师

梅贻琦：永远的校长 65
林文庆：寻根的校长 74
吴庆星：执着的民办大学创办人 99
潘懋元：高等教育学的中国符号 116
李放：黑土地上的守望者 142

三、大学的符号

大学与斯文 165
大学与建筑 175
大学与钟声 185
大学与车辙 195
大学与火坑屋 202
大学的"雪线" 209

四、世界大学巡礼

剑桥之旅：一流大学的育人精神 ………… 221

哈佛之旅：一流大学的治校文化 ………… 238

伯克利之旅：初遇翘楚 ………… 255

芝加哥之旅：纪念杜威访华100年 ………… 279

密西根之旅：一流大学的办学理念 ………… 297

非洲大学之旅：走进非洲与《走出非洲》 ………… 322

伊朗的大学之旅 ………… 339

后记 ………… 352

写在前面

本书是我多年来关于大学的体验与感悟，都是于某时某地的有感而发，大部分文字并非深思熟虑、精雕细琢的结果，而是看到什么就随时记了下来，想到什么就随便写了出来，而这种随意或许有些肆意了。今天它们能集结成册，虽不是当初落笔时的初衷，但能将它们与更多的人分享，不能不说是一件幸事。如果要为这本书找一个主题，我想这是一本关于大学理念的书，之所以没有用大学理念这个题目，是因为随着年龄的增长，逐渐觉得大学理念这几个字太高高在上了。初入高等教育领域，我就开始读纽曼的大学理念，也写过一些关于大学理念的学术论文。到了这个年纪，突然就不再想一本正经地谈大学的理想了，更想从自身的经历与体验出发，用最为日常的话语，和大家说一说我所遇到或感受到的"好"大学。

以"好"来形容大学，是自己对大学最直观的感受、最朴实的向往。作为改革开放后的第一批大学生，且以研究高等教育"谋生"的学者而言，"好"也是我们情感深处对一件事物最高的礼赞，无需华丽的词藻，却蕴含着所有的憧憬、想象和美好，以至于任何积极的、正向的评价，都可以用一个"好"字来表达，像极了端起酒杯，说一声"都在酒中"，无论多少话，都在一个"好"字里。从深层意义来讲，"好"孕育着一种个体生命的原始冲动，既率性且正直地面对内心，又勇敢而无妄地接纳外面的世界。而"好"大学也恰有这种功用，不仅能解答个体成长经历中的"理念与现实"之惑，而且能觉察社会转型进程中的"传统与现代"之变。此外，"好"大学是一种包括个体与群体、理想与现实、理论与实践、历史与未来等内容在内的对话与想象，进而释放了个体的生命冲动，解构着时代的转型与变革,诠释着理想的价值标准,这也为时下重新理解与审视大学的未来与发展提供了一个新契机。换句话说,"好"大学不应该是遥远的,不应该是高高在上的,不应该是少数人的;相反,"好"大学应该是接地气的,是亲近大众的。在我国高等教育已经进入普及化时代的今天,大学成为人们生活的必需品,人们了解大学、走近大学的需求更加迫切,我们就更无法回避何为"好"大学之问。

关于"好"大学的界定,归根结底是一个比较的过程。其中,既有建设"世界一流大学"的国际借鉴之分,又有探寻"中华民族"高等教育发展的和解之道,更有个人穿越与见证高等教育历史的心灵苦旅。进一步讲,国际宏观视野为"好"大学赋予了一双慧眼,使其洞察"好"大学得以生存与发展的基因与动力;民族历史张力为"好"大学锻造了一副骨肉,使其坚强屹立于世界高等教育之林,昭示民族的血泪与荣光;而个体心灵归属则为"好"大学提供了一颗心脏,致力于为高等教育事业奉献一生,念兹在兹地孤勇前行。正是基于不同维度的比较,"好"大学方能在空间结构、历史定位和个体情感中得到进一步的丰富与发展,从而充实与彰显自身,由此阐发"好"大学之问。

"好"大学是有形与无形、有声与无声、有言与无言的相互交融。剥开"好"大学物质资源的丰盈一面,在其精神层面上或许有种无形的"朦胧美",如浸润历史之中显得有些"贵族气",于岁月长河中增添些"继承味"。然而,"好"大学唯有物质与精神层面充分有机结合,才能使其既观照现实,为社会发展提供动力,又能保持一缕"朦胧",默守着大学本该具备的精气神。诚然,"好"大学断不是政府、学者、教师、学生等不同群体的孤芳自赏,更不是政府、社会、高校等各方评价标准的单一化和标签化。相反,"好"大学是接地气且有温度的:一是多为师生着想,关怀师生的迫切需要,而不是基于行政的便捷;二是多与群众交流,将高深知识以通俗易懂的方式存其心间;三是多与良知对话,使大学不仅仅是知识的大学,更要成为坚守社会良知的大学……

对"好"大学的追问同样可以视为一种现实窘境与内心浪漫的激烈

碰撞与交锋。大学之所以"好",其实质在于个体内心感受到的充实与满足,会有种被强烈填满的富足感,宛如厚重的大学之钟以悠然的钟声来警醒自己该何时、如何填满时间的沙漏。由此,"好"大学在为追寻心灵净土与获得内心满足两个方面提供了一片诗意的栖居地,这个过程中既有苦涩,也有欣喜。相应的,"好"大学在个体心理层面也表现为一种文化的无声与无言,既用文学词汇来抒发独特情感,也用教育感召来提升整体心境。

仔细想来,对什么是"好"大学的关注,始于自己学术生涯中带的第一位博士生赵婷婷。我是赵婷婷博士论文的指导教师,但她是我的"编外弟子"。当初,她考入厦门大学高教所,是潘懋元老师的学生。在她作博士论文的时候,我又回到厦门大学工作。不知是为了照顾我初来厦门大学,工作过于轻松的缘故,还是觉得我对此领域有兴趣,潘老师叫我协助他指导赵婷婷。当时,我还不是博士生导师,就被"赶鸭子上架"了。由此,我遂以一种学理的视角开始进入到大学理念与理想的研究之中,用看似高高在上的"洋"语言来抒发与解答内心的困顿。可以说,彼时"洋"语言的"大学理想与理念"是对此时"好"大学的一种启蒙,而此时的我力图摆脱"洋"语言的话语钳制,用接地气的、大众的"土"语言来记叙、解读和体味大学的"好"之精妙。换言之,高等教育研究既有阳春白雪的典范,也应允许类似于这般下里巴人的存在。

为什么不同地区的大学呈现不同的迷人景象?为什么有的大学古老神秘又永葆青春?为什么大学组织、大学精神和大学文化超越时空?为什么"好"大学如此鲜明却又如此鲜有?为什么教育大家总能令人感动?这些本是亦庄亦谐的话题,往深了说是严肃的高等教育研究论域,往浅了说是普罗大众对高等教育的"想象"。我曾对上述的话题进行了天马行空的思索,在游记之余,谈笑之间,率性地写下几篇小文。写完了,有的找到"婆家"了,有的在自己的微信公众号推出,便也弃之一旁,不再拂扫。

这些年凭借在高等教育领域的长期浸润,为中国高等教育做了一些"接地气"的比喻——鸽笼、车辙、火炕屋。这本是我的戏言,却无意间将所谓的大学理想、大学文化用大众更能接受的方式描摹出来了。这或许潜在地折射出我国进入了高等教育普及化阶段之时,而高等教育研究自然也需要一种"接地气"的当代警醒,为中国大学的理想和理念提供一点儿"土"气息,讲述"田园"故事,激发"本土"想象。与时下年轻人喜欢用"vlog"记录生活一样,这些大学游记或随笔原本只是我记录生活的"朋友圈",写得多了也就成了"文章",现在汇成书只是为了让"朋友圈"之外的更多人看到,让更多的人参与到讨论中来,让更多的人对大学的认识不再只是停留在排行榜上,撕下贴在外面"211""985""双一流"的标签,看看大学里面的故事。

本书以《什么是好大学?》为名,以一位教师和管理者的身份和视角,从个人经验出发,记录了笔者在旅行、生活中对"好大学"的感知、感想。确切来说,本书是一本关于大学理想的随笔集,收录了21篇文章,收录的不是严谨的学术论文,而是关于大学的观察和漫谈。从具体内容上看,第一部分开篇谈好大学,偏个人经历的理论综合;第二部分溯追历史,拂去历史的浮尘,再忆民国时期的梅贻琦、林文庆以及当代的吴庆星三位大学校长,刻画了三位个性鲜明的中国大学好校长形象,偏事实描述与人物评价,打开记忆的闸门,回想我敬爱的潘懋元、李放两位导师,描绘了我心目中的好老师模样,偏个人经历;第三部分是随意联想,看似随意而集中在大学的历史印记与文化符号层面,偏个人想象;第四部分是游历国外,再"读"世界一流大学,包括剑桥、芝加哥、伯克利、哈佛、密西根等大学,感受与概括它们之为一流大学的内涵与品质,偏个人体验与思考。将各部分内容贯连在一起,是想表明好大学需要好校长,要有好老师,还要有好的历史传承与文化底蕴。

需要注意的是,书中对大学的相关描述与观点,只是我的一家之言,或许读者有别的体会和看法,这就是仁者见仁、智者见智的事了。我的原则是:讲自己的感受,供大家参考。虽然现在有很多量化评估与排名可以明确地告诉我们谁是好大学,但我想在每个人心目中都会有一所好大学,而我所看重和强调的是大学的精神与文化,它体现或渗透在大学的方方面面,包括置身其中的人与物。希望这些经历、见闻和感想,能吸引更多人的关注,能让人们跳出现有的大学评价体系,从另一个视角看大学,让大学更加直观、可感。

如果从自己写第一篇什么是好大学的文章开始算起,至今已近20年。这期间我国高等教育经历了翻天覆地的变化。一是进入了高等教育普及化的时代,大学已不再是让人景仰、让人可望而不可及的"象牙塔",接受高等教育成为了多数年轻人自然而然的人生经历,大学已经成了人们茶余饭后离不开的话题,无论是"读大学"还是"聊大学",门槛都不再是高高在上的。与此相应,"研究"大学也不只是高等教育学者的特权,而是更加需要民众的广泛参与。"研究"语言也不再是阳春白雪,而是要让民众也能听得明白、看得懂。因此,大学在保留其贵族底蕴的同时,也应不失一种平民化、大众化的风格。二是有关大学理想和理念的研究如雨后春笋般多起来,给人一种"忽如一夜春风来"的感觉,而这有赖于中国社会转型发展所处的巨大变革与调整期,迫切需要为高等教育发展提供思想与实践的路线图和地形图。另外,这种变化不仅体现在自己的年龄上,也体现在认识什么是好大学的变化中。几十年在高等教育领域的浸润,自己对大学理想的理解也随之得到了升华,尤其是在厦大工作二十余年,有机会在高等教育理论与实践相结合的前沿阵地,近距离感悟大学的理想与理念之"真谛"。尽管自己已过了花甲之年,但当统完书稿之时,越发认识到自己对大学的认识还是很肤浅,在这部文集中,面对社会的冲击,对大学理想和理念的重新构建,显得有些信心不足,字里行间折射着暗暗的色彩,甚至有着某种怀旧情结。

然而,在某种意义上,这种怀旧情结却也构成了我思考大学理想和理念乃至"什么是好大学"的逻辑起点。纵览东西方有关大学的描述,我们会发现一个有趣的现象,即早期每一本阐述大学的论著都喜欢用"理想"或"理念"。例如,从1852年英国红衣主教亨利·纽曼出版世上第一部《大学的理想》以来,在浩瀚的西方高等教育著作中,选择这一题目的著作较为常见。而我国的高等教育学人,在进入高等教育研究领域之初,也都会把大学理想或理念作为写作的题目。尽管相对来说,我国高等教育在此方面的研究长期是一个"盲点"。但值得强调的是,不论是西方抑或是东方,对大学理念或理想的阐发往往都处于社会转型或大学变革的关键时期。无论是社会还是大学,都面临着深刻的社会危机和大学理想与理念的危机。

纽曼的《大学的理想》写于19世纪中叶,当时英国社会正经受着工业革命所带来的激烈震荡,社会思想和文化也处于转型时期的迷茫状态,在大学里,科学主义和功利主义开始盛行,这些思想催生出的新大学以及迅速蔓延的新大学运动,猛烈地冲击着以牛津、剑桥为代表的经典大学理想和古典人文主义教育,传统的大学理想和理念受到了有史以来的第一次冲击。在这种情况下,纽曼鲜明地举起传统大学理想和理念的旗帜,为传统大学辩护,痛陈新大学的危害。从表面上看,纽曼的《大学的理想》反映的是英国新大学运动与传统大学的矛盾,实际上反映的却是英国工业革命引发的传统和现代的矛盾,以及其间深藏的文化和理想的危机。弗莱克斯纳的《现代大学论》也是如此,弗氏批判性地分析了1930年代之前世界上一些大学存在的问题,提出了现代大学的理想和理念,但他在批判传统大学的同时,依然透露出对传统大学的深深眷恋,并力图把这些传统融入现代大学制度当中。弗莱克斯纳内心的矛盾实际上根源于近代大学制度与现代社会发展之间的矛盾。克拉克·科尔的《大学的功用》也是一本关于大学理想和理念的专著。这本书在1960年代出版,这一时期正是美国高等教育发展最为复杂和多变的阶段,有人称其为高等教育的"黄金时代",有人预言高等教育的"危机"正在悄悄到来,"象牙塔"作为经典的大学代名词第一次受到人们的质疑。喧嚣纷繁的外部社会对大学提出了越来越多的要求,这些要求杂乱无序,大学的发展因此陷入困惑之中,大学站在了"十字路口"。科尔在书中提出了多元化巨型大学观,这是他为现代大学提出的发展构想,但实际上,这一观念更是现代大学所面临的复杂处境的真实写照。

这一有趣的现象在我国也可以得到验证。之所以我国关于大学理想和理念的研究在过去几年会给人一种"忽如一夜春风来"的感觉,在很大程度上就是因为我国社会正处于转型时期,高等教育处于快速发展之中,大学处于急剧变革之中。伴随着社会转型,大学理想和理念的缺失开始凸显,大学开始处于迷茫的状态,传统的价值观受到质疑,新的理念尚未真正建立起来,大学似乎失去了方向,陷入了改革与发展的困境,无法寻找到解决自身问题的突破口。于是,自然产生了对大学理念和理想的诉求,希冀拨开大学实践纷繁复杂的"迷雾",找到大学的真谛和未来的发展方向。事实上,每一次社会转型,每一次大学危机,都在表达着对大学理想和理念的呼唤。因此,每一本有关大学理想和理念的专著在此时出版,无一例外地都扮演着一种"仲裁者"和"引领者"的角色。

这个现象促使我思考大学理想和理念的作用。多年来,我们在进行高等教育研究的时候,更多的是关注制度和实践层面;对西方高等教育的借鉴,更多的是停留在了他们的做法层面。这就产生了一种无奈的现象,即原本在西方实行得很好的大学制度,到了中国也会渐渐失去其作用和优势。我把这种现象理解为对西方大学借鉴上的"理念缺失"。我们只是在实践层面借鉴了制度,但远远没有理解和借鉴好支撑这些制度背后的理念。实际上,在任何一种大学制度的背后,都有大学理念作支撑,现代大学制度其实是观念形态指导下的制度。这种借鉴上的"理念缺失"在一个相对封闭的状态下,是难以为我们所察觉的。

我们还可以发现关于大学理想和理念研究的第二个有趣的现象,即西方研究大学理想和理念的学者,大都是大学校长出身,尤其是世界一流大学校长出身。例如,德里克·博克曾是哈佛大学校长,哈钦斯曾是芝加哥大学校长,克拉克·科尔先是担任加州大学伯克利分校校长,后来担任加州大学总校校长。我国研究大学理念的学者,却多是以中青年学者为主,几乎没有从事大学管理的经验,更别说做校长的经历。而且,这类论著很多是由作者多年的演讲稿集结而成,不太"论理",却更像是"宣言"或者是"布道",力图展现的是自己的大学理想和理念。而我国有关大学理想和理念的著作,更多的是学者的研究结果,看似很重视学理的分析,实际上没有抓住大学的"魂"。之所以出现这种现象,我们所能提出的诘问就是:谁应该提出大学理念?大学理念对谁会更有意义?

在西方,大学校长往往是大学理想和理念的提出者,他们是带着自己的理想和理念去治理大学的,一旦自己的理想和理念在大学难以实施,他们往往会放弃自己的身份,而不是放弃自己的理想和理念。这就为大学理想和理念的实践铺平了道路,观念形态的大学理念最终变成了可操作的大学制度。一所大学之所以能成为世界一流大学,除了有雄厚的财力支持之外,还与校长的理念直接相关,一流大学的背后是以先进的大学理想和理念为支撑的。在实践基础上形成的大学理念,也就具有了生命的活力。而我国以中青年学者为主的研究大学理念的学者,仅从学理的角度研究大学理念,既有"纸上得来终觉浅"的痕迹,又有坐而论道的嫌疑。之所以出现这种现象,也可能是中国高等教育的一种"悲剧",那就是应该提出大学理念的人提不出大学理念,或者不敢提出自己的大学理念,而那些提出大学理念的人又不能把理念付诸实践。确切来说,正是由于这样一种理念与实践层面上的身份错位,中国高等教育在一定程度上丧失了理论与实践相结合的勇气,大学理念只是成为了中青年学者的"文字游戏",或者是大学理念的"乌托邦"。如果这本书能够为读者提供一个近距离看大学的平台,再由他们去付诸实践,此小书的出版就值了。

我们还可以发现关于大学理想和理念研究的第三个有趣的现象,即我们可以从书名上,对作者所持的大学理想和理念作一个基本的价值判断:凡是直接以"大学的理想"命名的作者,他们所捍卫的基本上是经典的大学理念,崇尚的是绝对的学术自由和大学自治;与此相反,那些避开以"大学的理想"直接命题的著作,所表达的则充满了对经典大学理念的不满和批判。最为典型的就是克拉克·科尔的《大学的功用》了。而赵婷婷的《大学何为——理想与现实间的冲突及协调》则采取了一种较为折衷的方法，试图在经典的大学理念与构建新的大学理念之间达到一种平衡。实际上，让一个学者在学理上放弃对经典大学理念的维护，是一件十分痛苦的事情。我也可以理解一个青年学者对大学理想和理念的解读发生变化时内心经历的磨砺。那是一个痛苦的过程，也是一个成长的过程。

每一位敢于以"大学的理想"为题阐释自己见解的学者，在一定意义上，都是特定时期大学理想的"卫道者"，都彰显着自己对大学理想的诉求。但是，今日之大学与昔日的大学相比，在各个层面都发生了显著变化。过去只有少数社会精英才是大学理想的诠释者，今天，大学几乎走进了每一个人的生活，每个人在成为高等教育受益者的同时，也都成为了大学理想的诠释者。因此，大学理想的界说出现了多元化趋势：作为现实中的大学，面临着大学理念的选择；而作为大学理念的诠释者，也会面临着内心冲突。毕竟经典的大学理念所散发出的魅力是无法抗拒的，学者总是倾向于认为这是大学理念的核心，不太情愿看到它的变化，更不情愿承认多元化的趋势。

我们还可以发现关于大学理想和理念研究的第四个有趣的现象，即大学理想究竟是什么，很难有一个明确答案。不同时代有不同的理解，不同人有不同的解读，不同国度有不同的文化传统，自己的这部书稿也无法给读者一个答案。其实，关于大学的理想没有一个标准答案，历史告诉我们也不需要一个标准答案。因为大学理想不是一个口号，也不是一种装饰，而是凝聚在大学学术生活中的一种文化，是浸润在大学和学者个体身上的一种精神。例如，陆键东的《陈寅恪的最后20年》、金耀基的《剑桥语丝》和中共云南省委宣传部编的《西南联大》都不是专写大学理想的书，但我是把这些书当作阐述大学理想的经典来读的。它们像百年老酒一样，散发着大学理想的醇香。在这些学者笔下，大学理想不是刻板的说教，也不是抽象的理论，而是大学的精神和品格。因此大学理想不仅仅需要论理,更需要体悟和感受;对大学理想的体悟,是每一个学者的责任,也只有在这一体悟过程中,才能形成大学的精神与品位。

关于大学理想和理念研究的种种有趣现象,不胜枚举。例如,昔日对大学理想表示出极大关注的主要是在"象牙塔"内经过长期熏陶的学者个体,它彰显的是学者个体对大学价值的判断和人为预设,在某种形式上更像是一种对大学精神的"布道"。今天对大学理想的关注则是在个体的基础上,转向了学者群体乃至国际组织。1998年联合国教科文组织在巴黎召开的首届世界高等教育大会上发布的《世界高等教育宣言》(以下简称《宣言》),就是以国际组织的名义发出的对大学理想的呼唤。《宣言》在西方国家所产生的震撼力有多大,我不是很清楚,但在我国所产生的反响是巨大的,至少在研究高等教育的学者中,对过去较少言及的大学精神、大学理念、大学理想、大学批判等概念有了初步认识。在我看来,《宣言》在我国起到了一种启蒙作用,在一定程度上,我们这一代学人都是最早的受益者。

作为一个国际性机构,联合国教科文组织以《宣言》的形式,发表指导世界高等教育发展的纲领性文件,并大谈特谈大学理想和理念,超出了我对联合国教科文组织使命的认识。是否在全球范围内都出现了大学理想的缺失?是否要重新解读大学理想?为何《宣言》会以世界高等教育陷入"危机"来阐释大学理想?为什么《宣言》中隐含着很多警醒的意味?如果失去大学理想,大学的作用能发挥到何种程度?

对联合国教科文组织发表《宣言》、重新提倡大学理想和理念这一做法,我们似乎还能够接受,如果当我们发现国际上的一些企业组织也开始关注大学理想和理念、关注大学改革的时候,我不知道其他人的感受如何。我曾经产生的第一感受就是"杞人忧天"。1960年代以来,在美国由IBM公司牵头,已经召开了三次"美国高等教育峰会",并发表研究报告,矛头直指美国大学观念守旧、制度僵化。IBM公司对美国大学指手画脚,纵论大学理想和理念,暂且不论其动机,就其产生的实际效果看，美国的学者、大学和政府已从最初的嗤之以鼻，远离"美国高等教育峰会"，到转而开始寻求与IBM公司合作，共同探讨未来大学的发展。对此种现象，我们能够给出的答案恐怕就是，大学理想和理念已经冲出了个体的樊篱，冲出了教育机构的樊篱，渗透到了非教育组织中，人们都在寻求大学理想和理念的话语权。

有趣的是，同样身在其中，有的在捍卫离我们相对较远的大学理想，有的在抨击被捍卫的大学理想；即使是在同一种语境下，有的认为远离经典大学理想是危机，有的认为远离社会需求是危机。大学在带给人们理想的同时，又带来了诸多困惑。人们习惯于认为大学理想与社会现实是一对永恒的矛盾，西方学者用了一个形象的比喻，称之为"钟摆现象"。但我把大学理想与社会现实的矛盾称之为"两难现象"，即我们对大学理想的选择和诠释，与社会的要求之间总有一种无形的距离。西方早期关于大学理想的研究，是避开社会现实的，"象牙塔"成了大学理想的代名词，大学理想是一步一步向构建"象牙塔"迈进的。相反，西方后期的相关研究则走了一条相反的路径，即从解构"象牙塔"开始。实际上，重建大学理想，社会现实是无法回避的，也不应该回避。搭建大学理想与社会现实之间的桥梁，是今天试图构建大学理想的学者的责任。

我认为，谈大学理想，不谈大学的批判精神是无法深入其实质的。在西方学者对大学理想的著述中，对大学的批判精神都给予了极大的关注。但由于价值观和话语体系的差异，我国学者在论及大学理想时，都自觉或不自觉地绕开了这一话题。在这种躲避当中，既有"无知"的因素，也有"有意为之"。无论是"有意为之"，还是"无知"在起作用，都远离了真理，更远离了大学理想的真谛。这部文集也难免俗，这不能不说是一种遗憾。此外，本书虽已尽力用朴素的、平实的语言来描述"好"大学的模样，但在字里行间总是流露出一丝丝"贵族气息"，而这"贵族气息"也正是因为少了一份来自学生对于"好大学"的最直观感受，从而无法真正做到接地气。这也是不可避免的。的确，学生、教师与管理者有各自的立场和切身利益，对于"好"大学的看法各不相同，"好"大学作为一种价值判断也没有绝对的标准可言，因此也才有了进一步研究的必要。

我想，何为"好"大学仍是中国高等教育研究论域值得关注的命题。"好"大学犹如一把楔子，可以撬动个体原始冲动，促其追寻内心教育热忱，激发学者使命担当，进而为中国高等教育事业发展添薪助力。于我而言，《什么是好大学？》与其说是一部关于大学理想的随笔集，不如说是一部因怀旧情结而不经意间记录的散文集。它跳脱了故作姿态的道德说教，用真挚、真诚、真切的文字留下关于"好"大学的心灵叩问与思想启迪，于静默中见真章，于文化中见真谛，于精神中见真格。"好"大学总归是一种个体性的认知与感悟，但因人类具有的同理心与共情力，使得"好"大学成为了人们的普遍精神追求。"好"大学是没有标准答案的，却可以有五彩缤纷的回答。我不愿说以飨读者之类的话，而是更愿意以此书来诱发读者有关何为"好"大学的思考，而你的内心冲动与渴望恰是本书出版的意义与价值所在。

一、好大学

什么是好大学？

2018年，中国的改革开放已经走过了40年，这是一个值得纪念的年份，高等教育也不例外。无论是作为改革开放后的第一批大学生，还是作为一个"专业"的研究者，抚今追昔，都有一种写作的冲动，总觉得应该留下一些文字。但真正动起笔来，却发现自己最熟悉的领域，竟然有些"陌生"了，尤其是在大量的纪念文章包括许多宏大叙事的"研究成果"陆续推出之后，更是觉得无从下笔。为了不给自己的40年留下遗憾，只能从个人体验的视角，总结自己的大学体验，阐述"什么是'好'大学"。

我国高等教育虽然已经走过了一百多年的历史，但自我国近代大学产生以来，只有过去的40年是稳定、发展、没有"断裂"的40年，是难得的"黄金"发展期。作为改革开放后的第一批大学生，且以研究高等教育"谋生"的学者来说，我既是亲历者，又是见证人，因此，对于改革开放40年来我国高等教育进展的讨论，有责任发出自己的声音。

改革开放40年来，高等教育的成就令人目眩：最显著的成就是高等教育快速进入大众化后期，毛入学率从1978年的1.55%上升到2017年的45.7%；在校大学生数世界第一，毕业率世界第一，就业率世界第一，博士生规模世界第一，专业数世界第一；国家财政支持力度不断提升，教育财政拨款达到了4%，高校生均拨款基本实现了1.2万元；办学形式出现了多样化，恢复了民办（私立）高校，首创了独立学院，引进了中外合作办学，也开始走出国门办学；许多城市有了大学城，许多高校都建了新校区，部分高校有了异地校区；南方的高校有了空调，中部的高校有了暖气，每个教师有间办公室不再是奢望；大学内部治理结构发生变化,传统的教研室—系(所)二级管理体制变成了系(所)—学院—学校三级体制;本科教学评估、学科专业评估、专业认证等成为质量监控常态,外部质量监控转向内部质量保障;高等教育国际化进程加快,加入了华盛顿协议,开始接受国际论证,邀请外国学者参加本科教学评估,双语课程和教学比例明显提高;教育技术开始"倒逼"教学方式方法改革,慕课、翻转课堂方兴未艾,智慧教室、智慧校园初步显现,PPT取代了粉笔;大学的国际竞争力开始彰显,国际上的各种大学排行榜、学科排行榜、自然指数等,都出现了中国大学的身影,高校和学者对国际标准不再陌生……总之,高等教育发展支撑了我国的经济崛起,越来越多的人开始享受高等教育改革和发展的红利,高等教育从大国向强国迈进,正在成为全社会的期待。

面对40年来高等教育的发展成就,每一位亲历者都有深刻的切身感受。反思,既是一种尊重,也是一种担当。思来想去,如果从个人体验的角度去反思40年的高等教育,也许是一个不错的选择;而且从"好大学"这个概念切入,也更易于让人接受。好大学这个概念,既朴素又单纯,可以说是我们这一代人对大学的"怀旧"和最初判断。这种判断,既基于40年前大多数人对大学的认知水平,也基于当时高等教育的理论和概念水平。当时的这种认识虽然十分朴素,但却是真实的史痕再现。正所谓"人民的经历,才是时代的经历"。

今天,推进高等教育内涵式发展已经成为国家意志和大学的行动,显然这是对未来高等教育发展模式提出的新要求。总结经验,正视问题,找出差距,迎头而上,是对改革开放高等教育40年最好的纪念。

一、初识大学

1977年恢复高考,我1978年初入学,成为了改革开放后高等教育第一项重大改革的幸运儿。如果在参加高考前,问我什么是好大学,答案一定是所有的大学都好,能上大学就是"好"。那时在许多学子眼里,大学应该没有太大的好坏之分。1978年,国务院公布了88所重点大学,好像这个名单在社会上没有引起多少涟漪。后来才知道,从1954年到1981年,国务院先后分四批公布了99所重点大学,1990年代全国高校体制改革后,"全国重点大学"这一名称不再被政府使用。由政府确定大学的地位和身份,是我国长期以来的一个做法。至于对专业的选择,对大多数学子尤其是"知青"而言,不懂得挑剔,觉得大学的任何专业都比种地专业好。

本科就读于辽宁第一师范学院(现沈阳师范大学,简称沈师),这是一所命运多舛的大学,自1950年代初建校之后,经历了三次迁徙。第一次是从沈阳到朝阳。1965年9月,由于中苏关系紧张,出于疏散城市人口的战略考虑,母校从沈阳迁到朝阳,成为了我国高等教育"第二次大迁徙"的"试验品"。第二次是从朝阳到沈阳市郊;第三次是从沈阳市郊到沈阳市内。本科四年,经历了后两次迁徙。沈师的三次迁徙与中国近代高等教育的命运十分相像,直到改革开放之后才稳定下来。我入学的时候,学校坐落在辽宁省朝阳市郊,校园沿山坡而建,全长近五公里;学生宿舍有点儿像部队的营房,每间容纳二三十人,都是大通铺。1978年12月学校搬回沈阳,原来的校区被别人占了,只好在沈阳市郊的新城子区,借用一个农场做临时校址,距离沈阳市区大约30公里。校园面积很小,教室和宿舍仅10000平方米左右,工作、学习和生活条件异常艰苦。学生住宿变成了上下两层、面对面的通铺,仿佛北方冬天菜窖里的白菜垛子一般排列。有时周末同学结伴去沈阳市区游玩,如果错过了末班公交车,就需要步行五六个小时走回学校。

1980年7月,学校搬回沈阳市内的老校区。由于部分教学用房依旧被其它单位占用,办学条件并没有多大改善。当时部分班级的教室是和住宿混在一起,每间教室容纳50余人,教室一分为二,中间用一个布帘隔开,前面上课,后面住宿,"学习生活一体化"的教室,永远不用担心上课迟到。直到大四的时候,才有了真正意义上的宿舍楼。坦率地说,学校从朝阳搬回沈阳,有些条件还不如插队时的"青年点",学校没有像样的图书馆,没有体育馆,只有资料室,我估计整体条件可能略好于抗战时期的西南联大。但同学们个个学习劲头十足,只争朝夕,积极向上,从未抱怨过艰苦简陋的读书环境,思想的火花常在穷屋陋室熠熠生辉,留下了许多属于那个年代的快乐与美好。

特别需要提及的是,我们读大一、大二时,给我们授课的老师,几乎都是清一色的"工农兵学员",绝大多数只有助教职称,只有系主任胡铁城老师是副教授。听说胡老师早年毕业于教会学校,在板门店谈判时,曾是志愿军谈判代表团的英文翻译。可惜,胡老师的任务就是解答年轻教师在教学中遇到的各种问题,或者某位老师生病,由他代一节课,相当于一位"救火队员"。在我们大学毕业时,这些年轻教师才先后评上讲师或副教授。当时的教师应该没有科研压力,教学是他们的主要工作。至今记忆犹新的是,讲授心理学的丁之奇老师在《光明日报》发了一篇两千多字的文章,在学校引起了很大反响,当他把报纸拿到课堂上给同学们看的时候,大家的崇敬之心溢于言表。

对我而言,本科阶段是走出朝阳看沈阳的大学,硕士博士阶段是走出辽宁看中国的大学。1985年,成为沈师的一名硕士研究生,进入教育学领域。1986年秋,第一次跟随导师访学,由东到西,从北至南,走访了中国七八所大学,有兰州大学、四川大学、武汉大学、陕西师范大学等。此行跟着李放老师,结识了当时的武汉大学刘道玉校长、陕西师范大学李钟善副校长、西南师大钟沍琪副校长等。那时的刘道玉校长,正在武汉大学推行学分制、主辅修制、转专业等一系列在中国具有示范效应的改革。可惜,当时听了这些举措,也是一头雾水,作为一个硕士生,根本无法理解这些举措在中国的实际意义。此次走访的这些大学,应该说都是中国的好大学,但除了对校园之大有一些印象,并没有强烈感觉到这些学校与沈师之间有多大差别。

1987年9月,考入厦门大学,成为一名高等教育学专业的博士生。第一次来到厦大,就被美丽的校园震惊了。校园依山傍海,教学楼环湖而建,临窗远眺观沧海,凭栏空语话闲云,绝佳的读书圣地。那时有一种强烈的感觉,原来就读的沈师根本不像大学,不叫大学,厦大才是真正的"大学"。在读博的日子里,有了更多机会跟随潘懋元老师到北京大学、清华大学、南京大学等重点大学参加各种学术会议,有幸结识了国内许多的教育学大家。在这样一个学术氛围的熏陶中,对梅贻琦校长的"所谓大学者,非谓有大楼之谓也,有大师之谓也"有了初步感悟。

如果在第一个十年问我什么是好大学,那么,我会说好大学就是让人眼睛一亮的校园,有宽敞明亮的教室,有图书资料丰富的图书馆,有设备齐全的体育设施,有高水平的教师队伍,有良好的学风教风,有与同窗一起勤奋读书的单纯与快乐。

二、好大学就是有钱

走出国门,睁开眼睛看外面的大学已经是博士毕业后的事。1994年10月,我在"香港大学毕业同学会奖学金基金"的资助下,到香港做访问学者。此时的香港还没有回归,整体的大学制度是英国模式。在香港三个月,走遍了当时由港府拨款的七所大学,初步知道了书院制、导师制、学分制、讲座教授制、通识教育,以及毕业典礼穿学位服拨流苏等一系列很有仪式感的活动,许多做法令我耳目一新。

第一次接触到"一流大学"和"排行榜"的概念是在香港。大约是在1994年11月的一天,与香港中文大学教育学院卢乃桂院长交流时,他告诉我:北京某"顶尖大学"校长在香港大学演讲,大意是说在亚洲大学的排行榜上,虽然目前香港的一些大学排名比较靠前,但再过二三十年,内地的大学排名一定会超过香港的大学。卢院长说这番话的意思很明显,他不认可该校长的说法,觉得内地的大学要成为亚洲一流、世界一流还有很长的路要走。当时我内心并不认可他的说法,但又找不出强有力的证据来反驳,因为当时香港的大学,教学科研条件十分优越,计算机和图书馆十分现代化,教师工资之高,硬件之好,远远超出我的想象。

在香港访学期间,我做的研究课题是"香港地区大学教师的薪酬研究"。这时才发现,香港高校的教师工资居世界第一,助教年薪也超过40万港币,高级讲师以上则可以拿到100万年薪。1990年代初的香港中文大学图书馆,一年经费就是2亿港币,而当时厦门大学全校一年的经费预算是2亿元左右。1991年创办的香港科技大学,正处于建设和招兵买马时期,薪酬待遇比其他大学还高,吸引了世界各地学者和青年才俊前往应聘,当时大约400多位欧美国家毕业的博士应聘一个讲师职位。香港中文大学在此期间开始设立文科博士后项目,博士后月薪大约是3万港币。当时的感觉是,每看一页书就有一笔不菲的收入,真可谓"书中自有黄金屋"。

在香港的大学校园,第一次看到有残疾人无障碍通道,后来在世界许多大学,包括印度和非洲的大学校园,也看到了这一幕。即使在一些年代久远的旧建筑,也完成了无障碍改造。第一次看到大学的卫生间都配备手纸,至于后来出国,再看到大学的卫生间有手纸,也就不觉得稀奇了。而时至今日,卫生间有手纸的高校,在国内仍是屈指可数。北京大学教育学院尚俊杰副院长在一次会议上曾提出:判断"世界一流大学"的标准之一,就是看学校的卫生间是否配备手纸。此时似乎有了一点感觉,一流大学在基础设施上,需要有更多人性化的考量。第一次看到了《校长报告书》(也叫年度报告),从中可以了解学校的各种基本信息。此时才知道,作为公立大学,向社会和全校师生公开学校基本数据,是一所大学应尽的责任。而这些《校长报告书》也成了我们这些研究高等教育的人,了解一所大学基本情况的窗口。在如此不差钱的香港中文大学,第一次看到了这样一个细节:校内传送公函的信封,竟然在信封的一面,印有多个小方格,每用一次,收信人就会在一个方格里签上名字,一个信封至少可以用上20次左右。之后在英国的利物浦大学,也看到了类似的信封。后来在厦门大学工作,只有朱崇实校长给我转来的各种文件和师生来信经常使用旧信封。有钱而不奢侈,有钱更会用钱,也给我留下了深刻印象。

1995年9月,在"中英友好奖学金"项目支持下,我来到英国利物浦大学(1881年创办,属于英国红砖大学)教育学院做访问学者。在香港经历的许多"第一次",在利物浦大学得到了验证。与香港的大学相比,利物浦大学显得更古老沧桑,我因此又经历了许多"第一次"。

第一次参观一流实验室。在利物浦大学第一次参访了地质系的地震实验室之后,对什么是"好"大学有了一些新的感知。在地震实验室,我发现设备并不都是新的,有些看起来还很陈旧,有点儿像东北冬天取暖的锅炉房一样,对此十分惊讶。来自国家地震局的毕亚新副教授告诉我,利物浦大学的地质学科是英国第一、世界领先,地震实验室是世界最好的实验室之一,我国地震研究所多年来不断派科研人员来这里交流。他还说:看一个实验室的水平高低,仅仅看设备的新旧还难以下结论。这些看似陈旧的设备,都是研究人员自己动手制作的,因为从事最前沿的科学研究,没有那么多现成的实验设备等着你。

若干年之后,我才逐步理解毕亚新当年说的话。因为后来在日本的东京大学、东北大学、东京工业大学参观实验室的时候,我同样发现,日本大学的一流实验室的设备也不都是新的。直到2015年8月,与从日本归来的厦大材料学院刘新军院长聊天,才终于对这个话题有了深刻理解。他说:在日本大学的实验室,几乎看不到从其他国家进口的实验设备,都是"Made in Japan"。问其原因,他说日本的高科技产品大都是出自大学与企业的合作,企业的最新产品也都是在本国的大学最先使用,希望得到科学家的验证和"挑刺",以便改进。这时我才真正明白:一流大学、一流实验室,在做一流研究的时候,伴随着研究进程,几乎都有自主研发的实验设备。

20多年前在利物浦大学看到的实验室一幕,在后来的出访中,多次得到了验证,我终于意识到:在做最前沿、具有原创性研究的时候,往往没有最新的设备支持,只能自己研制。靠有钱购买新的实验设备,研究的起点可能就降低了一个等级。也正是由于这个原因,在我今天参观国内大学各种实验室的时候,当听到介绍这是世界一流的实验设备时,总是提不起兴趣和精神,乃至于内心会问:你们用这些一流设备做出了一流成果吗?一流的研究是"创造"出来的,是在走一条前人没有走过的路。

第一次知道和体验英国大学的 Tea Time,给我留下深刻印象。每天上午 9—10 点和下午 3—4 点,教师们在 Tea Room 喝茶吃点心,畅聊学术,享受一段美好的 Tea Time。那时对国外大学的管理还没有深入到内部,也没有兴趣关心大学是如何管理的,此时对 Tea Time 的了解仅仅停留在休息聊天的层面,没有深刻体验它是大学的一种学术文化,是呈现大学文化的一种载体。

英国好大学给我留下震撼,是在参访牛津和剑桥之后。依旧记得很清楚,1996 年 6 月底,几位同期回国的访问学者在回国前结伴去牛津和剑桥。一到剑桥镇,我就被深深地震撼了。水溯剑河波浮桥影,古朴典雅的建筑馥郁中世纪的气质,阳光倾泻在绿意盎然的草坪上,莘莘学子挥斥方遒,仿佛世外桃源。当时就与同行的伙伴们说:如果再有机会上大学或读博士,一定要来剑桥大学。与剑桥大学相比,以前就读、工作和访问过的香港中文大学、利物浦大学、厦门大学和沈阳师大等,就不免相形见绌,剑桥才是真正的大学!见过了云蒸霞蔚的巫山之云,别处的云都黯然失色了。这种与原来就读学校相比产生的落差让我怆然,对"好"大学的求索与向往悄然蛰伏于心。坦率地说,前两个十年对大学的理解,还属于走马观花,就像当下的游客参观厦大一样,无法理解大学的内部治理结构和精髓。

如果在第二个十年问我什么是"好"大学,我会说,首先一定是有钱,好大学就是用钱堆出来的;其次,好大学要有历史,无根的大学难以称之为好大学。虽然在利物浦大学地震实验室看到的一幕至今不忘,但那还是朦胧的感受,还没有触及大学的内在基因。当然,有钱而不奢侈,有钱后也要自己动手,也是这些大学给我留下的难忘印象。

三、好大学要有完善的制度设计

1997年10月,我来到厦门大学工作,实现了向往已久的好大学梦。2002年9月至2003年8月,获美国富布莱特基金会支持,来到加州大学伯克利分校高等教育研究中心做访问学者一年。再次走出国门,从西海岸到东海岸,走访了美国十余所大学之后,我对好大学的理解开始系统化,开始用比较的视野反思在香港和英国看到的英式大学、在美国看到的美式大学和中国的大学,试图厘清美国高校的内部治理结构。

美国的大学历史远远短于英国,甚至可以说是英国的"第二代大学",但美国在继承英国大学基因的基础上,对英国的大学基因进行了改造,实现了升级,成为了世界高等教育的中心。美国的大学比英国的大学更富有,也是一个不争的事实。2002年,正是美国"金融海啸"持续发酵的时候,但哈佛大学的富有不为金融危机所撼动,令我十分吃惊。1998年,哈佛大学基金会有396亿美元,相当于当年的越南国民生产总值(世界上排第66位),称得上是富可敌国。虽然到了2002年,受金融危机影响,哈佛基金降到了310亿美元,在世界上与一个国家的国民生产总值相比,也可以排在第80位左右。因此,从"比富"的角度,中国与美国的大学相比,差距实在太大。

为什么美国一流大学如此富有?原来大学基金会是美国大学的"秘密武器"。大学基金主要来自校友和社会捐赠,基金会运作的方式完全市场化,有相当一部分基金进入资本市场,甚至进入中国的资本市场。如在2005年,哈佛大学基金就曾持有中石油和中石化在国外上市的股票;2006年4月,耶鲁大学基金会获得进入中国股市的境外机构投资者资格(Qualified Foreign Institutional Investor,QFII),成为首家获得中国证监会批准QFII资格的大学基金会。耶鲁大学获批投资额度之后,斯坦福大学、杜克大学等七所美国大学在中国资本市场进行投资。可以说,基金会是美国一流大学财政的"蓄水池",它确保了大学在经济危机阶段顺利渡过难关。哈佛大学前校长德里克·博克在《大学何价——高等教育商业化》一书中指出:"对于高等教育商业化,简单的损益分析无法帮助大学做出正确的决定,学术问题的复杂性要求大学以更慎重的态度,去面对赞成或反对商业化的两极意见。"一流大学要有市场化意识,要懂得经营,懂得以钱生钱,这是我对美国一流大学的印象之一。

从内部治理结构而言,美国大学给我留下的印象最深刻的是终身教职(tenure)制度。我感觉这是走向一流大学的不二选择,而且其优越性胜于英国的讲座制。终身教职制度就是"非升即走",坦率地说,在当时看到"非升即走"制度,只觉得是一个好制度,还没有上升到深刻的理念层面。表面上看,"非升即走"是大学的用人制度,是一种相对残酷的选人制度,但本质上是保护大学学术自由的一种制度。从制度上保护学术自由,是成为一流大学的前提,乃至"铁律"。哈佛大学之所以站在世界大学之巅,是因为当其他大学"非升即走"的门槛是副教授时,哈佛大学"非升即走"的门槛则是教授,大约五六位副教授当中,只有一位可能有机会升任教授。对于国内"双一流"大学教师队伍的科研实力,许多大学都在用"二八定律"来描述,至于是否准确,还有待考证,但总体上基本符合实际。近年来,国内的"双一流"大学都在陆续推出这一制度,已经深刻感受到"非升即走"制度对我国建设一流大学的重要。但要通过这一制度完成现有教师队伍的"换血",恐怕至少还要20年。当然,终身教职制度也不是十全十美,有可能导致教师队伍年龄的老化,也可能滋生"懒虫",但恰恰在这个过程中,为科研人员的创造性提供了自由空间,这也许就是制度设计的精妙之处。

在加州大学伯克利分校访学期间,对美国高等教育的营利性与非营利性之分、大学通识教育、学分制、选专业与转学制度、研究生培养的研究助理(RA)和教学助理(TA)等一系列制度,都有了基本的了解。这些制度已经是美国所有大学的基本制度,故不展开详述。

2003年9月,我开始在厦门大学教务处做管理工作,对好大学认知的深化,还是在从事管理工作之后。学到的高等教育理论看似有了用武之地,实际上并非如此,也并非"线性"。高等教育理论与实践间的巨大"落差",使我们这些"修炼"了高等教育理论的人,有一种"被打脸"的感觉,而且是经常"被打脸"。因为我国高等教育的许多现实问题,是中国独有的。许多在美国成功、看似符合教育规律的做法,在中国的实践当中却难以推行,在教科书上也找不到答案。四年的教学第一线管理工作,感受最深的是:好大学与人才培养尤其是本科人才培养有着密切的关系。虽然看似是一个十分简单的命题,却与高等教育理论的若干重大命题的关系十分密切,与"双一流"大学更是密不可分。如当下提出的"以本为本、以本为根"、重视本科教育等看似很新的提法,其实都是好大学的历史特征、基本特征,也可以说是本质特征。

如果在第三个十年问我什么是好大学,答案一定是好的制度设计,这既包括一个国家高等教育系统的顶层制度设计,也包括一所学校内部的顶层制度设计,因为任何高等教育理念都要有好的制度支撑,没有制度支撑的大学理念只能是无根的理念。

四、好大学要有文化底蕴

2007年9月走上学校管理岗位,分管本科和研究生的人才培养以及国际交流,既有了许多现实问题的困惑,也有了更多的机会去看世界大学。11年间访问了40多个国家的近170所大学。有经济发达国家,有经济落后国家,有大学有学院,有公立有私立,有巨型有微型,有研究型有文理学院,有综合性有单科性,还有女子学院,对世界高等教育的"谱系"有了全景的了解,真是百花争艳,各有千秋。

在副校长任期内,三次参加由教育部、国家外专局组织的"高校领导海外培训项目",先后到美国的密西根大学和新加坡国立大学参加培训。当我再次以"学生"身份,近距离接触国外大学管理者时,对什么是好大学的认识发生了许多变化。

在密西根大学两次培训期间,我有幸听取了前任校长杜德施塔特(James J. Duderstadt)、在任校长科尔曼博士以及该校所有层次管理者的报告,覆盖了一所大学的所有管理工作。在此之前虽然看了很多国外大学,但基本上属于走马观花:宏观的认识多,微观的认识少;理论的认识多,实践的认识少;制度的认识多,文化的认识少;"形"的认识多,"神"的认识少。正是由于密西根大学的两次培训,让我对美国大学的管理有了深刻认识。例如:大学的跨学科与科学研究和人才培养、大学的创新创业课程与大学生的生涯指导、大学校友会与大学捐赠、大学通识教育与批判性思维等。在密西根大学的第二次培训,主题是教师发展中心建设,此时才知道,世界的200强大学,几乎都有教与学研究中心。正是在此次培训后,教育部发文,要求所有高校都要成立教师发展中心。这一举措与密西根大学相比,大约晚了40年。

在培训期间,有多次机会如此近距离地接触美国的一流大学校长还是第一次。有中国校长问科尔曼校长:究竟是什么令密西根大学成为美国一流的研究型大学?柯尔曼校长回答说:"核心是大学的制度文化。"在我以往的概念里,制度与文化是两个不同的概念,而在科尔曼校长的眼里,大学的发展,表面是制度,背后是文化。具体到密西根大学的成功,她认为有四个原因。一是大量的捐赠。如2009—2010年度,整个密西根大学包括医疗系统的预算是52亿美元,而学校获得的捐赠就达59亿美元。为何密西根大学的捐赠成为后起之秀?原来校友会的贡献巨大。密大校友会的功能远远超出了我的想象,他们不仅时时掌握校友的各种工作动态和收入动态,还帮助新入职的教师接送小孩或找房子。二是通过社会服务,不断获得大量的研究经费,包括来自联邦政府和企业的资助。2009年学校的研究经费支出达10.2亿美元,其中大部分是联邦政府的资助,还有一些来自私人基金会和企业界。三是众多的学科领域和不断推进的跨学科融合,为密大带来了新的学科增长点和学术资源,更带动了跨学科的人才培养。四是大量的博士生人数。2007—2008年度，全美博士学位授予总数约6.3万个，大约半数（48%）是由60所拥有博士学位授予权的研究型大学颁发。密西根大学2007—2008年度有753人获得博士学位。

柯尔曼校长的回答反映了她对美国一流大学形成路径的认识：首先，大学要在考虑办学成本与效益的基础上关心学生的个人发展；第二，优势学科和跨学科融合是一流大学形成不可或缺的条件。大量的捐赠和不断增加的研究经费是密西根大学成为美国研究型大学的两个重要原因。从表象上看，密西根大学几乎就是用钱"堆"起来的，但若从大学历史的角度审视，背后实际上还是大学理念在起主导作用。对追求一流大学的人来说，理念显然比制度重要，让理念转化为行动则更为重要。如果忽略了一流大学的生成过程和路径，不能领会一流大学的生成机制，也许我们会走许多弯路。

对美国大学制度文化和内部治理结构的了解，来自校长班学员有机会列席了一次密西根大学董事会。会议之前，董事会讨论的议题已经在网站上公布，有兴趣的师生可以在网上报名，旁听董事会。每次董事会事先拟定的专题讨论完之后，都会留出半个小时给旁听者发言。例如，此次董事会的议题中，有一个是学费涨价。学生代表在会议上义正辞严地表明了学生态度，反对涨价，且明确地告诉校董们，如果下一次讨论学费涨价，一定要通知学生代表参加。如果在没有学生代表参加的情况下，学费涨价获得通过，学生会将无法"平息"学生意见。

每一位校长班学员在列席了董事会之后，似乎都感受到了心灵上的触动。这唯一的一次列席国外大学的董事会，给人们留下的反思空间实在太多。与其说密西根大学董事会的议程是一个制度设计，不如说是一种制度文化。一个大学制度文化的形成，想必一定经过了长期的、激烈的博弈。如果大学无法实现从制度到文化的过渡，完成制度与文化的一体化，任何制度都会显得苍白。剑桥大学前校长阿什比说："大学是遗传和环境的产物。"从这个意义上说，创建世界一流大学的过程，就是培育大学精神和文化的过程。过分的浮躁、功利、限制等，都不利于一流大学基因的生长。因此,让大学制度转化为大学文化,刻不容缓。只有形成了制度文化,才能实现人文化成,达到文化育人的效果。

在密西根大学,随处可见制度文化的痕迹。例如博物馆、图书馆等,很早就开始扮演重要的角色。有些博物馆致力于研究,有些致力于教学,对本科生和研究生意义重大。全校至少有 12 个博物馆,而且门类丰富;有 19 个图书馆和若干分布于校园各处的私人馆藏,有 800 万册图书、7 万多份期刊及 250 多万册数字化图书。图书馆 24 小时对学生开放,如果学生读书过了午夜,可以打车回宿舍,打车费由学校买单。密西根大学校园各个角落随处可见摆放的艺术品,这种随意却有心的校园文化让学生饱受艺术的熏陶与感染,有助于培养他们的审美情操和艺术鉴赏力。

大学的制度文化是一所大学的生命力,此类案例不胜枚举。剑桥大学的 Formal Dinner 要求参加的所有人必须着正装,学生须穿学袍,学院的院士们坐在尊贵的高台餐桌上,毕业典礼全程使用古拉丁文完成,受礼次序按学院划分,整个过程充满了仪式感。经过仪式感熏陶的学子,身上自然散发出淑女与绅士的恬淡优雅,大学的"精致"从一树一草一花到学院大门和餐厅的高脚台,乃至用餐仪式、毕业典礼,都体现着无法言说的精美典雅。

就大学文化而言,厦门大学是一个典型案例。从 1921 年厦大建校那一天起,用钟声规范作息的习惯沿袭至今,钟声是长汀时期厦大人传承文化使命的历史见证,在从容淡定与抱朴守拙中引领着一代又一代的厦大人自强不息,止于至善;厦大"足不涉泥,雨不湿靴"的石板路,也在默默地诉说着先贤对学子的期许和对大学精神的坚守;每逢学术交流活动常常会邀请一名学生吹笛子,悠扬婉转,愿百年后斯文在兹。厦大的传承与历史如白城外的汪洋经久不息,响遏行云。

一所好大学不可或缺的是百年建筑、百年大树、百岁大师,他们既是大学的物理地标,也是大学的精神符号。但是这些符号和现象到底是不是大学文化的本质,是否构成大学文化当中所形成的沉淀下来、能够延续下去的东西？在我看来,这些能够从器物上反映出来的、用肉眼能够看到的文化,包括一些校园文化生活,可以看成大学文化的表象,但我们更需要把"表象"深化,积淀成为"本质"的精神文化。一所好大学的酝酿,似一坛百年老酒,可能不需要多么华美的外在包装,其自然散发的醇香无声地诉说着大学的文化与底蕴。

如果在第四个十年问我什么是好大学,我的答案一定是大学文化,是坚守大学使命的文化。好大学应有文化底蕴,引领社会,引领潮流,引领未来。大学的文化才是一流大学的灵魂所在;好大学既是钱堆出来的,也是长期的历史积淀出来的,更是一代代后人传承下来的。

五、心目中的好大学

在不同的个体眼里,在不同的国家和不同的历史背景下,好大学都有当时、当地不同的内涵与最好的答案。岁月流转间窥得不同真谛。我对好大学的看法经历了"少年看山是山,看水是水;中年看山不是山,看水不是水;老年看山还是山,看水还是水"的变化。当我从"知青"成为一名本科生的时候,好大学是充裕的物质条件,景色秀丽的校园环境,良好的教学条件和宁静的图书馆,反正能上大学就是"好";在我读研究生的时候,好大学就是有一个好师父好导师,是可以跟着导师四处游学,享受师父的阳光雨露;在我成为一个地方高校的大学教师时,好大学就是有硕士点博士点,有学科平台,可以当硕导博导带研究生;当我成为一名"985"高校的教师时,好大学就是有足够的科研经费和丰厚的薪酬;而当我成为大学的管理者时,从赞赏厦大的美丽,再到见识香港中文大学的优裕、英国利物浦大学的历史,震撼于剑桥大学的风范与高贵,深感不断加深的落差。但随着走访的大学越来越多,形态各异的大学恣意生长,百花齐放,各有意蕴,不同层次大学间的落差又在不断缩小。

回想起来,我看到过世界最富有的大学,也看到了世界上最贫穷的大学,以至于在最近几年,特别想去看发展中国家的大学。在非洲的肯尼亚、埃塞俄比亚、利比里亚、尼日利亚看到的大学,比1978年我在沈师读书的条件还要艰苦。尤其是2010年,带着厦大艺术团去利比里亚大学演出,全校只有一个卫生间,主要是供校长使用。没有黑板,没有粉笔,桌椅板凳残缺不全,学生们围在一棵大树底下讨论,像寺庙的辩经一般。他们热烈讨论、认真思考的时候神采飞扬,眼神中透露出对知识的虔敬,散发着耀眼的光芒。贫困落魄的荒原里野蛮生长的灵魂,贫穷和落后也无法阻挡他们放射出势不可挡的精神之光,此情此景,不禁喟叹:好大学何须一定要有金碧辉煌的大楼!"钱"可以堆出外在形象的富丽堂皇,可以登上各种大学的排行榜,可以实现各指标和达到统计数据的光鲜亮丽,但总是觉得这只是好大学的一个"横断面",似乎缺少了魂的"横断面"。西南联大虽办学条件艰苦,但人才辈出,正印证了好大学不是立在物质上,是立在精神上。

虽然已经走访了国内外几百所大学,却突然发现,大学看得越多,就发现自己知道得越少。要归纳出一个好大学的模板,我也觉得并不可能,更何况,世界上还不断有新型大学或大学的新形态出现,如完全没有固定校园的密涅瓦大学,学生行走在世界各地;如斯坦福的开放大学,基本颠覆了传统大学的模式。什么是好大学,在越来越多元化的今天,也许越来越不可能有一个固定的绝对的标准。

总体说来,好大学是一个价值判断,主体不同、时空不同,人们对好大学的判断也会发生变化;即使是同一个主体,因为阅历及体验的深化,对好大学的判断也会发生变化。一所好大学,应该有外在的形象,即漂亮的校园;有内在的制度,即保护对真理的探索,激发学生的批判性思维;有深厚的底蕴和文化,即体现大学斯文和风骨的各种仪式;有悠久的历史,即没有断裂的阶段;有创新的精神和实践,即开改革之先河,可以影响其他大学。但我们要承认,中国的大学,新的东西多,历史的积淀少;改革的东西多,坚持的东西少;跟别人学的多,自己原创的少;理想的成分多,落地的实践少;概念讲得多,行动做得少;人才的称谓多,大师的数量少;宏大的叙事多,精致的东西少。

1897年,美国教育家杜威发表《我的教育信条》一文,他对教育的深刻理解在一百多年之后的今天仍被奉为圭臬。于我而言,我对高等教育、对好大学也秉持了若干基本信念。我认为好大学应该具备如下特征:

一所好大学,一定是以培养人为第一位的大学。有了学生,才有了大学,这是大学最基本的命题,也是办大学的基本常识。无论大学在社会需求的压力下产生了多少新的功能,人才培养永远是本质功能,任何新功能都是基于人才培养的衍生。只有人才培养的功能在大学发展的过程中固定下来,新产生的功能与人才培养有机地结合在一起,并做到反哺人才培养,大学的发展才是在一条正确的轨道上。培养人才,一定要有"温度",即能给予学生终生难忘的人文关怀。

一所好大学,一定是能够改变学生命运的大学。大学之所以从最初的"学生大学"发展到"教师大学",再发展到今天的"以学生为中心"的大学,既是大学发展的一个自然轨迹,更是人们对大学使命认识的深化。今天的"以学生为中心"与昔日的"学生大学"是异曲同工,是对大学使命认识的再次提升。在具有深厚的师道尊严的教育传统中,实现这一升华,涉及大学的方方面面,既包括给予学生更多的人文关怀,也包括改变大学的组织体系和运行机制。大学只有改变了自己,才能改变学生的命运。

一所好大学,一定是超越了排行榜的大学。原本基于分类、统计需要的大学排行榜,正在开始左右和改变人们对好大学的原初认知,并且正在侵蚀大学的精神和文化基因。在当今的世界大学排行榜上,都可以看到我国大学的名字,且数量有不断上升的趋势,但许多人对此似乎并不认可,即使在一流大学工作的人,也不敢底气十足地肯定自己的大学真的是一流大学。原因何在?就在于基于绩效和工具评价导向的大学,虽然可以位列排行榜的前面,却与一流大学的学术文化相背离。好大学大多会悬挂于排行榜前列,但没有悬挂在排行榜前列的也可能是好大学。

一所好大学，一定是能够领跑的大学。大学是社会的思想者和引领者，但大学的组织属性，又使得大学成为所有社会组织当中相对保守的机构，"象牙塔"就是大学保守的代名词。由于发展的历史较短，我国的大学一直被认为是"舶来品"。时至今日，我国大学的基本制度尤其是人才培养模式，都是在学习西方，在社会和大学转型的过程中，出现了许多"橘生淮南则为橘，生于淮北则为枳"的现象。因此，我国的好大学，就要在学习借鉴西方教育经验的同时，尽快走出自己的路，且能够影响世界。

一所好大学，一定是制度与文化有机结合的大学。从表象来看，支撑一所好大学的是制度，其本质则是文化，是融在制度里的文化，即制度文化。大学制度围绕着两个维度展开，一是保护大学教师学术自由的制度，一是激发学生创造力的制度。然而无论任何制度，都有天然的缺陷，几乎都与学术的创造产生矛盾。制度只有成为文化，成为学术共同体的自觉行为，才有生命力。大学就像人们熟悉的中国水墨画，着墨的地方是画，留白的地方也是画：外在形象是我们看得到的画，内在底蕴是我们看不到的画，而我们要关心的正是水墨画留白的地方。在物质条件匮乏的时代，支撑好大学的支柱是精神和文化；在物质条件相对充裕的时代，支撑好大学的支柱依然是精神和文化。

一所好大学，一定是有定力的大学。在任何国家、在任何发展阶段，大学都无法避免来自社会的干扰，西方推崇的大学自治与我国讲的大学办学自主权，其实都是一种理想状态，是大学与社会博弈后的期待。因此，在大学的发展过程中，任何一所大学既有选择，也有坚守，既要回应外部社会的需要，也要坚持自我理想的追求。大学需要担当，要肩负起时代赋予的使命。在前进的道路上免不了有悲剧，有牺牲，有挫折，但这些都是走向成功前所要经历过的种种磨难，也是弥足珍贵的经验财富。一所好大学必定是能够在有所为与有所不为之间做出智慧取舍的大学。

一所好大学，一定是懂得经营的大学。不可能每个大学都有钱，在有限的条件下把大学的资源用到极致就是好大学。政府对大学财政支持力度的降低是普遍现象，大学懂得经营已经成为好大学的成功之路。2002年，美国威斯康星大学麦迪逊分校的弗朗索瓦·维克多·涂尚教授说："一百年前，州政府给学校的拨款占年度经费95%，而2017年，政府的拨款只占15%，但今天的大学质量并没有下降。"这也告诉我们一个道理：懂得经营并不意味着就要放弃育人的天职，更不是要以牺牲教育质量为代价。相反，真正的好大学，通常都是深谙经营之道而又不忘育人初心的大学。

一所好大学，一定是十分精致的大学。精致是一所好大学的气质，精致意味着大学对细节的关注与执着，意味着理解、沟通与包容。大学作为一种兼具育人和服务功能的组织，必须关心每一名学生的个性化需求，注重对每一个教学环节过程的不断改进，关注每一门课程内容与结构的合理设置。一所精致的好大学，必定是能够让校园充满生机与活力的大学，不论是楼宇亭廊，还是运动场所，都应该被精心设计成能够为师生提供交流与探讨学识的空间。只有当精致成为大学的优秀习惯，才有可能将追求卓越的基因融入学校发展与学生成长之中。

一所好大学，一定是能够把教育理念转化为扎实行动的大学。大学自诞生之初，就有其理念，践行理念就是要将愿景变为现实。从理念到行动，大学需要回归教育，再识教育，遵从规律办好教育。我国正从高等教育大国迈向高等教育强国，中国的大学也在逐渐成为世界高等教育体系建设的重要参与者、践行者、贡献者和引领者，没有什么比将先进的、科学的教育理念转化为实际行动更能提升本土大学的影响力和声望。一所有所贡献的好大学恰恰就是善于把教育理念转化为扎实行动的大学。

一所好大学，一定是有危机意识的大学。我注意到，几乎所有国外大学的校庆，都有一个绕不过的话题，就是反思和预警。这种反思和预警精神，是一所大学不断取得进步和突破必不可少的力量，但在国内大学的校庆中,却很难见到这种反思和预警。中国的大学所处的国情、社情远比世界其他国家和地方的大学都要复杂得多,发展中的旧问题还未得到根本解决,新问题已经接踵而至,新旧问题交织,使得大学的未来充满了不确定性。当下我国的大学如果再不认识到所面临的风险与挑战,再不反思历史上留下的教训,就难以从已经发生深刻改变的世界中发现新的机遇,赢得主动权。

好大学的特征远不止上述十项,好大学是立体的,是从里到外的,是从文化到制度的,是从教师到学生的,是从管理到服务的,是从盖房子到种树种花的,是从专业到课程的,是从开学典礼到毕业典礼的,是从黑板到PPT的,是从咖啡厅到书店的,是从体育设施到植物园的,是从运动队到交响乐团的,是从校长到敲钟人的,是从厕所手纸到信封的,是从停车场到无障碍道路的,是从通识课程到创新创业课程的,是从校训到队呼的,是从选址到盖房子的,可以说无所不包,无所不在。

过去40年,阅读了许多世界高等教育名著,今天才明白,为什么世界第一本高等教育名著会出自英国红衣主教约翰·亨利·纽曼之手,那是在告诉后人:办大学要有虔诚的宗教精神;大学的起源基于理念,大学的未来同样基于理念。中译本将纽曼的代表作 *The Idea of University* 译为《大学的理念》。如果今天叫我翻译这本书,我一定会把该书的中文书名改为《大学的理想》,因为大学的理想永远在路上。

在我的大学时代,从本科到硕士阶段,再到博士阶段,我的任课教师和硕士博士导师,都有一个共同的特征,即他们的学历都不高,都是本科生,可他们对教育教学的热爱深深地感染着我们。然而,当跨越年龄和身份的时空,面对今日的大学教师群体,都是清一色的硕士博士时,对好大学的认知又"回归"到了"初识"。内心一直有一个"疯狂而浪漫"的愿望:退休之后要再上一遍大学,重新做回学生。我不想只是游走在好大学的门外看大学,我想走进好大学的课堂,坐在讲台下面,褪去"大学管理者"和"教授"的标签,回归到一名学生的身份,虔诚认真地听课做笔记,怀抱着图书走在石板路上,与年轻的灵魂碰撞出思想的火花,让"好"大学不再是我苦苦探求、冥思而得的理论幻影,而是教室里不经意洒落在书本上、触手可及的阳光。

虽然我国的大学已有一百多年的历史,从年龄的意义上说,年龄最大的大学有123岁,最年轻的大学只有2岁,但今天的中国大学还有许多属于"第一代大学"的特征。例如在建设"双一流"的背景下,今日大学盛行"工分制"似的绩效考核与评价,显然与现代大学制度相悖,它是基于经济人的假设和制度建设。因此,建设好大学,我国的大学都需要补课,需要补大学常识的课。

今天,我国大学在硬件上与国外大学相比差距在缩小,钱已然不是建设"好"大学的首要问题。2018年4月27日,教育部75所直属高校均在其信息公开官网中,公布了2018年预算,其中最富有的一所大学年度预算高达269亿元,有两所大学超过了140亿元,有四所大学预算超过100亿元。从经费的角度看,我认为中国的大学应该有信心成为一流大学,也有条件成为世界一流大学。目前的关键是:如何从精神和文化层面来建立一流大学。对此,我们必须有清晰的判断。

(本文原题《什么是"好"大学》,原刊《北京大学教育评论》2018年第4期)

大学理想漫谈

大学是人生的一个重要的平台,它是产生、汇集、实现理想的家园。想读书的人,把上大学看成是自己的理想;学习好的人,把进入一流大学看成是自己的理想;想做学问的人,把在大学工作看成是自己的理想;已经进入大学工作的人,把有一个自由的大学学术空间看成是自己的理想。每个走进大学的人,都带着自己的理想;每个与大学相关的利益主体,都在努力将自己的大学理想转变为现实。大学因理想而生,因理想而存,也因理想而发展、变化。理想赋予大学存在的意义和价值,大学也赋予理想广阔的空间和内涵。不同的人怀揣不同的理想追梦大学,既给大学的功能演变与意义建构带来了压力,同时也成为大学发展的动力,最终形成大学的理想和理念。可以说,是个人的理想与人类的需要推动和支撑着大学,大学的理想与理念即源于此。作为一个在历史的积淀中生长与传承、在流动的时代背景中发展与演变的概念,大学的理想与理念是一个经典而时新的高等教育议题。

一

在大学理想和理念形成的过程中,不仅存在许多有趣的现象,也有许多痛苦的选择。这是因为大学既是理想的,也是现实的;大学既是经典的,也是现代的;大学既是永恒的,也是变革的;大学既是精英汇集与追求真理的场所,也是自由思考与享受生活的地方;大学既是理想与精神的家园,也是物质与制度的实在。大学在理想和现实的矛盾冲突中选择,也在经典和现代的博弈中寻求发展。可以说,大学理想和理念是一个神圣的话题，一个严肃的话题，有时候也是一个沉重的话题，同时还是一个永恒的话题。

之所以说大学理想和理念是一个神圣的话题，就在于大学本身就是一个神圣的机构，是一个精神的家园。大学曾被比作"象牙塔"，这是大学的古老传统，也是它曾经的信仰，即把远离社会、与社会保持距离看成是自己的"天职"。在历史的演进中，尽管社会发展的各种诉求不断要求大学走出"象牙塔"，但就大学自身而言，对"象牙塔"始终有着难以割舍的情结，因为"象牙塔"作为大学的一种精神和理想的寄托早已成为流淌在大学血液里的基因。西方早期大学的选址和建筑，都深深印刻着"象牙塔"的痕迹，牛津、剑桥等古典大学远离中心城市，古城堡式的建筑风格，则是"象牙塔情结"的真实写照。曾几何时，大学走进"象牙塔"，就好像走进了"神圣"；大学维护"象牙塔"，就好像在维护着"神圣"；大学走出了"象牙塔"，就好像走下了"神坛"。

之所以说大学理想和理念是一个严肃的话题，是因为大学是追求真理、崇尚学术自由的地方，是知识精英的家园和归宿。大学理想和理念曾经是知识精英的独有话语，是知识精英追求真理神圣而不可侵犯的特权，隐含着一种深刻的道德观念和精神追求，甚至是必要时为真理而献出生命的坚定信念。这种"独立之精神，自由之思想"，既是学者治学应有的品格，也是大学作为学术机构与知识场所这一基本理念的集中表达，不容任何的虚伪与功利。真理是严肃的，学术是严肃的，大学理想和理念更是严肃的。在大学发展的历史长河中，人们对大学高山仰止，无不是出于对知识精英为追求真理而献身的崇拜。大学理想和理念不仅仅是大学生存的一部分，更是知识精英群体——学者生命的一部分。

之所以说大学理想和理念是一个沉重的话题，就在于大学理想和理念的"繁荣"，往往隐含着一个信息，那就是大学理想和理念一定是与社会出现了碰撞，产生了某种不和谐之音。对大学理想和理念的探讨往往是建立在某种危机意识与现实问题的基础上，源于外部的危机激发了对大学发展的忧虑，这种忧虑表现为对过去大学理想与理念的固守、否定和重建。可以说，任何新的大学理想和理念的提出，都折射着大学及其时代的发展危机。产生大学理想和理念的时代，也就是大学的转折和危机的时代；大学的转折和危机的时代，也是大学理想和理念危机的时代。大学本应该是"没有杂草的花园"，人们试图通过对大学理想和理念的表达，重新唤起对大学的精神关怀——大学为何而存在？

之所以说大学理想和理念更是一个永恒的话题，就在于大学是永恒的，大学是各种社会组织中最为稳定的机构之一。大学的永恒，造就了大学理想和理念的永恒；大学理想和理念的永恒，使得大学的组织体系永远保持着自己的内在逻辑。在大学的延续中，理想和理念作为一种精神支柱，始终支撑着大学的发展，成为一种特有的大学组织精神和文化。大学的职能和内涵在拓展，大学的结构和功能在优化，但作为理想与理念的载体，大学对自己的理想和理念抱有着一种高度的忠诚。例如，大学自产生以来，始终坚守着经典大学理念的两个基本原则——学术自由和学术自治，乃至于1998年联合国教科文组织发表的《世界高等教育宣言》亦再次强调，高等教育机构及其人员必须"既充分享有学术自由、保持其自治，同时又对社会尽责"。永恒是因为某些大学理想和理念具有超越时空的永久价值，永恒也是因为大学不应该遗忘自己的精神追求，永恒还是因为大学变革不能割断历史。永恒的大学理想与理念体现在大学的变革中，是大学变革和发展中的不变因子。

二

从本质上说，大学理想和理念体现的是大学发展的内部逻辑，是关于大学发展规律的总结和概括，是对大学宗旨和使命的一种理性认识，并对大学发展的实践路径提供精神上的指引，它体现的是大学的一种追求、品位和精神。大学理念一经确立，就具有相对的稳定性，但它又处在不断发展和变化的过程中，甚至留下了深刻的时代烙印。随着社会的发展，大学在变，或者说大学不得不变，大学的理想和理念开始受到挑战。旧有的大学理念可能会逐渐消失,新的大学理念不断涌现。但无论怎样变化,大学理想与理念反映大学本质属性的基本特征不会丧失,否则大学将失去其存在的合理性。

大学在变。从国际的视野来看,大学的类型与称谓在变,以至于很难用传统大学和现代大学两个概念来涵盖,从知识经济时代的巨型大学、职业大学、企业大学、公司大学、营利性大学、创业大学,到互联网时代的虚拟大学、泛在大学、平台大学、游学大学、借口大学、人体大学和未来大学,大学的时代特性不断凸显,与之相应,各种新的大学概念层出不穷;大学的组织架构在变,从董事会、教授会、学术委员会到基金会、教育公司、教育集团等,大学的管理越来越多地具有了企业的特征;大学的功能及其边界在变,在新时代背景中,大学作为社会的轴心更加全面、深入地参与到了社会与国家的发展进程,在社会功能的拓展中全面打破了大学的时空边界,从愈演愈热的高等教育市场化、无边界高等教育来看,大学早已进入了全球化的轨道;大学的融投资方式在变,政府对大学的拨款不断减少,因此,大学要通过社会服务和科技成果转化等多种渠道为自己筹钱,有的还要到资本市场上去找钱;大学的属性在变,公益性不再是大学的基本属性,产业属性迅速凸显,上大学不再是"免费的午餐",即使是在西欧福利国家,上大学作为"免费的午餐"亦开始进入倒计时阶段。

我国的大学也在变。除了与国际上的大学变化在某些方面保持同步之外,我国大学的变化还具有自己的特色。例如,我国大学的办学体制在变,私立大学在经过了几十年的断裂之后,以"民办大学"的身份重新出现,即使是在公办大学的体制内部,也出现了民办大学的制度安排,从二级学院到独立学院,从国有民办到民办公助,"民办"的外延和内涵都得到了拓展;大学的管理体制在变,行业办学已基本退出历史舞台,"二级办学、三级财政"的管理体制初步形成;大学的融投资方式在变,在国家财政拨款减少的背景下,即使实行缴费上学、成本分担,也已经难以维持大学的运转,"校银结合"——向银行贷款开始成为大学发展的融资手段；大学的发展目标在变，做大、做强、国际上知名、世界上较有影响、中国特色世界一流等，成为中国大学的奋斗目标。

中外大学的种种变化，既给大学带来了发展，也给大学带来了茫然：在大学的变化中，我们是否还持有大学的理想和理念？面对大学的变化，我们应该持有什么样的大学理想和理念？对已经发生若干变化的大学，原来的大学理想和理念是否还有自己的空间？大学在经历了近千年的演变之后，我们究竟应该如何审视已经成为大学生命体一部分的大学理想和理念？是否应该建立新的大学理想和理念？面对大学的变化，我们经常会问：是否存在不受时空限制的大学理想与理念？

因为在这个变化过程中，大学在不断拉大与经典或最初的大学理想和理念的距离。我们承认，现代的"高等教育"已经不在"闲逸的好奇"的高深学问层面，也很难再以"闲逸的好奇"为目的而存在。但如何在大学的变化中给"闲逸的好奇"的理想追求一点空间，而不是仅仅流于满足社会的各种需求，现代大学似乎并没有找到应有的答案。大学从为了学者"闲逸的好奇"到为了社会的发展，从生活的准备到成为生活本身乃至于生存的手段。大学经过了近千年的演变，其中最大的变化莫过于社会需求释放了大学的工具价值，放大了大学的功用空间，伴之而来则是大学理想和理念的茫然。人们在分享大学变化的成果时，也感受到了精神上的缺失。

对于大学的变化，我们有理由赞叹，也有理由责难。一方面，大学的功能不断延展，社会价值不断彰显；另一方面，以高深知识为逻辑起点的大学理想和理念，开始受到社会需求——政治逻辑、市场逻辑的挑战，大学不再是"净土"，不再是"没有杂草的花园"，也不再仅仅是"精神的家园"，大学的理想和理念开始被人们淡忘甚至故意搁浅。以我国大学为例，我们赋予大学的责任实在太多，给予大学的空间实在太小，并且许多责任又上升到使命和时代的高度，以致大学的每一项活动都需要从使命的角度给予回答。今天，我国大学发展的真实状态是：大学的规模在迅速膨胀，使得校长不认识自己的老师，教授不认得自己的学生；使得"大学不是坐落在城市里，而是城市坐落在大学中"；使得大学似乎又回到了最原始的"行会生产方式"中去了。例如，大学中的基本活动——教学与科研工作量的计算，都可以通过类似于生产队"计算工分"的形式体现出来，并最终转换为货币。再如，作为教师的天职，给大学生上课，不得不从国家教育主管部门的层面上做出规定。对于这样一种变化，大学理想和理念已经无法得到关照，它已经超越了大学理想和理念的范畴。今天大学的精神价值似乎已经瓦解，大学理想和理念在悄悄地远离大学，能够恪守大学理念的人似乎也越来越少，大家似乎没有时间去思考大学存在的精神价值，更遑论理想和理念。在大学变革的过程中，已经不太在意大学理想和理念的内涵，甚至曾把学问和真理当成生命追求的人，也无暇思考大学的理想和理念。大学似乎不再神圣，因为大学偏离和放弃了已有的理想和理念；大学似乎更加迷茫，因为大学也在默默地承受着大学理念缺失、精神式微所带来的后果，在功利主义的强势影响与异化中苦苦挣扎。大学累了，大学里的教师累了，大学的校长们似乎更累了。

凡此种种，都表明构成大学的根基在变，大学的发展逻辑在变，影响大学的力量在变，社会对大学的诉求在变。大学的变化引发了大学理想和理念与现实的矛盾冲突。今日人们批判大学的各种浮躁和功利，乃至鞭挞学者学术道德失范，都是在怀念昔日的大学理想和理念，在维护大学的神圣。今日人们对于大学理想和理念的描述，喜欢用的是"经典"二字，原因在于"经典"既反映了大学理想和理念的神圣和不可动摇性，也反映了大学历史的悠久。但是，对于大学的发展和变革，既需要大学理想和理念的坚守者，也需要大学理想和理念的创新者。联合国教科文组织 1998 年 10 月发布的《世界高等教育宣言》明确指出，高等教育已经充分证明了其在适应、改变和促使社会变革和进步方面的能力和稳定性，但是也面临严峻的挑战，其自身的使命要求高等教育推动新的、激烈的变革。进入工业社会以来，大学的实践活动早已超越了中世纪大学的活动范畴，大学的发展轨迹已经不完全是按照知识和学术的逻辑展开，更主要的是在社会需求与知识逻辑共同作用下发展。而我们视野中的大学理想和理念，更多地具有"历史与经典"的含义。因此每当我们从新的角度——社会需求审视大学理想与理念时，总免不了产生无尽的怀念和眷恋。很显然，最初提出的大学理念，是无所谓时代特征的，更没有任何社会形态或经济——市场经济或计划经济的痕迹，它是超越任何一种社会和经济形态的精神产品，是对自由和学术在精神层面的一种原生态的表达，是一种隐含于大学和学者精神世界的形态。但是，现代大学已经走出了"象牙塔"，或者说现代大学不得不走出"象牙塔"。当我们为大学理想和理念赋予现代含义的时候，往往会陷入一种茫然和"真空"，最后只好回到历史的思维中去。从这个角度就可以理解，在溯源和解读的过程中，人们为什么习惯于从历史的家园中去寻找，为什么离不开中世纪大学的樊篱，又为什么总会流露出一种怀旧的情愫，这是一件十分自然的事情。

三

在一定意义上说，大学理想和理念就是大学校长的理想和理念，因为只有大学校长的理念才有可能付诸实践。在整个世界大学的发展史上，那些保留下来的经典大学理念往往出于某位大学校长，且多是一流大学的校长。纽曼关于"自由教育"的主张、洪堡关于"教学与科研相统一"的观念、科尔关于"多元巨型大学"的思想、博克的"三A原则"（学术自由、学术自治、学术中立），等等，无一不体现出大学校长办学理念的生命力。可以说，世界上任何一所一流大学的形成，都至少有过一个知名的大学校长，而这个校长所持有与践行的办学理念发挥了重要作用。我国一流大学的形成也不例外。

谈到中国大学校长的大学理念，不能不提蔡元培和梅贻琦——提到蔡元培就意味着北大，提到梅贻琦就意味着清华，两位校长与两个大学的关系基本已经融为一体。美国著名教育家杜威曾说："拿世界各国的大学校长来比较,牛津、剑桥、巴黎、柏林、哈佛、哥伦比亚等等,在这些校长中,在某些学科上,有卓越贡献的,不乏其人;但是,以一个校长的身份,而能领导那所大学(北大)对一个民族、一个时代,起到转折作用的,除蔡元培而外,恐怕找不出第二个。"①蔡元培改革北大,认为大学的性质在于"研究高深学问",大学是"囊括大典,网罗众家"的最高学府,提出并践行兼容并包、教授治校、教育独立等办学理念,前后不过十年就将官僚气息浓重的北大改造成为民国第一高等教育学府,奠定了北大的传统和精神。梅贻琦躬耕清华又主持西南联大,提出并始终坚守"所谓大学者,非谓有大楼之谓也,有大师之谓也"的核心办学理念,不仅奠定了清华的校格,也创造了西南联大的历史奇迹。这些办学理念都已成为我国高等教育发展史上经典的大学理念精粹。直到50年后,两位校长办学理念的影响力依然如旧,只不过所起的功用却不尽相同了,更多是成为了一种有纪念意义的"装饰"。

不知从何时起,我国的大学校长对大学理念也突然产生了浓厚的兴趣。从1990年代中期开始,《光明日报》特地开辟了大学校长论坛,并结集成书,但属于理念的东西似乎还难以发现。新世纪以来,涵盖不同层面的"中外大学校长论坛"更是如雨后春笋,但留给我们的印象,更多的是中外大学校长对大学理念理解的反差。近年来,不断有关于国内知名大学校长的访谈录出版问世,多是从自身的办学经验出发来谈所在大学的改革思路与实践,与从本质意义上探讨大学的理想和理念还是有一定的距离。

在我国大学校长"大学理念热"的过程中,不能不提武汉大学前校长刘道玉2005年出版的《一个大学校长的自白》。在我期待着能够看到我们中国的大学校长写出具有时代特色的大学理念时,刘道玉校长的这本《自白》应该说是一个"黑色幽默"。以"自白"的方式阐述大学理念,在世界高等教育史上恐怕是绝无仅有的一本。他留给我们的是更

---

① 引自高平书:《北京大学的蔡元培时代》,《北京大学学报(哲学社会科学版)》1998年第2期。

多的思考空间。

大学校长的办学理念是为学者服务的理念,是为保护和探讨真理而提出的理念。因此,大学理念也是学者的理念,也就是教师的理念。经典大学理念的提出无一不体现了教师的价值,因此教师就成了大学理念的受益者和"守护神",对大学理念的坚守也就成了教师的天职。但在现代大学的发展中,学生的地位在悄然发生变化,他们也在争取在大学理念中的话语权。"以生为本""从就业转向创业"成为学生的基本要求。因此,构成今天大学组织群体的权利是让度和分化的,早期的大学权利集中在教师手中,在现代大学理念中,学生的诉求也构成了大学理念的一部分。

无论提出大学理念的主体发生何种变化,大学理念都呈现出形而上的特点,它是一种价值判断,是带着对理想憧憬的一种价值判断,也可以说是提出者的一种理想预设。不同的个体从自身的感受和价值判断出发,都会提出不同的大学理念。到今天为止,得到人们普遍共识的大学理念似乎不外两条,即学术自由和大学自治。对于这两条理念,在1998年联合国召开的首届世界高等教育大会发表的《世界高等教育宣言》对此也予以了高度的肯定。可是,今天的大学并不都是沿着学术的逻辑展开,其中掺杂着原本与学术水火不容的市场逻辑。

大学与社会的不同关系,会构成不同的大学理想和理念。西方早期形成的大学理念已经无法涵盖今天的整个高等教育实践。今天,由于大学从社会的边缘逐步进入社会的中心,大学受到的外部制约因素也逐渐增加,社会要求大学扮演越来越多的角色。结果是,大学被卷入各种各样的要求,既要培养人才,又要搞科学研究,还要参加社会服务,甚至社会还期待大学扮演一个引领社会正气的批判家的角色,而有些要求是大学在经典大学时期从未经历过的。

大学理念需要弘扬,大学理念需要坚守,大学理念需要捍卫,大学理念也需要重新解读,大学理念更需要重新建构。但是,大学理念不是虚无的,它具有鲜明的时代特征和时代意义,因而只是坚守、捍卫、弘扬大学理念已经不足以反映今天大学发展的全貌,经典大学理念已经到了重新解读和建构的时代。因为不同的大学理念都刻有不同时代的烙印,在一定程度上是对不同时代精神的解读。没有现代大学理念,现代大学制度就无法构建;没有现代大学制度,大学理念也就无从发展。

自中世纪以来,大学已经有了近千年的历史,但大学依然需要启蒙,尤其是对大学理想和理念的启蒙。因为大学理想和理念不仅仅是一种装饰,还具有理论的功用。我们好像已经对大学理想和理念有了一定的理解,但我们并没有把握真谛。实际上,无论是经典大学理想和理念的坚守者还是热衷于大学变革的推动者,在其内心世界都经受着怀旧与重建的双重精神煎熬,这是一个痛苦的选择过程。因此,在新的时空背景下解读或构建大学理想与理念时,必须考虑如何在经典与现代之间保持适当的张力。大学的理想和理念是神圣的,但是正在走下"神坛"的大学理念留给我们的似乎不应该仅仅是在大学理想面前不要再踯躅不前,而应该有一种新的思维和判断。

(本文原题《大学理想和理念漫谈》,原刊《高等教育研究》2006年第12期)

大学现象杂谈

"好"是一个国家发展和崛起过程中大学不断追求的目标。我国经济和高等教育的快速发展,进一步催生了建设"好大学"的强烈愿望,大学自身也蕴藏着成为"好大学"的原始冲动。在这一过程中,我们必须清楚"好大学"到底是什么,"好大学"不能是什么,"好大学"是怎么产生的,又是怎么发展的,这样才不会迷失方向。当前,一说起什么是"好大学"总会围绕着大学排行榜、一流学科和一流专业等各式各样的数据指标,"好排名"和"好指标"俨然直接等同于"好大学"。人们显然忽视了一个事实,即排名和指标反映的是"好大学"的结果,并没有也无法反映出"好大学"的形象特质和成长过程。事实上,大学排名和指标确实也无法做到这一点。然而,对要办"好大学"的管理者来说,把握其成长过程显然比看重结果更为重要。如果忽略了"好大学"的形象特质和生成路径,也许我们会走许多弯路。同时,作为曾经担任过大学的管理者且以研究高等教育"谋生"的学者看来,距离"好大学"的远近,关键取决于距离大学发展规律的远近。当一所大学距离教育规律近了,离"好"也就不远了。那么,中国在建设"好大学"的过程中,有哪些有意思的现象,呈现了怎样的气象,甚至存在怎样的乱象,以及到底应该依靠怎样的对象,这些事儿值得一聊。

一、"好大学"与生俱来的气象

大学往往寓意着广博的知识、独特的文化、包容的气度、丰盈的灵魂,等等。可以说大学是一切美好事物的集合与标识,遑论"好大学"

了。在我看来,"好大学"本身就有种得天独厚的韵味在其中,一是"好"得恰到好处,让人心神向往之而不弃不厌;一是"好"得气象万千,纵有万般言语,仍道不尽其中深义。这也许就是"好大学"的精妙所在。用更通俗的话来讲,"好大学"是一种熟悉的陌生,也是一种与生俱来的气象。的确,由于长期浸润在大学中,我们更易感知何为"好大学"与"好大学"为何,而"好大学"与生俱来的气象则在于两点,即看得远和立得稳。

(一)深谋远虑的大智慧

一所"好大学"的背后,一定有一批有远见的办学者,才会有那些能够体现远见的大学建筑、大师、专业和学科,并由此奠定"好大学"的坚实根基。首先,大学建筑方见"远见"之高明。2010年,我曾收到过一条短信,大意是说剑桥大学在维修几百年前的一幢老房子时,发现橡木的房梁已经严重损坏,不能再用。如今到哪再去找如此粗大的橡木房梁,这可难坏了维修人员。过了几天有人发现,在学校附近有一片橡树林,完全可以用来维修老房子。经过了解得知,原来此片橡树林是该房子的设计师在当年建房子的时候,就想到了日后的维修问题,特意种下这片橡树林。三百年后,橡树林果然派上用场。无独有偶,2021年5月访问山东大学医学院,在参观齐鲁大学旧址途中路过一水塔,山东大学的徐光老师讲了同样一件事:2001年11月,水塔失火致使内部木结构楼梯、支撑体全部烧毁,只残存外围砖结构。学校正一筹莫展时,收到了德国的一封信(当时德国人并不知道水塔失火一事),告诉校方,水塔已有一百年,内部的木头可能需要维修或更换,当年我们公司在建这个水塔时,在校园的某角落种了一些树,就是为水塔特意备用的。校方喜出望外,可转念一想,这些树竟早已被砍,悔之晚矣。历史有时就是这么巧合,当年的剑桥大学和齐鲁大学建设者是多有远见,从一开始就想到了学校的百年大计,甚至是千年基业。由此,我想到厦门大学的一个故事。在1950年代初,厦门大学要建一个大会堂,当时在校生人数仅千人左右,设计人员按照略高于在校生数的标准,设计了一个千余人座位的会堂。陈嘉庚先生看了说太小,要重新设计。设计人员拿出了第二方案,座位数两千人左右。嘉庚先生看了还是不满意,要求再重新设计。设计人员不知该怎么办,就随意地设计了一个四千五百多座位的会堂,拿给嘉庚先生看。这时嘉庚先生看了说,这还差不多,就照此建设吧。当时许多人都不理解,认为陈嘉庚先生是不是老糊涂了,设计如此大的会堂太超前,乃至浪费了。可嘉庚先生依旧坚持自己的意见,他认为厦门大学迟早会成为一所万人大学。今天回过头来看,嘉庚先生真是有远见。

真正能够体现一所大学办学者远见的,并不仅仅停留在大学的建筑上,更主要体现在事关一所大学发展的教师、学科与专业等重大问题上,这方显远见之深意。再拿厦门大学来说,在1950年代的院系调整中,厦大经历了两次大的调整。一次是50年代初,由于厦门是前线,大多数优势学科调到内地大学;一次是50年代中期,为支持新建的福州大学和充实福建师大某些学科的实力,有的学科调往福州。在这两次调整中,校长王亚南面对国家的院系调整战略,服从大局。但在具体实施过程中,他尽可能地给某些学科留下一两颗种子。例如我现在任职的教育研究院,在教育系调走之后,王亚南校长留下了潘懋元老师等三人,专门成立了教育学研究室。再如,当政治经济学占主导地位的时候,王亚南校长作为一个经济学家,深知应用经济学的重要,但又无法改变当时政治经济学的强势。于是,他有意培养几个青年教师在财政、会计、统计等应用经济学领域潜心发展。王亚南校长把这些人储备了二十余年。到改革开放之后,王亚南校长保留下来的这些种子开始发芽,很快成为厦门大学的学科带头人,这些学科也就自然而然地成了厦大的优势学科。王亚南校长的这些做法显示出办学者的非凡远见,使厦门大学至今受益匪浅。

办学者的远见,实际上就是在相同的时空背景下,能够作出在未来若干年后体现其英明之处的决策。在每一所大学发展的过程中,都会面临着若干重大发展机遇,但有的大学把握住了,成了"好大学",有的则失去了机遇,与"好大学"擦肩而过。在现实生活中,不知有多少大学在回顾走过的路时,会有错失良机的回忆。但在市场经济条件下,能够体现大学远见的举措似乎越来越少,部分做法或多或少给人一种功利色彩。问题的症结就在于对大学规律的理解还有较大距离。大学归根结底容不得太多的功利主义,大学的所有活动,都需从长计议,都要有远见。倘若一所大学找不到令人津津乐道、富有远见的故事,那么这所大学的发展一定不会太好。

(二)约定俗成的"潜规则"

一所"好大学",一般都有自己的潜规则,并且一定会把这些潜规则上升到大学精神的境界,起到润物无声的效果。大千世界,任何行业和组织几乎都有自己的潜规则,大学也不例外。在大多数人的思维方式中,通常把"潜规则"看作一个贬义词。实际上,大学的潜规则与其他社会组织的潜规则有所不同,不应该简单地把大学与其它社会组织的潜规则相混淆。与人们熟悉的明文规定相反,大学里的潜规则,说白了就是指大学里的那些不成文的规定或规矩,它们与那些显性的规章制度不同,是大学的一种隐性制度。它们没有写在纸面上,但有时所产生的能量却超越了制度的作用。例如,在我国的大学中,恐怕只有厦门大学一家,每年都会举行校庆。到了校庆这一天,全校师生分别祭奠校主陈嘉庚先生和其他对厦大有过贡献的人。曾有许多人不解,为什么厦门大学每年都搞校庆,不累吗?可是在厦大人看来,这是厦大的一种传统和文化。我查阅了厦大档案馆并询问了一些老先生,他们也都说不清楚厦大这个传统究竟是如何形成的,只知道进校之后,每年都有校庆。到了今天,也没有人再去刨根问底。再如,在我所任职的厦门大学教育研究院,从我到厦大读博开始,就知道潘懋元老师每周六都会举办沙龙,至今已坚持了几十年。在他的影响下,院里的大部分老师都在这样做,乃至于毕业于厦大高教所的校友,大都会把这样的做法带到新的工作单位。在今天整个厦门大学,到了周末,许多教师都有沙龙。其实,学校从未要求老师这样做,也查不到有这样的成文规定。如此种种,都属于大学潜规则的范畴。

　　大学的潜规则是大学的一种文化和历史积淀,也是孕育"好大学"的一种传统。对大学潜规则的遵守,体现着对大学组织和大学文化的认同。大学的发展史已明确告诉我们,大学作为人类的精神家园,在其发展过程中,有许多问题的解决靠的并不是成文制度,而是体现大学精神的潜规则。可以说正是这些隐性制度保证了大学的活力和学术发展;而这些潜规则与成文的制度一道,共同构成大学制度。大学制度建设是推动我国高等教育现代化发展的必由之路,也是我国建设"好大学"的重要抓手。眼下我国大学确实需要进行制度建设,但我想说的是,现在我国大学最缺的恐怕不是制度,而是体现大学精神的潜规则。我国今天大学中的各种制度不可谓不多、不全、不细,但实际产生的效果却不尽如人意。

　　之所以如此,就在于体现大学精神的潜规则少了,基于功利或市场的潜规则多了,遮蔽了本应保持的潜规则。今天大学中的某些潜规则,甚至脱离了大学精神的轨道,与人们期待的大学理想渐行渐远,最后只好寄希望于显性的大学制度建设。似乎大学制度形成了,大学一切不尽如人意的问题也就能迎刃而解。问题显然没那么简单。在大学管理的过程中,如果要把那些原本属于潜规则的活动和内容,不得不以明文规定的形式"制度化",那一定是哪里出了问题。现代企业是靠制度来维系的,大学则不同。作为一种特殊的社会组织,维系大学活力和发展的是大学精神。因此,在思考如何建设"好大学"的时候,应该给体现大学精神的潜规则留有足够的空间,使其薪火相传。

二、"好大学"坚决摒弃的乱象

　　我国作为高等教育大国,"好大学"理应随着我国经济发展取得的成就而逐渐增多,可以说如果没有几所大学进入世界一流大学的行列或成为民众心目中公认的"好大学",高等教育大国的名分就打了许多折扣。为什么在不到十年的时间里,我国可以成为高等教育大国,而建设一流大学或"好大学"却如此艰难?这可能跟当前大学发展过程中出现的种种乱象有关,诸如大学资源配置导致的层次分化、大学更名诱发的身份认同危机以及大学人才培养概念冗杂产生的目标游离等,凡此种种,更需要在发掘"好大学"不能是什么之际,予以坚决摒弃。

(一)绞尽脑汁地谋个"好定位"

前几年我国在进行本科教学评估的时候,许多大学写自评报告最为头疼的事之一,就是自己大学的定位。究竟定位在研究型还是教学型大学,许多大学都颇感为难;尤其是一些地方高校,常常会向我问起这个问题,搞得我也不知作何回答。于是,我国就出现了大学分类概念的"创新":教学/研究型和研究/教学型大学。这两个概念也成为我国对世界大学分类的"贡献",以至于把研究和教学哪两个字放在前面,好像都有很深的学问。实际上,这样的分法有些可笑。大学如果不做教学,还是大学吗?可为什么会出现这样的分类概念?恐怕在许多人的心目中,如果把自己的学校说成是一个教学型大学,既显得有些"掉份儿",也担心搞不到资源。大学为什么要分类,分类的目的何在?需要我们认真思考。我国之所以出现大学分类的困境,关键在于大学的资源配置方式出了问题。国内的许多大学校长,似乎都不甘心把自己的学校定位在教学型这个层次。从表面上看是我国今天的大学没有分类标准,实质上却是我国大学资源配置本身产生了某种"说不清,道不明"的分类标准。这就导致许多大学校长担心,一旦自己的大学被定格在一个较低的层次,就不能获得更多优质的资源。可见大学的"身份",不仅关系着资源获取的数量与质量,还会影响到大学的话语权、发展权、生存权。因此,我们不能说一个大学校长为改变学校的身份而努力是错,他们也是在尽自己的一份责任。

实际上,国内外已经有了一些大学的分类标准,如美国的卡内基高校分类:(1)可以授予博士学位的大学,(2)综合大学与学院,(3)文理学院,(4)两年制学院,(5)专业学院和其他单科学院。国内大学分类大致有如下意见：一是分为国立、省立、私立，二是分为教学型、科研型、教学科研型，三是分为国家重点、省重点、一般高校、高职院校，四是分为综合性、多科性、单科性、高职院校。但对上述分类，都难以达成共识。从学理的角度来看，已有的分类，或基于大学的属性和功能，或基于大学的层次和水平。人们都很清楚，基于属性、功能、水平和层次的分类，意义不是很大。还有一个事实需要格外指出：我们今天看到的各种大学分类，其实都是从事高等教育研究的学者出于研究的需要或方便，对业已存在的大学形态进行的一种分类归纳，卡内基的大学分类就属于这一种。然而，大学分类实际上需要遵循大学得以生存与发展的基石来确定。大学既然是培养人的机构，就应该根据培养目标来确定大学的分类。基于此，反映大学本质的分类，应该是学术型、应用型和技能型大学。

大学分类究其根源不是大学定位的制约，而是大学责任和使命的体现。当分类成为大学获得资源的砝码时，大学的使命就可能发生扭曲。过去，大学分类仅仅具有统计学上的意义，而不具有资源配置的意义，更不具有作为国家政策的意义。现在，如果说教育资源的分配方式是"唯成分"的，那么即使把大学分类说得再清楚，大学校长们也不会甘心让自己处在较低的分类位置上，为改变大学身份而奔波还会越来越多，因为在人们的潜意识里，始终被那句"不想当将军的士兵不是一个好兵"的豪言鞭挞着。未来，也许由于大学形态的更加多样化，大学分类可能成为一个国家制定教育政策的依据。但我们应该切记，在大学的外部环境有待改善和资源供给有限的条件下，一旦大学分类具有了教育政策上的意义，尤其彰显出明显资源配置上的意义，大学就会潜意识地向那些政策所倾斜的层次努力。这种努力往往导致大学在滑向功利主义的同时，也失去了原本的特色。

（二）千方百计地改个"好名字"

古话说"名不正则言不顺，言不顺则事不成"。至少在人们的意识里，大学只要冠上了"大学"的称谓，身价自然就提高了。于是，不少学校不顾自身实力,硬着头皮也要把"蛋糕"先做大,打肿脸也要冠上"大学"的"正名"。这是大学的一时冲动,还是大学的发展使然?我们不禁要问:大学更名改姓为哪般?纵览当今世界上的大学名称,大致可分如下几类:有以人名(或姓氏)命名的,如哈佛大学和约翰·霍普金斯大学;有以城市命名的,如利物浦大学、曼彻斯特大学;有以行业命名的,如医学院、美术学院和体育学院;还有以省(州)或区域命名的,如加利福尼亚大学、东北大学,等等。我国的大学名字也大致如此。据不完全统计,在教育部直属重点大学中,从未更过名的大学只有两所,即厦门大学和南开大学。在厦门大学的历史上,也曾有过更名风波。1940年代初,陈仪主政福建时曾想"没收厦门大学",而且得到国民政府某些人的支持。国民政府教育部来电,就厦门大学改称福建大学一事征求学校意见。"消息传来,群情骇异!"校友们首先站了出来,纷纷致电国民政府行政院院长、教育部长和福建省政府主席,表示誓死捍卫厦门大学的名字。陈嘉庚先生听说此事,走访教育部和行政院,反对更名。最后,陈立夫答复陈嘉庚:"厦大改名事,从兹做罢,以后决不复提起。"厦门大学的名字终于保存下来。今天我们回过头来看这个问题,试问谁能说更名为福建大学能比今天的厦门大学发展得更好?恰恰可能因为更名为福建大学而丧失众多校友的支持,进而影响到厦门大学的发展。

这一现象说明了什么,恐怕仁者见仁,智者见智。但是,在世界高等教育史上,像我国今天的大学这样,纷纷更名改姓的情况却很少见。目前也没有研究证明,大学更名改姓是高等教育发展的一个必然阶段。在我国大学更名改姓中,有两个倾向值得关注:一是要把学院改称大学,二是要把体现行业特征的字眼去掉。前者可称之为"傍大学",后者可称之为"摘帽子"。想当年学习苏联,我国诞生了一批以行业命名的大学,如石油大学、矿业大学,地质大学等,但如今凡以行业命名的大学,几乎都恨不得摘掉行业的帽子,"重新做人"。如果不是国家有意识地开始限制,不知这些大学的名字还能剩下多少?再如,在那些不能摘掉学院帽子的高校,只好在英文上打起了主意,一概译成 university,反正老外也不知道我到底是个啥。事实上,当下许多属于行业的大学,帽子留着的也好,摘掉的也罢,都早已在悄悄地缩减自身行业的学科领域。有些行业大学,改变的不仅仅是自己的名字,而且也改掉了自己的特色,丧失了原本立足的根基,是名副其实地"改行"了。我们的大学之所以热衷此道,恐怕还是因为大学称谓与某些利益相关。这样的改头换面,不仅让办学者脸上有光,而且由于"名正",还能在招生、办学经费等多方面得到更多的好处。

如此这般,又有哪一所学校甘愿袖手旁观?当利益和好处与大学的称谓直接相关时,又有谁会顾及办学的特色和内涵?其实大家心知肚明,一所大学更了名,改了姓,其内涵并不会发生变化,更多的是换汤不换药。即使明知更名改姓是"皇帝的新装",也要争先恐后地把它"穿"上。殊不知,为了资源乃至其他说不清楚的利益,在大学更名改姓的时髦中,又有多少大学的无形品牌流失了。这实在可惜!说到底,大学更名改姓的风潮,是大学缺乏明确的自我身份认同的表现,甚至可以说是没有自我认同。在我看来,只有那些没有底气的大学,才会在名字上做文章,变来变去,可是,这样也很难成为"好大学"。君不见麻省理工学院、加州理工学院、巴黎高师等,好像从未动过更名的心思,却依然是世界赫赫有名的大学。如果说更名改姓真的那么重要,这些大学恐怕最应该改了。中国传统文化中"行不更名,坐不改姓"的底气,在今天一些大学的身上少了许多。真正的"好大学",是因为它的特色和内涵名扬四海,而不在于它的名字。我们追求的正应该是这种"实至名归",而不是盛名之下的"其实难符"!

(三)别出心裁地定个"好目标"

"好大学"建设始终绕不过人才培养的问题。在我国今日的大学中,关于人才培养的概念层出不穷,五花八门,而要想说清楚有多少人才培养的概念并非易事,当下的名目有通才、专门人才、复合型人才、研究型人才、应用型人才、技术型人才、一流人才、拔尖人才、创新人才、拔尖创新人才,等等。这些陡增的人才培养概念,就像不断翻新的手机,看似不断升级，让人眼花缭乱，实则空洞乏味，徒有虚名。似乎如果不给大学培养出来的人冠以某某"型"的话，人才就不能称其为"人才"了。其实稍加留意，人们就会发现，这些人才概念的区别仅仅存在于文字的表面，实际上并没有多少内在的本质区别，不过是一组同义词或相近词的罗列而已。这些人才概念不仅在理论上无法界定，在实践层面也缺少操作空间。结果是大学本身也陷入了迷惘状态，不知道应该以何种人才作为自己的培养目标。

纵观中外历史上的大学，它们都将人才培养作为大学的首要任务。但对培养目标的解读，几乎无一例外地从"人"或"人才"这一层面予以界定，而较少像今天这样讲什么"××人才"。今天之所以产生了无数说不清楚的人才概念，是因为这既反映了社会对人才的迫切需求，也映射出大学在人才培养上的滞后。从表面上看，大学人才培养概念的不断增加，好像是人们对人才概念认识的深化，实际上却遮蔽了大学培养目标不清晰的事实。大学究竟应该培养什么样的人才，需要我们认真思考。在上述众多的人才概念中，有的是对人才质量的期待，有的是对人才规格的描述，而更多的是体现了社会对大学的要求。社会对大学的人才培养可以提出若干的人才培养目标，但大学对社会提出的培养目标应该有自己的理解。实际上，作为一个概念体系，大学的人才培养目标原本没那么复杂。最初的表达方式只有通才和专才两种，这也是业内相对有共识的两种表达方式。在大学人看来，人才培养的基本问题，就是用什么样的知识体系和方法去培养学生，培养人的价值显然重于各种外在的要求。人才的内涵在于"人"。大学应该关心的是人，社会关心的是才。大学培养出来的人，在知识和技能上得到了提高，应当就是人才了。

因此，今天的大学人才培养，不在于我们提出的是什么样的人才概念，也不在于已经提出了多少人才概念，以及还能提出多少人才概念，而在于我们现有的培养模式和资源配置方式是否符合我们提出的概念。目前问题的关键是，人们提出了无数人才培养的概念，但在大学里面似乎并没有从根本上解决人才培养的地位问题。换言之,只要大学真正以育人为目标,我们的学生皆有充足的能力融入社会;只要大学培养出合格的"人",那这些"人"便自然是"才"了。所以,唯有大学把培养"人"的问题解决了,培养什么样的"才"自然就不重要了,"××人才"的事情也就迎刃而解。此外,对个体而言,上大学可以改变自己的地位,但其价值取向不应该是改变人的身份和地位,而是改变人的品位和精神。而这也正是当前大学人才培养亟需关切与解决的问题。

三、"好大学"建设依靠的对象

对于"好大学",不仅要知道她是谁,更要知晓为了谁,依靠谁?21世纪的大学在某种意义上而言是中世纪"学生"大学的变相复归。随着学生个性化、多样化的诉求不断攀升,联合国教科文组织1998年在《世界高等教育宣言》中也明确提出:"国家和高等教育机构的决策者应将学生以及他们的需要置于中心位置。"对我国而言,高等教育进入了普及化的发展阶段,学生质量的高低与我国高等教育质量建设息息相关。所以,学生既是推动高等教育高质量发展的关键所在,也是"好大学"建设的根本依靠。一切为了学生,为了一切的学生,为了学生的一切,真正做到全心全意依靠学生,是"好大学"建设的应有之义。

(一)以学生为本的"爱生"形象

"以学生为本"不是一句空洞的口号,它渗透在"好大学"的方方面面,无需华丽的渲染,高大上的吹捧,从生活中的一粒米饭,到管理中的学生权利,尽可展露无遗。都说天下没有免费的午餐,可是在大学里面,无论是在历史上还是今天,始终有一些大学给学生提供属于"免费午餐"的活动。在厦门大学的历史上,也曾有这样的免费午餐。抗战时期,厦门大学迁到了闽西的长汀。当时的条件非常艰苦,许多学生吃不饱饭,学校出台了一项规定,学生吃米饭不要钱,目的是让学生填饱肚皮,能够把学业坚持下来,此举一直坚持到抗战结束。直到今天,厦门大学的一些老校友对此都念念不忘,是当时的免费米饭让他们完成了学业。大学为何要给学生提供这样的免费午餐?这仅仅是一个钱的问题吗?显然不是。其实,在里面有一个基本的命题——大学以何种方式树立她的形象。大学就像是一个人,需要打扮自己。但如何打扮、为谁打扮,就有学问了。大学打扮自己的过程,其实是心里装着谁的问题。心里装着谁,不得不装着谁,想从谁那儿获得什么,就会在打扮上显示出来。"免费的午餐"自然是大学为她所心爱的学生穿上的一件"厚实的外衣",让他们感受到大学的温情。

时至今日,填不饱肚子的学生已经不多了,即使有一些家庭困难的学生,通过国家助学贷款和勤工助学岗位,也可以完成自己的学业。尤其是交费上学已成为一种制度,似乎已经不需要大学再给学生提供诸如此类的"免费午餐"了。其实,大家心里都明白,大学提供的免费午餐,真正受益的学生可能不多,但所产生的影响,可能就不仅仅是那些直接受益的学生了,那是大学对自己所有学生一种真挚的关爱。投桃报李,学生回馈给学校的则是对母校的深情。我们都知道,今天国内外的所有大学都面临着资金不足的问题,校友捐赠是大学资金来源的一个重要部分。再拿厦门大学来说,校友对母校的关爱,在国内大学中是非常有名的。厦大校园内的许多建筑都是由校友捐建的,十分令人羡慕。为什么厦大会有如此多的建筑以校友的名字命名?说到底,无论是物质层面的免费午餐还是精神层面的校友深情,总归是对大学理念和大学文化的一种认同,乃至隐含着更深刻的大学为了谁的命题。

"为了谁"就应该"尊重谁"。在家庭教育中,父母经常会说"我这一切都是为了你好!"但是,教育效果却不尽如人意,换来的是亲情的淡漠乃至冲突。大学管理中,有没有这样的情况?想必有太多了,症结何在?就是学校管理者往往从学校自身出发,打着为了学生更好成长的旗号,但却不能真正代表学生的需求,以学生为本。因此,学校管理必须尊重学生的权利和权力。纵观中外大学发展史,世界上最早的大学有两种模式:一是以中世纪意大利博洛尼亚大学为代表的以学生管理为主的大学,一是以巴黎大学为代表的由教师管理的大学。学生管理大学体现了学生权力的存在,即使在教师管理的大学中,学生也会以罢课等形式体现自己的权力。我第一次感受到这种"学生权力",是在1994年10月。那时,我在香港中文大学做访问学者,适逢高锟校长任职将期满,中大准备遴选新的校长,学校成立了由九位教授组成的校长遴选委员会。此时学生不干了,他们在食堂贴标语、集会,要求对校长遴选有发言权。此事闹了近一周,最后校方不得不同意学生的要求。听说有两位学生进入了校长遴选委员会,但没有表决权。再举一例,王亚南在厦门大学当校长时,曾认为大学有三种人最重要:敲钟的、排课的和做饭的。如果在今天问我们的大学校长同样的问题,不会有大学校长再作这样的回答。王校长的看法虽然没有说到学生的权利,但是他所说的这三种人,都是为学生服务的。他的潜意识里彰显的是学生的权利。再看大学里的各种管理制度,如选课制、学分制、学分互认等,都包含了学生权利的因素。这也就是说,不能满足学生学习权利的大学很难说是"好大学"。

(二)以人才为重的"育才"景象

以学生为本,目的就在于能够营造一个"人人可以成才"的环境。"好大学"首先要是"好学校",学校的核心功能是培养人,育人功能是第一位的,在这一点上,大学和小学、中学没有差异,这是学校区别于医院、工厂的关键属性。如果我们放大时空,就会发现,世界上的"好大学"大多是靠人才培养起家的,科学研究是后来的事,而且这是一个漫长的过程。细数今天在国内外大学里面盛行的各种制度和理念,几乎都与人才培养有关。例如,从选课制到学分制,再到核心课程,是哈佛大学的贡献,本科生导师制是牛津大学和剑桥大学的贡献,百科全书式的教学计划是芝加哥大学的贡献,通识教育是耶鲁大学的贡献,教学与科研相结合是柏林大学的贡献。正是有了这些基本制度,这些大学才培养出了一流人才,才吸引了更多的大师,才成就了今日的"好大学"。再如,从表象上看,今日世界上的"好大学",几乎都是用钱"堆"起来的,每一所"好大学"几乎都有一个给大学提供滚滚财源的基金会。但若从大学历史的角度审视,在那些用钱"堆"起来的"好大学"背后,实际上还是大学的人才培养在起主要作用。因为几乎所有的大学基金会,最初或主要的都是校友的贡献。这也就告诉我们,人才培养做好了,钱也就自然来了,这是一个良性循环。

在我国,人们对"好大学"已经有了若干基本共识,如有大师,有高水平科研成果,培养了一批人才。但在大多数人的骨子里,还是更加看重科学研究,好像只要把科学研究做上去了,就可称之为"好大学"。其实不完全是那么回事儿,至少在其成长过程中,不是那么回事儿。更为重要的是,"好大学"实际上分为两类,一是列在各种排行榜上的大学,一是列在人们心目中的大学。一所真正的"好大学",既要追求列在大学排行榜上,也要追求列在人们的心目中。由此,"好大学"的实质在于规律与心理的近距离。从高等教育规律的距离来看,世界一流大学或"好大学"的生成过程已充分表明,作为一个国家或世界的一流大学,如果不能引导一个国家乃至世界范围内大多数大学的人才培养模式改革,就很难成为一流大学,也不能让人服气。从一流大学的成长路径上看,无论是哪个层面上的一流大学,人才培养都是根基,不仅在历史上如此,今后也将如此。从社群的心理距离来看,建设"好大学"或创建世界一流大学是令人向往的奋斗目标。其中,注重人才培养的质量建设正成为推动我国高等教育高质量发展的新动力源,并产生出成为世界一流大学的内在动力。在这个过程中,我们可以寻求一种与西方大学不同的发展道路,但必须清楚一流大学的根基到底是什么,这样才不会迷失方向。

(三)以教学为先的"重教"印象

毋庸置疑,"好大学"是要能够培养出人才。从人才培养的过程来说,无论提出什么样的人才概念,都要在一定的教学环境和模式中完成,如果没有相应的教学模式,对应的教育资源配置方式,提出来的概念只能是空中楼阁。只有当教学地位得到升级,大学才有可能真正以育人为中心;只要在教学环节培养出合格的"人",那这些"人"便自然是"才"了。在教学中,有几个有意思的现象值得一聊,例如学分制、跨专业、通识教育。这三个问题本质上是同一个问题。所以,尽管老生常谈,但也经久不衰。

首先,学分制问题。学分制在我国是一个老话题。旧中国的大学基本上都实行学分制。新中国成立后,学分制不再存在。1980年前后,武汉大学再举学分制大旗,在国内引起轰动,但跟进的大学并不是很多。1990年代中期,许多大学开始推行学分制,到了今天,国内几乎所有大学都在说自己实行的是学分制。但我国目前普遍实行的学分制,是不是真正意义上的学分制,还有待考察;实施的效果如何,更是另外一回事。学分制是建立在以学习自由为基础的一种教育制度。从形式上讲,学分制是一种制度形式,是一种建立在以测量手段为基础上的教学管理制度。正是在这一意义上,有人认为学分制的本质是一种测量手段,是衡量学生学习量的一种重要工具。但从其价值取向的角度来看,学分制体现的是一种以学习自由为核心的大学教育理念。在学分制的背后,彰显的是以学生为本及提升学生主体地位的理念,其内涵包括学生选择学习内容的自由、选择学习方式或学习进程的自由,以及形成自己思想的自由。

其次,跨专业问题。学分制的本质是选修制。从学分制的历史演变可以得出这样的认识:实行学分制的前提是选课制,只有在全面选课的基础上,才能体现学习自由的理念,此时的学分制才有意义。也就是说,学生能够自由进行跨专业选课。2003年9月,我曾在厦门大学保送硕士研究生中间做了一个关于跨院系和跨学科选课的50人问卷调查,统计结果显示:在这50名同学当中,无论是跨院系选课的门数和学分数,还是跨专业和跨学科选课的门数和学分数,几乎都没有超过10%的比例。再进一步调查国内其他大学的情况,更多的是低于10%的比例。究竟是学生自己不愿意跨学科选课,还是我们的制度限制了学生的自由?答案是显而易见的。也许是基于我国的大学都是多科性和综合性大学了,许多大学都打出"不分专业、大类招生"的旗号,并把这一做法称之为改革。其实,如果对那些打着"大类招生"旗号的学校,做一个学生选课的调查,结果也不会好于我前面做的调查,即基本还都是在严格地"按照专业"进行人才培养。如果培养方式不变,只是招生方式发生了变化,大类招生又有何意义?跨专业问题何时能得到妥善解决?

最后,通识教育问题。学分制和跨专业选课,是为了能够让不同专业的人在大学内接受一种"共同教育",这实际也就是通识教育的初衷。当今世界许多研究型大学都在强化通识教育,淡化专业教育,都给学生选择专业留下足够的空间和时间。在我国,大学的管理者对通识教育的理论和实践都已经很熟悉,可在实践上,却对通识教育敬而远之。显然,我国的高等教育是典型的专业教育,并已形成了根深蒂固的传统;社会对专业教育也抱有极大的期待,希望大学生毕业之后就能上手。说到底,对通识教育的理解和推进,在本质上是对人的本质及发展的理解。当把人看成一个工具,或者把接受教育的过程理解成为就业做准备时,显然就会崇尚专业教育;相反,如果认为教育是为人的未来生活做准备,就会崇尚通识教育。其实,大学培养的人只能是"毛坯",他们的专业技能应该在就业岗位完成。目前的现实是,大学生所学的专业,在就业时与职业的相关性在不断降低。这就告诉我们,专业教育并不一定适应社会需要,实施通识教育也许是一种很好的选择,或者说,通识教育可能是一种更有效的专业教育,也可能是一种可持续的人的教育。

二、好校长与好老师

梅贻琦:永远的校长

人有人格,校有校魂,而能将两者融为一体的大学校长,可谓凤毛麟角。蔡元培校长做到了,梅贻琦校长也做到了。今天,作为大学人,应该有梅校长那样的担当,那样的大学情怀,要学着从梅校长身上汲取智慧和人格力量。

2012年3月,在我访问台湾清华大学期间,陈信文教务长陪同我参观清华校园,俩人不知不觉中聊起了梅贻琦校长。陈教务长说,2011年大陆的清华大学迎来了百年校庆,举行了声势浩大的庆典活动。但令台湾清华人有些不解的是,在大陆清华百年校庆期间,安排的所有纪念活动,没有任何活动与梅校长有关。在他看来,这是不应该的。因为梅校长不仅仅是台湾清华的财富,也是两岸清华的财富。从台湾归来后,我关注了一下有关大陆清华百年校庆的报道,大致如陈教务长所言。在我与清华的朋友谈及此事时,他们说,梅校长在大陆清华的地位很高,学校有他的纪念馆和雕像,并有专人研究他的教育思想。至于在百年校庆大会上没有提及梅校长的名字,并不是忽略了他的存在,而是其他的校长也没有提。

作为一个非清华人,我无法真正感知梅校长在两岸清华大学的地位。但作为一个研究高等教育的人,从走进这个领域开始,梅校长的许多办学思想就渐进地烙印在我的脑海。在我看来,以梅校长的性格,他对身后事未必会放在心上。今天我们以何种方式纪念他,已经显得不那么重要,关键是如何实现他的大学理想。

一、大学与校长

梅校长的大学之路,是世界高等教育史上的一个奇迹。作为"庚子赔款"的第一期留美预备学生和入选成绩排名第六的考生,他与清华结下了一生之缘。此后五十余年,梅校长执掌两个清华大学共计23年,他不仅是清华历史上任期最长的校长,也是两岸担任大学校长时间最长的校长。这不仅在两岸高等教育史上绝无仅有,在世界高等教育史上也不多见。

从1911至1931年,清华20年间更换了13位校长,其中更有11个月没有校长。清华是从梅校长接任之后,才开始稳定下来。潘光旦曾经这样评价梅贻琦校长:"试问,在清华培养出来的人才中,对母校竭其心力,能如梅校长全神贯注、契合无间的,有几人?再试问,一般从事于高等教育的人中间,不因时势的迁移,不受名利的诱惑,而能雍容揖让于大学环境之中,数十年如一日的,中国之大,又有几人?这些问题是毋庸答复的。"①

纵观世界一流大学史,不难发现,在一所大学的早期发展过程中,大学校长对一所大学基本制度的建立和办学风格的形成,通常起着相当关键的作用:在中国,蔡元培之于北大,张伯苓之于南开,萨本栋之于厦大;在美国,艾略特之于哈佛大学,哈钦斯之于芝加哥大学,梵海斯之于威斯康星大学,等等,无一例外。世界一流大学在其形成的过程及背后,都有一个令人难忘的大学校长。清华园里的一草一木、一人一事都留下了梅校长苦心经营的影子。更为可贵的是,他为这所学校打下的大学精神底色,让它在面对风雨飘摇、惊涛骇浪之时,仍然能坚忍前行。

对我国高等教育史稍有了解的人,都知晓梅校长给两岸清华大学留下的精神财富。他倡导的"学术自由、教授治校、中西融会、古今贯

---

① 潘光旦:《梅月涵夫子任教廿五年序》,《清华校友通讯》六卷九期(1939年)。

通、文理渗透、名师荟萃、鸿儒辉映"等理念,奠定了清华大学的发展理念,使其在很短的时期内就发展成为当时国内最好的大学之一。在抗日战争时期,梅校长执掌的清华同北大、南开一道,在极其艰苦的条件下,共创西南联大,成为我国大学发展史中的永恒丰碑。他的大师论、通才教育论、全人教育论、体育论等,构成了清华延绵不断的思想财富。"大学期内,通专虽应兼顾,而重心所寄,应在通而不在专";"大学虽重要,究不为教育之全部,造就通才虽为大学应有之任务,而造就专才则固别有机构在"。[①]梅校长认为,大学教育归根结底是儒家经典著作《大学》里所说的"在明明德,在亲(新)民,在止于至善"。

梅校长在阐述"大学之道"时,明确提出大学教育要培养"一人整个之人格,而不是人格之片断"。[②]而整个之人格,则"至少应有知、情、志三个方面"。他尤为强调学子的全面修养,认为"学子自身之修养为中国教育思想中最基本之部分"[③],而修养抵达的境界外在表现便是一个人的文雅与斯文之气。其实,在他的厚德载物、止于至善、刚毅坚卓的理念中,也蕴含着斯文的内在精神,彰显着一种中国式的文明想象。直到今天,梅校长的大学教育思想依然是每一个谈清华、论大学的人都绕不开的。

如何定位大学校长的角色?在当今社会和大学校长的眼里,可能会有无数的注解。然而,在几十年前,有一则关于"功臣"与"功狗"的戏言用来形容大学校长,恐怕是大多数人没有想到的。据蒋梦麟回忆,"他(傅斯年)演说中有几句话说他自己。他说梦麟先生学问不如蔡孑民先生,办事却比蔡先生高明。他自己的学问比不上胡适之先生,但他办事却比胡先生高明。最后他接着批评蔡、胡两位先生说:'这两位先生的办事,真不敢恭维。'他走下讲台以后,我笑着对他说:孟真,你这话对极了。所以他们两位是北大的功臣,我们两个人不过是北大的功狗。"[④]当今的大学校长恐怕不会再自喻为"功狗",而要冠以"××家"

[①][②][③] 梅贻琦:《大学一解》,《清华学报》1941年第1期。
[④] 蒋梦麟:《忆孟真》,台北《中央日报》1950年12月30日。

的称谓。其实,随着时代的变迁,大学既需要"××家",也需要被蒋梦麟校长称为"功狗"的人——是具有深邃的大学理念、高超的领导技巧、踏实的做事风格、兢兢业业奉献终身的人。

在秉持大学的理念和精神之余,梅校长更是一个求真务实的实践者。面对风云跌宕的时局,国家的领土受到外族入侵,学校的自治受到政治干预,办学经费时常不足,但就在这样复杂艰困的条件下,他严谨地经营清华基金、理性地处理学潮、真心地爱护教授和学生,展现出求真务实的原则和灵活变通的治校策略。1936年2月29日,正是年终大考的第一天,国民政府派出军队到清华园清查学生"共党分子"。事后,学生认为是校方提供的名单。一天,学生在校园见到教务长潘光旦先生,立即上前围攻,几名学生夺过他的拐杖,扔到地上,潘光旦只好用一条腿边站边跳,以保持身体平衡。学生甚为得意,大呼小叫地要兴师问罪。这时恰逢梅贻琦从科学馆方向慢步走来,大体弄明事情经过,快步来到潘光旦身边的台阶上站定,面带愠色,表情肃严,眼睛瞪着学生,有半分钟未发一言,显然是尽量抑制胸中的愤怒。夹在人丛中高呼喊打的学生见此情形,顿时闭上了嘴巴。只见梅贻琦往台阶上移了一格,挺起胸膛,对众人厉声说道:"你们要打人,就打我好啦!你们如果认为学校把名单交给外面的人,那是由我负责。"现场的学生顿时被梅贻琦的威严姿态和坚硬如铁的话镇住,悄无声息地渐渐散去。许多年后,学生颇为感慨地回忆道:"在推打潘光旦先生这一天,梅师坚定果断,毫不含糊其辞。这是我们第一次见到梅师表现他在危机情况下,当机立断处事的精神。"①

其实,现在的大学校长拥有比梅校长更丰富的信息和更充足的理论,遇到的困难也远少于梅校长。尽管如此,在大学理念和治校方略上,现在的大学校长大多是停留在认识上和口头上,付诸实践的却不多。这就是今天的大学校长与梅校长的差距。梅校长之所以能担当得

---

① 引自岳南:《南渡北归》第一部《南渡》,湖南文艺出版社2015年版,第279页。

起"大学之重任",是因为他放得下的东西比我们多。梅校长身上的那种精神,那一股"气",那一种修身养德的功夫,既是一个校长所能躬行实践的使命感和责任感,也是一种能够担当的情怀。

在新竹清华大学的梅贻琦纪念馆,梅校长被称为"永远的校长"。关于清华大学和大学校长,台湾学者李敖有两次演讲被人津津乐道。一次是1998年在新竹清华大学演讲中,提出了"清华人做错了什么"的问题,批评新竹清华大学过分强调理工科,不重视人文教育和通识教育,背离了梅校长确立的"大学应在通而不在专"的理念。一次是2005年在北京清华大学的演讲中,他谈到台湾有一个"假清华",但有一位"真校长"。李敖提出的问题十分深刻且有趣。即使在今天,这两个命题依然值得追问!"大学人做错了什么?"这是在提醒我们要不断反思,而假清华和真校长的诘问,则是在告诫现在的大学校长要做一个真正的校长。当今,不知哪一位校长——他的人品风范、大学理念及其对学校的贡献,能够被大学人尊称为"真校长"和"永远的校长"。

梅校长离开了大陆清华,正是由于这样一段特殊的历史,梅校长又造就了一个世界高等教育史上的奇迹,一手托起了两个清华。这恐怕是梅校长没有想到的,也可能是他不想看到的。或许,历史的诡谲之处就在于此。一个完整的人,一个完整的大学,一个完整的校长,被人为地割裂成两个清华和两个校长。于时于地于我,不免有种怅然若失、风尘错落之感。这究竟是时代的悲哀,还是清华的福气,由后人去评说吧!

二、大学与斯文

1962年梅贻琦校长过世时,由蒋梦麟等人组成的治丧委员会撰写的祭文不无哀鸣:"呜呼——天之将丧斯文欤?胡夺我先生之速!人亦有言:死为无物,惟圣与贤,虽埋不没,如先生者,其庶几乎!"[①]将梅校

---

① 引自黄延复、钟秀斌:《一个时代的斯文:清华校长梅贻琦》,九州出版社2011年版,第321页。

长的逝世形容为"天之将丧斯文",一定超出了许多当代人对大学的理解,因为在当下的语境中,已经很少有人把斯文与大学联系起来,取而代之的是大学制度或大学治理结构。无独有偶,不久前我在深圳,见到了一个久未谋面的厦大校友,他郑重地对我说,作为一个大学的管理者和研究高等教育的人,应该让大学保留一点斯文,不能让大学的斯文扫地。

校友的提示让我深感惭愧。作为一个研究高等教育的"职业"选手,竟然也忽略了斯文在大学中的位置与价值。在我国的大学历史传统中,斯文曾经有着至高无上的地位,甚至可以说是古代书院的根本精神之一。例如,在岳麓书院的崇道祠有一块匾额,上面书写着"斯文正脉"四个大字。再如,王日藻在《嵩阳书院碑记》中亦称:"夫五代日寻干戈,中原云扰,圣人之道,绵绵延延,几于不绝如线矣。而书院独繁于斯时,岂非景运将开,斯文之未坠,以始基之欤!"古代书院繁茂在于以"斯文"为使命,"斯文之未坠"既是古代学人对书院的期待,也是书院的内在价值与精神。我国古代书院作为今天大学的"前身",一直把培养人的斯文作为目标,以君子之道培养斯文之人,形塑社会风骨,促进整个社会走向文明礼制。孔子曾说:"天之将丧斯文也,后死者不得与于斯文也。"(《论语·子罕》)他老人家最焦虑的是"礼崩乐坏",斯文不在,国将不国。近代大学坚守了书院的斯文。

用现代的眼光来看,斯文亦是知识分子的一种气质。梅校长不仅在思想上弘扬着大学的斯文,在行动上也践行着学者的斯文。梅校长性情温和,不轻易发表意见,是斯文,是君子之风;他到达南京后,南京政府任命他为教育部长,他坚辞不就,也是斯文,是君子之气。梅贻琦校长生前未"暴得大名",身后却被人"翕然称之""胥无异词"。

斯文赋予大学的内涵是全面而深刻的,既是大学区别于其他社会机构的外在形式,也是大学的一种内在品位和独特气质,还可以说是大学的一种组织文化和道德寄托。例如,大学的各种开学、毕业、授予学位的典礼,甚至包括穿着打扮,都有着斯文的意涵。牛津大学就有关于学生正式着装的严格规定:男生的正装必须是深色西装、深色短袜、黑色鞋子、白色领结、黑色礼服外套;女生的正装是黑色裙子或裤子、白色衬衫、黑色丝带领结、黑色长袜与黑色鞋子。除了学校的典礼,参加考试也要求穿正装。这被称为牛津郡的一道"斯文靓丽"风景线。一个时代有一个时代的斯文,一所大学有一所大学的斯文。斯文本是属于一群人的,不是仅属于一个时代,如果斯文让一个时代带走了,那不仅是一个时代的悲哀,也是当下这个时代我们这群人的悲哀。

当有人提出"给大学留点儿宁静、留点儿斯文"这样一个朴素的要求时,恐怕真的需要我们反思了。如果用斯文来要求大学,可以说,这个要求并不高,但很难。因为现代大学制度已经成为我们的追求目标,而在很多人的眼里,斯文与现代大学制度是风马牛不相及的概念,但是我们不要忘记,制度是冰冷的,精神是温情的。在提倡制度的背景下,给大学保留一点儿斯文,应该是大学制度建设和内涵式发展的应有之义。大学的薪火相传,在于斯文的延续,而非在庸俗的泥淖里越陷越深。梅校长体现着斯文。他自喻为京戏中的"王帽"角色,唯运气好,非自己能干,但他治校确有其过人之处。据说,梅贻琦执掌大陆清华时,清华的教育有三难:进校门难、读学分难、出校门难。哪怕是获得了 59.99 分的成绩,也必须重修,而没有补考。

凡是与梅贻琦校长交往过的人,都对其寡言慎行、刚毅稳重、木讷仁爱的性格有深刻印象。梅校长话少,更少下断言,人称"寡言君子"。学生曾戏作打油诗一首,描述梅校长说话谦逊含蓄的情形:"大概或者也许是,不过我们不敢说,可是学校总认为,恐怕仿佛不见得。"[1]所以陈寅恪先生不无感慨地赞誉:"假使一个政府的法令,可以和梅先生说话那样严谨,那样少,那个政府就是最理想的。"[2]"为政者不在多言,顾力行何如耳"(《史记·儒林列传》),这是梅贻琦校长的座右铭之一,也是今日大学管理者的典范。

---

[1][2] 刘宜庆:《绝代风流:西南联大生活录》,北京航空航天大学出版社 2009 年版,第 20 页。

三、归人与过客

梅贻琦校长的墓地在新竹的清华园内。把校长安葬在校园内,在中外大学中都是极为少见的。出现此种情形大致有两种情况:一是校长生前有此愿望,例如,厦门大学已故校长萨本栋生前就表示了此种愿望,后来厦大鉴于萨校长对学校的贡献,就把萨校长夫妇合葬于校园内的成义楼旁;二是校长身后人们对其地位的认可。

1962年,梅贻琦逝世后,治丧委员会建议把梅校长安葬在校园内。当时有人私下议论说,如果每一位校长死后都葬于校园之内,那将来校园不就成为校长墓地了么?但这样的议论并未动摇治丧委员会的决定,他们说:"我们仍然将校区内的一个山坡上的一片相思林地划作了校长的墓园,就是今天的梅园。我们认为,以梅校长和清华的关系,不是任何一个大学校长和学校的关系所能比拟的。其他学校的校长,不可以校园做墓园,但是梅校长却可以,因为清华和他已经融成一体了。"[①]与梅校长和萨校长相比,另一位大学校长、自称"是一个中国人更甚于是一个美国人"的司徒雷登,就没有那么幸运。司徒雷登曾担任燕京大学校长近三十载,在闻一多看来是"一位和蔼可亲的学者",虽有安息燕大校园的遗愿,却只能侧卧生地杭州,孤寂地注目北方的燕园。

"勋昭作育"四个大字刻在梅校长墓地的石碑上,这使我想起了台湾诗人郑愁予的两句诗:"我不是归人,是个过客⋯⋯"梅贻琦作为一个大学校长,留给人们身后的思念就是一种归人。归人者,既是一种乡愁的秉怀,也是一种永远的怀念;过客者,不过是无根的往来。梅校长是一个秉怀大学理想的归人,清华大学是他的归宿、他的精神故乡。"生斯长斯,吾爱吾庐",梅贻琦深情地渲染了他与清华的血缘之亲,也表达了他对清华的挚爱。

---

① 宋嘉沛:《民国著名人物传(4)》,中国青年出版社1997年版,第306页。

在大陆,几乎所有的大学校长都知道梅校长,他的"大师论"几乎成了所有大学校长的口头禅。1931年12月2日,梅贻琦校长在就职演说中,掷地有声地提出:"所谓大学者,非谓有大楼之谓也,有大师之谓也。"但我们常常忽视了这句话的仿照对象,其出处是孟子见齐宣王曰:"所谓故国者,非谓有乔木之谓也,有世臣之谓也。""乔木"与"世臣"之别,对理解梅贻琦与清华大学间的关系十分重要,"世臣"意味着对"故国"的不同的价值认知。梅贻琦将清华认作"故国",而自己便是"故国"的世臣了。人们之所以怀念梅校长,除了他留下的精神财富之外,还在于他用自己的行为感染了无数人。他不为名,不为利,将自己的血肉浇铸进清华的气脉之中。目前,总有一些校长缺少一种对大学的亲近之情,归宿之感,更像是一个来去匆匆的过客。大学成了一个跳板、一个平台,而抱负、理想、百年基业离大学渐行渐远。

梅校长离开我们整整半个世纪了,他的时代也如黄鹤般杳然飘远,可是他留给我们的精神与志业一直绵延。今天,作为大学人,应该有梅校长那样的担当,那样的大学情怀,也要学着从梅校长身上汲取智慧和人格力量。与梅贻琦校长的重逢、相知,是大学管理者应有的自我反思。

(本文原题《永远的校长——梅贻琦》,写于2012年,原刊《读书》2013年第2期)

林文庆：寻根的校长

2019年7月8日，《光明日报》整版刊发了拙文《林文庆：创校与寻根》，心存感激。因为该文从动手到封笔再到发表，就像林文庆校长的人生经历一样，历经"磨难"。

文章完成于2017年，原题目为《拂去历史的尘埃——纪念厦门大学创校校长林文庆逝世60周年》。定稿之后向身边的好友和学生征求意见，他们总觉得我没有"读懂读透"林文庆校长，文章因此压了下来。而之所以要写这篇文章，是因为每年4月份厦大举行校庆的时候，都会有南洋华侨撰文，"埋怨"厦大遗忘了林校长。几年前，厦大一位教授微信我，话有点儿重，建议我写一写林校长，恢复林校长的本真形象。其实，在我读到那些纪念梅贻琦、傅斯年、张伯苓、罗家伦等大学校长的文章时，时常会想到他们都曾经是现代大学史上的"失踪者"。然而，改革开放以后，这几位大学校长先后"浮上"了水面，在世人面前不再是陌生人，而林文庆校长却依旧鲜为人知。在我走近林校长之后，愈发觉得林校长值得大书特书。"一木支大厦，双木撑厦大"曾是厦大人对林校长的形象比喻。

今年春节后，查到了一些最新材料，又开始修订该文。在文学纪实作品《抗战救护队》一书中，查到了林校长的儿媳和孙女被日本人杀害的情节[1]，难掩心中的愤怒。恰逢今年是林校长诞辰150周年，也不失为纪念林校长的一个"好"年份。《光明日报》由于篇幅所限，整版也只能刊发不足8000字。为了让读者全面了解林文

---

[1] 杨义堂：《抗战救护队》，作家出版社2015年版。

庆校长，现将16000余字的全文推出，并附上了春节期间写的一篇小文《厦大文庆亭考》，以示厦大人在进入21世纪之后，并没有遗忘林校长。本文终于得以发表，总算圆了自己的一个心愿，希望也能稍稍平复海外华侨和校友的"不满"。但是，真的要拂去林校长身上的"历史尘埃"，让世人看到一个完整、真实的林文庆校长，还需假以时日。就在两天前，收到了朱水涌老师发给我的一幅木刻照片，那是1929年厦大刊出的描绘林校长"负重前行"的真实写照，该木刻作品是何等的感人！

我国近代大学史上曾有一位校长，他的思想和实践鲜为人知，他兼具传统立场和文化情怀的人生，他对中国近代高等教育的贡献、他与厦门大学的情缘、他的不朽之道值得今人怀念，他——就是厦门大学创校校长林文庆。

一、令人怀念的校友与校长

第一次感受到林文庆校长的影响力是在2006年8月访问英国爱丁堡大学。爱丁堡大学校长蒂姆斯·奥谢博士在欢迎致辞中说："85年前，在遥远的东方，我们的校友林文庆博士荣任厦门大学校长，今天贵校代表团来爱丁堡大学访问，以续前缘。"校长一席话不仅道出了母校对校友的关注，也道出了对林文庆校长的敬意。

从时间上说，厦门大学的首任校长是邓萃英，但由于邓萃英当时在北平任职，无法做到全职在厦大工作，一个多月后提出辞职。所以，林文庆是厦门大学实际意义上的创校校长。出任厦门大学校长，是林文庆人生的重大转折。从1921年7月至1937年7月，担任私立时期的厦门大学校长16年，为中国近代高等教育和厦门大学留下了一笔宝贵财富。

林文庆（1869—1957），字梦琴，福建人，是一个传奇式的历史人物，他是医界、商界、政界、学界奇才。他是第一个获得英女王奖学金的中国人,1892年在爱丁堡大学获得医学内科学学士和外科学硕士学位;曾是英国爱丁堡皇家医学会会员、日本京都医学会会员、比利时根脱医学会通讯会员、英国医学会马来亚分会会员;同时又是一位成功的金融家和企业家,被陈嘉庚尊为"南洋橡胶之父",曾获得香港大学名誉法学博士。

  陈嘉庚选择林文庆出任校长,不得不说他慧眼识珠。他说:厦大甫经成立,乃竟以鄙人数电之恳请,毅然捐弃其偌大之事业,嘱托于人,牺牲其主席之酬金,让而不顾,舍身回国,从事清苦,力任艰巨。一则为厦大关系祖国教育精神,人材消长;一则希冀华侨资本家,将来感悟,归办事业。其爱国真诚,兴学热念,尤为数百万华侨之杰出。①

如果林校长不选择执掌厦大,他本可以有更多的人生选项,甚至这些选项会远远优于担任一所初创的私立大学校长。当时林文庆的事业正值鼎盛时期,在华人社会享有极高的社会声望。厦大教师曾郭棠说:

  当在十四年前林校长在新加坡的时候,同时接到国内两封电报,促其回国,一为孙中山先生在广州来电,招其回国裏赞外交;一为陈校董在厦来电,请其回厦担任校长。当时林校长打了一封电报给孙中山先生,请其代为决定,后来得到孙中山先生的复电,赞成他到厦门大学来做校长。②

林文庆知道,等待自己去开拓的将是一条布满荆棘的险途。1924年,暨南学校校长赵正平对林文庆的选择作出如下评价:

---

 ① 洪永宏编著:《厦门大学校史》第一卷,厦门大学出版社1990年版,第63页。
 ② 曾郭棠演讲、吴江霖等笔记:《随林校长南渡所得的感想》,《厦大周刊》第363期(1935年3月1日)。

> 林博士在南洋，声誉专业，皆历不小，乃竟能抛弃其向来之根据，回国任厦大校长，不能不令人钦佩。年来教育之难办，人已尽知，此所以提倡新文化之蔡孑民先生，逍遥于欧洲，倡导海外大学之吴稚辉先生，遁迹于海上。林博士本非教育界中人，有医学之根底，得海外之敬重，竟肯挺身回国，从事于此清苦事业，其牺牲之精神，于此可见。①

有研究者这样形容林文庆校长波澜壮阔的一生：

> 博学多才的林文庆博士：一个出生于华外之域的土生华人，一个药到春回、起死回生的良医，一个能言善辩、上情下达的立法议员，一个目光敏锐、堪称先知先觉的企业家，一个掀起了新马华人社会改革运动的改革家，一个积极参与中国事务的政治家，一个为中国的高等教育事业奋斗了16年的教育家，一个为厦门大学鞠躬尽瘁、死而后已的大学校长。②

1957年1月1日，林文庆在新加坡逝世，享年88岁。临终遗嘱将他五分之三的遗产和鼓浪屿别墅捐给厦门大学。21世纪初，厦大在校园内修建了文庆亭和雕像，勉励所有厦大人牢记林校长的功勋。《亭序》写道，"倾其睿智才学，运筹操劳"，促使"学校事业蒸蒸日上，硕彦咸集，鸿才叠起，声名远播海内外，与公办名校并驾齐驱"。

2012年12月，厦大在鼓浪屿举办了"纪念林文庆校长国际研讨会"。会议上，新加坡南洋理工大学李元瑾教授在《梦琴岛上忆梦琴：林文庆重返厦门鼓浪屿故居》一文中写道：

> 林文庆白天搭船往返于鼓浪屿别墅与鹭岛厦门大学之间，夜

---

① 赵正平：《林文庆博士在暨南学校演讲会记（暨南通信）》，新加坡《叻报》1924年6月6日。
② 严春宝：《一生真伪有谁知：大学校长林文庆》，福建教育出版社2010年版，第300页。

里埋首在藏书5万卷的书房里,或用中文书写札记和读后感,或用英文翻译《离骚》,同时又为厦大前程运筹帷幄。他每周在家中轮流以茶水招待每一系的学生,还给他们上课,教英文、讲生物。①

李元瑾说:"没有林文庆就没有陈嘉庚,没有陈嘉庚,就没有李光前和陈六使,也就没有厦门大学和南洋理工大学。"在她看来,"林文庆既是陈嘉庚的引路人,又是陈嘉庚的追随者。"

一所大学的成长轨迹与其创校校长是血脉相连的,这些大学校长是"现代大学的人格化象征"。② 在中国近代大学发展的滥觞期,每所知名大学都有一位精神领袖般的校长,如北京大学的蔡元培、清华大学的梅贻琦、南开大学的张伯苓、浙江大学的竺可桢等,他们为其执掌的大学奠定了不可磨灭的发展底色。这些大学校长筚路蓝缕、披荆斩棘,以卓越高远的办学理念和泽惠后世的实践业绩,在学校历史上树立了不朽的丰碑。他们的人格魅力、厚重学养、儒雅风貌、言传身教,在潜移默化中对师生员工产生了重要影响。

民国时期的大学校长大致可以分为三类:第一类以蔡元培和梅贻琦为代表,他们青少年时代在中国接受了系统的东方教育,再到西方深造,回国后执掌大学,是为了"改造或修补"中国的大学;第二类以司徒雷登、卜舫济为代表,他们是地道的外国人,在中国办大学是试图传播西方文化,用西方文化取代中国文化;第三类以林文庆和复旦大学李登辉为代表,他们从小在南洋长大,后到西方留学,再回国出任大学校长。林校长这一类与前两类校长的区别是:他们是由"西"到"中",蔡元培和梅贻琦等则是从"中"到"西",而司徒雷登等则是从"西"到"西"。这些大学校长的人生经历不同,对大学宗旨和精神的理解有较大差异。林

---

① 李元瑾:《梦琴岛上忆梦琴:林文庆重返厦门鼓浪屿故居》,《联合早报》2013年1月12日。

② 《厦门大学新校长林文庆到任》,《申报》1921年7月11日,引自厦门大学校史编委会:《厦门大学校史资料》(第一辑),第47页。

文庆的骨子里对中国文化情有独钟,视中国文化为"固有文化",这"固有文化观"的深刻意义远远超出了其时代背景。因此,李元瑾说:"他是回来寻根的。"

二、呕心沥血的办学"辛路"

1921年7月4日,林文庆出任厦门大学校长。从新加坡抵达厦门当晚,便召开师生谈话会,宣言要把厦门大学办成一所"生的非死的、真的非伪的、实的非虚的大学"。① 此时的"生"与"死"、"真"与"伪"、"实"与"虚",是何等振聋发聩!

林文庆到任之后做的第一件大事,就是为学校制定《厦门大学校旨》,他将大学的办学目的、发展目标和办学特色等予以制度化,从其所制定的《校旨》,可以看出他对大学理念有自己的独特理解:

> 本大学之主要目的,在博集东西各国之学术及其精神,以研究一切现象之底蕴与功用;同时并阐发中国固有学艺之美质,使之融会贯通,成为一种最新最完善之文化。

为了更好地体现厦门大学的高远目标,林文庆亲自绘制了大学校徽,将校训"止于至善"这四个字镌刻在校徽的内圆圈,显示了其作为大学核心价值观的灵魂作用。校徽外圆圈的上面是中文"厦门大学"四个字,下面则配以拉丁文的"AMOIENSIS UNIVERSITAS"。校徽中内圆圈里的三颗星星,则分别代表了中国传统文化中之三才,即天道阴阳、地道柔刚、人道仁义的三大辩证因素。他希望厦门大学的办学目标是"养成专门人才,使之与世界各国大学学生受同等之教育",

---

① 《厦门大学新校长林文庆到任》,《申报》1921年7月11日,引自厦门大学校史编委会:《厦门大学校史资料》(第一辑),第47页。

"使本校之学生,虽足不出国外,而其所受之教育能与世界各国之大学相颉颃"①,显示了林校长国际化的办学理念和中国人的办学自信。

厦大成立初期,中国高等教育尚不发达,林文庆也没有当大学校长的经验,但他似乎是一位天生的校长。学校创立伊始,就以世界一流大学为标杆,从办学宗旨、内部治理、学科建设、师资队伍等方面,都试图将世界一流大学的办学模式与中国国情相结合,致力于研究高深学术和培养人才。当时,厦大在内部治理方面,采用了董事会制度,分别设立了名誉校董、永久校董、当然校董及校董四种;通过校务会议、行政会议形成了权责分明的治理结构。在学科建设方面,创校时设立了文、理、法、商以及教育5个学院17系的组织架构,形成了多学科的格局。厦大后来的优势学科和重点学科,基本上都是在私立时期奠定的基础。在师资队伍方面,林校长采取重金礼聘的政策,制定高规格的月薪标准:教授最高达400大洋,讲师200大洋,助教150大洋,鲁迅就曾屡次向许广平提到厦大"教资颇丰"。当时除了教会大学,厦门大学的办学起点远远高于国内其他大学。他执掌的厦门大学沐浴在欧风美雨中,文化厚重,制度严明,学科齐全,不受政治因素的干扰,呈现出健康的气色。厦门大学的蒸蒸日上,也感动了起初不赞成创办厦大的蔡元培。筹备之初,集美学校校长叶渊接到母校蒋梦麟校长的信,蒋梦麟提到蔡元培和自己都认为"厦大不宜速办",原因是存在着经费、师资方面的问题。但到了1927年,蔡元培访问厦大,在给妻子周养浩的信中写道:

> 是日往厦门大学,十点,为在厦门之北大同学招待。先参观国学研究院及生物学院等。有一种鱼,在沙中钻行,白色而无目,为各种记述鱼类者所未见,而土人亦不知其为动物,故无名。现由厦大学者名为"嘉庚鱼",以作为陈嘉庚之纪念。②

---

① 《厦门大学民国十年报告书·教科之范围》。
② 高叔平编:《蔡元培全集》(第五卷),中华书局1988年版,第117页。

第二年，蔡元培就签署了国民政府大学院131号训令："该私立厦门大学应即准予立案，除令行福建教育厅遵照外，合行令该校长即便遵照。"①

然而，就在学校走上正轨、成绩初显之际，对林校长的考验接踵而至。受世界经济危机的影响，陈嘉庚的企业开始走下坡路，林文庆办学逐渐成为无米之炊。1927年，因资金不足，林文庆捐出全年工资6000大洋，他还专门回东南亚，挨家挨户劝捐。1934年，林校长不顾年事已高，再次率团前往南洋募捐，一年中几乎半年在海内外为厦大奔波，挨家挨户筹措经费，一位华侨连买棺材的钱都捐了。在此期间，已经难以统计，他究竟为帮助厦大渡过难关捐献了多少钱。曾郭棠记载了与林校长筹款的经历：

> 他每天都是在五时左右起床，九点多钟出发工作，一直到晚上一、二点钟才得睡觉。每天都要沿门叩户募捐，说了不少的话，跑了不少的路。有人常常劝他说："林校长你年纪这样高了，天天这样辛苦，明天早上应当休息半天，下午再工作吧！"他回答说："我老的可以不要，看看他们少年的要不要休息？"每天中午或晚上要停止工作的时候，他常常这样问："今天一共捐了多少了？"把数目告诉他，他便很高兴的这样说："假如天天能够捐得这样的数目，就是天天这样跑，我们非常愿意这样做的！"有时碰到不大明白的人，劝募最难，所费的力量也最大，他甚至向他们这样说："我求你，请你帮助厦大，为祖国培养建设的人才！"他们才很受感动的答应了募捐的数目！②

一位德高望重年逾花甲的老人，如此放下自己的尊严，用乞讨一般的姿态为学校募捐，这是何等蚀骨入髓的情感！逆境是一个人的试金

---

① 朱水涌：《厦大往事》，厦门大学出版社2011年版，第98—102页。
② 曾郭棠：《林校长在星洲的地位及其为厦大奋斗牺牲的精神》，《厦大周刊》第14卷第18期(1935年3月)。

石,逆境中的坚守更能彰显伟大的心灵。

林文庆对中国近代高等教育的发展功不可没,陈育崧在《林文庆传》中对林校长有如下评价:

> 在这十六年中,他为大学的安全和军阀苦斗;一九二九年的世界经济不景气,大学濒于倒闭,他毅然和陈嘉庚分忧,只身南渡,筹募经费。每当一个苦难来临,他总挺身面对,绝不退缩,他的奋斗精神,更足为青年人的楷模。他主张培养大学的学术气氛……经他拣择之下,真才实学的中外欧美学人都投奔到这间中国的学府来。在军阀气焰高涨的当儿,整个中国都笼罩在黑暗里,只有厦门大学……稍露生机,它便成为全国最有声望的学府了。[①]

林校长的办学思想十分丰富,他认为大学培养人才的关键在于精英性,不在于多,而在于优秀,在于能担当起领导国家民族的重任。他鼓励学生:

> 吾校学生不出六七百人,远非一校数千学生的大学所可比拟。然而在我个人的心目中,并不以学生数之多寡为虑的。我们深信学校成绩之良窳,并不与学生数之多寡成正比例。我们但求质的优越,未始不远胜于量的过滥。如果各位同学都能好学不厌,我们教授都能诲人不倦,一齐站在学术界的前线,勇往直前,致吾国文化地位于世界的最高峰,虽仅六七百人,亦何虑其少?[②]

1926年6月22日,厦大举行第一届毕业典礼,林校长作《大学毕业生之责任》演讲:

> 我国现状,烽火漫天,干戈遍地,山河破碎,权利丧亡;而经济

[①②] 陈育崧:《林文庆传》,上海科学社,第71页。

之紊乱,教育之衰颓,道德之沦亡,尤不堪闻问。长此以往,国家前途,何堪设想,故不得不设法救济。军事未息,何以弭之?经济紊乱,何以理之?教育衰颓,何以兴之?道德沦亡,何以拯之?是数者专赖有高等学识充分智力之人才出,而后可以有望。此项人才,非大学毕业生莫属,故大学毕业生对于救国事业,实负有重大之责任。鄙人颇希望本校本届各科毕业诸君,各抱至伟至大之毅力,至勇至诚之愿望,各本所学,各尽所能,为国家增光,为人民造福,万勿辜负本校造就人才之至旨也。①

林校长重视学生道德品行的培养。1935年开学典礼上,林校长致辞:

> 教育的目的,在于品性的陶冶,意志的训练,养成纯洁的道德人格;同时又要养成一种能把学校里修到的知识应用到实践的行为上去,要有即知即行,自修自立,说到做到的精神,不要只成为消极的循规蹈矩的正人君子,而且还要成为积极的成大业立大功的伟大人物,因为仅有道德的,不过是一件外衣,要有丰富的知识和力行的精神,人格才会充实丰满起来,这样才会养成高尚的人格。②

林校长在《大学生活的理想》一文中归纳了大学生应具备的理想生活方式。第一是实行最高尚的生活,这又可分三点说明:(1)欲求自知之明,必先知我国民族的文化;(2)抱定宗旨,对于这宗旨须有信心;(3)须有克己恕人、坚忍不拔的精神。第二是乐天主义,就是经书里所谓智,我们具有乐天的态度,就不会因失败、穷困而沮丧灰心,终究必可达

---

① 林文庆:《大学毕业生之责任》,《厦大周刊》第155期(1926年6月19日)。
② 林文庆:《林校长开学式训词》,《厦大周刊》第377期(1935年9月30日)。

到预定的目的。第三是本牺牲精神以服务社会,就是经书里所谓仁,我们应当牺牲自我,而以社会福利为奋斗的目标。第四要有自立的勇气,就是"吾国经书里所谓勇",我们做事应当勇往直前,绝不徘徊瞻顾,努力运用自信、自助的精神,竭力避免依赖他人的恶习。①

林校长着力营造文化育人,他强调"学新科学不要忘却了旧文化","一国复兴为不可能,除非甚多数男女曾在优良学校对于彼国文化之内容、方向与功用经过精深之训练,此种精深教育仅能在现代大学之文科中获得之"。② 因此,他积极倡导各种课外活动,成立各种社团;他十分重视各种校园仪式在学生教化方面的作用,如举办孔子圣诞日纪念会、师生周会、纪念周等学术演讲,弘扬儒学文化,陶冶学生情操。③ 林校长通过多种仪式,将学校各种活动与育人的各个环节相结合,实践其儒学育人的志愿。

林文庆没有辜负陈嘉庚的信任,他不仅实现了陈嘉庚"实业救国"和"毁家兴学"的义举,把陈嘉庚的教育理念付诸实践,也践行了自己的大学理念,将陈嘉庚的办学理想和自己的治学思路注入了厦大这一新生儿的体内。他不遗余力打造出了带有鲜明"中国固有文化"和"林式色彩"的厦大文化体系;他长期蓄养的文化底蕴,使厦大焕发出蓬勃的生命力。厦大从一开始不被看好,发展到被国民政府教育部称为"国内最完备大学之一"。

三、坚守文化立场的大学校长

真正的大学校长,都保有自己的文化立场,并将个人文化立场贯彻于大学的办学实践,林校长就是其中之一。

---

① 林文庆:《大学生活的理想》,《厦大周刊》第 319 期(1933 年 9 月 23 日)。
② 厦门大学校史编委会:《文科之重要》,《厦门大学校史资料》(第一辑),第 235 页。
③ 张亚群:《自强不息 止于至善——厦门大学校长林文庆》,山东教育出版社 2012 年版,第 260 页。

在执掌厦大的 16 年中,林校长坚持自己的办学理念和文化立场,终其一生不掩其对儒家思想的尊崇。早在 19 世纪末 20 世纪初,林文庆在新马地区掀起了一场影响深远的孔教复兴运动,时人高度评价了他在这场运动中的重要作用:"主要由于他在 1884 年到 1910 年之间所发表的演说使得整个马来亚产生了孔教复兴的现象。"[①]林文庆先后出版了《孔教大纲》《中国内部之危机》《从儒家观点看世界大战》《中国文化要义》等书,1929 年完成了《离骚》的英译。他强烈的中体西用取向也带给了厦大师生:"我们学外国文化,不能完全效仿他。比较上,我们所缺乏的是科学,除外我们都很好,不要破坏了,只可略为修正。"[②]

1924 年学校举行三周年校庆,林校长发表演说:"中国各大学之教授,多注重外国新学说新知识,于中国古来文化则不甚研究。我谓无论大学中学,皆当读孔孟之书,保存国粹。"[③]他曾对学生说:"大学里研究的科目,除普通知识外,还有专门的学问;但我们更要注意,就是不要忽略了我国的旧学,因为我们是中国人,应明了我国民族文化精神之所在。"[④]"一个被切断历史和传统的民族,就好比一棵被砍断树,势将枯萎和衰落。"[⑤]

赵正平回顾林校长说:"尝考林博士所以来华任厦大校长者,第一即为景慕陈嘉庚先生兴学之仁风;第二则因欲实现其素来提倡孔子教育之主张。自欧战告终,西人之研究吾国文化者,日益增多,其中尤以德国为甚。乃国人竟日醉心欧化,不为深究,未免可惜。林博士亦有心人哉。"[⑥]实现孔子教育的主张,弘扬传统中国文化是林文庆归国任职的重要动因。林文庆自己也坦言:"当陈校董在南洋聘余回国任校长

[①] 宋旺相著、叶书德译:《新加坡华人百年史》,新加坡中国总商会,1993 年,第 198 页。
[②] 林文庆:《本校五周年纪念会林校长之演说辞》,《厦大周刊》第 145 期(1926 年 4 月 10 日)。
[③④] 厦门大学校史编委会编:《厦大校史资料》(第一辑),厦门大学出版社 1987 年版,第 229 页。
[⑤] 陈育崧、李业霖译:《林文庆传》,1969 年林文庆博士诞生百年纪念刊,第 31 页。
[⑥] 赵正平:《林文庆博士在暨南大学演讲会记(暨南通信)》,新加坡《时报》1924 年 6 月 6 日。

时,予询以办学宗旨,陈校董答以当注重中国固有之文化。予是以欣然归国,予亦尊重中国固有之文化也。"①

林校长生活的时代,文化保守主义思想异彩纷呈,先后出现了以张之洞为代表的体用派、以康有为为代表的孔教会、以章太炎为代表的国粹派、以吴宓为代表的学衡派以及以梁漱溟、冯友兰为代表的新儒家等学派。林校长的文化立场受当时文化保守主义思潮的影响,同时也与自身的经历密切相关。他在爱丁堡大学的第二年,医学院一位讲师拿了中文手卷,请他帮忙翻译。面对方块文字,早年在书院里所受的教育,显然不足以帮助他解脱窘境,他不得不告诉那位讲师自己不懂得中文。那位讲师用疑问的表情问他:"你不是中国人吗?"林文庆惟有颇为难堪地告诉他,自己是出生于海峡殖民地的中国人。看着那位讲师最后以失望的表情摇头叹息地离去,林文庆的内心就如同被针刺了一般难受。因此,来厦大之后,他"对于国学,提倡不遗余力"②。1926年,厦大成立国学研究院,林文庆兼任院长。林文庆坚信:办大学,既要吸收西方先进的技术和文化,更要植根于中国传统文化的现代转型。为了实现这一目标,他在日后专攻中国经典,并以复兴儒学为己任,以此作为文化认同和生命皈依。他坚定地认为,"作为中国人,学习和掌握中国语言是他的职责所在,并且一直持续了四十年之久"③。在爱丁堡大学,除了学习医学方面的专业知识之外,他把大部分业余时间用于自学中文。对此,杜维明教授指出:"林文庆这样一个现象,对我们所有中国文化研究的人来说,是心灵开放的一个非常重要的助力。"④

林校长有意识地将文化保守主义的思想融入学校办学实践。首

---

① 林文庆:《校庆三周年纪念会林校长之演说辞》,上海《民国日报》1924年4月14日。
② 张侃、李建安:《在"边缘"思考"主流"——20世纪20—30年代厦门大学史学研究趋向探析》,《厦门大学学报(哲学社会科学版)》2005年第5期,第121—128页。
③ 林文庆译《离骚》(*The Li Sao: An Elegy on Encountering Sorrows*,商务印书馆1929年版)陈焕章序,引自严春宝:《一生真伪有谁知:大学校长林文庆》,第29页。
④ 严春宝:《一生真人为有谁知:大学校长林文庆》,杜维明语见封底。

先,林校长在办学主张上,为学校确立了具有深远意义的校训:"止于至善。"他认为大学校训反映一所大学的价值取向,是一所大学的灵魂所在,也是一所大学矢志奋斗的根本目标。"我们要走上成功之路,第一要决定目的,就如出外游历,必须事先预定目标。"①原来的校训"自强不息",在林校长看来,体现的是达至某种生活目标的手段、方法,它只是体现了积极向上的一种人生态度,远不能成为一个人毕生奋斗的目标。"止于至善"十分明确地告诉大学生一种为之奋斗的高远目标,而想达到人类至高至远的目标,那就非得要有"自强不息"的坚强毅力不可。在庆祝厦大十周年的时候,他又做了更进一步的总结:"每个大学,可算是一个有生命的有机体,各有各的特殊精神,本大学是以嘉庚先生的精神为精神,当然是基础稳固,生机正长,其原动力在于'博爱',其进行目标为使吾人竭力行善,因之校训是'止于至善'。"②在他的眼中,陈嘉庚无疑就是"止于至善"的活化身。林文庆为厦大所确立的"止于至善"校训,成为一代又一代厦大学人的人生指南。"一位七十岁的菲律宾校友,看到学校当局赠给旅菲校友会的'止于至善'楷书中堂,曾激动的告诉我,这校训使他一生受用无穷。"③

林校长肯定孔子的价值,他在《孔子学说是否适用于今日》中说:"至于孔子哲学,不但以当时国家社会所表现之一切事物,加以深刻研究,并将古代过去之经验,潜心默察,穷探奥理,而成'一以贯之'之道。故孔子学说实为千古不可磨灭之学说。"④由于他对孔子的尊崇,学校经常组织尊孔、祭孔活动,孔子生日被列为重要节日,全校放假,"以示恭祝",目的是培养学生"人人为仁人君子"。1925年孔子诞辰,林校长在对学生演讲时说:

---

① 林文庆:《大学生活的理想》,《厦大周刊》第319期。
② 林文庆:《厦大十周年纪念的意义》,《厦门大学十周年纪念刊》(1931年4月6日),第6页。
③ 厦门大学校友会总会编:《菲律宾厦大校友会理事长庄汉水在校庆69周年大会上的讲话》,《厦大校友通讯》第10期,1990年。
④ 林文庆:《孔子学说是否适用于今日》,《厦大周刊》第158期(1926年10月9日)。

《大学》自正心诚意,以至于治国平天下,乃孔子一贯之之教义。近人许多政治家,无一有如此一贯之政治哲学。我校校训"止于至善",亦取义于此。甚望诸君努力研究,能到此地步;尤望将孔子之道,益发昌明光大则幸甚。①

他崇尚"国学",且把"国学"理解为"中国固有文化","保存国故,罔使或坠。"②林文庆虽然尊孔,但他没有把国学等同于儒学。他认为,国学作为中国的固有文化,其内容涉及所有的学科门类。国学研究院虽以国文系为依托,但却是比文、理、法、工、商科地位更高,是与大学部、高等学术研究院平行的机构,是体现研究型综合大学特点的机构,应倡导多学科、跨学科的研究。在国学与分科研究的结合上,林文庆在当时新潮学人中是走得最远的,这表明他对国学的理解有其过人之处。正如80年之后,杜维明在解读哈佛大学时说的那样,哈佛大学的精髓不在医学院和法学院,而在人文学院。可谓英雄所见略同。

厦门大学并没有因为地理位置的原因而处于学术的边缘,反而由于国学院的创办,吸引了当时学界诸多学人来到厦门大学任教,如顾颉刚等。厦门大学的国学研究不是完全照搬"学术中心"的研究话语,而是因地制宜,利用厦门地处东南沿海的特殊文化资源,形成自具特点的研究领域,这对后来厦门大学的学科发展产生了持续动力。

林校长希望通过大学的建设来改善和推动中国当时落后的科学技术状况,同时弘扬民族文化,使中国能昂然屹立于世界民族文化之林。一方面研究学术,以求科学之发展;一方面阐扬文化,以促社会之改进,使我国得于世界各强国居同等之地位。林文庆始终念念不忘的一个追求是提高中国在世界上的国际地位,这与他多年身居海外有着直接的关系。因为只有中国的国际形象和国际地位改变了,才能真正从根本

---

① 林文庆:《孔子学说是否适用于今日》,《厦大周刊》第158期(1926年10月9日)。
② 《国学研究院成立大会纪盛》,《厦大周刊》第159期(1926年10月16日)。

上改变几千万海外华人在国际上的地位和形象。

在了解林文庆校长的文化立场、办学理念与实践之后，如果撇开传统史观对文化保守主义的批判，我们会发现那个时代的大学校长都保有自己的文化立场，并将这种个人的文化立场贯彻于大学的教育实践。这与现今大学校长构成了鲜明的对比。今天，我们的校长似乎并不需要太多的思考就能够管理一所大学，让张三或者李四来担任校长并无实质区别，因为每个人都是按照前人习惯的经验和常规来管理大学，萧规曹随、得过且过也就显得理所当然。另一方面，当前的校长在管理大学时，多关注于经费、绩效、招生等技术层面的改进，而对大学理念和教育领导的理解仍然停留在相对肤浅的层面。如果说今天的大学患病不轻，那么这种病灶从根本上说是"文化病"。校园里熙熙攘攘，弥漫着浮躁之风。大学本应是坚守文化的最后一块高地和先进文化的引领者，如今却被贴上了精神虚脱、学术泡沫等反面标签。无怪乎今天我们一边在不停追问为什么培养不出诺贝尔奖级别的大师和敢为天下先的领袖精英，一边着实培养出一大批"精致的利己主义者"，这大抵算是现今大学的黑色幽默。

四、还原"三个事件"真相

长期研究林文庆校长的南洋理工大学李元瑾教授曾言，林文庆有三个有争议的事件：第一，学潮事件；第二，鲁迅事件；第三，任职事件。事件的是非议论隐藏着背后的不朽之道，值得我们拂去尘埃，还原事件本真。

第一，学潮事件。1924年，厦大爆发了一起震动全国学界的学潮。4月6日，林文庆校长在建校三周年庆祝集会演讲中，大力推崇孔孟文化，他说："中国各大学之教授，多注重外国新学说新知识，于中国古来文化则不甚研究。我谓无论大学中学，皆当读孔孟之书，保存国粹。"他认为陈嘉庚南洋经商"最为发达，而其商业发达皆由信用所致"，他希望厦大学生"尊重中国固有之文化,以中国古代之文化为基础,则庶乎近矣"。① 林文庆的一些观点与做法,与当时五四运动以来"打倒孔家店"、提倡科学与民主的时代精神,有明显背离,本来就已经引起一些"进步学生"强烈不满。他们认为林文庆思想陈腐,影响校誉。三周年校庆演讲词见诸上海报端后,立即引发一场风波。4月22日,学生会召开全体学生大会,提议以全体学生名义函请林文庆退位,后来大会未取得一致意见,风波暂告结束。但是,此事成为日后学潮的导火索。一个月后,因林文庆辞退聘约未到期的欧元怀、王毓祥、傅式说及林天兰等四位教师,引起学生更大不满,学生大规模罢课,一部分教师也相继提出辞职,酿成后来震动全国的一次学潮。由此,共有200多位教师和同学激于"义愤",于6月集体离开厦门大学到上海,于1924年9月20日,在上海筹设大夏大学。

其实早在厦大学潮前,1923年春,陈嘉庚在写给集美校长叶渊的信中,曾感叹国立大学学生动辄发动学潮之事。可见,学生闹学潮在当时中国教育界几乎是时代背景下必然之事。学潮后,校主陈嘉庚在《南洋商报》辟诬,除了认为学生不该以发动学潮方式进行沟通外,他也认为,"南洋数百万华侨中,而能通西洋之科学,兼具中国文化之精神者,当首推林文庆博士"。当学生电请陈嘉庚更换校长时,陈回电斥责:"更换校长,权操在我。学生无理取闹,如不复课,即日停膳、停火,驱逐出校。"②

陈嘉庚对于林文庆的信任与肯定,可从后来其在新加坡华侨中学发表演讲谈及学潮事件时再次确认。或许林文庆校长在处理校务或决策时,因行事风格而引发的是沟通问题,但其背后的价值判断正是陈嘉庚对他信任、支持和尊重的根本。林文庆校长始终尽心尽职的忠诚,更成就了他们之间令人羡慕的"忠信关系"。当年学潮事件的是非,也许

---

① 林文庆:《校庆三周年纪念会林校长之演说辞》,上海《民国日报》1924年4月14日。
② 严春宝:《一生真伪有谁知:大学校长林文庆》,第5页。

"学生不像学生"才是真正的问题。

后来,林校长并未因陈嘉庚的支持而疏于改进办学,他仍坚守"止于至善"的精神。为消除学潮影响,经与陈嘉庚商议,林文庆决定重金礼聘名教授,持续推进学校发展。由于学潮,厦门大学的"分裂"固然令人惋惜,但厦门大学和大夏大学同时崛起,何尝不是一件幸事呢?设想一下,如果没有当年的某些历史事件,哪有今日我们津津乐道的牛津、剑桥?又怎么能让我们认识到林文庆校长在事件后展现出的"宽容之心"呢?1930年4月,林文庆校长到大夏大学参观访问,受到原厦大离职教授和学生的欢迎。欧元怀、王毓祥、傅式说亲自接待,前离校学生倪文亚、刘思职、王韬石代表同学作陪。访问期间双方交谈甚欢,1924年学潮中的嫌隙涣然冰释。①

回顾厦大办学历史,"出走"和"分家"已经成为一个值得思考的现象:既有私自"出走",也有有计划的"分家",恰恰这些"分家"和"出走"使厦门大学成为了中国现代高等教育的五大母校之一。据初步统计,厦大共支援了中国至少15所高校的建设,以至于出现了厦门大学的"第二代"或"第三代"大学。

第二,鲁迅事件。鲁迅在厦大四个月,与林校长产生的矛盾是人人皆知的老话题。1926年10月14日,鲁迅刚到任厦大不到一个月,林文庆校长邀请鲁迅在厦大周会演讲,鲁迅在演讲中说了"少读中国书"主义,并说学生应该做"好事之徒"。林校长主持时仅以陈嘉庚正是好事之徒进行阐述,鲁迅不以为然,认为林校长悟不出他要讲的其实是"尊孔冲突"。② 同年10月23日《厦大周刊》第160期刊登演讲大要,删除了"少读中国书"这部分内容,仅描述好事之徒的重要。《厦大周刊》把鲁迅演讲内容删除一大半,两人的矛盾由此开始。

鲁迅后来在《两地书》里描绘了他心目中的林文庆形象:"听说这回

---

① 李福春:《大夏之魂欧元怀》,华东师范大学2008年硕士学位论文。
② 鲁迅、景宋:《两地书·原信:鲁迅与许广平往来书信集》,中国青年出版社2005年版。

我的搅乱,给学生的影响颇不小;但我知道,校长是绝不改悔的。他对我虽然很恭敬,但我讨厌他,总觉得他不像中国人,像英国人。"① 这种个人好恶的批判从贵为"民族魂"的鲁迅先生笔下流出,严重影响了国人对林文庆的认知。似乎我们很少听见林文庆校长对鲁迅的好恶批判,两人因价值观不同引发的矛盾也值得我们思考:到底是辛苦治校的林文庆败给了在厦大仅待四个月的鲁迅,还是鲁迅败给了林文庆? 鲁迅眼里批判的是别人,林文庆眼里修正的却是自己。从立德而言,林文庆的不朽,不言而喻。另外,细究鲁迅对林文庆校长、对厦大的不满,我们不难发现,鲁迅的极端性格似乎很难体谅办学的艰难,因此将板子一股脑打在林文庆校长身上,这也是可以理解的。②

和鲁迅因价值观不同的冲突后,林文庆校长吸取了学潮的教训,能够以大局为重,处理好与教职员工的关系,使广大教职工队伍没有因为鲁迅的离去而出现崩盘的局面。这样的自省能力和勇于担当的精神,确实值得我们学习。似乎每个事件都能淬炼出更好的自己,根本在于自身的"德",唯有拥有根本,才能展现出这样的行为。在当下,我们也许无法明辨最核心的根本,但时间可以帮助我们明辨不朽之道。

从根本上来说,他与鲁迅的矛盾是文化立场的冲突。作为新文化运动旗手的鲁迅,对于传统文化的批判可谓鞭辟入里、入木三分。他在中国的传统文化里看到的更多是"吃人"二字,又怎能对中国传统文化持有"温情和敬意"?③ 中国的出路在于国民性的改造,而这种改造至关重要的是摆脱传统文化的毒害。从鲁迅的文化立场出发,林文庆校长无疑是落后于时代的思想代表,他们不是同一道路上的人,所谓"道不同不相为谋",即便林文庆校长对他持之以礼,但分道扬镳恐怕也不可避免。因此,鲁迅事件从根本上来看,不能简单以是非论。林文庆也

---

① 鲁迅、景宋:《鲁迅景宋通信集》,湖南人民出版社1984年版,第304—305页。
② 桑兵:《厦门大学国学院风波——鲁迅与现代评论派冲突的余波》,《近代史研究》2000年第5期。
③ 钱穆:《国史大纲》,商务印书馆1994年版,第1页。

曾多次尝试挽留鲁迅,1926年11月25日林文庆邀请鲁迅共进午餐慰留后无功而返,隔年1月3日委托刘树杞前往寓所慰留并送聘书,隔天林文庆又亲自前往试图做最后努力,1月9日再次邀请鲁迅至鼓浪屿住家共进午餐,1月13日在鲁迅离开的前三日,再次宴请鲁迅。不过,一切都徒劳无功。①

厦门大学90周年校庆的时候,李敖先生来学校讲座,依旧清晰地记得在建南大会堂,李敖的开场白以开玩笑的口吻说:"你们厦大人不要以为鲁迅先生当年是奔着厦门大学来的,他是奔着许广平去的,厦大只是他投奔许广平的一个驿站。"纵观厦门大学的发展史,我认为,厦大林文庆与鲁迅缺一不可。虽然鲁迅在厦大只是一个匆匆过客,一个半年不足的过客,但他却是林文庆淬炼自己的最好礼物,也使他成就为一位更好的厦大校长。

"过则勿惮改"一直是林校长的座右铭。为了能使厦大更快、更好、更全面地发展,林校长一直渴望大家多提意见。他在1935年秋季的开学式上呼吁广大师生员工:

> 诸位觉得本校有什么地方应该改进的,随便提出来,都可得到改进,无论何人,上自本校各院教授、学生,下至本校工友,都可把学校的缺点随时告诉我,使我知道,并设法改进,我是欣然感谢的!因为我们的学校要有改进,才有进步,要有不断的改进,才有不断的进步啊!②

这样的不朽,正是我们这个时代最需要的精神,也是厦大"止于至善"校训的实践者!

第三,晚年任职事件。最后,不得不说林文庆校长晚年的任职经

---

① 严春宝:《一生真伪有谁知:大学校长林文庆》,第157—158页。
② 林文庆:《林校长开学式训词》,《厦大周刊》第377期(1935年9月30日)。

历,这是林校长面临的最大的人生"灾难"。大多数的描述是:1941年底,太平洋战争爆发,一些公认的华侨领袖早已出走,年逾古稀的林文庆出面组织"华侨协会",在1942年华侨协会举办的仪式中宣读一篇对日本歌功颂德的致词,并筹集5000万元的"奉纳金"。事件表象如上所述,而林校长为何如此作为呢?解答这个疑问需要回到1942年2月15日。

1942年2月15日,正是农历大年初一。这一天,新加坡无条件向日军投降,马来亚战役宣告结束,这成为林文庆人生噩梦的开始。林文庆为了家人婉拒跟陈嘉庚搭船离开,随即找上门来的却是日本人,林文庆一家人被押解到海滩进行大检肃,一路上到处是华人尸体,海滩也挤满密密麻麻的华人,只要曾经反日的一律扫射,鲜血染红了大海。日军司令官山下奉文要求林文庆儿媳妇玛格丽特给丈夫林可胜写劝降书,因不从被杀,林文庆孙女艾菲也惨死眼前。为了保全自己的长孙、林可胜唯一的儿子吉米,林文庆被迫担任南洋华侨协会会长;为了保全所有华侨的性命,被迫筹5000万美元奉纳金。除此外,林文庆也被迫劝降儿子林可胜,父子关系因此决裂。① 然而,日本宪兵也没放过林文庆的夫人殷碧霞,让她跪在高温烈日下四小时,施以羞辱,逼迫林校长就范。②

在日寇的刺刀下,面临家人性命再加之百万华侨性命的威胁,林校长被迫的任职行为,我们该如何评价?而他接任后的忍辱负重,内心煎熬,并背负万夫所指的痛苦,我们又该如何理解?唯有心系百万华侨性命的林校长能坚持。他说:"仅可牺牲我们自己救活后代,或牺牲我们一世,后代万万世不可自私自利。"③对于林校长而言,无法牺牲自己性命保全华侨与家人性命,只能牺牲"一生名誉"保全他人。他这种自我牺牲精神,值得我们深思。而其自我牺牲精神对于厦门大学早已显露无遗,李元瑾教授曾经这样写道:"他也抽空为岛上的富贵人家看病,所

---

① 杨义堂:《抗战救护队》,作家出版社2015年版,第284—294页。
② 严春宝:《一生真伪有谁知:大学校长林文庆》,第258页。
③ 同上书,第252页。

得诊金悉数捐给厦门大学。然而,历史无情……"①目前可以明确的是:林校长出任"伪职"是在儿媳和孙女被杀之后,因为华侨协会的成立日期是1942年6月25日。在任期间,除了采取消极抵抗,他也利用"协会"及其"会长"身份,营救了一些爱国华侨,如"南侨总会"财政李振殿被日本宪兵拘捕后,就是由林文庆保释的。据当时的"华侨协会"秘书陈育嵩回忆,当李振殿被保释出来时,日本宪兵指着林文庆对他说:"呶!这位是你的救命恩人,快上去向他跪谢!"又如古晋侨领黄庆昌等被日本水上宪兵拘捕,也是由"华侨协会"出面保释的。

接任前,我们也可看出林校长并非亲日。1938年"七七事变"周年纪念日,他在新加坡华侨大会上演说:

> 我们华侨纵不踏上火线也应从大处着想,下最大牺牲的决心,出到最后一文钱,尽到最后一分力,把数千万的华侨精神统一起来,整个华侨的力量发挥起来,把各自行动的救国团体联系而调整起来,在羁留政府法律的许可范围内设一最高的救亡机构,计划一完整而有效之策略。②

林校长号召华侨团结,支持祖国抗战,并揭露日寇侵略中国的恶行,16年厦大办学使得林校长更心系中国,除了投入筹款活动,还发起成立新加坡海峡华人中国筹赈会,亲自担任主席,发表各种演说号召人们抵抗侵略。③ 1937年,林校长从厦门返回新加坡,此时儿子林可胜为了组织抗日救护队,把妻小留给林校长照顾。虽经济拮据,但林文庆还是完全支持林可胜的选择。④ 抗战期间,林可胜要在武汉成立战地救

---

① 李元瑾:《梦琴岛上忆梦琴:林文庆重返厦门鼓浪屿故居》,《联合早报》2013年1月12日。
② 严春宝:《一生真伪有谁知:大学校长林文庆》,第255页。
③ 毕观华等:《昭南时代新加坡沦陷三年零八个月》,新加坡国家档案馆,第37页。
④ 杨义堂:《抗战救护队》,作家出版社2015年版,第32页。

护总队,祈请林校长在南洋帮忙发起募捐,为抗战救护贡献钱财和药品等,林校长自豪地说:"这是为了抗战,为了救人,咱们南洋华侨是有捐款传统的,从大清时期的大鼠疫,到孙文的革命,哪一次少得了咱们?"①由此可看出林校长心系中国,为了中国,他可以无私无限付出,如同他为了厦大无私奉献十六载一样。

林校长的儿子林可胜为了在中国成立抗日救护队,把妻小交给林文庆照顾,没想到两人居然在新加坡被日本侵略者杀害。林文庆亲眼看见,痛苦、内疚之心可以想见。战后,英国当局豁免对他的谴责。尽管如此,林文庆对此深感内疚,背负了沉重的十字架,一直在自我反省,从此不问世事,闭门谢客,纵酒豪饮,"一杯在手,人间何世"。这是一个真正儒者的深刻内心,否则也不会有"假使当年身便死,一生真伪有谁知"的慨叹!相信在那个时代有民族精神的人,为了避免同胞受害都会接任这职务。他为全马来西亚200万华侨的安危着想,看似变节,孰谓无德?也许此德更为崇高,相信饱读诗书且坚守文化立场的林校长是清楚任职会给他的人生带来污点,但坚定的"利他思想"让他如此选择,现代社会有多少人能真正"损己而利他"呢?

晚年出任"华侨协会"主席,表面看似是林文庆的人生污点,但还原事情的本真时,似乎也有一种不朽的"利他奉献精神"。"说实话,当时若没有林博士等人虚与委蛇地与日人周旋,则不知还会有多少华人死在日人刀下。"②准确地说,那时的林文庆是为华人社会的利益选择了忍辱负重。看似晚年的瑕疵,却成就了林文庆一生的完美。

1943级旅菲校友邵建寅写了楹联两幅,其一:十六载耿耿乎礼门义路,千百年熙熙矣时雨春风;其二:禾山巍巍怀师德,鹭水泱泱见道心(横批:唯有文庆)。时间会拂去历史的尘埃,让不朽之德再现。我们看到林文庆校长宽容学潮,宽容鲁迅,唯一不宽容的是"自己",面对他

---

① 杨义堂:《抗战救护队》,作家出版社2015年版,第86—88页。
② 程道中:《筹措"奉纳金"的华人领袖》,载李业霖:《奉纳金资料选编》,马来西亚华社研究中心,2000。引自严春宝:《一生真伪有谁知:大学校长林文庆》,第260—261页。

的批判与伤害,以最严格的标准审视自己,反省自己,展现了做人最根本的境界与胸怀,这便是林文庆校长立德树人的根本。

结语:林校长的专业——宽容

直到 1989 年,《厦大校刊》才刊登了"故校长林文庆博士捐赠我校住宅手续已办妥"的消息。2005 年,厦门大学校园内竖立了一座精美的亭子——文庆亭,纪念创校校长林文庆。2008 年 4 月校庆前夕,林文庆的雕塑在文庆亭旁边落成。在一个"不起眼"的位置纪念创校校长林文庆,却在一个最醒目的地方竖立了鲁迅的雕像。鼓浪屿林文庆校长的故居"笔山路 5 号",走在里面能感受到树木依旧高大,庇荫后代,但人事已非!在里面可看到大海,可远眺日光岩,房子外观依旧,似乎诉说着"逝者已矣"。

一种不争的淡定,一种包容的气度,林校长的一生向我们展示着,除了有自己的文化立场和价值观,更有他一生淬炼出的"兼容并蓄",这种精神永存于厦门大学,林文庆校长的不朽,不言而喻。让厦大学子都明白林校长如海的宽容或许是最好的安排,不朽之道长存!林文庆校长的宽容精神,也体现在他儿子林可胜身上。他在日军俘虏收容所曾说:"给他们治病的时候,我就对自己说,别把他们当鬼子,当我们自己的病人,心里就好受些。"[1]4 月的祭祖日,厦大之祖,除了陈嘉庚先生,莫忘林文庆先生。

或许,林校长在世时早就明白后代子孙会如何待他,他在 88 岁生日前夕接受新加坡《海峡时报》记者采访时说,他"是生活艺术的毕业生,主修的科目是宽容"[2]。正是宽容,形成了林文庆的个人底色,也形成了厦大底色。他宽容了大夏大学的"叛逆者",宽容了鲁迅,宽容了这

---

[1] 杨义堂:《抗战救护队》,作家出版社 2015 年版,第 303 页。
[2] Lloyd Morgan,"Singapore's grand old man (88 tomorrow) calls for tolerance in this age of change," *Straits Times*,Oct.17,1956.

些表面上的敌人,而战胜了真正的敌人——自己。这种做人的最崇高之境界、最宽阔之胸怀,不仅是大学校长应有的境界,也是厦大人的胸怀,让他不愧为厦大"创校校长"。

(本文原题《林文庆:创校与寻根》,原载《光明日报》2019年7月8日第11版)

吴庆星：执着的民办大学创办人

作为一位高等教育学人和曾经的大学管理者，关注大学校长的办学理念和执掌经历是我长期的一个兴趣。过去这些年，陆陆续续写了几位大学校长，在我心中，还有几位大学校长是一定要写的，有几所大学是一定要研究的，仰恩大学的创办者吴庆星先生就是其中之一。自三十多年前去仰恩大学开会和二十多年前去该校调研因而结识了吴庆星先生之后，写吴庆星和他的仰恩大学一直是我的一个心愿，因为吴庆星和仰恩大学给我留下了太多的深刻印象和难忘记忆，许多印象和记忆都是我进入民办高等教育研究领域的原始素材。吴庆星去世已经十五年了，虽然十年前已经安排袁礼同学写了博士论文《仰恩大学发展史研究》，但我还是觉得自己要写点儿文字，记录我与吴庆星先生的交往过程与友谊，借此回顾一下我国民办高等教育的发展历程，不失为一件有意义的事。

一、初识仰恩大学

初识仰恩大学，缘于1989年10月第一次赴该校参加一个学术会议。那时我在厦门大学攻读博士学位，对民办高等教育还一无所知。到了才知道，这是一所办在大山里的大学，学校的创办者叫吴庆星。副校长樊琪泉告诉我，吴庆星是一位缅甸华侨，1955年曾作为华侨代表登上了天安门观礼台，受到毛主席的接见。吴庆星是一位成功的企业家，是最早回国内发展的泉州华侨之一。他早年在东南亚做生意赚了钱，改革开放之初，他看准了国内商机，先是在黑龙江做饲料生意，很快就成了有名的"饲料大王"。在成为一位成功的企业家之后,他怀揣"致富乡民,教化乡民"之愿,回到家乡,开启了人生之中最宏大的两件事——在家乡办教育,在家乡办企业。

第一次来到仰恩大学,看到私立大学的一切都感觉新鲜。此时的学校刚刚起步,尽管一开始就是一所本科院校,但藏在闺中无人识。在这里听到的有关吴庆星的各种传说,给我留下了深刻的第一印象。在仰恩听到的第一个故事就是校名的由来。学校之所以命名为仰恩大学,是因为吴庆星的父亲叫吴善仰,母亲叫杜恩,"仰"和"恩"分别取自父母名字中的一个字,以示对父母养育的感恩之心。这恐怕是国内第一所以父母名字命名的大学,如果不知其原因,一定认为这是一个有文化底蕴的校名;如果知道了原因,一定认为这个校名起得妙。仰恩大学还有一个令人记忆深刻之处,那就是矗立在校园大门口由四块大理石做成的校名,一反司空见惯的一个木牌子挂在学校大门的柱子上。

办校之初,吴庆星想办的是大学,但福建省教育厅给国家教委的报告写的是办"仰恩学院",因为当时审批大学,在办学条件、专业设置、教师队伍等各个方面有严格的规定。尽管批文还没有回来,但吴庆星已经得知教育部的批复是"学院",而不是大学。他连夜联系了黑龙江省省长陈雷,请他题写校名。陈省长不知其中玄机,很快为他题写了"仰恩大学"四个大字。吴庆星拿到题写的校名,迅速找石匠镌刻了校名。待国家教委的批文到了学校,镶嵌在大理石上的"仰恩大学"校名已经矗立在学校大门口。地方某官员得知此事非常气愤,于是一怒之下放出话来:"要吴庆星把'大学'两个字拿下来!"谁知他果断地回应:"我就要叫仰恩大学!谁有本事把'大学'两个字拿掉,我奖他一百万!然后我去香港召开记者招待会,告知全世界你们不允许我这个华侨办大学!"鉴于吴庆星放了"狠话",各级政府也就"默许"了这个校名。吴庆星心里想的是:要办就办大学,要办最好的大学,所以一定要叫大学。

之所以对仰恩大学印象深刻,是因为在这里听到了许多体现吴庆星办学远见的故事。其一,吴庆星也像当年的陈嘉庚一样,决定在家乡办学之后,首先把校园周边的几座荒山买了下来,大约有几千亩,在山上种植了许多龙眼、荔枝和茶树。我第一次去的时候,这些果树还很小,不过已经开始结果。如果现在去看,昔日的荒山早已变成了"金山银山"。其二,第一次逛校园,看到了几十辆进口的大巴车停在空地上。我问为什么有这么多的大巴车?学校的人回答说:这是吴庆星的"远见"和"生意经",因为大巴车当时在福建很紧俏,他利用华侨身份,从国外进口这些车相对容易,再转手卖给需要的单位,可以获得很高的利润,这些钱可以用来办学。其三,靠饲料起家的吴庆星,养鸭想必是熟门熟路,他利用毗邻校园的湖边办起了养鸭场,以最低的价格供学校师生享用。其四,为了学校长远发展,吴庆星办学之初就成立了仁合基金会,管理家乡的企业和学校;后来又专门成立了具有财团法人性质的仰恩大学基金会,这应该是国内大学最早的此类基金会。其五,他重视音乐教育,计划成立大学生交响乐团,并派人到波士顿交响乐团学习,希望达到波士顿交响乐团的规模和水准。实际上,体现吴庆星办学远见的故事还有很多,以上仅仅是部分例子。

之所以对仰恩大学印象深刻,还因为校园的选址。学校位于泉州北部马甲镇的山边村,距离泉州大约20公里,当时的道路非常不好,从泉州到仰恩开车至少要个把小时。在过了一个山口之后,就可以看到仰恩大学全貌。远远望去,酱红色的建筑十分显眼,竟有点儿布达拉宫的感觉,尽管此时我还没有去过拉萨到过布达拉宫。学校对面是泉州著名的山峰——双髻山,民间俗称仙公山,因形似古代书写用的笔架,故又称笔架山,是个儒释道"三教合一"的风景区。学校前面有一条河,早期叫乌潭溪,后被修建成了水库,叫乌潭水库,再后来为纪念惠安女在修水库过程中的贡献,又改名为惠女水库。若站在校园的高处或仙公山上往下看,就会看到仰恩大学被一个湖面包围,形状狭长,有如二龙,学校位于二龙中间,呈"二龙戏珠"之状,相传这是块风水宝地。吴庆星对此说法也深信不疑。

之所以对仰恩大学印象深刻,还因为校园的建筑风格和整体设计。

听说吴庆星是一个懂设计的人,整个校园规划和设计都有他的心血和贡献。学校的 LOGO 以及各种办公用品的图案都是他亲自设计的,LOGO 的图案取自仙公山,呈现的是仙公山迎着朝阳,光芒四射,寓意学校如旭日东升,蒸蒸日上,英才辈出。在最初规划和设计校园时,设计师为了给他省钱,提出的设计原则是实用、经济、美观,被吴庆星当场驳回。他认为大学是千年大业,大学建筑是艺术,首先要美观,庄重大气,让人百看不厌;其次才是实用;最后才是经济。他希望自己的校园建筑必须体现大学的内涵、闽南的文化、仰恩的特色。他鼓励设计师大胆设计,不必考虑费用。设计师如遇伯乐,精神为之振奋,拿出了别具一格的设计方案。学校的人告诉我,为此他不惜贱卖当时大有升值空间的美国别墅,最大限度地支持校园建设。在这一点上,他与"卖大厦而办厦大"的陈嘉庚先生如出一辙。

之所以对仰恩大学印象深刻,还因为我第一次在这里看到了塑胶跑道运动场。吴庆星非常喜欢体育,1955 年从南洋中学毕业,他便留在学校的黑猫篮球队担任教练。1956 年他到北京参加了为期一年的新中国第一批篮球教练培训班,接受了严格的专业训练,养成了热爱体育的习惯。因此,在仰恩大学的校园设计中,每栋建筑的楼前楼后都是标准的羽毛球场,就好像到了一所体育学院,这对喜欢体育的我来说,就好像找到了知音。十年之后,他在仰恩湖边建的第二幢别墅里,竟然建了一个标准篮球场,足以看出他对篮球的喜爱。

第一次在仰恩大学看到和听到的都是新鲜的,唯一的遗憾是没有见到吴庆星先生,也没有见到一个学生。尽管如此,吴庆星和仰恩大学给我留下的第一印象大致如下:吴庆星是一位有钱的企业家,是一位有商业头脑的企业家,是一位有家国情怀的企业家,是一位懂得回报的企业家,是一位喜欢体育的企业家,是一位懂设计的企业家。随着后来的多次接触,愈发加深了我最初的判断。第一次在仰恩的所见所闻,激发了我研究民办高等教育的兴趣,在我心中埋下了当代中国民办高等教育的"雏形",我仿佛见到了当年厦门大学校主陈嘉庚的身影。尽管当时的民办高等教育机构都称自己为"大学",但实际上都是以自学考试或国家学历文凭考试为主,具有高等职业教育资格的院校都很少。所以仰恩大学的举办,开创了改革开放之后中国民办本科大学的先河。

二、走近吴庆星先生

我和仰恩大学的缘分起始于1989年,结识吴庆星则是十年后的事了。1997年10月,我从沈阳师院调到厦门大学工作,年底我代表潘懋元老师到北京领取"民办高等教育贡献奖"。参加了这次会议之后,我对民办高等教育有了些许兴趣,潘老师也鼓励我们从事民办高等教育研究。于是在1999年10月,我与谢作栩教授带领1999级博士生去仰恩大学调研。这次与十年前去仰恩的最大不同是带着明确的任务,这是我第一次系统地研究仰恩大学,也是第一次深入了解民办大学。

出发之前,事先与仰恩大学打了招呼,校方表示欢迎。可是我们到了之后,虽然有校领导接待了我们,但依旧没有见到吴庆星先生,校方安排我们住在学生宿舍。时值"秋老虎"季节,天气闷热,没有空调,蚊子很多,有学生觉得我们没有受到应有的"礼遇",想打退堂鼓,我没有同意。我的态度是既来之则安之,我们来这里的主要目的是做调研,不必计较生活条件。我们在仰恩大学紧张工作了一周,加班加点完成了一份调研报告初稿《仰恩十年》。吴庆星看了调研报告十分高兴,他没有想到我们的工作效率如此之高,工作态度如此认真,报告写得如此到位,于是对我们的态度发生了转变,出来见了我们,一再夸奖我们调研报告写得好。就是因为这份调研报告,建立起了我们的信任和友谊。从那以后,我与吴先生的交流也就多了起来,不知不觉成了他的"座上宾"。每当我的学生论文选题做民办高等教育,都会去仰恩调研。

当年11月,我在厦门大学主持召开了首届"全国民办大学校长研讨会"。在会议上我们推出了调研报告《仰恩十年》,反响出乎意料。会议期间,我带领这些民办大学校长实地参访了仰恩大学,学校做了精心准备,吴庆星出面见了与会代表,并详细介绍了自己的办学理念和做法。仰恩大学的办学模式、管理模式和投资模式,尤其是起步阶段就可以招收本科生,令与会的校长们大开眼界。直到这时,这些民办大学校长才知道,十年前在福建的山沟里就已经有了民办本科院校。后来,每年召开"全国民办大学校长研讨会",我都会带与会代表参观仰恩大学。也正是这次会议之后,以西安翻译学院丁祖诒院长为代表的民办大学校长"抱团取暖",不断地向有关部门呼吁,要求开放民办高校举办本科教育。直到六年后的2005年,我国才有了第一批民办本科院校。

随着接触的增多,我对吴庆星回家乡办教育办大学有了更多的了解和体会。吴庆星亲口告诉我:之所以回家乡办教育,最主要的原因是父亲留下的遗愿,希望他在家乡办一所小学,为乡亲们作点贡献,通过教育让家乡和后代摆脱贫困。讲到这里,他一再说"父命难违"。于是在1985年向当地政府提出了办学的想法,起初建的是小学,后来建了中学,再后来建了中等职业学校,最终建成了仰恩大学,整个系统可以称为"仰恩工程",终于实现了父亲的遗愿。另一个原因是陈嘉庚。他说厦门出了一个陈嘉庚,办起了集美学村和厦门大学,他要以陈嘉庚为榜样,在自己的家乡也要打造一个"教育王国",为家乡和祖国尽点微薄之力。

吴庆星说,原本办大学的计划没有那么快提上日程,1987年9月的一个"小插曲"坚定了吴庆星加速办大学的决心。有一天在修建中专教学楼的工棚里和地方官员吃饭,区长感慨马甲镇发展之快,完全是吴庆星对家乡的贡献,以前这里连小学都没有,现在居然建起了中专,实在了不起啊!他听后坚定地说:"中专有什么了不起!我的目标是办大学!仰恩大学!"说做就做,在地方政府的支持下,仰恩大学1987年奠基施工,1988年建成招生,前后仅用了不到两年时间,整个工程都是在吴庆星亲自监督下完成的。吴庆星曾自豪地说:"什么深圳速度,我们仰恩速度才快呢,只花十几个月就建成了!"

当然,说起吴庆星回家乡办学的初衷,也有人表示怀疑,私下告诉我：吴庆星在黑龙江做饲料生意赚了钱,由于1980年代国家严格管控人民币,在国内赚的钱无法转到国外,他便把闲置的钱拿来办教育。他一边办学,一边开办一整套与教育相配套的工厂与实习场所,既办了教育,也充分利用了资金壮大企业,还可以享受到从事教育而带来的免税优惠。这些人的"说法"是否真实,我没有求证于吴庆星。但在我看来,此举无可厚非,只能说他有远见!

吴庆星原以为有钱就可以办大学,可没想到办学过程如此艰难。学校起初是以"仰恩学院"之名挂靠在华侨大学名下,相当于现在的"二级学院",后来成为华侨大学的"独立学院",还是叫仰恩学院。尽管在1988年的时候,他就把"仰恩大学"的校牌矗立在了校门口,而实际上"仰恩大学"的名称是在1992年才获得政府部门认可,从1993年起,仰恩大学才被确立为独立的"办学试点单位"。也是在这个时期,国家教委和省教委决定将所有的校产归还给吴庆星的仰恩基金会。在这五年里,吴庆星凭借个人的独特魅力和执着的争取,克服了当时的种种制度壁垒,才有了自己的大学,有了独立办学权,学校发展走上了快车道,校园后期的建设标准越来越高。在他的苦心经营下,仰恩大学从小到大,从弱到强,一步步树立了自己在民办高等教育界的地位。自从在家乡建了学校之后,吴庆星就把自己后半生的全部精力放在学校上,直接参与学校的具体事务管理。因为管得很细,大家都习惯称其为"吴老板"。

吴庆星是一个典型的爱国华侨,心系祖国和家乡是他身上最鲜明的品格。他常说"没有一个华侨不爱国","不尊重国旗的人,不配做中国人"。1980年代初,他从香港回国,过境时带了一个大箱子,海关人员将其拦住,打开后竟全是鲜艳的国旗!海关人员问:"为什么要带这么多国旗过关?"他回答说:"我家乡在闽南,当地的学校都要挂国旗,但闽南多雨,国内产的国旗容易褪色,所以我从香港带一批回去。"

吴庆星带着朴实的家国情怀,把仰恩大学的爱国主义教育做得有声有色,他的一系列做法超出了我这个大学人的想象,现举几例。其一,学校每天分区举行升国旗、唱国歌仪式,在重大节日或开学典礼上全校集中进行,且有学校大型管乐团演奏。尽管国庆是国家法定假日,但学校要求全校师生放假不离校,连续三天在校参加各项庆典活动,并带动周边乡镇百姓把鲜艳的五星红旗挂在家家户户的门前,一起欢庆国庆节。当吴庆星第一次在学校里落实国庆放假不离校的规定时,有的学生悄悄离开了学校,他知道后让学校马上发通知,要求所有学生当天午夜12点之前必须返回,如果学生真不回来就取消学籍。为保证学生在校四年期间,每年都能一起过国庆节,他还规定6月份毕业的学生要在国庆节期间参加毕业典礼,发放毕业证。一开始大家对此都很不理解,但他坚持认为:"国庆节不仅是一个国家的象征,也应是毕业生与祖国同乐的时刻,这么重大的节日不在一起好好庆祝,怎么能表达你对国家的感情呢?"每年国庆节,学校要举行隆重的毕业典礼,上午八点是在校学生升旗典礼,十点钟开始毕业典礼,学生领毕业证书。以后不光学生回来,甚至有些家长也过来一同参加毕业典礼,由此成为仰恩大学的一个景观。自1999年起,毕业证书在国庆节发放的做法被规定下来,一直延续到吴先生去世之前。因为吴庆星就是想要大家深深记住:国庆就是毕业典礼。

其二,学校还特别规定每年农历正月十五前五天必须开学,因为在泉州,元宵节俗称为"上元小年兜",对一个人一整年的"运势"都有影响,所以他要求全校师生必须回来过元宵节,并作为祖国的新年来庆贺。在元宵节的晚上,学校安排有大型文艺演出活动、游园活动、电影晚会、音乐舞蹈晚会等,并以闽南人特有的方式给全校师生制作"状元丸",即元宵丸,吃完元宵丸又要赏灯花、猜灯谜、演戏剧、观焰火等。吴先生认为全校师生是一家人,岂有家人不团圆之理?

吴庆星身上具有闽南人共有的性格——敢拼、敢闯、敢为天下先。他的"敢劲"和执着既体现在办学之初的一系列做法上,更体现在学校独立办学之后的一系列举措上。例如,在1999年我们去学校调研的时候,我发现十年前山边村农民的旧房子都不见了,农民住的都是崭新的联排别墅。经过询问才知道,这是吴庆星的杰作,他动员村民拆掉老房子，给他们盖了新房子，既改善了农民的居住条件，又扩大了学校用地，改善了校园周边环境，是一个一举两得的举措。再如，十年前的仰恩湖不是很大，于是吴庆星在湖面的下游修了一个水坝，一下子让仰恩湖面积扩大到了500余亩，这应该是我国大学校园最大的湖面。同时，为了有效利用湖面，他斥资打造了十余只龙舟队，在湖面上训练。在世纪之交，仰恩大学基本完成了所有的校园建筑，可以容纳两万人办学。学校的硬件设施如体育馆、运动场、机房都处于福建省甚至国内领先水平。

三、吴庆星的教学理念与实践

吴庆星作为一位在商海打拼的成功企业家，并没有系统的教育理念，在与吴庆星接触过程中，也从没有听他讲过那些"高、大、上"的教育思想，但他的许多想法和做法都令人刮目相看。他对办大学有自己的独特理解，他知道市场需要什么样的专业，社会需要什么样的人才。例如，学校起初设置的四个专业均与自己办的企业相关：因为要养鸭子，开设了动物饲料专业，并从南洋运回来鸭蛋以支持学校动物饲料专业的学生进行实习实训；因为要进行对外贸易，开设了外语专业；因为要兴建工厂和开发房地产，开设了建筑专业；因为要发展制造业、促进当地经济发展，开设了机械制造专业。他一边办学校，一边在家乡创办产业，包括果园、房地产公司、物流公司、屠宰场、羽绒服厂、冷冻厂等一系列附属工厂，所有产业基本形成了一个产业链。但人才稀缺是他面临的最大问题，这才使他办学之初不得不考虑学校办的专业要与自己的产业相关，学校培养的人才要能够用得上。吴庆星办的大学既满足了地方经济的需要，也满足了自己企业的需要，这正是一个企业家办大学的优势——一举两得。

回过头来看，吴庆星的办学理念既是朦胧的，也是清晰的，甚至是超前的。说是朦胧的，是因为他没有说过自己办的到底是什么类型的大学；说是清晰的，是因为他办学伊始，专业就与市场紧密结合；说他是超前的,是因为他的许多想法顺应了时代潮流,把握住了时代脉搏。再如,他重视提高学生的英语能力,用今天的术语来说,就是国际化思维;他重视提高学生的计算机能力,可以称之为办的是应用型大学,培养的是应用型人才。当我们今天高谈阔论办应用型大学、培养应用型人才的时候,他已经提前做了尝试。

例如,针对福建的改革开放相对超前,尤其是泉州地区的对外出口贸易十分活跃,吴庆星要求仰恩大学的学生必须加强英语学习。为此,仰恩大学从办学伊始就实行英语教学"四年一贯制",采用欧美大学的专业英语教材;要求大二学生必须通过国家英语四级考试,大三学生必须通过国家英语六级考试和仰恩大学实用英语六级考试;英语专业学生必须通过仰恩大学专业英语笔试和专业英语口试;学生必须参加每学期举行三次的由班级推荐或学校指定人选的英语演讲比赛和汉语演讲比赛,还辅之以英语角、英语日、英语辅导小组等措施,创造提高学生英语使用能力的良好环境。仰恩大学尤其强调英语的实用性,重视口语交流和商务英语使用能力的提高。尤其令人吃惊的是,学校把学生的外语课程定为 1400 个学时。一位仰恩大学老师认为:"吴庆星很看重外语,学校的总学时是 3200—3500,而用外语授课的课时最多达到两千左右,占到了总学时的 50%—60%。由于国家没有规定高校的英语课时,因而他根据自己的理念设置课程学时。"那时仰恩大学的毕业生就业非常好,厦大教育研究院的一位院友在厦门一家大型国企当人力资源部总监,他说仰恩学生的外语程度超出了他的认知。

再如,吴庆星感受和预见到了信息技术对人才的重要性,他用极高的标准和严格的训练来培养学生的计算机运用能力。仰恩大学实行计算机教学"四年一贯制",学校规定非计算机专业的学生必须在一年级通过本省计算机等级一级考试,在二年级必须通过本省计算机等级二级考试,掌握数据库基本知识与应用,在三、四级学会本专业软件应用,掌握网络技术和编程知识等。为保证计算机教学质量,学校按照四个年级设立不同的教研组,一起议定各年级的教学大纲,明确各自的教学目标和任务。计算机教研部成立后,参照美国斯坦福大学和伯克利加州大学的教学计划,对非计算机专业(文科)的计算机课程进行全面改革,取消之前的C语言课程,增设实用性更强、社会需求更迫切的新课程,如数据库编程技术、互联网技术与应用、网络信息检索技术等,并增加学生的上机课程,比例占到所有计算机课程的一半。当时仰恩大学计算机房配置的电脑比厦门大学还多。

吴庆星认为"落后的教材教不出好学生,只能教出落后的学生",所以,仰恩大学从独立办学开始引进外国教材,采取影印的方式发给学生。当年我们在仰恩调研,看到学生使用外国教材,非常吃惊,因为此时的厦门大学并没有大范围使用外国教材。在借鉴国外教材的同时,学校结合人才培养目标,编写实用性的校本系列教材。到2000年,学校已经有包括《财经写作》《财政学概论》等在内的10部自编教材。仰恩大学要求所有专业的学生都必须学习《西方经济学》这门课,并把这门课当做"通识课"学习。吴庆星认为学生只有打下一些经济学基础,储备一些经济学知识,今后才能适应市场经济。之后,学校又把《西方经济学》拆分成为《宏观经济学》和《微观经济学》两门课,以确保学生可以对经济学中的理论基础和常识有更深入的理解。同时,吴庆星还把闽南人的重商传统融入教学中:开设商科专业,学习商业课程,创设商业文化,培养商业技能。他认为商场如战场,因而又将中国兵家精粹《孙子兵法》列为必修课,让仰恩大学的毕业生能够在创业的过程中立于不败之地。

今天看来,仰恩大学当年在教学上的许多做法都是前所未有的,有的甚至是违背教育教学规律的,但他坚持自己的判断,坚信自己的做法是对的。

四、吴庆星的育人理念与实践

仰恩大学坚持从严治校。吴庆星对学生的要求严格到了极点,对学生的关爱也到了极点。在日常生活中,吴庆星是一个性格直爽、脾气大的人，但他对学生则是既严又爱。有学生回忆道："他严厉起来像个无情的'暴君'，和蔼起来又像慈祥的亲人。"他对教育学生一事乐此不疲，在制定学生管理细则上常常事必躬亲，校园的每个角落都经常会出现他的身影。新生开学的时候，学校不让家长帮孩子把行李搬到宿舍去，要求孩子必须自己搬行李。有的家长趁着保安不注意，偷偷帮着学生搬行李箱，一旦被保安发现马上就会被制止。有时天气炎热，有的家长看学生一身臭汗，就帮着学生洗衣服，如果被保安发现，家长会被当场赶出宿舍楼，因为家长违反了校规。在仰恩大学，开水是保证学生日常饮用的，学生不能用热水洗漱，一旦被发现则又是违反校规……学校的种种严格规定，旨在培养学生吃苦耐劳的品质。为了让更多学生在管理工作中受到锻炼，学校规定学生干部不能"一身二职"。学校专门设置了宿舍楼长、层长、舍长等多种学生管理岗位，给每一位学生提供发展的舞台。当然，学生对学校的严格管理不是很满意，也发生过多次各种形式的抗议举动，宣泄自己在仰恩大学四年所遭受的"压迫"，但吴庆星坚持自己的做法，不向学生的抗议让步。对学生来说，或许在校学习时对学校的"奇葩规定"和严格要求一时有些怨言，但仰恩大学注重素质教育的理念和实践，对他们就业和做人的积极影响也令毕业后的他们深怀感恩，而这些影响甚至可以说受用终生。

吴庆星对教育的理解是独特的，甚至是"好玩"的。例如，他强调大学生的综合素质教育，把体育和音乐教育看成是综合素质教育的主要内容。为了加强学生的体质，他提出体育教学"四年一贯制"，把体育教学与纪律教育、集体主义教育结合起来，要求校园只要有空地，就有运动场，甚至连宗祠门前、宿舍楼下、图书馆旁全是体育场。他要求每年举行运动会，全校师生员工不分年轻年老都要参加，运动会由学生自己组织和管理，连裁判员都有学生。吴庆星要求所有学生在下午第三、四节课一定要到运动场锻炼，并实行点名制度，若发现不参加者，则按旷课处理。他还倡导将军训内容融入到体育课中，以培养学生严格的组织纪律性和集体荣誉感。例如，从2000年4月10日起，每天早晨学生要按时起床,6点半各班级统一集合列队,按规定路线跑步,之后分散进行其他体育锻炼。总之,吴庆星希望通过体质教育让学生养成一种生活习惯,形成一种勇敢的人格,并凝练成为个人独特的品德和气质。

吴庆星十分重视学生的素质教育,要求学生毕业至少会一门乐器,为此仰恩大学于1998年成立了规模庞大且实力不容小觑的管乐团,阵容达百余人。2001年,厦门大学举行八十周年校庆,由于厦大当时还没有学生乐团,仰恩大学便派了一个百余人的乐团前来助兴,在建南大会堂校庆中奏响迎宾曲及厦大校歌,一时传为美谈。吴庆星之所以要求仰恩大学的学生必须学会一两种乐器才可毕业,有他自己的深思熟虑。他有两句朴素的话令校内教师印象深刻:"我为什么要让大家学乐器?人生的路不会很顺畅,你毕业之后会碰到许多挫折,会灰心丧气,如果这时候你有一件乐器拿起一吹,马上就会心情舒畅,就会鼓起勇气。"其二,"我走过世界上的许多地方,看到很多人,他们流落街头,仅凭一门技艺也生存下来了。希望从我仰恩毕业的学生,假如哪一天他失败了,没有依靠,到了人生最艰难的时候,如果还有一门技艺可以让他挺过来,这也是一件很好的事。"他不仅想让学生能在大学阶段体会到艺术之美,浸染在艺术氛围中,还能为学生思虑未来。

仰恩大学遵循"以学生为中心"的理念,为学生全面发展提供舞台。在吴庆星的要求下,凡是可以进行社会化服务的机构,如宿舍、餐厅、书店、邮局等,全部由社会资源进行管理,并鼓励学生参加管理。据老校长官鸣教授回忆:"仰恩大学跟公办学校不同的是,很多事情学生都会自己去做,学生的自我组织能力很强,学校省了很多事。要搞什么活动,学生会自己组织,根本不要很多干部来管事情,学生也受到锻炼。"一个早期毕业生也说:"现在我手下很多人都来自什么名牌大学,现在在我这里打工,我很早以前就学会了组织活动、扩展人际关系。"仰恩大学的学生社团搞得非常活泼,包括文学社、计算机社、集邮社、旅游社等几十个学生社团。一旦需要经费,学生自己去市区拉赞助,很多人听说是仰恩大学的,都很愿意赞助他们,这既是管理制度改革带来的效果,也是吴庆星所讲的"学会做人、学会做事"理念的具体体现。

诚如吴庆星所言,仰恩大学的办学初衷,首先是要为马甲镇的子弟提供良好的受教育机会和条件;其次是要改变家乡面貌,造福家乡,把山边村建设成一个现代化农业基地。因此,吴庆星在办学的同时,还规划了马甲镇的经济发展,通过学校的平台为当地群众宣传科普知识,传授现代化生产技术,让村民通过学习提高致富能力。学校的一系列做法既扩大了学校影响力,又促进了当地精神文明建设,真正做到了学校教育与社会教育相结合。经过多年的努力,吴庆星的家乡山边村从一个生产小组,后来成为生产大队,再后来成为泉州的一个区,他凭一己之力推动了新农村建设和城市化进程,为家乡作出了有目共睹的贡献。

吴庆星坚持把办教育与开启民智相结合,用各种形式履行高校为社会服务的职责。学校附近的王宫庙和吴氏宗祠,是由吴庆星重新修建的。他对中国传统节日非常重视,每年清明都要去宗祠祭祀,以弘扬敬宗睦族的传统文化。在王宫庙里,有给老百姓上课的教室,以宣传科普知识;旁边有戏场,以发扬当地民俗文化;庙边还建有炉灶,让学生体验生活。吴氏宗祠内有三条规定,一是"对父母不孝者,不得进入祠堂",二是"凡有钱的人,都要做慈善事业",三是"违法者不得进入祠堂"。宗祠内还有民俗展览馆,里面摆放着各种农具,有镰刀、锄头、炕头等,馆内四周墙壁上全是爱国主义壁画,如苏武牧羊、岳母刺字等。一座小小的展览馆竟将爱祖、爱家、爱国融为一体。

吴庆星敢为天下先,是一个值得尊重和"书写"的人物,尤其是他与校主陈嘉庚实在有太多相似之处。我没有见过陈嘉庚先生,关于陈嘉庚的认知全部来自书本和在厦门大学工作的体验。走近吴庆星之后,我总是感觉他像是改革开放后的新一代陈嘉庚,现举几例他们相像的故事。其一,他们都有厚重的家国情怀和办教育热情,我把他们这种热情称之为"教育基因"。虽然他们所处的时代不一样,但都建造了自己的"教育王国"。其二,他们都有办教育的韬略、办大学的远见,从校园的选址到校园建筑,再到学科与专业,都紧跟时代步伐。他们自从办了教育之后，都把自己的后半生扑在了教育上，都把学校当成了自己的家。其三，他们不仅是大学的出资人、创办者，还是办学的领路人和掌舵者，他们的办学理念与实践对当时整个民办高等教育都有较大影响，他们都将爱国主义教育和传统文化教育视为培养人才的重心。其四，他们对教育都有痴迷之心，都有自己的独特理解，都把对学生的爱蕴含在高标准的培养目标和严要求的学校活动中。其五，他们对大学校长都十分"挑剔"，陈嘉庚当年聘用邓萃英作为首任校长，邓萃英在外地还有其他工作，无法经常来厦门，所以三个月之后就选了新校长。仰恩大学最早聘任的校长家在福州，周末经常回家，吴庆星认为校长需要"守着"学校，不到一年就找了新校长……他们之间的相似之处实在太多，也许以前没人做过这样的比较，进行这样的比较好像抬高了吴庆星的地位。其实不然，我只是想表达吴庆星与陈嘉庚的相似之处。

吴庆星先生2005年因病去世，我和潘懋元老师听说后第一时间前往吊唁。令人遗憾的是，他走得太突然，没有留下任何遗嘱。在他走了之后，仰恩大学陷入了学校产权纠纷，实在令人惋惜。令人欣慰的是，在他去世之前，整个仰恩工程全部完成了。此外，鉴于他生前曾流露出把自己的墓地保留在仰恩大学校园的愿望，学校及子女满足了他的愿望，在校园给他修了专门的墓地。这让我想起了当年的司徒雷登，也曾希望去世后把自己葬在燕园，但后来因为种种原因墓地落在了出生地杭州。在现代大学中，把墓地放在学校里是很少见的。

吴庆星去世之后，我几次以旅游者的身份去仰恩大学。看着依山面水而建的仰恩大学，雄伟壮观，错落有致，常常思念故人。吴庆星对我厚爱有加，昔日在他的别墅里我们品茗论道，畅谈仰恩大学和中国民办高等教育的前景，"提灯到午夜"是经常的事。最让我难忘的是2002年，我带着柯佑祥博士去仰恩大学调研，在他的别墅里我们一直聊到午夜，临走前吴庆星对我说："大光教授，等我死了以后，这个学校给你算了。我认识这么多人，就你最合适。"每当我想到这句话，不禁心生感佩：吴庆星先生以仰民族之恩为信条，以振兴华夏为己任，以教育救国为使命,以敢为人先为动力,赓续嘉庚精神,绵延中华文脉,"仰"止民办高等教育之巅,"恩"泽时代教育报国之行。

仰恩大学的兴办与发展,在一定程度上是中国民办高等教育发展史的缩影。这所学校充满传奇色彩的成长过程,在某种意义上反映了中国民办高等教育在复兴时期的艰难与阵痛。吴庆星的办学实践对中国民办高等教育来说,既是宝贵的探索,也是重要的财富。当然我也深知,在仰恩大学的创办和发展过程中,不是只有成就和喜悦,也有很多的困境和压力。在拙文初稿完成之后,为了更好地把握吴庆星和他的仰恩大学,我专程去了一次仰恩大学,记录如下:

> 我与仰恩已有30余年的"交情"了。2022年5月21日,再次走访仰恩大学是源于正在写作的一篇文章《吴庆星:敢为的大学校长》,在写作过程中,常常回忆起与吴庆星、与仰恩大学交往的点点滴滴,总想尽可能完美地把仰恩的故事写下来,让更多的人知道"他"的存在。文章几经修改,总是不满意,于是回到文章的最根本出处,到仰恩来找寻记忆与灵感。
>
> 仰恩大学坐落于山林湖水之间,环抱闻名遐迩的仰恩湖,景致清新雅致,被誉为"花园式大学"。从校园位置和环境来看,远离尘嚣,颇有我国古代山林书院之遗风,是一个静心读书、修身养性的好地方。从建筑风格来看,多以红色砖瓦为主,既有闽南的温婉,亦有南洋的风情,还带有西方大学的韵味。我们来的时候正赶上蒙蒙细雨,烟雨朦胧,山水之间,大学之中,朦胧与神秘之感与整个大学隐于山水之间的宁静、与世无争的清雅浑然天成。
>
> 仰恩的"美"与"静",尤其是开阔的五百余亩的仰恩湖,使我想到了冰心在美国就读的卫斯理学院(Wellesley College)旁边的"冰心湖"。因为是午休时间,又逢下雨,校园异常冷清。常务副校长魏杨青介绍说,目前大概有三分之一的宿舍空置,还有很多教室与活动场所闲置,这和学校2012年之后招生数量下降、教师流失

等因素有关,但根本上还是学校的管理体制出了问题,对外没有处理好与政府的关系,对内又未能协调好与教师的关系,学校正面临着发展困境。谈到学校的学生,魏校长还是很高兴,整个学校的学风非常好,学生读书用功,上进心强,例如今年的公务员考试,通过的学生就有六十多人。

结束校园观景,与魏校长聊起仰恩大学发展史。他说多任教育部长来过这里,2021年习总书记来福建考察,在闽江学院动情地用了很长时间讲到了仰恩大学和吴庆星先生,当年总书记作为省长对吴庆星先生的爱国之心及教育情怀十分钦佩,与吴庆星成了朋友。但在吴庆星先生故去之后,学校深陷管理权的"家族纠纷",各项事业几近停滞,学校因此已经沉寂了十余年。魏校长的一个观点我非常认同,仰恩大学已经到了转型发展的关键期,理想的方式就是找一所高校"托管",使学校从家族管理走向公共治理,争取再走出一条中国民办大学发展的新路。当然,这毕竟是我们个人的看法,未来仰恩如何摆脱困境并不是我们所能左右的,惟愿这个学校能够早些走出来。

重回仰恩,再次置身于这所深藏在山水之间的民办大学,深感大学虽在,却不复往日光彩,对今日发展之困局深感痛心。此行还有一个小小的遗憾,那就是因天气原因,吴庆星墓地的看门人不在,只能在门口驻足缅怀故人。虽有遗憾,但更多的是内心深深的祝福:希望仰恩重塑辉煌。

我对仰恩大学的情结,不是一篇文章所能表达的。好在厦大主楼前的那一对石狮子是吴庆星先生在厦大85周年校庆之际送的,每逢路过这里,都会在脑海中闪现他的身影。之所以写这篇文章,是因为吴庆星对教育的情怀感动了我,他对大学理念的认识教育了我,他的一些做法影响了我,促使让我经常思考:什么样的人可以办大学?到底怎么办大学?应该办什么样的大学?如何办扎根中国大地办大学?

潘懋元：高等教育学的中国符号

作为一门学科，高等教育学在中国已经是一种客观存在，它的建立和发展与一位百岁老人息息相关。这位老人就是教育界无人不晓的潘懋元教授，人称"潘先生"。潘老师不仅领导创建了中国的高等教育学，而且在中国高等教育学科发展的40多年里，始终没有退场，一直站在学科发展的最前沿，为高等教育研究指引方向。就符号学而言，符号被认为是携带意义的感知，意义既是符号的特征，也是一种精神象征，它可以通过人物、语言、行为、个性等各种方式呈现出来，潘老师就是一位具有符号意义的学者。2015年6月，在济南大学召开的"潘懋元高等教育思想研讨会暨从教80周年庆祝会"上，潘老师在讲话中说道："《潘懋元高等教育思想研究论文集》中的许多观点和理论，已经超越了我本人的认识水平和思想高度，而我只是作为象征性的'符号'而已。"在潘老师百岁华诞之际，从符号的视角来解读他的高等教育学科建设之路及大家风范，既是我们后辈义不容辞的责任，可能也是很多高等教育学人的期待。

一、高等教育学：具有中国本土色彩的学科符号

在中国高等教育学界乃至整个教育学界，提起高等教育学科，人们都会自然而然地联想到潘老师，他已经成为我国学术界的一个学科符号。

一般来说，一门成熟的学科要有确定的研究对象、相对完整的概念和理论体系、相应的研究方法和比较规范的研究范式等要素。但在中

国社会科学的大家庭中,高等教育学的诞生却是一个例外,甚至是一个奇迹。之所以说是奇迹,是因为西方国家没有这个学科。正如潘老师所说,高等教育学在中国产生,走的是一条不同于其他社会科学的成长道路,它不是基于西方的学术路径,不是基于成熟的学科体系,而是基于中国的现实需要。尽管在国际上找不到先例,尽管它有些不成熟,但却奇迹般地诞生了。这一奇迹既离不开改革开放的大环境,也要归功于学科创始者的个人努力。如果没有潘老师的倡议和推动,高等教育学可能也会产生,但恐怕需要更长的时间。高等教育学从产生到成长再到相对成熟,都凝聚了潘老师的心血,在他的身上充分体现出学科符号的价值,他一直居于高等教育研究的学术中心,始终扮演着学科符号所应承载的拓荒者、深耕者、捍卫者、掌舵者和战略家的角色。

潘老师是高等教育学科建设和发展的拓荒者。所谓拓荒者,意味着开辟新领地。1950年代初,刚过而立之年的潘老师敏锐地意识到,高等教育研究具有不同于普通教育学研究的特殊性,但由于处在特定的历史时期,他无法实现甚至很难表达自己内心的憧憬。改革开放的春风重新焕发了他创建这门学科的梦想,他的直觉和敏感让他觉得时机基本成熟,20余年在高等教育管理领域"摸爬滚打"的经历,更使他坚定了创建这门学科的信心。于是,1978年他在《光明日报》发表了《开展高等教育理论的研究》一文,首次提出应该把高等教育学作为学科来进行建设,并描绘了高等教育学科建设的基本蓝图。机遇往往降临在有准备的人身上,历史给了潘老师这个机遇,他果断地抓住了这个机遇,并很好地运用了这个机遇。潘老师说:"对于创建高等教育学科的过程,可以总结为三条:第一,大势所趋;第二,大家努力;第三,时机成熟。"[1]他始终认为,高等教育学科的产生并非因为某个人的主观意志,而是因为改革开放的大环境,因为高等教育实践"拨乱反正"的需

---

[1] 潘懋元、陈春梅、粟红蕾:《关于高等教育若干问题的思考》,《社会科学家》2017年第2期。

要,因为高等教育自身发展的需要,因为普通教育学想回答而又无法回答一系列问题的需要。这是一个因时而动、顺势而为发展起来的学科。

高等教育学科从起步之初就被纳入学科建制,潘老师功不可没。在我国,任何知识产生之后,最终都要走向学科建制,建立自己的学术共同体,拥有自己的学科组织。学科建制和学科组织既是国情,也是文化,甚至是我国独有的"学科和组织文化",且是一个具有鲜明学科等级的组织文化。西方高等教育研究没有学科建制,那是基于西方的学科文化,也是西方的选择。虽然中国与西方国家高等教育学科的建设路径不同,但异曲同工。拓荒者的使命之一就是在播种时选择时机和土壤以及获得领地的"土地证"。改革开放是时机,土壤是高校,学科建制则是"土地证"。任何拓荒者仅凭一己之力显然无法拓展更大的领地,潘老师的过人之处就在于团结了一批愿意与他共同拓荒的同仁,如华中工学院的朱九思,北大的汪永铨、郝克明,清华的李卓宝,华东师大的王亚朴等。拓荒者选择在哪一块土地上播种,也是一门学问。不难发现,我国最早的高等教育学硕士和博士学位授予单位都是今天的"双一流"建设高校,这些高校对高等教育学科建设起到了积极的示范作用,这就是潘老师作为播种者的智慧。

今天回顾潘老师拓荒的这段历史,似乎可以作如下总结:他以《高等教育学讲座》为读本开启了高等教育学的拓荒和启蒙之旅,以《高等教育学》为教材开启了高等教育学科的"布道"之路,以学科建制为龙头解决了学科存在的合法性问题,以联合为策略团结了一批志同道合的同仁,以学会为抓手搭建了全国高等教育研究的学术共同体,以多学科观点为方法论打开了学科发展的空间。潘老师终于开辟了一片学科领地,这片学科领地成了他毕生经营的事业。这门学科既与他个人的生命融为一体,也与国家发展和建设高等教育强国的目标融为一体,他一直为这门学科坚守,笃行不倦。

潘老师是高等教育学科建设和发展的深耕者。一门学科发展的源泉在于对研究对象发展规律认识的深度与广度,而一门学科的生命力在于遵循和应用学科发展规律来回答和解释现实问题,并对未来作出科学的预测。凡是读过潘老师文章或相关高等教育著作的人都会发现,其文风极简、朴实,具有强烈的现实问题关怀、问题意识和问题导向。从表面上看,这种文风似乎与潘老师个人的教育实践经历有关,但从深层来看,则折射出了高等教育学科的研究范式。正因为如此,他不止一次地呼吁,高等教育研究必须反对"大、空、洋"倾向。"大"就是题目大、口气大,往往"前不见古人",或认为别人的研究一无是处,只有自己的观点、理论才是最新、最正确的;"空"即空对空,依据和结果往往纯粹由理论或想象推导出来,空话连篇,有的甚至连逻辑也不顾,前后矛盾;"洋"就是喜欢搬洋人的话,以壮大自己的声势,有的研究连篇累牍地引用外国二、三流成果,对中国自己的理论建树不屑一顾。从现实的高等教育理论研究看,在部分学者的思维或潜意识里,用西方理论来看待和解释中国高等教育问题,或者用中国高等教育问题来论证西方理论,甚至贴上西方理论的标签,这种现象并不少见。对于这些"食洋不化"的现象,潘老师不止一次地警示,要保持自身高等教育研究的自信,要从依附和借鉴走向自我创新。他甚至毫不客气地指出,"很多青年理论工作者颇有才气,但如果不联系实际,光放空炮,这样的才气是难有生命力的"。[①] 这些批评,与其说是对青年理论工作研究者的期待,毋宁说是对学科发展的担忧。在今天,这种担忧仍值得那些"终日乾乾"的理论研究者"夕惕若厉"。

观今宜鉴古,任何一门学科的深耕都离不开历史。潘老师从自身成长的经历和体验出发,十分重视高等教育史研究。在创立高等教育学科之前,他主要从事高等教育史研究,如对蔡元培和杨贤江的研究等。他一方面强调高等教育研究要古为今用,从历史长河中梳理高等教育问题的本质,"以古为镜,可以知兴替";另一方面,他又批判性地吸

---

① 潘懋元:《高等教育理论研究必须更好地为实践服务》,《高等教育研究》1997年第4期。

收和借鉴国外高等教育研究成果。同时，在潘老师看来，从拓荒到深耕是一个知行合一的过程，是一个离不开实践的过程。王阳明曾云："知是行之始，行是知之成。"如果把"知"看作是对教育规律的认识，把"行"看作是回答和解决中国高等教育的实际问题，那么，潘老师在创建高等教育学科的过程中始终践行着"知行合一"，堪称典范。从"知"的层面而言，他不断地思考理论问题；从"行"的层面而言，他坚持用脚去丈量中国高等教育的实际。他认为，高等教育学应该沿着两条并行而又有所交叉的轨道发展，"其一是高等教育学及其分支学科的建设，逐步形成了高等教育科学的学科群；其二是结合中国高等教育改革与发展实际，为解决高等教育实践中所产生的问题而进行应用性研究。"① 前者在于认识高等教育发展的基本规律，属于教育基本理论研究；后者在于解释和回应高等教育改革与发展过程中出现的纷繁复杂的问题，属于应用性研究。潘老师曾指出，"学科建设与问题研究两条轨道相辅相成：学科建设为问题研究提供理论基础，问题研究为学科建设扩大视野，不断注入新的实践源泉"。② 基于这种认识，他不仅自己践行着知行合一，也号召年轻学者知行合一。潘老师反复强调，高等教育研究必须接地气，坐而论道无助于高等教育学的学科建设。高等教育学科建设的经验就在于坚持实践的、历史的、辩证和发展的观点与方法论。潘老师说："教育理论的源泉有三条渠道：第一条是教育史研究，第二条是比较教育研究，第三条是教育实践经验的总结与提高。这三条源泉的价值比较，第三条最为重要。历史的、比较的所获得的经验和理论，必须结合当前的实际，通过实践经验，才能被确认，从而体现它们的社会价值。"③ 只有深耕，才能收获丰，才能行得远。

---

① 潘懋元：《大学应当研究自己——中国高等教育科学研究的发展与特征》，《大学教育科学》2003 年第 1 期。

② 潘懋元：《30 年来中国高等教育研究的发展轨迹与成就——〈中国高等教育学中青年学者论丛〉总序》，《高等教育研究》2008 年第 8 期。

③ 潘懋元：《教育史是教育理论的源泉》，《河北师范大学学报（教育科学版）》2013 年第 1 期；后收入潘懋元《大学的沉思》，商务印书馆 2017 年版。

潘老师是高等教育学科建设和发展的捍卫者。所谓捍卫者,在于至诚。《中庸》有言:"唯天下至诚,为能尽其性。能尽其性,则能尽人之性。能尽人之性,则能尽物之性。能尽物之性,则可以赞天地之化育。"高等教育学作为一门学科存在从诞生之日起就一直有争议。即使在高等教育学者内部,也有不同的声音,主要是学科与研究领域之争。对于这些争议,潘老师总是以理服人。读潘老师《高等教育学讲座》就会发现,他对于高等教育基本问题的认识,都是在真理越辩越明的论战中不断清晰起来的,也正是这些理论争鸣,推动了高等教育理论研究不断深化。显然,在一定的发展阶段,在高等教育发展规律没有被人们充分认识之前,他能有这样的坚持与勇气,可能不仅仅是因为对教育规律孜孜以求,更在于对高等教育学的"至诚"。因为"至诚",潘老师可以海纳百川。例如,针对研究队伍庞杂、研究水平不高的质疑,他认为,从事高等教育研究需要各种各样的人才,需要研究者有丰富的实践经验,队伍庞杂不一定是坏事,在某种意义上讲是优势,是好事。针对高等教育研究成果不受重视的忧虑,他指出,理论研究向实践操作转化需要一个过程。为此,他曾试图给出这一转化的模式:"基本理论—应用研究(开发研究)—政策(一般指宏观的)—操作性措施(一般指微观的)—实践;或基本理论—应用研究—操作性措施—实践。"[1]针对"高等教育学合法性危机""高等教育学贫困""高等教育研究泛化"等观点,他一方面批评论者无视高等教育研究的主流,只抓住前进中出现的一些小众或消极现象;另一方面他善意地规劝,"学科的发展与成熟不可能一蹴而就,不能因为它现在的缺点与不成熟而一概否定,应该主动承担起责任,为它的成熟献计献策、贡献力量。"[2]在高等教育学科创建过程中,此类例子不胜枚举。对于争议、批评、质疑,潘老师总能给予理性回答、科学应对,他表现出的对高等教育学的呵护情怀,可以用"舐犊情深"来表述。

---

[1] 潘懋元:《关于我国高等教育科学研究的思考》,《上海高教研究》1991年第1期。
[2] 潘懋元:《中国高等教育研究的历史与未来》,《中国地质大学学报(社会科学版)》2006年第5期。

显然，仅仅以捍卫者的至诚还不足以带领学科前行，更不足以把学科带上一个新高度。潘老师又以理论和学科创新者的身份出现，带领学界同仁与时俱进。潘老师认为，"若总是只围绕一个方面即高等教育学的学科建设问题讨论下去，不去接触火热的高等教育实践，就会由于钻牛角尖走进死胡同"。① 从1996年开始，他启动了高等教育的多学科研究，成为国内最早提出并进行跨学科研究高等教育的学者之一。2001年，他组织完成了《多学科观点的高等教育研究》一书，从多学科的视角把我国高等教育研究带到了一个新高度。

潘老师是高等教育学科建设和发展的掌舵者。掌舵者首先要领航，把准方向，将学科带上科学的轨道，还必须时刻清醒和居安思危。潘老师深知高等教育学"物之初生，其形必丑"，因此，他一直对高等教育学科建设和发展进行自我反思和解剖。他很清楚地知道这门学科的先天缺陷，更知道这门学科的发展前景。

曾几何时，在我国社会科学包括高等教育研究领域，依附理论一度盛行。一些西方学者用依附理论来解释中国教育领域的现象，国内部分高等教育学者亦步亦趋，盲目用依附理论来解读中国高等教育的历史和现实。潘老师知道，中国高等教育发展具有后发外生的特点，早期的中国高等教育制度和理论主要从西方引进，带有一定的依附性，这有先天的必然性。但是，由于中国高等教育自身发展的规律和特点，西方理论并不能完全解释中国高等教育的发展问题。例如，根据马丁·特罗的高等教育大众化理论，当高等教育毛入学率达到50%时，高等教育进入普及化阶段，但对于中国这样一个人口大国和高等教育大国来说，这一标准是否适用？对于诸如此类的问题，显然，从西方学者的理论里找不到现成的答案，只能依靠我们自己去探索，去寻求解决问题的方法。潘老师常说，虽然高等教育学有点儿土生土长、土里土气，但我

---

① 潘懋元：《中国高等教育科学：世纪末的回顾与展望》，《天津市教科院报》2001年第2期。

们要把它建成具有中国特色与中国气派的学科。他认为,中国高等教育学科的成功就在于走的完全是一条自主发展之路。

作为学科的掌舵者,潘老师始终不忘初心。在2015年济南召开的会议上,潘老师作了题为《高等教育研究要更加重视微观教学研究》的报告。他首先自我解剖道:"我国高等教育学的研究,开始既不始于宏观的理论,也不始于宏观政策的研究,而是开始于微观的教学过程的研究。但是后来出于适应形势,我差不多放弃了微观的高等学校教学过程的理论研究和课程、教材、教学方法等方面的应用研究。"①为此,他忧心忡忡。因为微观的教学研究是一个浩大工程,"我现在心有余而力不足,希望年轻的教育理论工作者和我的同仁、我的学生,能够重视微观教学过程方面的研究,包括课程、教材、教法,也包括评估,等等。这样才能使我国高等教育研究真正深入到实践中去。"②显然,从一个更广阔的现实背景来看,潘老师这种刀刃向内的自我解剖,深刻反映了我国高等教育研究从外延性发展向内涵性发展的自我转变。重视微观的教学研究,与其说是潘老师对高等教育研究的自我剖析,不如说是潘老师对教育理论研究工作者的"点拨"。潘老师的一席话,犹如棒喝,醍醐灌顶,让当时许多在场的"高足"们汗颜和动容,他们真正看到了潘老师建设高等教育学科的初心。

潘老师是高等教育学科建设和发展的战略家。所谓战略家,在于高屋建瓴,谋划长远的学科建设和发展。潘老师成功地扮演了这一角色。潘老师心目中的高等教育学科图景显然不是一己之局,而是全国一盘棋。他经常引用诗句"一花独放不是春,百花齐放春满园"来看待高等教育学科的发展。他指出,厦大高等教育学科要争做第一,但不要做唯一,"'第一'是我们不懈的追求,也就是说,大家都应该努力成为高等教育研究领域的开创者,但是不要成为'唯一'。'第一'意指领先的、

---

① 潘懋元:《潘懋元文集》卷2《理论研究(下)》,广东高等教育出版社2020年版,第403—404页。

② 同上书,第404页。

有生命力的；'唯一'则是'孤家寡人'，看不到发展前途"。① 正是在潘老师的谋划下，各高校的高等教育学科发展始终在竞争中相互协助，尽显特色。潘老师不仅是一位战略家，而且是高等教育学科建设和发展的设计者。所谓设计者，在于谋大局，谋大局者善成事。很多兄弟单位高等教育学科点的建设有他的贡献，各种高等教育研究期刊的创刊有他的贡献，中国高等教育学会和各地省级高等教育学会建设有他的贡献。例如，从1979年8月开始，为了筹备中国高等教育学会，他奔走了四年，直至1983年5月学会成立。此后，潘老师又考虑"组织一个高等教育学研究会，作为高教学会所属的专业委员会，专门从事高等教育基本理论研究"，这一新的想法得到了中国高等教育学会及广大高等教育研究者的积极支持。经过十年的努力，全国高等教育学研究会于1993年10月成立，潘老师被推选为首任理事长。

高等教育学科创建之初，其学科图谱比较依赖教育学范式，而且是苏联教育学范式。潘老师曾坦然承认，"高等教育学是在教育学基础上创立起来的，特别是在学科初创时期，免不了要参照普通教育学的体系来构建"，"差不多教育科学有什么分支学科，高等教育科学也有相应的三级分支学科。如教育管理学—高等教育管理学，教育史—高等教育史，教学法—大学教学法，教育哲学—高等教育哲学，教育经济学—高等教育经济学，如此等等"。② 然而，脱胎于普通教育学的高等教育学，由于其研究对象运动的特殊规律，在发展过程中早已超越了普通教育学的学科范式和图谱。例如，从高等教育学延伸出高等教育评估学、高等教育结构学、大学生心理学，从高等教育培养对象延伸出高等工程教育、高等师范教育、高等职业技术教育，从高等教育层次和类型延伸出

---

① 厦门大学教育研究院：《潘懋元老师在厦门大学教育研究院40周年庆祝会上的讲话》。[EB/OL].（2018-05-28）[2020-07-01].https://ihe.xmu.edu.cn/2018/0528/c16595a343437/page.htm.
② 潘懋元：《大学应当研究自己——中国高等教育科学研究的发展与特征》，《大学教育科学》2003年第1期。

高等专科教育、学位与研究生教育、留学生教育、民办高等教育、成人高等教育、高等教育自学考试等。这些研究成果显然不是事先勾勒和规划设计出来的,而是高等教育学自身在实践中推陈出新。对于这些学科的发展,潘老师始终抱着支持的心态,他不急于固化这些衍生学科,而是希望这些学科能尽快成熟,支撑高等教育学科群的形成。

二、内外部关系规律:高等教育学的理论符号

在中国高等教育研究领域,提起教育内外部关系规律,人们都会自然而然地想到潘老师,他已成为教育内外部关系规律的理论符号。潘老师对高等教育学科建设始终有一种坚定的学科自信,对探索高等教育规律也始终有一种坚定的理论自信。在创建学科之初,潘老师就有揭示高等教育规律的想法,这就是他在《高等教育学讲座》中提出的教育内外部关系规律。教育内外部关系规律是中国高等教育学的理论标志和符号,也是教育规律的"中国式"表达。有学者认为,"在一门学科的形成与发展过程中,不仅学科体系的构建十分重要,而且学科的基本理论建设也是不可或缺。学科的基本理论与学科体系之间的关系就如同人体的'肌肉'与'骨骼',没有骨骼,肌肉无从附着;缺乏肌肉、仅有骨骼的人体则了无生机。潘老师对于我国高等教育学科的重大贡献不仅在于他率先构建了高等教育学的学科体系,即为高等教育学科打造了一副'骨骼',而且潘老师在高等教育基本理论方面的研究与论述也为高等教育学科的成长提供了充分的思想养料"。[①] 教育内外部关系规律就是潘老师为高等教育理论体系构建的"骨骼",这"骨骼"支撑起了整个高等教育理论体系。因为高等教育是一个系统,高等学校也是一个系统,只要是系统,就存在内外部关系,就存在内外部关系规律。诚

[①] 胡建华:《高等教育学科建设与发展的中国道路——研习潘懋元先生的高等教育思想》,《山东高等教育》2015年第6期。

如此，高等教育或高等学校的一切改革都可以从教育内外部关系规律中找到依据，也可以用内外部关系规律来指导高等教育或高等学校的一切活动。

内外部关系规律是认识高等教育的原点。教育内外部关系规律的提出，实际上是基于高等教育在社会中的价值和功能变化而引发的。在我国高教界，尤其是那些"科班"出身的年轻学者，都习惯于用美国学者布鲁贝克提出的高等教育"认识论"和"政治论"作为哲学基础，解读中国高等教育现象和问题。在此不妨将潘老师的高等教育内外部关系规律与布鲁贝克的"认识论"和"政治论"作一比较，不难发现，他们的理论都属于高等教育哲学范畴，都是对高等教育本质及其规律的认识，但二者显然有所不同：其一，认识的时期不同，后者反映的是世界高等教育尤其是美国高等教育走出"象牙塔"之初的情形，前者反映的则是世界高等教育成熟时期的情形；其二，认识的侧重点不同，后者揭示的是高等教育存在的哲学基础，论证的是高等教育存在的合法性问题，前者揭示的则是高等教育规律，重点反映高等教育如何运行及其功能如何实现。其实，布鲁贝克的思想中也包含对高等教育内部和外部力量的认识，在《高等教育哲学》一书中，他在阐述高等教育政治论基础时发现，到19世纪末，认识论哲学和政治论哲学在美国的大学里是并存的，其中政治论"使高等教育从美国生活的外围变为中心"，[①]这是美国高等教育领域的一次重大变革，在他看来，"在大学与周围社会秩序之间的紧张关系中，这一重大变革不仅受到大学内部的推动，而且也受到大学外部的推动"。[②]在这里，布鲁贝克分别从高等教育内部和外部的视角对高等教育发展进程进行了论述。可以说，布鲁贝克已经认识到了高等教育推力内外有别，但内部和外部究竟如何起作用，他并没有对其进行深入研究，也没有将其提升为理论和规律。潘老师第一次提出并

[①][②]　约翰·布鲁贝著，王承绪、郑继伟等译：《高等教育哲学》，浙江教育出版社2001年版第17页。

揭示了高等教育内外部关系规律,这不仅是对中国高等教育学的贡献,也是对世界高等教育学的贡献。当然,也可以说这是东西方学者的表达方式不同、语境不同,颇有英雄所见略同之感。

内外部关系规律是高等教育学的理论符号。教育内外部关系规律以唯物主义实践论为理论依据,恪守理论解释世界和改造世界的承诺,重视自身对高等教育改革发展的解释力和改造力。统观潘老师的教育理论与教育思想不难发现,他所强调的高等教育思想与教育行动有紧密的关系,与教育内外部关系规律的表达一脉相承。他坚持认为,教育思想可以指导教育行动,同时佐证教育行动的合理性;另一方面,教育思想来自教育行动,又在教育行动中验证教育思想的科学性和适用范围。这体现出潘老师教育理论与教育行动的逻辑一致性,也体现出他重视理论与实际相结合,即理论源于实践、反哺实践的唯物主义实践论取向。

对教育包括高等教育的认识,大致有两种倾向,其一是"就教育论教育",其二是"不就教育论教育"。部分学者容易游离于局部而非整体地看待教育现象,而内外部关系规律的提出恰恰解决了这个问题。揭示教育的规律和本质,不是在教育内外部关系规律的表达世界中打转转、兜圈圈,而是需要走进教育内外部关系规律,更需要走出教育内外部关系规律,形成理论学习与生命体验、感悟世界一体化的格局。潘老师的教育理论和教育思想具有中国传统文化的"时中"境界,既体现了包容,又隐含着与时俱进,形成彼此交互的巨大网络。不善于钩玄提要和提纲挈领,既难以走进他的理论世界,也难以走出他的理论世界,更遑论走进广袤的高等教育世界。

随着时间的推移,高等教育实践的时空变化必然带来高等教育研究的变化和转向,一些新的实践路径和话语不断进入理论世界。尤其是进入 21 世纪以来,我国开始大范围地讨论高等教育内涵式发展、高等教育治理体系和治理能力现代化等新问题,讨论这些新问题几乎都绕不开内外部关系规律。上述问题的表达方式都是典型的中国实践行为和中国式话语表达，自然也只有中国特色高等教育理论才能进行解答。教育内外部关系规律是高等教育的基本规律，它的解释力和改造力可以在宏观层面、中观层面和微观层面展开，需要从教育内外部关系规律的下位规律去寻找解释。这就要求理论工作者对教育内外部关系规律进行进一步的体系化研究，潘老师多次如是说。

从教育内部关系规律的视角来看，内涵式发展也是内部关系规律作用的体现。高等教育内涵式发展在根本上就是一个人才培养问题，人才培养问题的核心是人才培养质量，而人才培养质量问题的实质是人才培养模式问题。人才培养模式涉及资源配置，包括人力资源、制度资源、平台资源（包括学科、专业、课程、实验室、图书馆、实训基地等）的关系处理。在教育内部关系规律的框架内，高等学校的一系列制度安排或教育教学改革，如学分制、主辅修制、转专业制、跨学科专业选课制、教授给本科生上课制等如何抉择，必修课与选修课、主修课与辅修课、素质教育课与专业教育课、本科生课程与研究生课的关系如何处理，以及学科、专业、课程、实验室、图书馆、实训基地等如何建设、为谁服务，都可获得明确的答案。"教育要促进人的全面发展"或"教育要与人的全面发展相适应"是教育内部关系规律的要义。如果一所大学的人力资源、制度资源、平台资源的配置或调整，没有遵循或恪守这一要义，那就一定是偏离了内涵式发展的航道。这样一来，所谓的以人为本、以学生为中心的制度安排或教育教学改革最终难免流于形式。

从教育内外部关系规律的视角来看，高等教育治理体系与治理能力现代化问题，在根本上是内外部关系的建立和协调问题。高等教育外部治理的实质是建立大学、政府、社会或市场之间的关系，也涉及大学的权力、责任和能力的关系，这正是教育外部关系规律的要义。高等教育内部治理就是要处理好一系列内部关系，诸如学校与学院（或学部、系）、学校与职能部门、职能部门与学院（或学部、系）的关系，人才培养、科学研究、社会服务、文化传承创新的关系，学科建设、专业建设、课程建设的关系，大学理念与大学制度的关系，学术权力、行政权力与政治权力的关系,教师权力与学生权力的关系,如此等等,以及与此种种相关的资源配置和制度安排。从某种意义上说,高等教育治理的本质就是关系的重构与协调,高等教育治理体系与治理能力现代化的关键在于建立与大学发展正向匹配的治理结构,形成与之耦合的治理能力。

当前中国高等教育改革发展正在系统推进,而高等教育内涵式发展、治理体系与治理能力现代化位居主旋律之列。到底应当如何推进高等教育内涵式发展、治理体系与治理能力现代化?理论界和实践界都想找到最可靠的理论指导或理论依据。每逢此时,人们最先想到的就是教育内外部关系规律,但鲜有人能够找到教育内外部关系规律与高等教育内涵式发展、治理体系与治理能力现代化的衔接点或契合点,于是有人开始怀疑教育内外部关系规律的解释力和改造力。这是人之常情,无可厚非。与此同时,这也引发了不少理论研究者对教育内外部关系规律的再研究。高等教育是发展变化的,新现象或新问题来源于新实践,而新实践又要诉诸新理论,或者诉诸现有的理论,使现有的理论释放出新的解释力和改造力,否则,现有的理论就要遭受无情的质疑和批判。这是历史规律,也符合知识逻辑。今天回头来看潘老师提出的高等教育学科及内外部关系规律理论,犹如欣赏一幅传统的中国水墨画,"着墨的地方是画,留白的地方也是画"。内外部关系规律是着墨的地方,而在当下,究竟如何解读,则是一种"留白"。如果说内外部关系规律是潘老师着墨的地方,其留白的地方更是给人无穷的想象空间。教育内外部关系规律的提出和解读具有时代意义,其中,潘老师起到了承前启后的作用。他是一位"老式"的学者,又善于接受新思想、新事物,尤其对高等教育中的新事物,他有天然的敏感性,如在民办高等教育、高等教育地方化、高等教育通向农村、应用型本科教育、一流本科教育、中外合作办学、高等教育大众化理论等方面,他的感知往往先人一步。这是否得益于他能够更纯熟地运用教育内外部关系规律来观察高等教育的现实与走势,我们不得而知。但在过去40余年高等教育改革的几乎所有重大命题中,都可以听到他的声音和见到他的思想,这不能不说是一件非比寻常的事情。

三、走出国门:中国高等教育学的国际符号

在中国高等教育研究领域,提起国际化,人们不一定会自然而然地想到潘老师,但实际上他可能是最早把中国高等教育研究推向世界的学者,堪称中国高等教育研究国际化的中国符号。

改革开放后,潘老师担任厦门大学副校长,分管教学工作,同时担起了分管国际交流的责任,而当时国内高校普遍没有专门分管国际交流的副校长。在改革开放后最早走出国门、访问国外大学的我国高教界人士中,潘老师的双重身份可能是最引人注目的,他既是大学领导者,又是高等教育研究者,还是中国高等教育研究的领军学者。所以,在与国外高教界的交流中,他义不容辞地担负了向世界推介中国高等教育研究、促进国际高等教育研究交流与合作的使命。从1980年11月开始,潘老师先后在美国、英国、俄罗斯、日本、泰国、科威特、台港澳等20多个国家和地区,留下了中国高等教育学者的足迹。在这些访问考察和学术交流中,他不仅向世界发出了中国高等教育研究学者的声音,而且增进了中外学者的相互了解和友谊,增进了国际高等教育学术共同体的相互理解,他也因此成为国际上高等教育学的中国符号。在世界有高等教育研究的地方,只要谈起中国高等教育研究,潘老师就不可能缺位。

2020年5月,笔者曾就"中国高等教育研究如何走向世界"这个话题访谈潘老师,主要是想了解他对高等教育国际化的看法和他的国际化经历。潘老师在事先没有准备的情况下,详细讲述了他对高等教育国际化的看法和他的一些国际交流经历。他的高等教育国际化思想以及如何把中国高等教育研究推向世界的想法远比我们所理解的深刻。正是潘老师,在中国高等教育学科起步和发展阶段,让国际同行知道了

这个学科及其发展状况,也知道了潘老师本人。

潘老师的国际化经历主要集中在20世纪八九十年代,十分丰富且富有成效,影响深远。他讲述了许多留痕世界的"第一次"经历,每个"第一次"都有后续的故事。这些第一次的累加,既奠定了他在国际高教学界的影响力,又为国际同行了解中国高等教育打开了一扇窗,同时也建构起了他对世界高等教育实践和理论的感性认知,更打开了中国高等教育研究走向世界的大门。潘老师每一次走出国门,都给国际高教界增添了一个中国高等教育研究的烙印;他走到哪里,就把中国高等教育研究带到哪里。

1979年11月,潘老师作为国家教委组织的中国教育代表团成员,第一次出访泰国、尼泊尔和科威特三国。这次访问重点在泰国朱拉隆功大学和政法大学、尼泊尔特里普文大学、科威特大学等进行了考察和交流。1981年,潘老师作为厦门市代表团成员访问英国卡迪夫市,商谈厦门和卡迪夫两市建立友好城市事宜。潘老师作为厦门大学副校长,向卡迪夫方面介绍了中国高等教育情况和厦门大学的历史与人才培养情况。1987年1月,潘老师应邀参加联合国教科文组织在日本广岛大学召开的第三届亚洲高等教育国际研讨会,在会上宣读了《中国高等教育管理——办学方式》的论文,首次提出中国私立大学必将重建的论点。潘老师早期的这些国际交流活动远远超出了交流本身,他让世界认识了中国的高等教育研究,了解了中国高教界的"潘老师"。据胡建华回忆:"1991年底,我决定东渡日本攻读博士学位,联系了在日本以东亚高等教育比较研究著称的名古屋大学教育学部马越徹教授。攻读博士学位需要推荐信,我发信给潘老师,恳请他推荐。很快潘老师就按照国际惯例将一份英文打印、签字的推荐信寄给了我。当我将推荐信交给马越徹教授时,他提出能否请潘老师再亲手写一封中文信。我只好将这一信息转告潘老师,他欣然提笔又手书了一封中文推荐信。2001年马越徹教授在我以博士学位论文为基础出版的专著《现代中国大学制度的原点:50年代初期的大学改革》的序文中,关于这封推荐信作了如下记述:'我与胡建华相识于90年代初期,现在手头上尚存有一封日期为1992年2月10日的信函,发信者是中国高等教育研究的最高权威、厦门大学高等教育研究所所长潘懋元老师。该信函是潘教授希望我能够接受在他指导下获得硕士学位的胡建华为博士研究生的推荐信。我曾经在原工作单位广岛大学大学教育研究中心的一次国际会议上聆听过潘教授的报告,收到推荐信后,立刻复信表示同意。'马越徹的这一记述充分表达了对潘老师的敬意,称他是'中国高等教育研究的最高权威'。"[1]可见,在1990年代初期,中国高等教育研究已经走向世界,潘老师的学术威望已经享誉海外。1993年9月,在北京大学访问的美国院校研究会原主席、弗尼吉亚理工大学教授玛福(J.A.Muffo)从北京大学高教所听说了潘老师,就来厦门大学拜访。在厦大高教所,玛福看到了众多的中国高等教育研究期刊,惊叹不已,称赞中国是高等教育研究大国。第二年,玛福邀请潘老师赴美,参加美国院校研究会第34届国际年会,潘老师作了大会报告,受到美国院校研究会理事会的热烈欢迎,这是中国学者第一次作为正式代表参加该组织年会。在学术报告中,潘老师详细介绍了中国高等教育研究的现状与成果,并应邀到弗吉尼亚理工大学等高校访问参观,回国后写了《访美散记》一文,发表在厦大《外国高等教育资料》1994年第4期上。正是这次出国,才有了后来厦大教育研究院谢作栩多次参加美国院校研究会举办的国际会议之事。

尤其令人难以想象的是,2000年3月,潘老师以80岁高龄之身应邀去日本广岛大学任客座教授,为期三个月。这不仅体现了日本高等教育界对潘老师个人的尊敬,而且反映了中国高等教育研究的国际地位。天野郁夫说:"东亚高等教育研究与欧美各国相比历史较短,但作为领导者,潘教授既取得了杰出的研究成果,也培养了许多优秀人才。厦门大学作为中国乃至东亚高等教育研究的重要基地之一而闻名,这

---

[1] 胡建华:《潘先生引领我的学术成长》,《江苏高教》2020年第5期。

也是潘教授努力的结果。我再次深切感受到,作为开创者的潘教授所发挥的作用之大。"①

潘老师是世界认识中国高等教育学科的视窗。2002年,挪威奥斯陆大学谢沃(A.Tjeldvoll)准备利用学术休假时间到中国大学访问,研究中国高等教育。他事前征求阿特巴赫(Philip G. Altbach)的意见,阿特巴赫建议说,你想了解中国高等教育,一定要去厦门大学找潘懋元教授。于是,谢沃来到了厦大,进行为期一年的学术研究。在这一年里,他为潘老师的学术和人格魅力所吸引,转而专门研究潘老师,回国后出版了英文版专著《潘懋元:中国高等教育研究之父》(Pan Maoyuan: A Founding Father of Chinese Higher Education Research),使更多的欧美高等教育学者认识了潘老师,了解了中国高等教育学科。也就是从2003年开始,挪威科技大学、立陶宛科技大学与厦门大学三校联合起来,轮流"坐庄",每年召开一次国际学术会议。

潘老师十分重视与联合国教科文组织的交流,与联合国教科文组织亚太办事处的合作十分紧密。1983年,受中国联合国教科文组织全国委员会委派,潘老师赴泰国曼谷参加联合国教科文组织亚太地区办事处高等教育合作计划国际讨论会,提交了《中国高等教育政策》一文并作大会报告,同时考察了菲律宾、泰国的高等教育。1987年,潘老师应邀参加联合国教科文组织在日本广岛大学举行的第三届亚洲高等教育国际研讨会。1988年,他邀请联合国教科文组织统计局局长纳西·蒙托来厦大高教所讲学。厦大高教所的第一次国际会议就是与联合国教科文组织亚太地区办事处联合召开的,1992年,联合国教科文组织亚太地区办事处委托厦门大学举办"东南亚私立高等教育研讨会";1995年厦大又承办了联合国教科文组织和东盟主办的"亚太地区私立高等教育国际研讨会";2000年,受潘老师委托,笔者赴越南胡志明市参加联合国教科文组

---

① 日本东京大学名誉教授、日本高等教育学会首任会长天野郁夫2020年8月2日致潘懋元先生百岁华诞暨从教八十五周年庆贺信。

织亚太地区办事处召开的"亚太地区私立高等教育论坛"。

共同的学术兴趣常能孕育学者们深厚的跨国情谊。潘老师与国外以及台港澳地区的许多学者有多年交往,相互知之甚深,结下了深厚的友谊。如美国学者阿特巴赫,加拿大学者露丝·海霍(许美德),日本学者喜多村和之、天野郁夫、金子元久、马越徹等,潘老师与这些学者的交往时间都长达30年以上。比如,1988年他与许美德结识后,至今仍保持着联系。许美德还曾经专程参加潘老师在家中举行的周末学术沙龙,2008年,许美德在《思想肖像:中国知名教育家的故事》一书中就有对潘老师的介绍与评价:"厦门大学高教所是国家承认的最高水平的高等教育研究机构,这主要归功于潘懋元从50年代中期一直到现在不懈的奉献和追求。"[1]潘老师与阿特巴赫结识于1988年,此后,他们多有交往,阿特巴赫多次到厦大教育研究院访问讲学。与阿特巴赫的交往充分显示了国际学者之间的相互理解和相互信任,关于与阿特巴赫一些学术观点的分歧,潘老师坦率地指出:"我与阿特巴赫教授的一些观点是有冲突的,他认为中国是'后发外生型'国家,在可见的未来只能依附欧美,只能位于学术的边缘。边缘自身不能发光,要靠核心辐射发光,所以对于发展中国家而言就是要好好地接受他们发的光。我说不对,有些东西你们是核心,有些东西我们是核心,我们承认你们在科学技术的某些领域比较有前瞻性,但并不代表你们在所有领域都是如此。"[2]

了解世界是走向世界的第一步,知己知彼方能奠定高等教育研究国际化的根基。在厦大教育研究院(高教所)成立初期,尽管教师人数不多,但为了加强国际高等教育研究,还是成立了外国教育研究室(后改成比较教育研究室),并安排了七名专职研究人员。外国教育研究室

---

[1] 许美德著、周勇等译:《思想肖像:中国知名教育家的故事》,教育科学出版社2008年版第100页。

[2] 邬大光:《时中之圣 方寸海纳——2020庚子年访谈潘懋元老师》,[EB/OL].(2020-06-01)[2020-07-01]. https://mp.weixin.qq.com/s/zdGlYJ-zeT6ZRc9eqFolRw.

在重视欧美高等教育研究的同时,特别确定了东南亚高等教育研究的特色,潘老师提出外国教育研究室的重点工作之一是办好《外国高等教育资料》期刊。《外国高等教育资料》创刊于1978年,是中国最早的高等教育理论学术刊物之一。20世纪八九十年代,高等教育研究的外文文献极其有限,除少量购买外,大量的都是靠外国学者寄赠或高教所教师赴外进修及参加国际会议时获得。此外,我国从事高教研究的第一代学者大多看不懂英文文献,这份学术刊物为他们提供了了解世界高等教育理论进展和实践动态的条件,也成为他们接触世界高等教育的窗口。该刊的涉及面极其广泛,既关注英、美、法、德、日等发达国家,也关注亚非拉的发展中国家,尤其是东南亚国家高等教育。经过20余年的经营,作为重要学术刊物之一,《外国高等教育资料》一度成为国内高等教育研究者案头必备的资料。42年来,这份现在看似粗糙的学术刊物刊发了包括阿特巴赫、欧内斯特·博耶、伯顿·克拉克、马丁·特罗、约翰·杜威、雅斯贝尔斯、天野郁夫、有本章、金子元久等在内的许多国际知名学者的文章,被我国学者大量引用。曾经担任主编多年的陈武元回忆说:"潘老师要求挑选的材料尽可能新,作者尽可能是著名学者,编校质量做到上乘。"当时这份刊物在高教学界很有影响,南京大学在2000年创办CSSCI来源期刊目录时,《外国高等教育资料》排在教育类第16位,在比较教育研究杂志的排序上仅次于北师大的《比较教育研究》。可惜,最终由于是内部刊物而无缘进入CSSCI来源期刊目录,成为学科建设之"痛"。

国际化既是学者个人的自觉选择,又是学科走向世界的必然选择,还是学术组织和学术系统的内涵与品质。潘老师从来不把自己走进世界的行为看作是个人的"特权",而是作为厦大教育研究院和中国高等教育学科发展不可缺少的内容。厦大教育研究院创办之初,潘老师曾为其制定了国际化战略,提出"三步走"的发展战略,其中,第三步最初是开展高水平研究,进入21世纪后改为国际化战略。在潘老师看来,高等教育学的学科建设和发展,离不开国际化这个话题。他鼓励青年教师赴国外进修访学,支持青年教师和硕博士生到国外高校攻读博士学位。他凭借自己与国外学者的深厚友谊,介绍了很多师生赴美国、英国、加拿大、日本、比利时、荷兰等国大学攻读博士学位,还与国外学者联合培养了多名博士生和留学生。在他的努力下,厦大教育研究院建立了常态化的国际学术交流机制,定期举办国际学术研讨会,开办暑期国际化课程,安排专门预算资助师生开展国际学术交流。

潘老师的足迹遍布世界20多个国家和地区,他既是一座桥,搭建了厦大与世界、高等教育学科与世界,乃至中国与世界的联系渠道;又是一盏灯,照亮了中国高等教育研究前进的方向。在与世界握手的过程中,他和专家学者对话,以不卑不亢、不矜不伐的姿态讲述着中国高等教育的故事。潘老师的国际化经历及他在国际高教界的声望,为厦大乃至中国第三代、第四代高等教育研究者铺设了一条路,打开了一扇窗。他始终以平等态度与国际学者交流,展示了对中国高等教育与高等教育研究的自信。正如他所说,"中国的高等教育历史很长,我们有我们的系统,古代书院和国子监就是我们的传统;中国的高等教育学虽然土生土长、土里土气,但是具有中国特色与中国气派;中国的高等教育必须走国际化发展道路,但必须建立在民族化的基础之上。高等教育国际化是必然的趋势,国际间的不平衡也是客观存在的,但国际化并不意味着放弃民族化,而是建立在民族化基础上的国际化。如果丧失了民族的整体意识,不能让我们优秀的民族文化参与到国际交流的平台,那就不是真正的国际化,只能是西方化,甚至是殖民化。在国际化进程中,发展中国家要争取成为国际交流与合作中平等的一员。"[①]潘老师在世界高等教育的留痕过程,就是他作为中国高等教育学符号被认可、被接纳的过程。

[①] 邬大光:《时中之圣 方寸海纳——2020庚子年访谈潘懋元老师》,[EB/OL],2020-06-01/2020-07-01.https://mp.weixin.qq.com/s/zdGlYJ-zeT6ZRc9eqFolRw。

四、先生:教育家的身份符号

在中国教育界,一提起大师级的学者,人们一定会自然想到潘老师,他已经成为中国教育家的身份符号。

改革开放之后,年近花甲的潘老师迎来了学术生命的青春期。他在100年的人生旅程中,从教85年,在厦大从教近80年,交出了一份让祖国满意的答卷。潘老师常说:"我一生最欣慰的是,我的名字排在教师的行列里。"在厦大教育研究院,极少有师生称他"潘老""潘教授",而普遍尊称"潘老师",在厦门大学乃至全国高教界只要有人称"先生",那一定是指潘老师。有弟子回忆说:"两年半硕士、三年博士读下来,耳濡目染中,'先生'在我头脑里似已成为一个具有特指意义的符号固化下来。"在厦大教育研究院,潘老师是全体师生的"总教头",无论是谁的学生,他都会像对待自己的学生一样;在全国,无论哪个学生或学者求教于他,他都不会拒绝,以至于兄弟单位的学生和同行到厦大调研或访学,都用"朝圣"一词来形容求教于潘老师。

有教无类,聚天下英才而育之。潘老师的弟子能遍布全国且大多数学有所成,与其潜心教书育人密不可分。如果说含辛茹苦地创办高等教育学科,是潘老师作为学者的一座丰碑,那么,春风化雨般培育莘莘学子,则是潘老师作为教师的一枚勋章。潘老师为我国高等教育事业培养了大批优秀人才,既有国家教育行政部门的业务领导,也有高校的党政管理干部;既有高教研究学者、教师,又有各类高校的一线管理者……无论是哪一类"工种",大家基本上都从事与高等教育教学、研究和管理密切相关的工作,追求着高等教育未来的美好愿景。究其原因,不只是因为高等教育学的学科魅力,更是因为潘老师对高等教育事业的热爱与执着,已化为一种割舍不掉的情愫,源源不断地注入每一位学子的骨髓,这是一种人格魅力的鲜活感染,是一种高教志业的薪火相传。潘老师不仅聚天下英才而育之,而且化腐朽为神奇,将高等教育学科的种子洒遍华夏大地乃至世界各国。他常常关注来自中西部地方本科院校、民办院校、高职高专和发展中国家教师的学习需求,对他们迫切的知识渴望总是"网开一面",热情有加。他总是以更广的视野、更高的境界、更大的气魄不拘一格地选拔人才,运用多元帮扶、多措并举的形式,帮助众多有志于进入高等教育领域学习的求学者打开了一扇扇崭新的大门,拓宽了他们的研究视野和渠道。不唯身份重能力、不唯资历重潜力、有教无类的选拔方式为广大学子打通了走进"象牙塔"的途径,也让高等教育学种子撒遍全国。

诲人不倦,循循善诱,潘老师身体力行播育高等教育之林。人们常常将教师比喻为"园丁",高等教育这片森林之所以能够枝繁叶茂、欣欣向荣,正是源于像潘老师一样的学者数十年如一日地辛勤耕耘。我们仿佛可以看到,一位年逾百岁、白发苍苍的老者以笔墨为锄头,以热忱为营养,俯首大地,勤勤恳恳地耕种,一心只为高等教育学林枝繁叶茂。

因材施教是潘老师的育人之道,他总能从学生的实际情况出发,敏锐且准确地抓住每位学生的个性特征和学习需求,并根据学生的学习经历和专业特长,调整教学的深度、广度、进度,以适合学生的知识水平和接受能力,更鼓励他们探索感兴趣的研究领域。他不仅注重教师的单向传授,更倾向在探讨、研究和解决问题的"双向互动"中碰撞、融合,达到教学相长。师生平等关系下的密切互动,更加紧密地构建了学术共同体的存在。师生为了共同的价值理念、目标或兴趣,共同从事学术研究和传播,探寻学术真理和奥秘,是潘老师心中的美好夙愿。他一生遵循,一生坚守,也一生践行。"聚是一团火,散作满天星",因材施教的理念背后,是潘老师对每一位学生所散发的光和热的信任,也是他对每一位学生身上隐形能量的肯定。他为当下的高等教育选才,更为高等教育的未来储才。

潘老师的教学是"活的教学",在有形无形之间让学生的灵魂得到升华。凡进入教育研究院的师生都记得,潘老师每年都会给入学新生上第一堂课,每年也都总会有这样一个话题:进入研究生阶段学习,你是拿文凭,还是做学问?对于这样一个人生话题,许多人在多年之后才会明白。然而,时光已逝,在明白之后已不知道当时是如何回答的了,真是"此中有真意,欲辨已忘言"。在每年的课程开始前,他都会认真地补充和修改讲义,完善要求学生研究的选题;专注地倾听每一名学生的专题研究报告,对每名学生的教态,包括仪表、声音、PPT 的设计、时间的分配等提出具体要求;密切关注每一名学生的论文选题和研究方向,在例行的周末学术沙龙上不经意地点醒梦中人;坚持带领学生参与社会实践和实地调研,在要求学生体验高等教育理论意义的同时,教会学生认识高等教育实践的方法;积极鼓励和资助学生参加学术会议、出国访学……他的一丝不苟不仅是其"时中"性格的使然,更是他对所挚爱事业的敬畏驱使。他是老师,但更像引路人,潜心带领着后辈前行。他是老师,但更像母亲,悉心呵护自己的孩子茁壮成长。

大爱无疆,上善若水,潘老师用人格魅力灌溉着高等教育未来之花。三尺讲台,诉不尽潘老师对教育的挚爱。2017 年,97 岁的潘老师选择全程站立为本科生讲授《抗战时期的厦门大学》,他追忆 76 年前自己作为本科生上课的点滴往事,模仿抗战时期萨本栋校长的一举一动,站在本科教育的基点上展望未来。在很多大学"仰望蓝天"而把本科教学看低的时候,他站在本科教学的讲台上,为大学的"本"源而来,侃侃而谈却又深入浅出,像是对我们说:"我们就是要站在这儿!"2020 年 6 月,百岁的潘老师进行云端授课,与来自全国各地的 4 万余名师生互动交流。他与最时髦的教育技术握手相拥,为中国高等教育内涵式发展提供解题思路。

春风化雨,润物无声,写不尽潘老师对学生的大爱。潘老师对学生的关爱如同父亲一般,对后辈更有一种爷孙般的"隔代亲"。这是潘老师作为师者的一种本能、一种责任、一种使命。教育家马卡连柯曾说:"没有爱,就没有教育。""爱生如子、爱生乐教、爱满天下"是对潘老师育人之道的生动诠释。因为有爱,所以平凡的教书育人工作有了生命和灵魂。他会为学生在刊物上发表文章而感到高兴,会和远在海外的学生视频交流并送上嘱托,会牵挂毕业生的就业和家庭,会把自己的积蓄和奖金拿出来设立"懋元奖学金"以支持学生安心求学,平时还预备专项资金资助有需要的学生……潘老师对学生的爱是无私的,这种爱绝非仅仅只是迁就、宽容,它渗透着对学生的严格要求。

坚持是一种品格,关心总在细微处。几十年如一日,无论阴雨绵绵,还是艳阳高照,如无特殊情况,潘老师一定会准时出现在每周一上午的学术例会上。无论报告者是硕士生还是知名学者,他都会全神贯注、记好笔记,并提出思考和点评。他对学生从不吝惜褒奖和肯定,对青年学者毫不避讳提出批评与建议。他像一棵树,始终和后辈们站在一起,为他们提供庇护,也提供清凉的慰藉。对于学生的学位论文,潘老师会让学生将初稿打印出来,自己用红笔逐字逐句地进行修改,密密麻麻的修改意见往往令学生在羞愧中迸发奋进的力量。对于学生的课程作业,潘老师在打分之前都会仔细地阅读并且写好修改意见,使其在修改之后能达到发表的要求。细微之处见精神,寻常之处见功夫,一笔一画、字里行间无不体现出潘老师爱岗敬业、严谨治学、学识渊博、关心每一个学生成长成才的拳拳之心。学生毕业后,潘老师仍然关心学生的成长。有学生当了领导,他会给他们打电话,要他们在繁杂的行政事务之中不要放弃高等教育研究;有学生毕业后从事与专业无关的工作,他或者帮忙留意合适的工作机会使他们能够回归高等教育研究,或者帮助他们结合自身的优势选择合适的研究方向。

学为人师,行为世范,潘老师用一生书写着大写的"人"。潘老师是"学为人师"的楷模,心无旁骛地用一生的至诚推动高等教育学扎根中国大地,汇入世界洪流。他是"行为世范"的代表,尽心竭力地用一生的践行书写大写之"人",成就大写之"人"。他用双脚和拐杖丈量中国大地,也用心胸和见识反哺人生哲思。有力量,有召唤,有感动。他在一言一行中传递温柔而坚韧的力量,在一举一动、一颦一笑中给予支持和依靠的臂膀。他对高等教育之爱,一如他对晚辈学生之爱,热烈而深沉,无声而无疆。潘老师不止一次地说过:"假如有来生,我还愿意当老师。"桃李不言,下自成蹊。在厦大教育研究院,到目前为止,潘老师直接、间接培养了1085名高等教育学研究生,其中,硕士759名,博士326人,他们如星星之火分布在全国乃至世界各地,活跃在高等教育研究和管理的一线。他们携带着潘老师播下的火种和爱生育人的精神,耕耘在中国高等教育学科的辽阔沃野上,承前启后,继往开来,书写高等教育学更加美好的明天。

有人曾把潘老师形容为"时中之师",其实,他就是从汕头时中中学走出来的"时中之子","时中"既是他的品格和出身符号,也是他的高等教育思想和理论的根基,更是他从事高等教育研究的世界观和方法论。他从教以来始终保持着"时中之师"的风范,在学术研究上始终恪守"时中之道",真正做到了一个学者应有的"时中之境"。在我看来,"时中"是理解潘老师为人、为师、为道的重要切入点,他的高等教育思想体系中深深隐含着中华优秀传统之正道;他的百岁人生,时时彰显着中国传统文化的精神魅力。任何人都很难与时间抗衡,可潘老师偏偏在与时间赛跑。潘老师对我国高等教育学科的贡献有目共睹,把他称为高等教育学科的中国符号恰如其分。他是中国百年教育的见证人,他百年受教、从教、研究的经历,正是中国百年教育包括高等教育的真实写照,也是中国百年教育的活教材,是一部观测中国百年教育的探照灯。他的人生不仅仅穿透了中国百年教育的历史时空,而且像一条金丝线,串联起中国百年教育的点点滴滴。他几十年如一日,谦虚勤勉,孜孜不倦,捧着一颗心来,不断求索高等教育的发展规律;中国高等教育研究,幸有潘老师;作为弟子,有师如此,夫复何求?

(本文原题《潘懋元:高等教育学的中国符号》,

原刊《高等教育研究》2020年第7期)

李放:黑土地上的守望者

2013年2月23日,李放老师迎来了90寿辰。弟子们从全国四面八方赶来参加先生的生日聚会,一曲《生日快乐》把先生的寿筵推向了高潮。一位学生把一幅"明师以诚"的书法作品送给了李老师。当我受邀撰写李老师的教育思想这篇文章时,突然想起了这幅字,"明师以诚"不就是李放老师学术贡献和育人之道的完美总结吗?李放老师从事教育活动60余年,当过小学、中学和大学教师,可以说是"毕生化育"。在他毕生的教育实践和研究中,他信奉"学然后知不足,教然后知困",在他看来,"知不足"既使人茫然困惑,又催人上下探索。李老师将"不用扬鞭自奋蹄"作为人生理念,以"凿石取玉,剖蚌求珠"的精神践行了一位教育家"传道、授业、解惑"的使命,也诠释了"毕生化育"的真谛。

一、李放老师的教育贡献

李放老师的教育经历十分丰富,从小学、中学到大学,几乎涵盖了我国教育体系的所有层次。他的全方位教育体验,为后来从事教育研究奠定了扎实的根基,他的教育感悟既来自教育实践,又高于实践。他一生的教育研究,从最初的小学工作总结,到"教育是社会上层建筑"的理论文章,实现了一个教育家应有的蜕变。在小学,他当过班主任;在中学,他做过教导主任、宿务主任和副校长;在大学,他从教员做起,先后做过教研室主任、教务处副处长、系主任、研究所所长。毕生化育是他一生的真实写照。这种老一辈教育家的教育轨迹,也是今天新一代教育研究者最缺乏的教育经历。

与年龄相近的我国教育学界其他老先生相比,李放老师可能是一个极为特殊的"案例"。他毕业于通化师范学校,这是一所专门培养小学教师的中专学校。按照今天的观点来看,李老师属于自学成才,可他最终走向教育体系的最高层次,成为一位大学教授。中师毕业后,他任小学教师三年,从班主任做起,小学的课程几乎都教过。面对"复合班"和"男女合班"的学生,他进行了"打擂式"教学实验,并根据一年的实验,完成了人生的第一篇教育研究论文《关于"打擂式"教学实验的总结》,刊发在《泰东日报·副刊》上。后来他到中学工作,初中和高中的语文都教过。他30岁的时候就开始做中学副校长。1955年底,他以中学副校长的身份被选送到北京的中央教育行政学院学习一年,毕业后分配到辽宁教育行政学院任教,1957年调入沈阳师范学院,开始了高等教育生涯。

李放老师的教育之路始于中小学,这是一条实践之路。正是中小学的教育实践使他坚信:在教育实践中寻找理论的支点,是一个教育研究者的根基,这也成为他后来从事教育研究的座右铭。李放老师的教育实践与贡献主要体现在如下几个方面。

(一)创建沈阳师大教育系、教科所,是该校教育学科奠基人

"文革"之后,教育科学研究百废待兴,在李放老师等人的倡议下,1978年,沈阳师范大学恢复教育研究室;1980年,教育研究室改建为教育科学研究所,李放老师为首任所长兼党总支书记。从成立教科所开始,不到五年时间,沈阳师大的教育学科就已成为学校的优势学科。1982年9月,教科所开始招收教学论方向硕士研究生;同年,受辽宁省高教局委托,教科所负责在辽宁省各高校招收84名学员成立德育班。1983年,教育学科获得了硕士学位授予权,这是沈阳师大第一个硕士授权点。1985年,沈阳师大成立教育系,实行系所合一建制,当年开始招收学校教育专业第一届本科生。短短几年内,在李老师的带领下,沈阳师大的教育学科基本建成。1984年5月,沈阳师大的教学论被评为省属重点学科。

李放老师从建所之初,就让沈阳师大这个名不见经传的研究所走上了快速发展的轨道:制定中长期发展规划,引进人才,出版刊物,组织学术报告会和科研工作会,搭建各种学科平台等工作。因其学风朴实,教学与科研并重,吸引了一批有志于从事教育科研的年轻学者,培养了一大批硕士和博士,活跃在全国各高校。也正是从这个时候开始,我知道了一个研究所应该具有的职能和架构。"山不在高,有仙则名",李放老师就是沈阳师大的"教育之仙"。

(二)辽宁省高等教育研究的"传道人"

在辽宁省高等教育界,提起李放老师,几乎无人不知,无人不晓,他在辽宁高教研究起步阶段所发挥的作用,无人可替代。李放老师被称为"辽宁高教研究教务长",这是当时辽宁省高教局李冀局长给李放老师的"头衔"。1979年底,辽宁省开始筹建高等教育学会,李冀局长要求"辽宁高教学会要像当年办抗大一样,把全省300多名来自不同专业的首批高等教育专职研究者在实践中培养成既能肩负当前重任,又能发挥承上启下作用的辽宁首批高教研究骨干",并"钦点"李老师为"辽宁高教研究抗大"的教务长。李老师不负重托,奔走于全省各高校之间,开讲座,组织学术研讨会,"以省高教学会为纽带,以《辽宁高教研究》期刊为阵地,以各高校高教研究所(室)为教学点",引导大家确立正确的教育科研思想,遵循"从实践中来,再回到实践中去"的科研路线。功夫不负苦心人,在李老师与各位同仁的共同努力下,这300多人成为了"一支承上启下的辽宁第一代高教研究骨干队伍"。1980年代,全国高教研究刚刚兴起,辽宁省高教学会的工作享誉全国,李老师功不可没。

(三)沈阳师大和辽宁教育研究刊物创办人

李老师对学术刊物十分重视,把学术刊物看成是一个学术机构不可或缺的研究平台和标志。因此,在主持教科所工作之初,李老师于1980年创办了沈阳师大的《教育丛刊》(内部刊物)并任主编,这是国内最早创办的教育类学术期刊之一。由于经费的制约,该期刊印刷十分朴素。但在当时，能够拥有一份学术期刊，是非常不容易的。当时的《教育丛刊》拥有一支堪称"豪华"的作者队伍，潘懋元、张焕庭、孙喜亭、黄济、王逢贤、王策三、陈信泰、陈景磐、陈桂生等国内知名学者都踊跃投稿。《教育丛刊》一直办到1989年第三期，后由于经费困难，难以为继，只好停刊。我还清楚地记得，我的第一篇文章就是发表在《教育丛刊》上，该文是我的一篇外国教育史作业，任课老师看了我的作业之后，认为可以投给《教育丛刊》。李老师看了我的文章，帮我进行了文字修改，又提出了修改建议，最终得以发表。

1982年，李老师又协助辽宁省高教局创办了《辽宁高教研究》，作为第一副主编，主持该刊到1993年底，共11年。当时的《辽宁高教研究》虽然是省高教学会的会刊，但编辑部其实是放在沈阳师大教科所，编辑部主要人员都是教科所的研究人员。直到1994年，编辑部才归辽宁省高教所，也就是从这一年开始，李放老师任《辽宁高教研究》顾问，退居二线。1998年第4期是《辽宁高教研究》创刊第100期，为此，李放老师作为创办人之一，撰写了《从辉煌走向更大辉煌》的纪念文章。之后，李老师完全退出了刊物工作。100期刊物，近千万字的成果，凝聚着他和同仁们的心血。在他看来，参加此项工作，是一位教育工作者义不容辞的责任。

从80年代到90年代中期，李放老师不仅对《教育丛刊》和《辽宁高教研究》作出了自己应有的贡献，辽宁高教研究界的每一本著作和每一篇文章，几乎都有李老师的贡献，他是用自己的全部心血，在培育整个辽宁的教育学科。

（四）参加全国"反修·批凯"写作组

1955年秋天，李放老师作为中学优秀校长，以调干脱产学习的形式，被省教育厅选送到中央教育行政学院，师从苏联专家，学习凯洛夫教育学一年，成为我国教育科学领域第一批苏联专家的弟子。正是在此阶段，他开始系统地接受教育科学的训练，走上了科学的教育研究之路。学成归来后，李放老师被分配到辽宁教育行政干校当教师，1957

年调到沈阳师范学院担任讲师和教育教研室主任。

1964年底,受中苏关系的影响,教育界出现了"批凯洛夫"运动。为了做好理论上的准备,中央委托教育部在国家层面成立"反修·批凯"小组,即理论写作班子,在全国范围选调专家,每个省选调一位学者参加"反修·批凯"小组,共成立八个组,教育是其中一个组。李放老师被选中参加教育组,在北京工作近一年。"反修·批凯"小组的成员几乎都是当时国内研究教育的著名学者,如华东师大的刘佛年先生、南京师大的张焕庭先生、厦门大学的潘懋元教授等。李老师在整个"反修·批凯"小组中属于年轻人,也正是通过参加这个小组,他结识了一大批国内顶尖的教育学者,国内同行也通过与李老师的接触,了解了他的学术水平和为人。自此,李老师进入了国内教育研究顶尖学者的圈子,为他后来的教育研究提供了诸多的方便和机遇。回顾当年参加"反修·批凯"小组的经历,李放老师认为,这是一个历史的笑话,他作为我国第一批苏联专家培养的学生,到头来又要参加批判"老祖宗"的运动。实际上,李放老师的教育理论功底,既得益于师从苏联专家学习凯洛夫教育学,又得益于"批凯洛夫"运动。也正是这段经历,促使他在后来的研究中,一直坚持理论联系实际,反思中国教育的特殊性,倡导走自己的教育研究之路。

(五)《中国大百科全书》"教育"总词条起草人

改革开放之后,国家决定编写《中国大百科全书》,其中,《教育》卷的主要参与人大多是当年"反修·批凯"小组的成员。编委会主任是董纯才,副主任是刘佛年、张焕庭等。张焕庭先生领衔撰写"教育"这一总条目,接受任务之后,他想到的第一个人就是李放老师。李放老师欣然接受了任务,从起草提纲到最后统稿,全程参与了此项工作,前后历时一年多。该词条共分三个部分,全文近两万字,李老师执笔第一部分教育原理,首都师范大学的张燕镜先生执笔第二部分,南京师范大学的居思伟先生撰写第三部分,最后由李老师统稿。《中国大百科全书·教育》卷1985年出版后,李老师的学术声望达到了一个新的高度。当我再次翻开《中国大百科全书·教育》卷,研读"教育"这一总条目时,依然可以看到这样一句话:"参加撰稿者还有李放、张燕镜、居思伟。"实际上,当时参与此项工作的人,都十分清楚李老师在其中的贡献。

(六)组织编写《教育词典》

《中国大百科全书·教育》卷编写完成后,张焕庭先生和李放老师感到有必要编辑一本便于携带和使用的教育词典,于是张焕庭先生担任主编,李放老师担任副主编,开始了《教育辞典》的编写工作,前后共用了一年多时间,坚持中外古今兼收并蓄的原则,借鉴外国、立足中国,比较全面地介绍了中国教育的历史遗产、社会主义时期教育的成就、外国教育的历史和现状、新兴教育学科的创立和发展、基础教育的教材教法研究等,为建设有中国特色的社会主义教育事业服务。1989年5月,《教育辞典》由江苏教育出版社出版,涵盖了教育学、教育心理学、教育哲学、教育经济学、教育伦理学、教育社会学、教育统计学、中国教育史、外国教育史、比较教育、幼儿教育、教育文献和各科教材教法等基础辞目,比较全面地介绍了教育科学的历史和现状、理论和应用。该词典是国内较早的一本通俗性的《教育辞典》。

李放老师学术的"黄金时代"主要是80年代至90年代中期,前后大约15年。他的学术黄金时期正是他在沈阳师大工作的时期。当时作为他的学生,我们无法感知他当时为何忘我地工作,也无法感知他为何如此敬业,精力如此充沛。也许如他自己所言,"文革"期间,基本上是"述而不作","把困惑隐藏在心底,任凭智灵的煎熬"是他前半生的真实写照。为了弥补失去的时光,他更加勤奋。作为学生,我们从来没有听到过他对历史的抱怨,但我们隐约地感受到他唯一的遗憾,就是在他从事学术研究最辉煌的时期,没能成为博士生导师。1986年,国务院学位委员会在进行第三批博士生导师增补工作时,李放老师是完全有资格申报的,但沈阳师大的管理层不知出于何种考虑,没有申报。这既成了李放老师的终生遗憾,也成了沈阳师大发展至今的遗憾!

二、李放老师教育思想的精髓

李放老师的主要著作（编著）有：《教育的困惑与诠释》《中日高等教育比较》《教育学基础》《教育学》《普通高等学校管理》《教育辞典》，以及近百篇论文。从数量上来说，他算不上高产的理论研究者，但在我看来，他在特定时期对一个省的教育学科乃至对全国的影响，是当代许多教育家无法比拟的。一位真正的教育家和教育理论工作者，一定是对教育学科的生成、存在与发展具有坚定的信念，并愿意在这个研究领域里做一位勤奋的耕耘者、传道人和领路人。李放老师就是这样的人。

李放老师的教育研究视野开阔、涉猎范围广，就像他的教育实践经历一样，几乎涉及所有的教育层次和教育问题。从教育层次来看，他的研究涉及普通教育、职业教育、师范教育、高等教育；从研究的具体领域来看，涉及教育基本理论、马克思主义教育思想、学校管理、教学论、德育论、教育方针、教育史等。但真正能体现李放老师大家风范和学术功底的领域是教育基本理论。在教育基本理论方面，他撰写了一批在当时引起较大反响的文章，例如：《教育是社会上层建筑》《教育本质辨析》《关于教育本质问题的争论》《略论人的全面发展》《马克思主义的全面学说和我国社会主义教育目的》《高等教育的未来与展望》《中国传统文化与现阶段教育》《现代教育整体功能分析》等。在当时的国内教育研究领域，这些基本理论文章拥有广泛的读者。

（一）关于"教育是社会上层建筑"的思想

这是一篇引起全国教育界关于教育本质的大讨论的奠基文章。"文革"结束后，李放老师在《教育研究》创刊号（1977年第1期）发表了《教育是社会上层建筑》一文，刊发之后，很快就引起了全国范围内关于教育本质问题的大讨论。该讨论前后持续近十年，最初是老一辈教育家之间的论争，到80年代中期，一批青年人加入了此行列。我的硕士阶段，几乎就是伴随着这场论争完成的。

李放老师是坚定的"教育上层建筑说"倡导者。他认为教育本质上是通过培养人为政治经济服务的一种社会上层建筑。根据辩证唯物主义，本质即是事物的性质及这一事物同其他事物的内部联系，我们要正确地理解教育的本质，首先要从教育的产生和发展加以考察。人类社会为了生存和发展，必须把人们在社会生活和生产斗争中所积累的知识、技能、思想、意识等，达诸远方，传诸后代。而人类所积累的关于自然和社会的知识、经验的传递，是通过教育来解决的。教育是伴随着人类的生产斗争和社会生活的需要产生的，是一种专事培养思想品德、传递知识技能的工作。在整个社会结构中，教育属于社会意识形态的范畴，具有上层建筑的共同特点。这些特点在教育发展过程中，特别是在阶级社会里表现得更为明显。

　　教育是各种社会共同具有的一种普遍的永恒的现象，但它不是一成不变的。随着一种社会经济结构被另一种社会经济结构所代替，教育的目的、内容、方法和形式都发生着根本的变化。不同历史阶段的教育现象表明，教育总是为政治经济所决定，它反映政治经济，也为政治经济服务。所以说，教育是社会的一种上层建筑。教育反映并作用于政治经济，这是一切上层建筑共有的特点，但是，教育还有着自己独有的特点，就是通过培养人为政治经济服务。正是在这点上，教育既体现了上层建筑为政治经济服务的共同性，也显示了它与其他上层建筑服务于政治经济的形式相区别的特殊性。因此，可以说教育本质上就是通过培养人为政治经济服务的一种社会上层建筑。作为以培养人为使命的教育目的，是为一定的社会政治经济所决定的，是统治阶级利益在教育上的集中表现。教育目的在整个教育体系中是基本的、决定的方面，居于核心地位，对内容、方法和形式起制约作用。无目的的教育实际上是不存在的。教育不培养人就无从为政治经济服务，也就不成其为教育。

（二）关于人的全面发展的思想

　　李放老师认为，马克思主义所预见并论证的人的全面发展，是一个崭新的概念,同历史上的思想家、教育家提出的关于人的个性发展的学说和主张有着本质的区别。在他看来,"人的全面发展的本质特征,并不局限于像有些人所认为的那样仅仅是智力与体力的结合。严格说来,智力和体力的结合是人的机体的统一,智力和体力的总和是构成劳动力或劳动能力的基本因素。它们是存在于劳动者身上的'自然力'。所以,即使一个人脑体结合,也还不是全面发展的人。"[1]针对有学者认为马克思、恩格斯都没有把道德列入人的全面发展的内涵,李老师认为并非如此。"马克思主义创始人不论在政治经济学、科学社会主义领域或是在哲学、教育领域谈及人的全面发展时,对思想品德都有所强调。"[2]因此,把思想品德排除在人的全面发展内涵之外是不符合马克思主义原意的。李老师坚持认为,马克思的人的全面发展理论至今还是"不容置疑的真理"。

(三)关于党的教育方针的研究

1957年,党的教育方针发表之后,辽宁人民出版社就邀请李老师写一篇文章,他用几个月的时间,完成了十余万字的《论党的教育方针》一文,却因故未能发表。改革开放之后,在完成《教育是社会上层建筑》一文之后,为了弥补20年前未发表《论党的教育方针》一文的遗憾,他又根据改革开放的新背景,撰写了《全面理解和贯彻我国的教育方针》,并明确提出:坚持当前我国的教育方针,是根据教育必须为社会主义建设服务、社会主义建设必须依靠教育的指导思想,将其作为教育的政治方向和教育目的的根本指导方针。在阶级社会里,每个国家的统治阶级都各有其教育方针。作为社会上层建筑的教育,除了有阶级性因素外,还有非阶级性因素,这些因素又有其继承性。此外,各民族的教育又各有一定的民族特性。教育通过为政治服务作用于经济建设。科学技术总是以知识形态存在的。因此,在教育中传授科学技术,决定了它

---

[1] 李放:《教育的困惑与诠释》,人民教育出版社2007年版,第19页。
[2] 同上书,第19—20页。

不可能像工具那样,直接拿来用于生产过程。所以,作为传授自然科学知识的教育,也是属于意识形态范畴的一种活动,这一活动的"舞台背景"就是生产关系和在经济与政治上占统治地位的阶级利益,脱离生产关系和阶级需要的教育是没有的。

(四)关于现代教育观的思考

李放老师的教育观,毫无疑问是具有现代特征的。作为一名拥有坚定的马克思主义信仰的教育家,他始终能够运用唯物史观和辩证法分析教育理论与实践问题。在他看来,在马克思主义产生之前,由于历史认识的局限,一些教育思想和理论对教育的形式和结构等,都没有得出全面的、符合实际的概括。即使在今天,马克思主义对自然科学、社会科学和思维科学的方法论也起着越来越大的指导作用。正如上文提到的有关教育本质的大讨论,他赞同"教育是一种培养人的综合性社会现象"的观点,然而这一复杂的社会现象则取决于社会物质生产力发展的水平。再直接一点,决定教育本质特征的是在一定生产力发展水平之上建立起来的生产关系。基于此,他坚决地批判了"教育即生长""教育是自我实现的过程"等观点的片面性和局限性。正是基于这样的认识,他将教育的本质特征归结为:"根据一定社会的要求来培养人,而教育的社会职能作用,又是通过培养人来实现的。"[①]从中不难看出,李放老师对教育本质特征的概括凸显了他的教育观——培养适应先进生产力和社会发展需要的各种专门人才的现代大众教育理念。

李放老师的教育观,其实质是对教育本质问题的哲学思考,核心是对人才培养问题的现代诠释。正如他所说:"教育根据不同时代的需要形成自己的特性,同时又经常有所改进,不能认为任何时代都可以实施同样形式的教育……不同的教育形式是在特点各异的多种教育场所进行的,今天的教育场所有家庭、学校、社会教育机构和工作单位等。"[②]

---

① 沈阳师范学院教育系教科所:《教育学参考资料》,第36页。
② 李放:《教育观刍议》,《辽宁高等教育研究》1983年第5期43—48页。

因此,他在注重正规(学校)教育的同时,也格外强调自我教育、家庭教育、职业教育等,因为这些教育形式具有内在的统一性。李放老师的教育观是建立在马克思主义教育原理基础之上的,既是对历史已有教育思想的扬弃,又是对现代西方教育思想的批判,富有鲜明的社会主义时代特色。

(五)有关毛泽东教育思想的认识

1978年以来,我国社会各个领域特别是教育界迎来了新的春天,也带来了思想上的洗礼。其中,如何正确看待毛泽东思想一时成为全国上下热议的中心,这是一个极为敏感的政治问题,也是一个不得不面对的历史命题。在邓小平同志的引领下,真理标准大讨论为正确认识毛泽东思想拉开了序幕。李放老师正是在这个时代背景下发表了有关毛泽东教育思想的看法,这不仅需要极大的政治勇气,更需要过硬的理论素养。他和刘云翔合作撰写的《对毛泽东教育思想的几点认识》中集中反映了他对这一问题的看法,他们认为:"毛泽东教育思想是毛泽东思想的一个重要组成部分。因此,毛泽东教育思想是马克思列宁主义教育原理与中国教育革命实践相结合的产物,是被教育实践证明了的正确反映我国教育规律的理论原则。"[①]然而,富有深刻理论见解的是,李放老师将毛泽东教育思想看作是一个具有特定涵义的科学概念,他提出:"不能把毛泽东同志个人的教育思想看作是毛泽东教育思想……不能把毛泽东哲学思想和毛泽东社会思想都看作是毛泽东教育思想(毛泽东教育思想是毛泽东思想的一部分是正确的)……学习和坚持毛泽东教育思想的关键还在于把毛泽东教育思想与毛泽东同志晚年在教育方面的一些错误论述严格地区别开来。"[②] 现在看来,他们对毛泽东教育思想的认识剖析和观点辩驳是中肯的、正确的,抓住了毛泽东教育思想活的灵魂,抓住了毛泽东教育思想的精髓和实质。此外,在对毛泽东教

[①②] 李放、刘云翔:《对毛泽东思想的几点认识》,《辽宁高等教育研究》1982年第3期87—88页。

育思想历史形成的梳理中,还创造性地提出了毛泽东教育思想的科学体系(教育哲学思想、教育论思想、教育伦理思想和教育管理思想)及其与马克思主义教育原理的普遍联系。之后,李放老师又对毛泽东教育思想的发展做了专门的论述,《略论毛泽东教育思想的继承与发展》便是其中的重要文献,他集中阐述了自十一届三中全会以来以邓小平为代表的第二代中国共产党领导集体对毛泽东教育思想的进一步完善和发展。他从关于教育地位的思想、教育基本理论问题、教育方针、教育方向的思想、思想政治教育、教育改革的思想和知识分子问题等七个方面,全面地阐发了对邓小平同志继承和发展毛泽东教育思想的深刻理解与认识。[1]

(六)有关教育立法问题的认识

一直以来,李放老师都非常关注我国教育立法工作的开展与进程,正是作为一位教育理论工作者的责任感和使命感促使他对教育立法问题进行深入的研究和思考。他和同在沈阳师大的张维平老师合作撰写的《关于教育立法的若干问题》《论教育法的基本原则》等论文让我印象极为深刻。第一篇文章是知识性的、概览式的,能让人对国内外的教育立法问题有一个全面的、大致的认识,涉及了教育立法的涵义和意义、教育法与教育政策的辨析、教育法的内容以及"二战"后美国、英国、法国、西德、日本和苏联六国教育立法的进展情况。[2] 第二篇文章则是思想性的、指导性的,他们强调:"教育法的基本原则,是教育法的立法、执法及研究的出发点和基本依据,是教育法的生命线……我国教育法的基本原则与一切剥削阶级教育法的基本原则有着根本区别,总的来说,与我国总体的法律原则是一致的,它包括社会主义原则、民主原则、统一原则、平等原则、公检法三机关相互配合、相互制约原则。"[3]然而,教

---

[1] 李放、赵婷婷:《略论毛泽东思想的继承和发展》,《辽宁高等教育研究》1994 第 1 期。
[2] 《李放教育文集》,辽宁人民出版社 1993 年版,第 411—412 页。
[3] 同上书,422 页。

育事业自身的规律和特点又有其特殊性,即在不违背国家总体法律原则的前提下,应该有自己的教育立法原则:一是保证教育的社会主义方向;二是遵循教育发展的客观规律;三是培养学生全面发展。三项原则是相互联系的,并非孤立的、对立的。

特别指出的是,李放老师将教育发展的客观规律视为教育立法的特殊指导原则:在制定和执行教育法时,既要考虑到不同年龄阶段学生的身心发展状况,又要考虑到如何因材施教;既要考虑教育是否符合经济发展的需要,又要考虑是否有足够的经济条件;既要考虑政治、经济对教育的影响,又要考虑教育具有相对的独立性;既要保证学校以教学为主,又要确保教育工作以教师为主导。直到今天,这些原则对我国教育立法工作依然具有重要的现实意义和指导价值。

(七)关于高等教育体制改革

李放老师对改革开放以来高等教育的"热点"问题十分关注,例如高等教育体制改革、高等教育国际化、高等教育地方化等前沿问题。他认为,高等教育是一个多层次、多结构、多功能的社会系统,要深化高等教育的改革,开创高等教育工作的新局面,从而实现它的社会职能。首先要明确高教的管理目标。要对现代高等教育实行管理,推动高等教育改革的顺利进行,就必须把高等教育的管理目标放在整个教育发展战略的背景下加以考虑和制定。高等教育管理目标应该是指高等教育管理者充分预见到社会经济发展的远景并为保证其实现而对高等教育所进行的有效的计划、组织和控制,以使高等教育的发展与提高达到一定的预期目标。高教管理目标的作用包括:导向作用、激励和推动作用、协调作用以及评价标准作用。

1980年代,国内研究界对高等教育体制的内涵众说纷纭,但李放老师坚持认为,其内涵应表述为机构设置、隶属关系和管理权限,以及反映它们的各种有关的法规制度所形成的相对稳定的模式。高等教育体制是由许多结构组成的,就其宏观方面来说,它包括办学结构、计划结构、投资结构、管理和领导结构等;就其微观方面来说,除了相应的包含宏观方面的结构层次之外,还有办学形式结构、组织结构、教育内容结构、专业结构、课程结构、教学生产科研结构,等等。高等教育体制改革,是加快以城市为重点的整个经济体制改革的客观需要,是社会主义精神文明建设及其反作用于经济体制改革的本质要求和必然趋势。

(八)市场经济中高等教育的价值取向

1980年代末期,面对商品经济对整个高等教育的冲击所引发的困惑,李放老师认为,高等教育在社会主义市场经济中具有丰富的内涵。它是由人的价值、社会价值、知识价值构成的多层次、多结构的整体。高等教育价值中人的价值即高等教育培养人的作用,具体表现为培养全面发展的人。这其中既含有社会的要求,又包括人的发展需要,两者是统一的。高等教育价值取向中的社会价值,即高等教育在社会发展过程中的作用。高等教育的社会价值是多方面、全方位的,如政治的、经济的、文化的,既要促进社会结构变迁,又要维护社会结构稳定,等等。高等教育在社会主义市场经济中的价值取向应该是人的价值、社会价值、知识价值的统一。任何只强调一种价值或一种价值的个别组成部分而忽视其他价值的观点都是片面的、有害的。高等教育价值取向中的知识价值即高等教育创立新学说、新思想、新思维的作用,有些在当时可能不产生社会效益,但随着科学的发展,其价值将逐渐显露。高等教育在社会主义市场经济中的价值取向的三个组成部分,是相互依存、相互联系、相互促进的整体。

(九)教育史研究

李放老师学识渊博,视野广阔,不仅对现实教育有很深刻的认识,对教育史也有独特的看法。其中,从《红楼梦》看曹雪芹的教育思想是他认识封建教育的一个独特视角。《红楼梦》代表了中国古典文学的最高境界,李放老师认为,这部作品渗透了反抗整个封建社会的叛逆精神,闪耀着早期民主主义思想的光芒,是用文学作品表达民主理想的代表。曹雪芹呕心沥血地通过高超的文学艺术手法,对封建教育做了深刻的鞭挞,对当时的读者有启蒙教育的作用:"读《红楼梦》所能获得的教益,绝不亚于浏览一部封建教育史。"①实际上,李放老师对"红学"研究情有独钟,从教育视角认识《红楼梦》,从一部文学作品中透视历史人物的教育思想,绝非一般人能够做到。

李放老师通过《红楼梦》一书既看到了过去社会的教育状况,也了解到当时一些反对理学的启蒙思想家所做的挣扎,并进一步认识到,同以理论形式加以论说的科学相比,用艺术形象反映社会生活的文学作品,对我们认识现在和过去的社会现实具有特殊意义,对教育研究者来说,这意味着从此有了一种全新的视角来认识教育史。

李放老师的另一篇教育史论文《东北沦陷时期教育研究的方法论及其运用》体现了一位爱国者的情怀。在他看来,尽管部分日伪学校在东北实行职业教育,强调"知识技能"教育,在一定程度上适应和推动了生产力的发展,为光复后的东北经济建设准备了基础条件,但有一点是确定无疑的,那就是日本侵略者在东北办教育绝非恩赐于中国人。②

(十)关于教育研究的方法论

李放老师一直强调理论与实践相结合。他认为厘清理论与实践的关系,一方面有助于明确理论研究和学习的必要性和意义,另一方面有助于认识到实践主体具有能动性,从而展开实践中的改革与探索。他一直信奉教育理论研究是对实在的一种把握,是一种理论抽象,但理论本身并不等同于实在。理论所代表的观念与事物之间具有同一性,因而,我们才建设理论、学习理论,通过理论学习提高教师教学理论的修养,树立现代教学观念,影响教学行为,从而提高教学质量。我们也要认识到,理论、观念与事物之间具有非同一性,理论在任何时候都是有限的,任何实践都有超出理论的内容,理论对实践的规范只能在一个有限的程度上有效,教师实践中的探索是教学发展的永恒主题。"理论是

---

① 《李放教育文集》,辽宁人民出版社1993年版,第187页。
② 李放:《东北沦陷时期教育研究的方法及其运用》,《沈阳师范学院学报》1995年第2期。

灰色的,生命之树常青。"

他还认为,推动教育理论前进的不是抽象的思辨,而是每一个时代的教育实践。教育理论源于教育实践,应用于教育实践。学习和研究教育理论要直面时代、直面实践、直面问题,以改造和促进实践的发展为己任。坚持理论联系实际的方法,就是要实事求是,立足于国情,立足于当代,立足于中国教育的现实。实践是理论的源泉,立足于当代中国教育实践,把实践中的问题上升到理论问题,回答实践中的问题,是教育研究的正确方向。教育思想源自生活,研究方法论源于研究实践,高于研究实践。历史唯物主义方法是教育研究的根本方法。

在提倡教育理论与实践结合的基础上,李放老师更加重视教育理论的中国化历程。他主张教育研究要反思历史,因为从19世纪中叶开始,中国就学习西方教育,尤其是20世纪初现代学制建立后,西方教育思想和理论就一直影响中国,有的经过改造已经融入了中国的教育思想中。我们在1950年代学习苏联教育学的同时,也开启了教育理论与实践的中国化历程。1980年代以来,伴随着改革开放,西方的教育思想不断介绍到国内,我们的教育工作者也一直开展本土的教学实验和改革,并取得了丰硕的成果。中国教育实践及教育研究的历史表明,我们一直没有中断与国外的交流。正是在与外国的教学思想交流中,中国教育研究的问题域扩大了,在现代化的过程中,我们需要学习西方先进的教育思想,同时还要对中国传统文化进行创造性地转化,使之成为当代中国教育的有机组成部分。他特别强调,中国历史上有着丰富的教育思想,无论是儒家教育思想,还是书院中的自由讲学精神,在新的历史时期,都有被发扬光大的价值,需要进一步继承和弘扬。

在20世纪八九十年代,李老师站在当时国内教育研究界的前沿,推动了我国教育的理论化进程。无论是"教育上层建筑说"的争鸣,还是"市场经济中高等教育价值"的探讨,都体现了他大气的学术风范和高远的学术视野。他的这些理论研究成就奠定了沈阳师范大学教育系在辽宁省乃至全国的地位。

三、李放老师的育人之道

李放老师对教师职业的诠释十分朴素:当老师就应该教书育人。当时的辽宁省副省长林声是他在小学任教时教过的学生,在李老师从教50周年之际,林声副省长写了一首诗送给他:"猫耳山底烽火路,雨风学海自成才。任教五十书甘苦,桃李花红血灌开。"另一位副省长在退下来之后,主动来听李放老师给研究生上课,也同样完成作业和论文,由于没有参加过入学考试,最后无法获得学位,他相当于一位不在册的"受业弟子"。在辽宁省高教界,他最引为自豪的是参与培养了无数不在册的杰出弟子。李放老师从1982年开始招收硕士研究生,共培养了30多名硕士研究生。其实,凡是在沈阳师大教育系读过书的学生,都把李老师看成是自己的导师,他相当于教育系所有研究生的"总教头"。

1985年,我有幸成为李老师的弟子。"读万卷书,行万里路",这既是古人的育人之道,也是李放老师的育人之道。我对这句古人的治学经验,从李放老师那里有了切实的感受。作为李放老师的弟子,在当时的沈阳师大,拥有许多"特权",我们有机会参加各种国内乃至国际的学术会议。我们前后届的几期学生,在校期间,几乎都有过与他一起参加学术会议的经历,这在1980年代初期到中期是难以想象的。

1986年6月,他带我到兰州参加全国高等教育管理研究会年会,会后到西安的陕西师范大学拜访李钟善副校长,在西安吃了正宗的羊肉泡馍,看了碑林、大雁塔。从西安南下到成都,游览武侯祠、杜甫草堂、望江楼公园。从成都到重庆的西南师大,拜访钟铭琪副校长,参观了渣滓洞、白公馆和朝天门码头。再从长江顺流而下到武汉,拜访武汉大学的刘道玉校长和卫道治教授,游览了黄鹤楼和东湖。这次武汉之行中,刘道玉校长和卫道治老师告诉李老师,老潘(潘懋元老师)刚刚获得博士生导师资格,明年要招收高等教育学博士生。正是这个信息,使我萌生了考博士的念头。从武汉再到北京,我们游览了十三陵和刚刚建成的大观园景观。这次周游半个中国,使我开了眼界,结识了当时在国内大名鼎鼎的几位校长。

李放老师曾说我们师生之间有"特殊的师生情谊",这是我没有想到的。如果说特殊,那就是他对我的特殊关爱。做学生时,在我们同期的学生中,他第一个带我去"游学",第一个要我与他合作,写论文参加国际会议,这也使我在硕士阶段,就有机会参加国际会议。也许我是他的第一个成为博士生的弟子,因而赢得了他的特殊关照。尤其令我难忘的是,无论在我读博士期间还是调到厦门大学工作之后,每逢见面,他都会与我谈起我近期发表的各种文章,指出其中的长处和缺点。这也就是说,在他退休之后,《教育研究》《高等教育研究》《新华文摘》等杂志他是每期必看的。其实,他对每个弟子,都是如此关爱,每个弟子说起李放老师,都有受到他关爱的经历。正是他的为师和育人之道,使得每一位李老师的弟子,都对他有一份特殊的情感。

李老师的育人之道,首先在于他的识才能力。也许是多年的从教经验,李老师对学生的辨识能力极强,既能从众人中辨认出可造之才,又能看清学生的优势和不足,以扬长避短。李老师的育人之道,还在于其育人之大气。他对学生的指导和帮助,从不计较小处,总是着眼大处,对学生的稚嫩,能够宽严有度,既给予一定的引领,又耐心地宽容学生成长中的不足。所以,作为他的学生,总能在成长中获得自信,在润物无声中得到自身的发展和成熟。李老师虽然只培养了30多名研究生,但这些学生在教育领域乃至其他领域都作出了突出的成绩,成材比例相当高。那些年从沈师教育学科走出来的学生都是相当优秀的,不比那些名气更大的师范大学的学生差,有些地方甚至体现出更强的优势。这些人至今都在教育研究领域发挥着骨干作用,以至于每当说起这些,教育圈里的知情人都会慨叹那时沈阳师大教育系的辉煌,都会钦佩李老师的育人之道。

李放老师具有开放的教育大视野,并把他的教育视野转化到弟子身上,这是我作为弟子的切身感受。做学生时,有一次与老师聊天,问他如何才能成为教育学的大家。他说,当你能够把社会上的众多事情,与教育研究联系起来时,尤其是能把那些看似与教育不相关的问题与教育研究结合起来,你就学成了。一席话如醍醐灌顶,使我终身不忘。

他的教育大视野深深地根植于中国的传统文化。他认为,当代中国教育理论的建设应当立足于当代中国的教育实践。中国教育的现代化建设应该融于弘扬中国传统教育思想、学习世界先进教育经验和创造当代中国教育理论这三位一体的实践过程中,这是一场深刻的持续开展的教育改革运动。

四、李放老师的做人之道

一位真正的老师、教育家,影响学生的方式多种多样,既包括治学,也包括为人处事。在我看来,李放老师对我的影响绝不仅限于治学,更为重要的是他的人格魅力。

在沈阳师大乃至辽宁省教育界,提起李放老师,几乎无人不知,无人不晓,这与他豪放的性格有关。李放老师在辽宁有许多尊称:李公、李老、放兄、抗大教务长、酒圣。如果你结识了李放老师,并且与他有过深入接触,一定会对他名字中的"放"字有切身的感受,也一定会对"放"字的含义有更深刻的理解。李放老师待人豪放,喝酒豪放,唱歌豪放,思想开放,穿着时尚,教育视野开放,是一个典型的闯关东的侠义山东人和正直东北人形象。现讲几个能够体现李放老师做人之道的故事。

我从来没有听李放老师说起过他经历的人生磨难和创建沈阳师大教科所的艰难,但我们做弟子的都知道,在最初创办教科所的时候,是他把分散在不同单位、不同岗位上的人一一找回来。由于"文革"刚刚结束,人际关系相对复杂,但李老师不计前嫌,即使在"文革"中与自己对立的同志,他也都一一请回来。更为难能可贵的是,对于在"文革"中曾经批判过自己的人,他也主动做团结工作。正是这样的举动,感染了最初来教科所工作的每一个人,也正是这样的胸怀,使得李放老师在办所之初,赢得了大家的极大尊重。

李放老师喜欢喝酒,辽宁教育界的人都知道,只有与李老师在一起喝过酒后,你才会懂得什么叫喝酒的最高境界,那就是"四中全会,咋喝不醉"。从鸡尾酒开始,然后是白酒,且一定是高度白酒,接着是红酒,最后是啤酒。他喝酒的境界就像他从小学到大学的教育实践经历一样,是一个"全能型"的品酒专家。2007年10月,借到沈阳开会之机,我和当年的几位同学晚上去家里看望已经83岁的他,重温了一次典型的"四中全会"。不善喝酒的我,在进行到白酒阶段时,就中途离开,而另外两位同学虽然坚持到了最后,还是没有胜过李老师。大约是在1996年前后,华中科大《高等教育研究》编辑部一行来到沈阳师大,那时我还没有调离沈阳。李放老师宴请客人,其中一位客人倚仗年轻,也久闻李老师酒量,几杯酒下肚,就放开了胆量,放言在黑龙江和吉林没有遇到过对手。李老师听闻此言,微微一笑说:"甭说让你出不了山海关,就连沈阳师大这个院子,今天晚上恐怕你都出不去。"结果可想而知,远来的客人败下阵来。十几年过去了,这位客人每逢遇见我,都会谈起当年在沈阳与李老师喝酒的场面。

在我们的学生时代,从未听说李放老师喝醉过,也没听说他因酒误事,由此可见李老师是一个十分理性和有度的人。微醺的李老师更令人喜欢,有时他会主动放歌一曲,我们最喜欢听他唱《三国演义》的片头曲《滚滚长江东逝水》和李玲玉的《相见时难别亦难》。在我调离沈阳前的最后一次聚会上,我把《相见时难别亦难》这首歌献给了李放老师,几乎所有在场者都感动得掉下了眼泪。

李放老师为人豪爽大气,快人快语,是典型的北方汉子。无情未必真豪杰,怜子如何不丈夫。他对家庭、妻子、儿女、学生的深情,是令人深深感动的。他见到学生时的那份欣慰、得知学生取得成就时的那份自豪以及和学生畅饮时的那份愉悦,虽从未言说,但作为学生也是能深深体会到的。

知天命之年才开始真正从事教育研究,是李放老师对自己教育研究经历的描述。其实,这也是我国许多老一辈教育家的共同特征。如他所言:"改革开放之后,我已逾知天命之年,青年锐气虽不复存在,但是生活与工作的经历,积淀为我教育研究的来源和基础。"事实上,他在后来的研究和探索之路上所取得的成就,依然印刻着"青年锐气"。他的挚友刘兆伟教授如此评价李放老师:他将教育理论付诸教育实践,将教育理念转化为育人之道,是少有的教育家之一。

(本文原题《明师以诚 毕生化育——李放教授的学术贡献与育人之道》,原刊《中国教育科学》2014年第2期)

三、大学的符号

大学与斯文

把大学与斯文联系起来纯属偶然。那是2012年9月，我去深圳参加一个活动，见到了一位久未谋面的校友。一见面，他就郑重地说，作为一个大学的管理者和研究高等教育的人，应该要想办法让大学保留一点儿斯文，不能让大学斯文扫地！随后他讲了在厦大读书期间，他的导师是如何体现斯文的。不久，我收到台湾清华大学的邀请信，邀我参加2012年12月该校举办的"纪念梅贻琦校长逝世50周年研讨会"，为了赶写会议论文，找来一些纪念梅校长的文章和书籍，恰好看到了由黄延复和钟秀斌所著的《一个时代的斯文：清华校长梅贻琦》一书，书中详细描述了梅校长的治校故事，斯文由此进入了我的思考。

一、"斯文"的渊源与意蕴

"斯文"一词最早出自《论语·子罕》："子畏于匡，曰：'文王既没，文不在兹乎！'天之将丧斯文也，后死者不得与于斯文也；天之未丧斯文也，匡人其如予何？"孔子认为，"斯文"并没有随文王的去世而断绝，而是得到了"天"的承认。"与于斯文"更是意指要继承周朝开国之君的遗志，顺应"天"的意愿。显然，孔子赋予了"斯文"极高的内涵——天道，而天道便蕴藏于礼乐制度之中。朱熹在《四书集注》中说得更加透彻："道之显者谓之文，盖礼乐制度之谓。"斯文即道，而礼乐制度是"道"的载体。一旦"礼崩乐坏"，道将不存，斯文不在，国也将不国了。可以想象，"斯文"在先秦时期的士子心目中和君王谋略中占有极其重要的地位，并且将其视为圣人先贤为人立世、明君霸主治国安邦的最高境界。

先秦诸子，百家争鸣。"斯文"并没有夭折于秦始皇的"焚书坑儒"中，而是随着六经的传世，一直延续成为儒家之经典。《隋书·经籍志》写道："夫经籍也者，机神之妙旨，圣哲之能事，所以经天地，纬阴阳，正纪纲，弘道德，显仁足以利物，藏用足以独善。学之者将殖焉，不学者将落焉。大业崇之，则成钦明之德；匹夫克念，则有王公之重。其王者之所以树风声，流显号，美教化，移风俗，何莫由乎斯道。"典籍被视为文化遗产，"斯道"便是"斯文"，"道在于文"，斯文就在其中。同时，斯文还更多地体现在"教化"之中，政以体化、教以效化、民以风化，古代王权正是借助"教化"正风俗、治国家，这些无不彰显斯文之意蕴。

自汉武帝"罢黜百家，独尊儒术"以来，儒家思想便成为中国文化的正统，斯文也随即成为饱学之士的精神追求和人生信念。《汉书·武帝纪》云："罢黜百家，表彰《六经》。"《六经》自然成为儒家思想之精华，而斯文也自然成为精华之要义。从这个意义说，经典便是斯文，儒学便是斯文，教育便是斯文。所以修身需要斯文，齐家需要斯文，治国需要斯文，平天下更需要斯文。"斯文"之风气开始弥漫在中华大地。

三国之争，南北两朝，多事之秋竟使得"斯文扫地"。直到唐宋，斯文才迎来了一次转机。朱熹将现状描述为"孟轲氏没，圣学失传，天下之士，背本趋末"。在周敦颐、张载、程颢等大家的努力下，一批儒者致力于"为天地立心，为生民立命，为往圣继绝学，为万世开太平"，均以"斯文"为己任，如程颐赞誉其兄程颢说："（先生）得不传之学于遗经，以兴起斯文为己任，辨异端，辟邪说，使圣人之道焕然复明于世。"自此，"兴斯文"成为儒学大师的理想和使命，四书五经也就成为儒生学子的必读书目。

明清时期，科举考试依然以四书五经为命题选本。即便是进入民国时期，那些接受传统儒家教育的近代学者，依然带有"遗老遗少"的气息。陈寅恪便是其中的典型人物。1932年清华大学入学考试的国文试题，主要是由陈寅恪所出，虽然分数比例不高，但是"对对子"成为最受争议的考题。此事发生后，陈寅恪在后来的《杨树达〈积微居小学金石论丛续稿〉序》中写道:"物极必反,自然之理也。一旦忽易阴森惨酷之世界,而为清朗和平之宙合,天而不欲遂丧斯文也,则国家必将尊礼先生,以为国老儒宗,使弘宣我华夏民族之文化于京师太学。"在那个"新文化"如潮的时代,"对对子"显然格格不入,甚至不少人认为是一种文化的倒退。但在陈寅恪等人看来,中国文化传统可能正在无声无息地消逝,或被以欧美的方式"改写",而严重的国难更凸显出维持"国性"的必要。

梳理"斯文"的历史渊源,不难发现"斯文"具有相当丰富的内涵。在中国传统社会中,它既指道德标准,也指礼义制度,还指文人和文化。如此看来,斯文的含意来自生活、价值和文化等多个认识层面。起源于上古时代的斯文最初是指彰显"道"的礼义制度,即便根据传统社会"礼不下庶人"的道德标准,普通民众也要注重礼仪规范,故在日常生活中,斯文即礼,它代表一个人的人格修养,亦用来形容一个人的文雅气质。直到今天,人们还会常说:"你要斯文一点!"显然,这一层含义至今仍未改变。除此之外,斯文还是文人和文化的象征。韩愈在《故江南西道观察使中大夫洪州刺史王公神道碑铭》中说:"生人之治,本乎斯文。"当斯文指向人的时候,通常指的是文人或儒者。譬如杜甫就称同时代的崔尚、魏启心和汉代的文学家班固、扬雄为斯文。又如曾巩修史,"志在于斯文","寡与俗人合"。他致书欧阳修时说:"所以穷日夜,惫精思,不敢忘须臾,志在于斯文。"再如朱熹与陆九渊的"鹅湖之会",尽管二人学派不同,见解各异,但是他们的友谊却极为深厚。所以黄宗羲在《宋元学案》中说,双方"同值纲常,同扶名教,同宗孔孟,即使意见终于不合,亦不过仁者见仁,智者见智"。如此"斯文"的学术态度,今之学界有几人可以如此宽容、执着地为学问而学问呢?显然,"斯文"代表的是人的温文尔雅,代表的是传统中国人一种理想的神态气质,一种能让人感受到、体会到的精神风貌,一种人格修养抵达理想境界的呈现姿态。从古至今,斯文作为一种文化和精神,一直隐匿于我们身边。

二、斯文与古代书院

拨开历史的枝蔓,品味斯文的意蕴,不难发现"斯文"与古代书院休戚相关,其关联就在于古代书院作为我国今天大学的"前身",是从事人才培养的学府。因此,古代书院对"斯文"可谓是推崇备至,斯文在书院中有着至高无上的地位,甚至可以说是古代书院的精髓之一。至今,湖南大学校园内的岳麓书院崇道祠还有一块匾额,上面写着"斯文正脉"四个大字。在岳麓书院讲堂的门上,有一幅由山长旷敏本撰写的对联,"是非审之于己,毁誉听之于人,得失安之于数,陟岳麓峰头,朗月清风,太极悠然可会。君亲恩何以酬,民物命何以立,圣贤道何以传,登赫曦台上,衡云湘水,斯文定有攸归。"由此,"斯文定有攸归"构成了岳麓书院的传统和标志。

斯文在古代书院中的印记还不只是岳麓书院这个"特例",信手可另举数例:江西白鹿洞书院的"斯文正印,起千年豪杰之思";广东应元书院的"岳峙层霄,海内斯文尊北斗";广州陈氏书院的"德邻广雅,风培百粤振斯文";安徽还古书院的"继往开来,莫把斯文正脉视属等闲";江西白鹭洲书院的"江河同万古,斯文有幸见回澜";江西鹅湖书院的"斯文宗主,继往开来";四川致道书院的"荡胸生层云,天为斯文开别境";湖北问津书院的"万古斯文开道脉";西安关中书院的"斯道中天阁"以及山东曲阜孔庙牌匾上的四个大字"斯文在兹"等。这些古代书院匾额、楹联,无不说明斯文与教育的紧密关系,儒学大师和门生无不对斯文敬重有加,因为斯文指向的就是培养人的目标,是书院的行为准则。

由此看来,斯文承载了书院的历史使命和精神气质,斯文在古代书院中占有极其重要的位置,或许可以解释书院在中国传统社会之所以繁荣的原因。王日藻在《嵩阳书院碑记》中称道,"夫五代日寻干戈,中原云扰,圣人之道绵绵延延,几乎不绝如线矣。而书院独繁于斯时,岂非景运将开,斯文之未坠,以始基之欤!"可以说,"斯文之未坠"既是古代学人对书院的期待,也是书院的内在价值与精神,更是中国古代书院理念与制度的体现。书院旨在培养德才兼备、文质彬彬的"君子",而"君子"的精神气质就在"斯文"之中。以君子之道培养斯文之人,以君子之道去改造整个社会,维护社会的和谐;用君子之"斯文"去形成社会风骨,促进整个社会从愚昧残暴走向文明礼制。古代书院以培养"君子"为己任,其核心思想便是继往圣、开太平、传道统。在《重修岳麓书院图志卷一》中记载道:"道统之传,自尧舜至于孟子而绝,此斯文之一厄……至宋中叶,周敦颐出于舂陵,乃得圣贤不传之学……岳麓之兴本于朱张,朱张之学本乎道也。首之以圣学统宗,所以原其相传之有自,又以望后来者于无穷也。"《图志》所言始终意在表明书院文化源远流长,且来自圣人,所以岳麓书院有斯文道统。有道统就有斯文,有斯文就有圣学,有圣学才有天道,有天道才能达至儒家"学达性天"的最高理想。正因如此,岳麓书院才被赋予"斯文正脉"的称号。显然,它既是一种浓烈的文化归属感,也是一种庄严的文化自觉心。如果书院丧失斯文,那就是丧失文化归宿和文化自觉。斯文可以说是古代书院之魂。

废止科举、兴办新学堂之前,书院长期以来作为中国古代社会的重要教育机构一直以斯文为使命,而追求斯文也是每一个学人的志趣所在。古人对斯文的追求与践行深刻体现了价值判断与实际行为的统一。《礼记》云:"人之为学,严师为难,师严然后道尊,道尊然后民知敬学。"古代教育就是通过树立"道"的权威来唤起民众自觉心,先尊道,然后学道,这是斯文的路径。直到近代,斯文日渐"消逝"。但事实上,斯文的丧失并非书院自己造成,而是由书院所一直依赖的政统体制和一批盲目无知的文化激进分子造成,戊戌变法中直接废书院是一个转折点。1923年底,胡适应邀在南京东南大学作题为《书院制史略》的演讲,借书院改造现代大学的思路慨叹:"一千年以来,书院实在占教育上一个重要位置,国内的最高学府和思想的渊源,惟书院是赖。盖书院为我国古时最高的教育机关。所可惜的,就是光绪变政,把一千年来书院制完全推翻,而以形式一律的学堂代替教育。要知我国书院的程度,足可以比外国的大学研究院。譬如南菁书院,它所出版的书籍,等于外国博士所做的论文。书院之废,实在是吾中国一大不幸事!"这一不幸不仅仅是指书院的消失,而且连同书院所创造的一切精神和传统皆被毁灭,书院精神和传统都被毁灭了,"斯文"还能在何处安身呢?由改革派先弃斯文,再到书院被废以致斯文不存,最终导致了"失斯文"。

三、"斯文"与古典大学

中国有古代书院,西方有古典大学。从历史渊源上来说,如今的现代大学正是从西欧中世纪古典大学演化而来。纵有万里之隔,但中西古代学人的精神气质却是相通的。中国古代书院传习"六艺",推崇斯文,以培养君子为己任;西方古典大学则延续"七艺",追求博雅,以培养绅士为目标。中国人讲"斯文",西方人讲"博雅"。虽然说法各异,但内涵一致,可以说"博雅"即西式"斯文"。

西欧中世纪古典大学,不论是博洛尼亚大学,还是巴黎大学,在培养"职业人"的过程中都始终遵循并传承古希腊"七艺"概念下的博雅传统。英国红衣主教亨利·纽曼在《大学的理想》一书中说:"通常我们说的'自由(博雅)知识'、'自由(博雅)学科'以及'自由(博雅)教育'是大学和绅士所具有的特质。"在纽曼看来,大学的基本使命就是通过博雅教育培养具有理想人格的绅士。显然,博雅教育就是绅士教育,博雅知识就是绅士知识。如果将"斯文"译为英文,gentle一词或许再合适不过了:一是该英文本身就源于中世纪英语和古法语,有"上流社会""出身名门"之含义,这与古希腊和古罗马时期粗鄙、野蛮的奴隶形成鲜明对比,它是自由人阶层和君子阶层的代名词;二是上流社会阶层特点的引申义,便指"文雅的""博学的""有礼貌的"和"有教养的"等含义,亚里士多德将这类具有绅士品格的人称之为"大度的人"。慷慨大方、智慧勇敢、宽宏大量、正直自制、彬彬有礼、举止文雅等,已经成为西欧中世纪古典大学培养绅士的身份标识。

西欧中世纪古典大学本是无根之木,"行会组织"是它的基调。但当它为自己寻找到"博雅"这个强大的根基之后,便获得了向上增长的条件。可以说,中世纪大学从产生到发展的历史长河中,就是一部"博雅史"或"斯文史"。没有"博雅",中世纪大学就无法延续到今天。它不仅吸收灿烂的阿拉伯文化,而且还将希腊文化纳入自己的体系中,从此中世纪大学赓续了古希腊的"博雅",它用短短两百多年(12世纪到14世纪)时间追上了书院文化的起点(书院文化经典以春秋算起,中世纪大学所追随的古希腊文化也大致在春秋战国时代)。

从纽曼推崇的"博雅绅士教育"到《1828年耶鲁报告》中倡导的"通识教育思想",从20世纪二三十年代芝加哥大学校长哈钦斯推行的"名著教育计划"到1943年哈佛大学推出的《通识教育红皮书》乃至今天的"核心课程",都无不说明"博雅"在大学发展中的价值,而且大学还可以将其延续。恰如哈佛校训所宣称的那样,"与柏拉图为友,与亚里士多德为友,与真理为友"。没有古老的希腊文化与基督文化作为根基,没有"博雅"作为西方大学的"文脉",西方大学的现代意义将不会存在。

现代大学脱胎于西欧中世纪古典大学。当中世纪大学尚在萌芽阶段,我国古代书院早已存在五百多年,并且各种书院体制、文化、组织十分成熟。然而,那时的西欧中世纪大学只不过是众多私立学校中的一部分,大学与其他学校比较起来没有任何优势。相反,大学的名声和学问都处于中下级,"在整个中世纪,一部好的,甚至是原创的、品质上乘的科学著作一直都是创作于大学之外的。"之所以会如此,是因为中世纪大学是一个新兴组织,没有任何文化积累,且它是由同乡会共同结成的联盟,主要为着共同的利益而团结起来的。但是,在神学占绝对优势的中世纪里,西欧经过多次战争与动荡,很多学校组织都在历史中消亡了,唯独大学组织能顽强地生存下来。古代书院的消失和中世纪大学的普遍发展留给世人一个庄严的问题:为何会如此呢?答案只有一个:

关乎斯文！如果说西欧中世纪古典大学因得"斯文"而繁荣发展，那么，中国古代书院的消亡则是由于"失斯文"而造成的。近代以来，一批激进改革派将国家落后的根源归咎于斯文，是斯文束缚了国民思想和行为，因而恨不得将之完全抛弃，钱穆在抨击此种错误时写道："视本国已往历史为无一点有价值，亦无一处足以使彼满意，而将我们当身种种罪恶与弱点，一切诿卸于古人。此乃一种似是而非之文化自谴。"

四、斯文已逝与斯振大学

如今，古代书院留给我们的，要么是落满青苔的残垣古刹，要么是后人修缮的匾额楹联。斯文随着书院的消亡而消逝，竟使得当今中国大学难以传承斯文传统。尤其令人失望的是，不仅斯文的概念已经被淡忘，而且斯文的精神内核更是日渐式微，甚至出现了众多斯文扫地的现象。从时间上看，当今大学并没有传承好古代书院的"文化基因"；从空间上看，中国大学也并没有借鉴好欧洲中世纪古典大学的精神遗产，甚至徒有其形式，而难求其精髓。因此，在古代斯文断裂的情形下，在现代大学能否继续旧有的斯文传统？或者说现代大学是否有必要重建斯文传统？

显然，现代大学恐怕还没有思考过这个话题。在现代社会中，能够承担斯文使命的组织一定是文化高度发达的组织，它不仅要"得与于斯文"，而且要"以斯文为己任"。"斯文"一词对古人来说并不陌生，然而它对现代人和现代大学来说却是陌生的。大学与斯文是何种关系？大学是否要斯文？今日大学还能斯文吗？大学如何斯文？对于这种种问题，要寻求一种具有普遍说服力的解答似乎十分困难。即使作为从事大学研究的一员，在经过许久思考之后，也才发现给现代大学的"斯文"作解读，并不是一件容易的事。但不管怎么样，至少我们会发现"大学与斯文"是一个值得让人深思与慎思的问题。

2012年，东北师大65周年校庆之际，学校虔约当代国学大师饶宗颐先生为学校赐墨以励,在历数东北师大成仿吾、张松如、杨公骥、蒋赐金、林志纯、孙晓野等著名学者之师表典范后,兴致盎然地为该校题写了"斯文在兹"四个大字。饶公一是寄语后辈蕴意深远,旨在倡导儒学人文精神,弘扬斯文之道,以天下为己任的学风使命;二是告勉后辈落实此道在于道德人格的自我完成,这是儒学人文精神的内在本质。国学大师正是以如此情怀品读大学与斯文:斯文即大学,大学即斯文,斯文就在大学之中。如果说东北师大图书馆门前石碑上的"斯文在兹"是学界前辈对大学的寄望,那么在中国海洋大学设立的"斯文堂",更是让人将斯文、学堂和大学紧密地联系在一起,尽管"斯文堂"展示的都是该校任教和培养过的作家,但我们不难寻觅到该校自1920年代以来,提倡"文脉斯振"之根源。古有"斯振学堂",而今亟须"斯振大学"。想来,这已经成为一个不容忽略的命题。

当我们在谈论大学需要"文脉斯振"之时,我们会发现在当今中国大学中,不仅斯文的外在形式缺失,更没有了内在精神的支撑。大学在主动与被动中放弃了对道义标准的坚持,价值体系失序,教育功能孱弱。斯文的传统被实用主义代替,为学者求实用,求学者亦求实用,教育成为谋生的手段。因此,"斯振大学"不仅在于显性的形而下的礼仪、礼数等规制,也在于内隐的形而上的大学自身的灵魂,即大学的骨气、风骨,换言之也是大学的信仰,这是一代代学人的智慧积淀而成的共同的价值观念、文化传统、行为准则、社会责任等的集合体。

从上述两个层面来看,大学的各种开学和毕业以及授予学位的典礼是斯文。在林文庆担任厦大校长期间,凡是有学术报告或演讲,在开始之前,往往会找学生弹一首钢琴曲或吹箫或笛子,乃斯文也。再有,一所大学的斯文,不仅体现在学生身上,还体现在校长和教授身上,章开沅先生担任华中师大校长九年,每天上班坚持打领带,他认为这是代表一个大学的形象。如果说这些都只是斯文的"表象"和"外显",那么斯文的"精髓"和"内在"更应该在于:一是大学成员要有斯文人格,二是培养出具有斯文理想的学者。这是大学斯文的两种境界,所以判断一个大学是否斯文，最终是看斯文有没有被内化到学生和教师的身上。斯文在经典之中，不论是国内高校大力推行的通识教育、博雅教育，还是像西南大学本科生阅读经典名著的考核，或是近年来不少大学兴建国学研究院和本科生书院，这些都表明人们在努力地找回"消逝的斯文"。但是，"斯振大学"的途径绝不仅仅是这些，它还有更多的内涵需要我们去不断挖掘和拓展。

显然，我们从"斯振大学"的实现路径来看，承担斯文的主要方式还是靠"教"，而"教"则要求教者先明道，有道才能教，能教才能斯文。有一例，台湾学者张善楠在翻译美国哈佛大学前校长德里克·博克 *Our Underachieving Colleges* 一书时，将其译为《大学教了没》，而大陆学者侯定凯则将该书译为《回归大学之道》。虽然，两个译文有所区别，但我们会发现其内涵是一致的，"教"就是"道"，"道"就是"斯文"。因此，能够"斯文"的组织必须具备三种前提：一是得斯文，二是敬斯文，三是能教。对于今日我国大学来说，能教是以得斯文和敬斯文为前提的，而能得斯文，便知斯文之理，也就能敬斯文，因而关键的问题是能否得斯文，如果这个最关键的条件不具备，那么今日大学则很难承担斯文使命。

当校友提出"给大学留点儿斯文"这样一个朴素的要求时，恐怕真的需要我们反思了。因为，在大学追求效率和效益的大背景下，斯文与此类目标完全风马牛不相及。但是我们不要忘记，在提倡"章程和制度"的背景下，给大学保留一点儿精神和文化，也包括斯文，应该是大学制度建设和内涵式发展的应有之意。当代大学的斯文，既体现在大学的理念与制度之中，也折射在大学人的行为规范与精神岁月上，更沉淀在知识分子的学术研究中。大学的薪火相传，在于斯文，而不是在庸俗的泥淖里越陷越深。一所好的大学，既在排行榜上，也在斯文的延续中。

(本文原载《光明日报》2016 年 3 月 31 日第 11 版)

大学与建筑

我没学过建筑,对建筑也从没有过太大的兴趣,可以说是一窍不通。近些年来,虽然走访了国内外许多大学,包括一些世界著名大学,却从来没有想过把大学与建筑联系在一起。2008年5月,我有幸与厦大建筑学院的几位老师一同赴英国参加"城市规划国际研讨会",这是厦门大学和卡迪夫大学为纪念厦门与卡迪夫两个城市结为友好城市25周年而举行的一次国际研讨会。两天会议之后,顺便走访了英国的几个城市和大学。建筑学院的老师喜欢欣赏建筑,我愿意了解大学;我陪他们看建筑,他们伴我看大学;我给他们诠释大学之道,他们给我讲解建筑之美;我的镜头对准校园风光,他们的镜头聚焦楼宇亭榭。不停地观看,不断地交流,就在这有意与无意之间,我突然发现,大学与建筑之间不仅有着某种天然的联系,而且有着共通的话语体系。

一、扭曲的建筑与大学的扭曲

此次访英观赏建筑和走访大学,最令我难忘的建筑是位于曼彻斯特市的帝国战争博物馆北方分馆(The Imperial War Museum North),这是为纪念第二次世界大战而设计的一个博物馆。设计者是英国的丹尼尔·李伯斯金教授,他以设计战争博物馆而名闻世界,人们把他设计的战争博物馆看成是世界建筑中的另类。

"战争改变人类"(War Shapes Lives)是这个博物馆的宣传语。一走近博物馆,即使你不懂建筑设计,但设计者用建筑所营造的空间气氛,也能让你在心灵上获得战争的体验。博物馆的外部颜色为黑色,第一眼看上去,在色调上就给人一种凄凉沉重的感觉。博物馆内有一部观光电梯,电梯一启动,就开始颤动起来。开始时,我们还以为是电梯坏了,不由得紧张起来。过了一会儿才恍然大悟,这是设计者独具匠心!它是让参观者在毫无心理准备的情况下,一走进这个博物馆,就能够体验到战争带来的恐惧。

每一位走出战争博物馆的参观者,心情都格外沉重,似乎自己的心灵经受了一次战争的洗礼。参观结束,我们环绕着整个博物馆走了一圈,最后默默地站在这个"异类"建筑物前,仔细地端详着这个扭曲的建筑,我开始揣摩设计者所要表达的设计理念以及与大学的联系。大学的使命不也是改变人类的命运吗?难道历史上的大学和今天的大学不存在扭曲的行为吗?建筑师用最直观的方式——色彩、线条和空间结构——向人们展示了战争的残酷和人性的扭曲,起到了警示后人的作用。

没有大学愿意承认自己是扭曲的。可在许多人看来,今天的中外大学已经出现了不同程度的扭曲行为。哈佛大学前校长德里克·博克面对不断攀升的大学学费,就曾发出了"大学何价"的诘问;面对美国研究型大学"不出版就死亡"的潜规则,他又发出了"大学教了没"的感伤。在我国,大学的行政化和官僚化,导致学术权力不断弱化;教学与科研关系的扭曲,导致教学地位低下,教授不愿意给本科生上课;教师考核的"工分制"和所谓的"绩效制",导致教学和科研越来越浮躁;无序的大学排名和竞争,导致大学互相攀比;雷同的人才培养模式和趋同的专业与课程设置,导致大学千校一面;一成不变的教学方式,导致创新人才和拔尖人才缺失,等等。这难道不是大学的扭曲吗?面对这些,我们当中又有多少人会感觉到大学扭曲的存在和危害,进而直面现实,对大学的扭曲提出警示?

说今天的大学尤其是我国的大学有些扭曲,似乎是一个有些言重的话题;把这座战争博物馆与大学的扭曲联系起来,也有些牵强。但毫无疑问,今天每一个在大学里工作和学习的人,都会不同程度地感觉到我国今天的大学缺少了什么,却很少有人从扭曲的角度去思考大学的行为。对于战争带来的扭曲,建筑设计师已经找到了一种非常形象的表达方式;但对于大学的扭曲行为,我们显然很难用建筑的语言来表达,这种扭曲是无意识的、隐晦的。然而问题的关键是,大学的扭曲给人类社会带来的影响更复杂、更隐蔽、更久远、更广泛,也更难以纠正。

二、建筑的理念与大学的理念

其实,无论是建筑还是大学,体现的都是一种理念。建筑理念要求好的建筑应该是艺术与功能的完美结合,好的大学则是大学理念与大学制度的完美结合。建筑理念在设计中的价值我无法判断,但在我看来,理念对大学来说却极为重要。大学没有了理念,也就没有了根基。

当然,无论是中国还是西方,无论是建筑还是大学,在"二战"之后的几十年间,都面临着理念的嬗变和缺失。此次访英,同行的教授告诉我,建筑过去讲的是"建筑作品",而今天的许多建筑成了建筑产品。这些建筑产品不断地被烙上商品的痕迹,并从艺术的范畴转向消费的范畴。今天的大学又何尝不是如此!

人们曾经要求大学走出象牙塔,并为大学走出象牙塔欢呼雀跃。如今大学走出了象牙之塔,但体现大学理念的精神也随之日趋式微。大学似乎失去了方向,并没有达到它的理想彼岸。今天的人们对大学的怀旧情结越来越强烈,其实是对昔日大学理念和精神的一种怀念。

此次访英,建筑系几位教授考察的重点之一就是旧城的保护和改造。为此,我们特意去了曼彻斯特、利物浦、布里斯托等几个老工业城市。漫步在这些老工业城市的街道,脚踩数百年的斑驳之路,时常会看到许多历史久远的建筑物正在修缮中,但这种修缮多为修旧如旧,以求更好地恢复或者保留其本来面目,以至于你会在一些新的建筑物中看到特意保留下来的历史痕迹。虽然我是建筑的门外汉,无法像建筑学院的老师那样,能够在旧城的改造中发现建筑理念的传承,可我从他们兴奋的脸上和不停的拍摄中，可以看出他们一定是找到了传承建筑理念的真谛。面对西方国家对老工业城市改造和保护所采取的措施，我们今天的大学也同样面临着保护和改造的话题。

在高等教育大众化的时代，如何保护精英教育，就像旧城改造一样，是我们绕不开的一个话题。新中国成立之初，我们对北京老城的改造急于求成，改变外在形态的冲动大大超过改变内在实质的需求。北京城变新了，但它永远失去了传统的内核和延续了几百年的建筑文化。这种失去已经无法弥补，只能留下"人是物非"的感叹。这可以说是我国当下大学的一个隐喻：大学外在形式的变革是不是多于内在的理念和制度的构建？

三、宗教的大学与大学的宗教

西方早期的大学几乎都与宗教有着千丝万缕的联系。在西方，看大学校园和大学建筑，你会时时刻刻感受到大学与宗教的某种契合，宗教的影子总会萦绕在你周围。回想起我留学和走访过的国外大学，几乎每一所大学都有宗教的痕迹。如在利物浦大学校园的中心位置，离我的办公楼200米处就有一座大教堂，1996年元旦的晚上，我和几位留学生就是在大教堂的钟声中度过的。在斯坦福大学，当你沿着棕榈大道走进大学校园的时候，你看到和走进的第一个建筑物就是斯坦福大学的教堂。而韩国的成均馆大学，其校名就来自位于校园中心的一个文庙——成均馆。我曾百思不得其解：为何成均馆大学会把一个文庙"包裹"在中间？

这次在英国的布里斯托市，我们原本没有访问布里斯托大学的计划，只是考察该市的旧城改造。在考察中，我们发现在该城的较高位置，远远望去，有一个好像是一座教堂的建筑。一问才知道是布里斯托大学的主楼，我们决定过去看一下。该校园不是很大，主楼的建筑风格与教堂十分相近。学校当天正在考试，我们无法参观整个建筑，只能在主楼的大堂略作停留。出来之后,我一直在想,为什么布里斯托大学在建筑的形式和内容上,都有挥之不去的教堂的影子?至于牛津和剑桥,凡是去过的人,都会对大学与宗教这一话题有自己的感受和理解。在这里有数不清的教堂,以至于你无法分辨是大学坐落在教堂中,还是教堂坐落在大学中。在牛津大学和剑桥大学游览,你会不时听到教堂的钟声,而且学校还利用教堂的钟声提示大学的作息时间。这不禁使我想起了姜文闵教授在《外国教育史》一书中的一句话:"教堂的钟声与骑士的马蹄声构成了中世纪大学的主旋律。"[①]今天,骑士的马蹄声没了,而教堂的钟声依然在大学的上空回响;骑士已经成为历史的过客,大学却依然存在。面对此情此景,我凝思:大学乎?宗教乎?

不同国家、不同时期,大学都与宗教之间有着千丝万缕的联系,使我不由得把大学和宗教放进了同一个思考空间。那是 2006 年 6 月,我出访丹麦、瑞典、法国、英国。在丹麦哥本哈根大学参观的时候,看到一个令我难忘的场景:哥本哈根大学办公楼的对面就是哥本哈根市大教堂,两个建筑物面对面,中间隔着一条大约十几米宽的步行街,学校办公楼的正门对着教堂的侧门,就像是两个邻居。大学办公楼的外面有六座雕塑,都是著名的科学家,第一位就是玻耳——诺贝尔奖获得者(其余五位的名字记不清了);而教堂的外面有三个人物雕塑,都是对教堂有过巨大贡献的大主教。科学家与主教们面对着面,表情都十分严肃。虽然从雕塑的数量上看,科学家超过了主教,但其中的寓意并不是我等普通游人仅凭自己的眼睛所能捕捉到的。我被眼前的这幅场景震撼了!一面是科学的殿堂,一面是宗教的圣地,科学真理与宗教信仰之间进行过尖锐的冲突与较量,却又如此和谐地凝固在这无声的建筑语言之中!更有趣的是,走进哥本哈根大学办公主楼的门厅,墙上有许多油画,展示的全部是有关科学的故事。再往里面走,是一个专门颁发博士学位的近五百平方米的大厅,大厅的墙上有四幅巨大的挂毯,讲述的

---

① 引自杨东平:《中国教育会好吗》,上海社会科学院出版社 2016 年版,第 193 页。

都是我看不懂的宗教故事。带领我们参观的校方陪同人员特意告诉我们,这些挂毯一直存放在主楼的地下室里,直到20世纪70年代才被发现。之后,丹麦国王决定把这些挂毯送给哥本哈根大学。

在科学的殿堂里,在颁发博士学位这个最神圣的地方,而且是在20世纪70年代,丹麦国王为什么不是把挂毯给教堂,而是给了哥本哈根大学?哥本哈根大学把带有宗教色彩的挂毯高挂在大厅,是在炫耀科学的胜利,还是在表明宗教与科学的合一?我想,丹麦国王和哥本哈根大学的做法,即使有宗教的含义,其中的寓意恐怕已非最初的宗教含义了。此时的宗教,恐怕也非彼时的宗教了。哥本哈根大学与哥本哈根大教堂相对而建的场景,究竟是巧合还是人为的有意安排?代表的是大学与宗教的分离还是和谐?

我不信仰宗教。可当我面对西方大学呈现出来的宗教现象,我开始思考宗教在现代大学中的意义。我暂且把它理解为一种情怀——它是一种感恩情怀。校友对母校的捐赠与回馈,其实也就像虔诚的宗教徒向教会捐赠一样,有着一种近似于宗教的情怀,那是一种不求回报、只讲感恩的宗教情怀。正是在这种情怀中,学生形成了自己的人生信念,大学形成了自己的文化。再如,毕业的校友返回母校,或者去拜访某一位德高望重的老先生,都会用到"朝圣"的字眼,我就经常听到国内的同仁到厦大教研院来访问的时候,会用到"朝圣"这个词,此时的"朝圣"已经成了对真理的信仰。其实,每当我走进牛津和剑桥校园的时候,内心里也有一种朝圣的滋味。当我们从这个角度来看大学的宗教,就会觉得所有的大学几乎都有着自己的宗教基因,只是具体的表现形式和内涵不同罢了。

此次访英观赏建筑,激活了我对大学和宗教的遐思,我想它们之间一定有很多说不完、道不明、玄妙而有趣的故事。不仅国外的大学与宗教有某种天然的联系,即使在我国,也可发现二者联系的蛛丝马迹,否则,你就会很难理解,为什么在我所任教的厦门大学,一墙之隔就是著名的南普陀寺,东南大学的一墙之隔就是鸡鸣寺,山东大学一墙之隔是红楼教堂,福州大学一墙之隔就是西禅寺,安徽师范大学一墙之隔就是广济寺,山西师范大学一墙之隔是铁佛寺,韩山师院一墙之隔就是韩山寺?

大学自诞生之初,就被赋予了某种宗教般的救世性格,充满着理想和建构主义的热情。大学隐含着对现实的某种不认可,它的精神气质暗示着"世界必须是这样的",同时也就意味着"世界不应该是那样的",大学是引导社会的精神载体,而这正与宗教曾经和现在正在扮演的角色十分相似。

四、大学的建筑与建筑的大学

建筑与大学最直接的联系恐怕就是大学中的建筑了。大学的建筑是大学的历史见证、实力见证和办学理念见证。从大学的建筑中,可以看出其历史与文化,乃至精神和气质。当人们走访一所大学的时候,它给人们留下第一印象的就是它的建筑,而人们对它的评价也往往基于这第一印象。这恐怕就是大学建筑的魅力和力量。

建筑物的历史越久远,就越能彰显其历史和文化的价值。建筑喜欢讲风格和特色。中国的建筑最具特色的应该是园林和各具地方特色的民居,如北京四合院、江南私家园林、客家土楼、山西大院、湘西吊脚楼等。这些建筑都体现着浓郁的地域风情,体现着自然、文化、历史、风俗的和谐统一,在建筑史上都是独一无二的。它们之所以能够流芳百世,就在于其空间与环境可以启发人们在精神上的思考,即建筑物的气质体现的是一种"场所精神"。大学的建筑其实更需要这种"场所精神",大学的校园更应该有这种"场所精神",它是大学的一种气质。这种"场所精神"和气质使你一走进去,就想读书、思考、联想,能够激活你的灵感、你的创造力和批判精神。大学的建筑不同于其他建筑,就在于它是体现大学理念和大学气质的载体,呈现出教育的价值和意义。正是大学赋予了校园建筑以形而上之"道",大学的建筑才有了它独有的心灵容量和思想境界。无论是芳草萋萋,还是红砖绿瓦、大树参天,都应该使人的心灵得以净化和升华。唯其如此,大学才能成为培养独立研究精神的家园。

大学的建筑,强调的是建筑的历史文化内涵及其特有的教育功能。在某种程度上,大学的建筑就是大学精神的体现,是它们让大学的历史活了下来,否则,这些建筑的定语完全可以用"工厂"或者"商场"来代替。因此,在人们的心目中,大学的建筑应该具备大家闺秀那种优雅端庄的风度和气质,那种大方得体、收放自如的姿态和风韵,多一点恬淡和幽静,少一些嘈杂和喧嚣,而非工厂里的流水线上的产品或货架上整齐陈列的商品。每一个到过牛津和剑桥的人,都会对两所大学的建筑风格发出由衷的感叹,在那些早期建的学院里,偌大的方院、高高的围墙、新绿的草坪,仿佛就是世外桃源。从两校的建筑中,你自然就会对西方为何把早期的大学比喻为"象牙塔"有了切身的理解,也能身临其境地感受到什么是实现"闲逸的好奇"之所。此时的牛津和剑桥大学建筑,已经不是一个建筑物的概念,而是一种文化和气质。

再拿厦门大学来说,当你站在五老峰或上弦操场俯瞰校园时,你自然就会感受到厦大久远的历史脉动;当你走进建南大礼堂时,你不知不觉地就会被其创建者的远见卓识所折服;当你走在群贤楼群的长廊里时,你便深深地被"自强不息,止于至善"的办学理念所浸润。它们似乎在悄悄地告诉你,这里是你所需要的凝思静虑之所,新的生活之眼和世界之窗将渐次在你面前打开。

也许我们不该强求建筑承载教育的意义,也许我们必须承认建筑本身表现力的局限,但作为大学里的建筑,它总是要带着某种意义(或积极、或消极)以"物证"的角色出现在对大学历史的审视之中,影响着后人对大学的评说。

然而,今天大学里的建筑并非都是真正的大学建筑,并非都具有大学建筑应有的语言与表情。当我们回过头来看我国近几年的大学建筑和大学校园,从外在形态来说,其占地面积和建筑面积不可谓不大,装修和建筑材料不可谓不豪华，校门不可谓不气派。我国新建的校园和建筑几乎都可以与外国的大学校园相媲美，其豪华程度甚至远远超过国外的大学。可是在这样的校园里，我们却无法感知到大学气质的味道，华丽的表象让人感受到的是世俗化和商业化的气息，这是建筑的大学，而非大学的建筑，与我们所言及的"大学的建筑"渐行渐远。仅就某些大学建筑的功能而言，便可见一斑。例如，教学楼的设计几乎都是"通用设计"，既没有考虑到教学的特点，也没有考虑到师生交流的需要。再拿教室的座位数来说，我国大多数大学的座位数都是足够的，但如果按照国外授课的班级规模来考虑，就会普遍出现教室不足的现象，尤其是小教室的不足。在国外，有些大学认为，授课班级规模的大小是一个吸引学生非常重要的指标。一般说来，人数为30人的班级规模大约占授课班级总数的70%左右，而我国还不到30%。相比之下，国外有些新设计的教学楼中，教室与教师的工作室往往是在同一平面层，一侧是教室，一侧是教师的工作室，教师与学生可以随时随地交流。例如哈佛大学设计学院的建筑，以大台阶式的连接教室把全院的老师与学生融合在一起，每一层是一个年级，这样不仅同一个年级的师生可以交流，而且上下年级的师生也可以交流，咖啡厅、阅览室等公共场所都可以为师生的交流提供方便。融入了教学需求和办学理念的建筑才是大学的建筑。

　　大学的建筑应该有助于培养学生和教师对母校的认同感，不仅仅是在校期间认同，而且是永恒的认同。听建筑学院的同行说，由世界著名的建筑大师密斯·凡德罗设计的美国伊利诺伊理工学院的克朗楼（教学楼），从建筑学的角度而言，称得上是一个很有创意的设计，体现了大师追求"极端纯净"的设计理念，但由不锈钢加玻璃设计成的大空间缺少领域感，给人一种"冰冷的属性"的感觉。结果学生不喜欢，搞建筑的却纷至沓来。这就告诉我们，大学里的建筑，如果结构、造型、功能不能让教师和学生喜欢，不能博得大学人的认同，就只能是放错了位置的"创新作品"，而不能称之为"大学的建筑"。

建筑的垃圾产生于浮躁,建筑的大学也产生于浮躁。总体而言,我国的大学校园和建筑,在环境上缺少人文性,在形象上缺少教育建筑的优雅性,在空间上缺少教育的规律性和本质性。在经济快速发展的时代,中西方建筑业都曾出现过不能称之为"作品"的建筑。对此,西方国家已经对"建筑作品"和城市建设作了深刻的反思。今天,我国的建筑界也开始反思,大量的建筑物是否会在几十年后成为城市改造的对象和垃圾?如何跨过这道"门槛",以免未来有太多的遗憾,应该成为大学建筑界深思的话题。

大学与建筑的相通问题,我以前从没想过,即使在拙文完成之后,也没有完全想清楚。虽然有幸与建筑学院的几位教授一起出访,但我对大学建筑的理解还是十分有限,仅仅停留在"大学讲理念,建筑也讲理念;大学讲特色,建筑也讲特色;大学讲传承,建筑也讲传承;大学理念讲坚守,建筑特色讲保护;大学发展讲规划,城市建设也讲规划"的初级类比阶段。但从建筑的角度看大学,却给我带来了思考的空间。我认为,大学与建筑是相通的,大学需要"建筑的眼睛",大学的建筑也同样不能缺少"大学的表情"。二者情理相通,虚实相鉴。相信在对大学与建筑的咀嚼中,我们会品出它们真正的"味道"来。

(本文原刊《教育研究》2009年第12期)

大学与钟声

每逢校庆之际,都会有厦大人怀念母校的钟声,也会絮絮叨叨地说起与厦大钟声有关的故事,厦大钟声已经成为厦大人抹不去的回忆。我与厦大钟声的初次结缘是在1987年的5月,那时的我怀揣着梦想,来厦门大学参加博士生考试。当时入住大南校门口的招待所,校园的凤凰花吐蕊未放,每天晨曦初露,首先是南普陀的钟声将我从梦境中唤醒,然后在厦大钟声的牵引下,摸到图书馆,查阅、看书、复习。那是我第一次感受到校园钟声的美妙和动听,至今无法释怀。

一、学子的文化记忆

真正触动我动笔写厦大的钟声,是在2014年4月25日《厦门大学报》上,看了潘懋元老师满含深情地回忆起抗战时期,厦大钟声在长汀县城上空萦回不散的场景:"厦门大学的校钟就挂在虎背山脊高五六十米的北极阁上。每当厦大洪亮的钟声响起,不仅厦大校区,而且整个长汀县城都可以听到。在抗战的八年时光里,不仅厦大人按照钟声作息,长汀县城居民也都习惯于根据钟声生活。"[①]虎背山的松涛、北极阁的钟声,陪伴着那一代南强学子,度过了那段艰难而美好的大学生活,钟声成了长汀时期厦大人传承文化命脉的历史见证。

金声恒久远,振玉永流传。感怀母校钟声的何止是潘懋元老师。著名诗人、校友余光中在《浪子回头》一诗里写道:"母校的钟声悠悠不

---

① 吴锦梦:《95年校园听钟声》,《大学生》2016年第11期。

断,隔着一排相思树,淡定的雨雾,从四十年代的尽头传来,恍惚在唤我,逃学的旧生,骑着当日年少的跑车,去白墙红瓦的囊萤楼上课。"① 从诗人的沉吟中,我们可以感受到厦大的钟声让多少厦大游子勾起旧时上学的青春年少,厦大钟声已经沉淀为一代又一代厦大学子的文化记忆,成为厦大校友共同的文化想象。

警钟长鸣。钟既是一种计时工具,也代表着警示自醒。近代革命家陈天华在《警世钟》里疾呼:"长梦千年何日醒,睡乡谁遣警钟鸣!"② 校主陈嘉庚先生本着教育救国理想,于1919年冬在老家集美打造了第一口校钟。从1921年厦大建校时起,用钟声来规范作息的习惯就一直沿袭下来。1990年代初,厦大也曾有人认为敲钟的方式已经过时,要求换成更为方便的电铃。但这一提议遭到诸多老校友的坚决反对,他们认为钟声是厦大的标志,能唤起对校园生活的美好回忆,保留历史的古朴与神圣。但在我看来,这种反对的背后更多是寄托着校友对厦大的期望,即坚持自强不息的精神,时刻保持夕惕若厉的自省。

而今使用的校钟是80周年校庆时所铸。一口厚重的黑色铁钟,高挂在建南大会堂的天台。天台不大,长宽约只七八步,红砖铺地,四周围着矮矮的石栏杆。天台面向烟波浩渺的大海,背靠巍巍五老峰。漆黑的钟体上镌刻着"厦门大学"镏金四个大字,金色的字体在海风常年的拂拭里,锈迹斑驳。钟体里悬着一个大铁球,长年的撞击使得球的四周十分光滑。厦大的钟每天响起19次,在钟声响起前的几分钟,敲钟人带上耳塞,抓牢钟绳,紧瞄闹钟,凝神屏气,当秒针走到12之时,忽地猛拉钟绳,如猛龙出江,雄浑肃穆的钟声顿时如海上碧波,缓缓传出,映着霞光响彻鹭江两岸,涤荡学子心怀。此景此情,闻者莫不心生悸动。

在电子化的年代,厦门大学的钟声在中国高校中多少显得有些特

---

① 余光中:《情人的血特别红》,见《余光中自选集》,百花文艺出版社2005年版,第113页。

② 高占祥主编、董雁南编:《陈天华、邹容、方志敏爱国文选》,北京时代华文书局2016年版,第32页。

立独行。从物理角度看,钟的功能莫过于计时,其发出的声响也不过是金属震动所产生的波动现象。从技术层面看,工业文明的机械时钟取代了农业文明的人工敲钟,为日常生活带来了巨大便利。但与此同时,现代人似乎又感觉到了某种缺失。在掏出手机即可精确计时的年代,它真的值得人们舍弃生活的便利而念兹在兹?特别是抛开情感因素,厦大的钟声到底有何玄妙之处呢?

一位厦大毕业的博士把厦大的钟声形容为天籁:"第一次到厦门大学,在博学二自习,准备考博的心绪使我无暇顾及身边的景致,但突然间传来的钟声却把我从资料中唤醒。抬起头看看周围的同学,他们似乎已经习以为常了,但是这对于我却是心灵上的一种颤动,因为它代表了一种文化,一种历史,一种呼唤。"作为局外人的游客,对于厦大钟声的欣赏更加值得玩味。一位来过厦大的游客在博客中写道:"我正在记录校园的美,晨雾里忽然传来空旷悠扬的钟声。钟声带着古朴的金属气息,比机械的电铃多了几分庄重,也多了几分风情。"校园民谣的代表人物高晓松也将其在厦大的经历写入歌里:"你说每当你回头看夕阳红/每当你又听到晚钟/从前的点点滴滴会涌起/在你来不及难过的心里。"袅袅的歌声里游走的是对那个白衣飘飘的年代的缅怀,哀而不伤。厦大钟声的迷人之处,绝对不是由其物理功能所带来的。它的动听在于凝结了人们对于大学何为的共同意象和期盼。

二、无字的教育语言

钟声是所有教育场所的文化标识,更是大学的一种精神坚守,亦是无字的教育语言。

众所周知,人才培养是大学的根本。"大学之道,在明明德,在新民,在止于至善。"厦门大学校训"自强不息　止于至善"正体现了传统文化对于大学育人为本的教育追求。而育人的工作不仅仅是知识育人(而且这种形式往往效益不彰),更重要的是如何活化学校历史传承,有效地实现文化育人。绵长低回的厦大钟声给厦大育人增添了又一教育之道。薪火相传,弦歌不辍,其生命力在于将仪式化的文化标识与传道授业解惑的教育行为融为一体。1944级机电系苏林华校友回忆,"我大三住博学楼,大四住映雪楼,都听得见,尤其上半夜的钟声,颇有'夜半钟声到客船'的情调。"可以说,空旷悠远的建南大会堂的钟声早已成为厦大学子成长的见证,伴随着多少建南学子度过许许多多不眠之夜。一代又一代的敲钟人用悠扬的钟声唤醒南强学子求知的渴望,感染一代代厦大人对于母校的精神认同。

试想一下,倘若换成了现代的电铃声,你是否还会对它抱持美好的想象?相较而言,钟声浑厚,电铃声薄脆,钟声绵长,电铃声弱短,钟声恢弘,电铃声局促。电铃声纵然可以度量时间,但却无法让我们穿越历史,知道时间的意义和文化的绵延。值得庆贺的是尽管历经沧桑巨变,但厦大钟声依旧。周而复始的钟声如同一场心灵的受洗,温热学子生命的激情,激励他们去探索星辰何以灿烂,体会世间何以苦痛,追求人生何以丰盈。

《学记》云:"善问者如攻坚木,先其易者,后其节目,及其久也,相说以解。不善问者反此。善问者如撞钟,叩之以小者则小鸣,叩之以大者则大鸣,待其从容,然后尽其声。不善问者反此。此皆治学之道也。"这段精彩比喻是对大学教学最高境界的一种形象描述。苏联教育家苏霍姆林斯基提出:"我们在努力做到使学校的墙壁也说话。"[①]桃李不言,下自成蹊,厦大的钟声看似一位无言的老人,不夹一语,却用他的沧桑、稳重和坚守,诉说着求道问学途中的跌宕起伏,让大学精神的传承深植于学生之心。由此观之,厦大的钟声颇有"无用之用,方为大用"的教育之道。

三、大学的精神血统

用钟声来喻示大学教育之道,似乎西方大学也有着类似的景象。

[①] 苏霍姆林斯基著、赵玮等译:《帕夫雷什中学》,教育科学出版社1983年版,第149页。

教堂的钟声与骑士的马蹄声构成了中世纪大学的主旋律。① 这是西方学者对中世纪大学一个经典描绘。即便是今天,国外很多大学都有钟和钟楼,绝大部分钟楼被认为是大学的地标性建筑。世界上最有名气的大学钟,当属剑桥大学考波斯·克里斯蒂学院(Corpus Christi College)门口名为"时间吞噬者"(Time Eater Clock,也译为"时间食客")的钟。

2010年,我来到剑桥大学,怀着种种疑惑,久久驻足在这个久负盛名的钟前,好奇地看着:钟的形象极为奇特,虫子形状类似蚱蜢,每一分钟的第一秒它张开嘴,最后一秒钟把嘴合上。钟摆的造型是棺材,每到整点,就会重重地一响。看完这个奇特的钟,不仅让我联想起剑桥大学的校训"启蒙之所 智慧之源"。据说校训源自苏格拉底的一句名言——我们与世界相遇,我们与世界相蚀,我们必不辱使命,得以与众生相遇。② 这不仅让我想起中国先贤老子有句话说,"吾生也有涯,而知也无涯。以有涯随无涯,殆已! 已而为知者,殆而已矣!"从养身而言,以有限生命追求无限的知识似乎是徒劳的,但大学教育恰恰是给这一历程赋予了生命的意义。前央视记者柴静用感性的语言描述这个残酷而真实的钟:"一个人的一生,非常短暂和脆弱,容易被时间侵蚀。但一所大学,仍然有希望帮助这个人,去实现他认识世界、探索自身的全部征程。"③香港中文大学前副校长金耀基教授对剑桥的钟声亦念念不忘:"德国的小城,钟声特别悠扬。我常常会忆起剑桥大学圣约翰书院的钟声。"④金先生是当代中国反思高等教育理念的先驱,他曾写了一部书叫《大学的理念》,在这部书中,他处处流露出对传统大学自由教育的追崇。

在高等教育思想史上,较早对传统自由教育发出声音的代表人物

---

① 引自杨东平:《中国教育会好吗》,上海社会科学院出版社2016年版,第193页。
② 张景:《我思故我在》,中国社会出版社2015年版,第194页。
③ 《柴静专访剑桥大学校长》,[EB/OL].[2012-06-28].https://www.163.com/dy.article/GDJE4B7J0518WF2F.html.
④ 金耀基:《海德堡语丝》,生活·读书·新知三联书店2008年版,第132页。

之一是红衣主教约翰·纽曼。面对伴随着工业革命而兴起的科学主义和功利主义的挑战，纽曼在《大学的理想》一书中坚定地捍卫英国古典大学的价值。他认为大学是传授普遍知识的地方，大学教育是为了自由的教育，不能自囚于职业准备和专业训练的牢笼。纽曼的大学理想虽然未能在历史的浪潮中力挽狂澜，但是延续大学古典精神的香火并未断绝。剑桥大学哲学教授怀特海继承了大学自由教育的衣钵，认为想象力是大学存在的意义，"大学存在的理由在于，它联合青年人和老年人共同对学问进行富有想象的研究，以保持知识和火热的生活之间的联系。大学传授知识，但它是富有想象力地传授知识。"[①]时至今日，大学外部的时代图景不断冲击着大学的使命和定位，大学已非完全超脱于工业生产、民族国家的自由高地。但是，因精神的陶冶、理性的提升、道德的熏陶，大学对实现人的自由的追求仍旧顽强地存活着。

　　大学的钟声从历史深处传来，似乎在叩问一个终极问题：大学作为探究高深学问的场所，其存在的意义究竟何在？也许，金先生之所以对剑桥大学的钟声铭记于心，就在于自剑桥大学建立以来，养成了某种洁身自好甚至孤芳自赏、因循传统的"象牙塔精神"，这种精神成为追求学问与精神修养的人们的朝圣之地。进大学固然是为了学得一技之长，其实，更重要的是要利用大学这个场所来进行一种精神上的洗礼与修炼。因此说，一所大学的传统与历史对于进入这所大学学习的学子的精神影响至深至远。就像一位学者对于剑桥钟声的感受："在剑桥时，当报时的钟声从那高高的钟楼深沉传来的时候，牛群似乎也在驻足聆听，它们的神情专注而自信，让我想象是剑桥精神的生动象征——那钟声中传送的古老而永生之意的象征。"[②]剑桥的钟声更像一则关于大学的隐喻，告诫世人传统不是一种可以随意抛弃的偶然的或外在的东西，而是大学坚不可摧的精神血统和道德力量。

---

① 王栋生：《现代教师读本》（人文卷），广西教育出版社2006年版，第71页。
② 肖鹰：《剑桥的钟声》，《教师博览》2012年第01期，第45—46页。

四、大学即修学之所

钟,也是东西方宗教仪式中的重要礼器。在许多著名的寺院、教堂,高大的钟楼增添了寺院和教堂的威严。钟声也并非大学独有的风景,这从西方大学的钟声多从教堂里敲响发出可知。有趣的是,厦门大学毗邻闽南古刹南普陀寺,晨夕交错,学校的钟声和寺庙的钟声在鹭岛上空交相辉映,相互交融。从历史来看,教堂和寺庙钟声存在的时间远比大学要长久,钟声漫长的历史已变成教堂与寺庙的一种语言、一种象征,钟声一响,人们就会想起教堂或寺庙;离开了钟声,宗教机构似乎就失去了庄严。教育场所为何引入钟声,似乎难以考证,推测起来似乎又十分简单。大学在产生之日,就具备了某种"宗教"意义上的教化功能,这就注定教育机构与宗教场所有某种天然的联系,钟声进入大学也就不足为奇。

在中国古代,钟声与教育的历史渊源同样由来已久。"木铎金声"常被用为教育宣道的比喻。《论语》里认为孔子就是醒世钟的化身,"天下之无道也久矣,天将以夫子为木铎。"孔子以木铎自况,宣礼乐之教。孟子亦盛赞孔子,"孔子之谓集大成者。集大成者,金声而玉振也。金声也者,始条理也;玉振之也者,终条理也。"古代的八音之中,"金声"最洪亮,最能引起人的注意,被朱熹认为是"众音之纲纪",如古代公堂上审案时案桌上的"惊堂木"。"惊堂木"一拍,可以达到警众的目的,使众明听,集中注意力,听从施令者的号令。

大学,修学之所;宗教,修道之所。实际上,教育和为学就是一种"修道",它需要学习者具有修道之人那种平和的心态。台湾大学校钟是为纪念台大第四任校长傅斯年所立,每天只敲二十一下。据说老校长傅斯年曾说:"一天只有二十一小时,其余三小时是用来沉思的。""学问之道无他,求其放心而已矣。"而圆润洪亮,深沉清远的钟声,也被注入了"惊醒世间名利客,唤回苦海梦迷人"的教化含义,让莘莘学子在无涯学海中不至于迷航,获得简朴宁静的生活态度。

　　一位厦大校友反思了母校钟声对他的启示:"在现代社会,崭新的城市、摩天高耸的大厦、高速的地铁轻轨、川流不息的人群、快餐时代的生活,一切都显得那么真实而又模糊;雷同的城市、相似的风景、陌生的人群,有时仿佛仅仅因为多休假了几天就开始觉得身边变得生疏起来。这一切是因为我们心中没有可以依附的东西,没有历史积淀下来的东西。而这静谧的校园和准时响起的钟声却使我的心变得沉静、平和而安详,在喧哗和骚动中寻找一方古朴、宁静、幽雅的净土。"教育场所采用具备宗教象征意义的钟声作为学生作息的标准,全因钟声能荡涤心灵,让心灵平静,让情感有所归。一天的作息是始于钟声,止于钟声。厦大校歌唱到"人生何茫茫!谁欤普渡驾慈航?鹭江深且长,充吾爱于无疆。"而厦大的钟声俨然是一种类似宗教情感的精神抚慰,在从容淡定和抱朴守拙中,引领厦大人自强自立,走向至善。

五、穿透时空的内涵

　　正因为钟的庄严肃穆,大学与钟的故事显得遒劲苍凉。清华大学的"闻亭钟声"、北京大学的"燕园钟亭"、南开大学勿忘国耻的鸣钟纪念,云南大学为国勇毅的钟楼接晖……

　　作为大学的一种语言,历史越悠久的大学,其声音也就越古老。与古典大学相比,现代大学无论在时间上,还是在空间上,都发生了巨大改变。但是有了钟声,大学人由此感受到时间的同一性,正如"今人不见古时月,今月曾经照古人"的意境一样,有了钟声,大学也就有了穿透时间和空间的特殊内涵。钟声远不只是起着提醒作息时间的功能,其背后的文化内涵更值得我们深思,其中就包含着大学的传统,钟声就是大学传统的一部分。

　　有人戏言,今天中国的大学已经成为了一座知识工厂,一个仅仅颁发文凭的工厂。大学因为自己的媚俗和随波逐流,不复其本来面目。

但是教育之所以成其为教育,则在于它不仅需要工业般的技巧与速率,更需要农业般的精耕细作。因此,工业文明时代的人们才会怀念农业社会的生活方式,有时还会刻意坚守源自传统社会里的某些习俗。与农业社会相关的符号比以往任何时候都显得珍贵。一声钟响,无不激起人类对过去恬淡生活的深深怀念。马丁·布伯在《希伯来的人文主义》一文中,系统分析了相对主义价值观,认为放任的生活方式和道德感的衰竭使得世界陷入了前所未有的危机。"人类所做的一切,都是为了回到老家。"①人类永远在寻找心灵的家园,让困顿的情感有所归依,有所寄托。在物欲横流的年代,一切都是短暂的,表面的,杂乱的,精神无所依托,人们因而更加渴望寻求宁静,而大学则肩负起这个神圣的使命。大学的使命在于净化心灵,以追求人类历史中某些最高尚的东西,无论是穷理还是致知,都应是大学特有的功能,这也决定了大学不可如轻薄桃花逐水流,而要有一点咬定青山不放松的坚持。大学总得保留一点属于自己的传统,就如宗教一样,以其保守性成就独特性。

厦大伴随着钟声走过了近一百年的历史,一代代敲钟人也给厦大留下了众多记忆,最有趣的一个故事应该是发生在1978年10月的一天凌晨,建南大礼堂的老敲钟人简光易(现已过世)正准备去敲钟,在建南大礼堂大门里面靠栏的地板上发现一个躺着睡觉的人,他叫醒了睡觉人,该人醒来时说的第一句话是:"这是台湾(另说金门)吗?"老人一愣,马上判定此人可能是从大陆想叛逃至台湾的"投敌者"。老人立刻报警,厦门市公安局迅速派人到达现场,带走此人。事后得知此人来自外地,误将从鼓浪屿可以看到的岛屿当作金门(实际上此处看不到金门),从鼓浪屿下水,想游到金门却找错了方向,精疲力竭上岸休息,不幸被厦大敲钟人发现,由此成为当时厦大的一段"警钟佳话"。

由时光凝聚起来的声音已远远不只是钟声。大学浑厚的钟声,敲

---

① 孙向晨:《马丁·布伯的"关系本体论"》,《复旦学报(社会科学版)》1998年第4期。

出了一段历史,一襟情怀,一种生活。厦门大学从创立之初就有"继承斯文"的传统。正是这个原因,在今日思明老校区,我们还可听到昔日的钟声。钟声不仅仅在鹭岛建南大会堂上空一如既往地响起,它还绵延至漳州校区、翔安校区,甚至远播至马六甲海峡。我们已然看到,厦门大学的钟声最完好地体现了"自强不息"走进世界的大学精神。

厦大钟声对我潜移默化的影响,使得我对大学的钟声格外关注。与其说这只是一种耳濡目染,毋宁说是我与撞钟和钟声有着一段不解的"情缘"。当年下乡插队时,我曾经就是一名敲钟人,一棵老榆树上,挂着一节铁轨,一根道钉,这就是当年生产队出工的时钟。正是那些年的"血色浪漫",才让我今日对大学的钟声情有独钟,挥之不去。今年春节期间,我重返当年插队的生产队,重新站在已经没有了铁轨和道钉的老榆树下,更加怀念和珍惜母校的钟声,更能体会到大学钟声敲出来的音律、意境和韵味,与当年出工的钟声相比,是何等的不同!

(本文原题《大学钟声:传承文化命脉的历史见证》,
原刊《中国高等教育》2016 年第 8 期)

大学与车辙

马车,是20世纪六七十年代乡村的主要交通工具;土路,是当时乡村交通状况的真实写照;车辙,是马车留在泥土路上的碾压痕迹,儿时去农村玩耍、中学毕业后去"插队"当"知青"时,车辙给我留下了难忘的记忆。把车辙与大学联系起来,纯属个人遐想。其实,就是在用一个自然现象的概念,论述一个老问题,试图捅捅我国高等教育的"窗户纸"。构思这篇《车辙里的大学》,我熬过了最没有年味的厦门春节,但愿自己和大学都能够从无形的"车辙"中走出来。谨以此文献给我的2019年春节。

不久前,与一位学医的同事品茗聊天,她的一句"今日的大学像在车辙里行走"让我茅塞顿开。细细品味,这句话蛮有道理,似乎从医生的角度一针见血地指出了我国大学的病因。"车辙"在我的记忆里不但不陌生,甚至可以说是如指诸掌、回味无穷。当下大学之困,不正是一个"车辙"隐喻吗?

一、儿时的"车辙"记忆

车辙,是马车在路面上行驶留下的车轮压痕。农村的泥土路,在马车轱辘的不断碾压下,车辙越来越深,久而久之马车也就习惯地在深深的车辙里前行。

小时候的寒暑假,我都要去农村的外公家玩上几天。因为舅舅是车把式,我最喜欢的事就是坐在舅舅的马车上,跟着舅舅"出车"。起初,为了安全起见,舅舅总是叫我坐在"后车沿"。随着年龄的增长,我的位置开始逐渐前移,后来我钟爱坐在前车沿。按照东北话的说法,双腿"一骗"就可以跳上去。见我如此乐此不疲,舅舅也就不干涉了。坐在"前车沿"的感觉很爽,有点儿像汽车的副驾驶。

深深的车辙,似乎只在乡村的土路上才有。每当舅舅的马车走上了乡村土路,也就自然走进了车辙,此时,舅舅也会默许我操几下鞭子,装模作样地吆喝几声,体验一下车老板的范儿。过了一段时间,我才知道,此时的马车不是我赶着走的,而是老马的"习惯"动作,是老马识途。

中学毕业后,我去农村"插队"当了"知青"。一年半之后,被调到公社猪场当保管员。任务很简单,就是每天带着猪场的车把式老邢和他的马车,去市里的酒厂和酱油厂,拉回酒糟和酱油渣喂猪。常年如此,几乎风雨无阻。马车压出来的车辙有10—30厘米,深深的车辙就像车轨,指引着"老马"和我俩,即使老邢打个小盹儿,我们也会安全顺利地到家。青少年时代与马车结缘的两段经历,使得车辙的印象清晰地深嵌在我的记忆里。

车辙的深度有浅有深,究其原因,既有土壤的差异,也有车轱辘的区别;既有马车负荷的影响,也有季节的影响。马车的辙,既是方向,也是路标,给人一种无形的安全感。我也曾注意到,当前方没有车辙了,只要车把式吆喝着马继续前行,马儿还是要走,马车也不会停下来。儿时的秋收季节,舅舅赶着马车到山上拉秸秆,经常碰到没有辙的小路,几次翻车,可还是要把秸秆拉回家。

把大学与车辙联系起来,这似乎只能是一个从"农村人"成长为"大学人"的人,在跨时代、跨阶层和跨文化的"特殊"人生经历经验中建立起来的联想。然而这种联想,并非无端的臆想。

二、大学的"辙之理"

把大学与车辙联系起来,一定被认为是一个联想的奇葩!其实不然,大学就像是一辆车,暂且先不说它是独轮车、两轮车或三轮车,甚至多轮车。早期的大学是"轧辙之车",后期的大学特别是文化变迁中模仿其他文化中的大学,就是"蹈袭之车"。在文化变迁过程中,那些模仿外来文化和大学的大学,更是面临着内外部两种文化"撕裂"或"张力"中的两条路上的"辙":一条是外来文化中的大学的"前车之辙"(也可称之为"楷模之辙"),另一条是本土传统文化中曾经有过的传统或旧式的"大学之辙"。马车的"辙"是有形的自然现象,而大学的"辙"则是无形的人为现象,甚至可以说是罩住了许多大学的"无形的网"。

先有车,后有辙,这是常识。大学究竟是什么样的车,需要什么样的"辙",是一个难以定论的话题。在我看来,任何社会组织必须回应社会需求才会产生并存在。因为只有这样,社会才会供养它,除非它是一个富贵人家的"纨绔子弟"。大学也不例外。早期的大学,基本上是上层社会传播知识、培养君子或绅士或僧侣知识分子的机构;而中世纪的西欧城邦大学,则是市民社会需求的产物。民族国家出现后,政府介入大学的力量开始彰显,而教会、贵族阶层、社会民众也不断提出自己的需求,他们都成为再塑"大学之车"的有生力量。在这个历史过程中,大学有时是独轮车,有时是双轮车,有时甚至是三轮车。每一种力量,似乎都想为"大学之车"装上一个"奔向自己的方向、驮负自己物品的轮子"。

"前车轧辙"与"后车蹈袭"是自然规律。后面的车之所以必须蹈袭,是因为存在就是合理的。前车之辙,是历史的因果联系的结果;然而,后车蹈袭并不是一个简单的自然过程。因为蹈袭符合经验和思维惯性,给马和车乃至于坐车人一种安全感,超越之心则降到了最低。可是,后面的车蹈袭则往往带有些许困惑,既想突破已有的前辙,又担心离辙翻车或迷路。中国传统文化曾对"前车之辙"有过深刻的论述,如前车之覆,后车之鉴,就是对"蹈袭覆辙"的深刻反思。前面的车子翻了,后面的车子就要引为教训。《荀子·成相》中说:"前车已覆,后未知更,何觉时!"汉代刘向《说苑·善说》则说:"前车覆,后车诫。"贾谊在政论文《治安策》中说:"前车覆,后车诫。"(《汉书·贾谊传》)他们表达的都是同一个意思:后车如何避免蹈袭覆辙。

三、"辙"的路径依赖

对"辙"的依赖,是人类社会的普遍现象。这不由得使人联想到"航天飞机的宽度是由马屁股决定的"的故事。

现代铁路两条铁轨之间的标准距离是 4.85 英尺,可许多人并不知道为什么要采用这个标准。原来,早期的铁路是由造电车的人设计的,而 4.85 英尺正是电车所用标准;而最先造电车的人以前是造马车的,所以电车的标准沿用了马车的轮距标准。

那么马车为什么要用这样的轮距标准呢?原来英国马路辙迹的宽度是从古罗马人那里来的。因为整个欧洲包括英国的长途老路都是由罗马人为其军队所铺设,而 4.85 英尺正是罗马战车的宽度;而罗马战车的轮距,则是根据牵引一辆战车的两匹马的屁股的宽度决定的。

这一宽度竟然运用在了航天领域。美国航天飞机燃料箱的两旁,有两个火箭助推器,因为这些助推器造好之后要用火车运送,路上又要通过一些隧道,而这些隧道的宽度只比火车铁轨宽一点。因此,火箭助推器的宽度是由铁轨的宽度决定的。所以,最后的结论是:"路径依赖"决定了美国航天飞机火箭助推器的宽度,而这个宽度竟然是两千年前由两匹马的屁股的宽度决定的。

这则故事告诉我们:一旦人们做了某种判断,就好比走上了一条"不归路",惯性的力量会使这一选择不断自我强化,并让你轻易走不出去,这种现象被称为"路径依赖"。

北大朱苏力教授曾对此种现象有过深刻的剖析:"考察一个成功制度时,人们习惯于从善良愿望出发考察它的纯洁、崇高的起源;而一个制度的失败,又往往归结于其先天的理论不足或创建者的道德缺失……在这里,起源似乎并不重要,制度实际发生的作用和意义并不因起源的神圣而增加,也不因起源的卑贱而减少。制度在发生学上的伟大意义往往是后人回头展望之际构建起来的,在后来者的总体历史观的观照下和理性塑造下才有了神圣的光环;而这种光环常常使我们不能也不敢以一种经验性的求知态度来'凝视'(福柯语)它和凝视我们自己。"①

对大学而言,影响"大学之辙"的因素十分复杂。对后来的大学而言,什么时候沿着什么样的辙走是一个艰难的选择。因为这里的"辙"指的是"路径依赖",其导致的结果可能是"千校一面""同质化""墨守成规"等等。如果大学都沿着一条"辙"前行,那么特色、引领、创新就成了纸上谈兵。

我们应该清醒地认识到:西方的"大学之辙"已经从理论和制度层面延伸到我国大学实践的多个层面——布鲁贝克关于高等教育的政治论与认识论就是一种"理论之辙",牛津剑桥的书院是一种被神化了的"书院之辙",苏联的专业教育更是一种被推向极端的"人才培养之辙"。在我国高等教育的语境下,虽然人们很少谈及"辙",但"辙"的思维随处可见。例如模式,作为一个概念,在我国高等教育界的流行,其实就是"辙"的思维惯性。诸如人才培养模式、办学模式、管理模式、投资模式等概念的泛化,就是对"辙"的渴望,对车辙的依赖,对制度的依赖。

四、我国大学的"辙之困"

当前,我国高等教育发展和改革已经出现了"辙之困","弯道超车"和"跨越式发展"已经成为"辙之困"的反省,"接轨"和"易辙"正在成为走出"辙之困"的新主张新思路。其实,我们面临的唯一任务就是走出"中国大学之辙"。蹚出一条"辙",也就是走出一条路。作为教育主管部门的领导,就是要制定将中国高等教育引领到中国的土壤上来的政策;作为书记/校长,就是要把学校领到正确的"辙"上来;作为老师,就

---

① 苏力:《制度是如何形成的》,北京大学出版社2007年版,第52页。

是要把学生领到做人与学术的"辙"上来。大学,只有走出自己的"辙",且有"后车"跟随,才能称得上引领。而我国的大学要想实现这一目标,只有扎根中国大地,才能找到属于自己的"辙"。

英美国家、欧洲大陆国家和苏联的大学已经碾压出了许多"大学之辙"。但细细数来,属于国人碾压出的"大学之辙"相对偏少。近代以来,我国先学习欧美大学模式;新中国成立后,开始全面学习苏联,且一直延续至今;改革开放后,我们又转向学习美国。殊不知,我们"舶来"的是西方的"大学之辙",却没有"舶来"西方大学开路的本领,更没有"舶来"西方大学开路的意识。"南辕北辙"恐怕就是西方大学在我国的一种历史和现实写照。我国的许多大学,只知道沿着苏联的"大学之辙"前行,使其"前辙"越来越深,难以自拔。

其实,我国曾有自己碾压出来的"大学之辙",例如中国古代书院,就是具有示范意义的中国"大学之辙"。可惜的是,由于古代书院在我国出现了"断头路",也就断了中国大学的"历史之辙"。尔后,"接轨"也就成了我国近代大学以来的唯一道路选择,以至于到了今天,如何"接轨"还是一个热门话题。

关于"接轨"世界一流大学的问题,即寻找适合我国大学"辙"的问题,我曾访谈过两位西方研究高等教育的学者,美国学者阿尔特巴赫认为世界一流大学有"辙",而且只有一条"辙",中国的大学只能沿着这条"辙"前行;而加拿大学者露丝·海霍则认为世界一流大学没有"辙",现在的世界一流大学之辙绝不是大学发展的"终极之辙",中国应该走出自己的"大学之辙"。

今日的大学管理者,无不像我儿时赶车的样子,装模作样地挥着鞭子,自以为是自己在赶着大学这驾马车前行,其实,是马的经验使然。明明是走在别人的"辙"里,却不承认自己在"辙"里,更不愿意承认是在别人的"辙"里。古人云"老马识途",表面上看,讲的是"识路",其实是"识辙"。历史的经验告诉我们:"辙"也好,"轨"也罢,关键是人们赶的马车或者开的汽车是否适应已有的"辙"和"轨"?辙有辙"理",轨有轨"道"。一所大学的"辙"与"道",只有基于自己国家的土壤,才能助力这所大学走出自己的"辙"。

结语:走出中国的"大学之辙"

摸着石头过河,只能是在水浅的河里尝试摸索。我国高等教育走到今天,已经走过了水浅的河,等待我们的是无数的高等教育"深水区",前方再无"石头"可摸,无"辙"可循。如何蹚过"深水区",已经成为一个现实的问题,摆在我们面前。鲁迅在《故乡》里曾写道:"希望本是无所谓有,无所谓无的。这正如地上的路;其实地上本没有路,走的人多了,也便成了路。"如果鲁迅活在当代,不知该如何让吾国大学走出"辙之困"?而西班牙诗人安东尼奥·马查多的诗句也许对我国的大学走出"辙之困"更有启示意义:路人啊,本没有路,海面的波痕便是道路。①

其实,"辙"是办法,更是谋略。东北人遇到困难,经常用"辙"来表达。例如:你到底有没有辙?没辙了吧?赶快想辙?没辙拉倒!大学的历史,是人类文明发展史的集中表现。一个民族要超越,大学首先要走出"辙"的困境。

(原刊《教育家》2019 年第 8 期)

---

① 《马查多诗歌解读》,[EB/OL].(2021-11-05)[2022-02-24].http://www.360doc.com/content/21/1105/11/49165069_1002856848.shtml.

大学与火坑屋

学问是像熏火腿一样"熏"出来的。——林语堂

迟来的湘西之行,终于在2019年的元旦假期实现了。这几天湘西降温,下起了小雪,寒气袭人,游客稀少,但于我而言,恰恰是难得的闲暇,可以静静地赏湘西风光,品味其文化韵味。短短几天,张家界的三千奇峰、黄龙洞的溶洞奇观、凤凰古城的小城人家都给我留下了深刻印象。

从袁家寨下来,就快到吃午饭的时间了。于是,服务周到的导游小彭便带着我们来到了一家名叫"土家火坑屋"的饭店用餐。刚走进这个火坑屋,就被这一大一小两个火坑屋吸引住了——既是因为火坑屋的温暖,也是因为火坑屋的独特场景。

据了解,传统的土家族房子,都习惯采用相同的样式建造——五柱四骑、三大间三小间的房屋结构。三大间叫屋,其中做饭的地方叫灶屋,供神的地方叫堂屋,烤火的地方就是火坑屋。三小间叫房,是睡觉的地方。每间火坑屋中间的地上都有一个方形火坑,烧的是木柴或竹炭,炭火微红,清烟似雾,满室飘香。在阴冷潮湿的湘西,这炭火不仅可供人烤火取暖、烧茶做饭,而且还有一个特别的用途——熏腊肉。

一走进这个火坑屋,就看到火坑的上方和火坑屋的四周挂满了腊肉和腊肠,还有两条硕大的鲤鱼。一切都是那么新鲜,一切都是那么吸引眼球。原来,每年一进入10月,火坑就启用了,直至来年的4月才停用。经过腌制和烟火熏烤的肉,具有色红似火、香气浓郁、味道鲜美、保存持久等优点。为了检验这是否属实,也为了尝尝鲜,中午老板特意从

火坑屋现取了腊肉和香肠，让厨师做了两道菜，饭间一尝，真香！平时胃口一般的我，席间也不觉多吃了两碗。

饭前坐在火坑边上取暖，一身的寒气很快就消失了。望着那红红的炭火，听着火坑上方吊着的铁壶沸水烧开之际的吱吱响声，再点上一支烟，真是少有的惬意。除了熏腊肉，围着火坑烤火是湘西人民冬日里的一种生活方式。寒冷的时节，大家围在火坑边，一边说些家长里短，一边吃些柚子和橘子，氛围轻松又温馨。而我一直所爱的是学术，想的也是聚在火坑边聊学术，于是对跟随的弟子说："如果在这里能够开一场沙龙就好了，可惜今天只有你一个人。"弟子说："是啊，这里真是开沙龙的好地方！而且，邬老师您看，土家族人为取暖和熏腊肉特意建造的这个火坑屋，不相当于大学培养人才所需要营造的环境吗？"弟子的回应启发了我的思维，学问何尝不是熏出来的？弟子何尝不是熏出来的？思想的深邃何尝不是熏出来的？

北大教授陈平原在回忆其导师王瑶先生时，曾有这样一段非常形象的描述：

> 先生习惯于夜里工作，我一般是下午三四点钟前往请教。很少预先规定题目，先生随手抓过一个话题，就能海阔天空侃侃而谈，得意处自己也哈哈大笑起来。像放风筝一样，话题漫天游荡，可线始终掌握在手中，随时可以收回来，似乎是离题万里的闲话，可谈锋一转又成了题中应有之义。听先生聊天无所谓学问非学问的区别，有心人随时随地皆是学问，又何必板起脸孔正襟危坐？暮色苍茫中，庭院里静悄悄的，先生讲讲停停，烟斗上的红光一闪一闪，升腾的烟雾越来越浓——几年过去了，我也就算被"熏陶"出来了。[①]

无独有偶，曾有人问国学大师饶宗颐："您怎么有这么广泛的兴趣？"饶宗颐的回答也提到了熏陶的作用：

[①] 陈平原：《为人但有真性情——怀念王瑶师》，《鲁迅研究月刊》1990年第1期30页。

我的学问得益于从小文化空气的"熏蒸"。我小的时候,上正规的学校成了"副业",家里从小就训练我写诗、填词,还有写骈文、写散文。我是跟父亲、跟家里的老师学习的。这一点在今天是很不容易做到的,很多大学中文系都没有这种训练,但我是很小就经过了这样的训练。这是一个基础条件。第二个是不受限制地读书,广泛积累的基础。我家里有个小图书馆,有那么多书,我整天在看,把读书当成了玩耍,用的时间比在学校上课的还多。在家里的那个小图书馆里,我可以一边享受,一面玩,懂不懂就在那里面逛。对历史更是早就烂熟于胸。我早年念《史记》,背《史记》,有好几篇我今天还能背出来,像《秦始皇本纪》那么长,我当年也是背的。《资治通鉴》,因为年龄太小还看不懂,我就看《纲鉴》。整个中国历史的编年,我都能够知道,先后不会搞乱,这个史学基础,我很早就打实了。[①]

由此看来,饶宗颐的国学功底既来自学堂,更是经过家教"熏"出来的。想一想,自己又何尝不是得益于潘懋元老师的"熏陶"?当初进入潘门时,厦大当时是春秋两次招生,春季只招了一位弟子,秋季入学的,也只有我一个人。师父只给我们两人上了两个整天的课,博士阶段的课程学习就算结束了,剩下的时间就是泡在图书馆读书,参加各种学术活动,而每周一次的周末沙龙就成为了我们的"第二课堂"。回想起来,两天的课堂教学对自己的影响并不是很大,且由于没有"烟"的熏陶,留下的记忆并不是很多。不仅仅是我有这样的感受,几乎潘门的所有弟子,毕业后最为怀念的都是"烟"雾缭绕的沙龙。因为师父抽烟,在学生时代,我们这群嗜烟的学生最盼的就是每周六晚到师父家参加周末沙龙——沙龙不仅可以近距离地与师父进行交流,还可以"蹭"到好烟抽。

---

① 《香港奇人——国学大师饶宗颐》,[EB/OL].(2005-10-06)[2022-10-06].http://www.guoxue.com/master/raozongyi/gxds.htm.。

在"烟"雾缭绕中,师生间不断迸发着思想的火花。

火与烟、烤与熏,构成了制作腊肉的场景,也构成了土家人的文化图景,美味可口的腊肉就是在这样的场所制作而成的。没有火,就没有烟;只有火,就是烤肉;只有长久的烟熏,才能赋予腌肉独特的腊味。腊肉既得益于火,更得益于熏。火,是火坑屋的前提条件;烟,是火坑屋的衍生产品;烤和熏,是制作腊肉的主要工序。对我而言,两天的课程是"烤",三年的沙龙是"熏",泡图书馆也是"熏"。正是这"烟与火"和"烤与熏"的结合,才促使我快速成长。当然,为了使鲜肉保持长久,方法多种多样,有的用晒,有的用烧,有的用烤,有的用熏。究竟哪一种方式好?只能是因地制宜、因人而异,并与柴火、火候乃至烧火人的"手艺"息息相关。

望着这个有点儿新鲜的火坑屋,炭火的火花进一步激发了我这个围火人的联想:口齿留香的腊肉是熏出来的,无论是肉还是鱼,只要进了这个火坑屋,就一定会带上火坑屋烟熏的印记。熏,既是食物保鲜更久的奥义,也能增添食物柴火溢流的滋味。当然,每所大学的文化和精神不同,自然也具有不同的"烟熏味",而且这会带来一种独特的记忆和烙印,呈现出独属于这个大学的特征。

由此可见,火坑屋与读大学的"场所精神"何其相似!火是课堂,烟是沙龙、讲座、图书馆和咖啡屋;烤是知识的灌输,熏是知识的消化和吸收;烤是火的助攻,熏是火的守候。单是烤或者火,都难以成就需要时间与材质交融而沉淀的烟熏味道。培养人才,也要烟火齐备,熏烤结合,且火与烟的温度都很有讲究。用什么样的火,都可以熏出腊肉,但是用液化气熏出的腊肉,味道肯定截然不同。老板娘又说:"也不是什么木材都可以,如松木就不适合用来熏肉,最好用硬杂木。"由此可见,同样是火坑屋,不同的烟火,熏出的腊肉品质完全不一样。这正如涂又光教授提出的"泡菜理论",即泡菜的味道真正决定于泡菜汤而不是原料等因素。汤好,无论是白菜、萝卜、黄瓜,泡出的味道都好。

另外,把什么食品放在火坑屋一起熏也有讲究。就如这个火坑屋,熏的品种就比较多,有鱼、有肠、有肉、有豆腐,颇有点多品种"齐熏"或相互"借味儿"的味道,这不就是当前人才培养、科学研究所强调的"跨学科"吗?仅以住宿环境为例,学生住宿的场所在相当大的程度上也扮演着火坑屋的角色,因为宿舍可以说是学生除教室、图书馆等学习场所外生活时间最长的地方了。从国内看,陈平原教授在北大读博时,博士生宿舍三人一间,一开始他和学国际政治、有机化学的同住,后又改为与治中国史、治法国史的同住。这样一来,他们的日常聊天,不能不"跨学科",而且因为同一领域招生人数少,他们普遍养成了与其他学科对话的习惯。而在今天的北京大学,元培学院更将这一形式进一步推广并制度化:"留学生和中国学生混合居住",加强跨文化交流;楼内配有图书馆、讨论室、公共休息区等一系列方便学生交流与生活的功能区,"为选修不同方向的元培人提供了更多交流的机会,更有利于思想的碰撞与融合"。从国外看,英国牛津大学和剑桥大学、美国哈佛大学和耶鲁大学等一批英美高校实行住宿学院制,学生不分专业混住在同一栋宿舍楼,更已成为一种传统。火坑屋的熏烤方式,看来对大学的课堂和沙龙,对人才培养和科学研究,都有方法论上的意义。可是在我们的课堂、沙龙等学习和生活环境上,烤与熏的"品种"总是很单一,在讨论一些跨学科的问题时,只能绕着走。

对比火坑屋的烤与熏,无疑熏才是关键。这种熏,据我观察,有以下特点:一是人为性,湖南阴冷潮湿,食物容易受潮、发霉,熏腊肉便成了当地人保护和存储食物主要的手段之一,久而久之,就成为了一种习俗和传统;二是柔性,不同于烤的猛烈和直接,熏更为柔和,是一种缓慢悠长的浸润,是"随风潜入夜,润物细无声"的渗透;三是持久性与稳定性,经过持久的熏陶和浸染,火坑屋的各类制品烟熏味道浓厚,而且与自身特质共存,最后沉淀为一种稳定的品质,不像片刻花丛过,染上的香气很难持久;四是传递性与影响性,经历过长期、持久的柴火慢熏,烟熏制品味道浓烈,此时就算从土坑屋移至他处,气味也会充斥整个空间。不仅如此,用烟熏制品做出来的饭菜也透着浓浓的烟熏味,别有一番口感。

作为一个大学人，似乎一下子开了窍：当下大学需要火坑屋的场所文化和精神，尤其要借鉴其"熏"的要义。不论是大学文化、大学精神，还是大学的人才培养和学术研究，都不能只重视烤，而忽视了熏。烤大学，出不来味道；烤大学，出不来品味；烤大学，出不来文化；烤大学，出不来精品。这正契合于育人和科研是慢功夫的真理。因此，厦大易中天教授曾说："读大学就是来'蒸桑拿'。"一个"蒸"或"熏"字，道出了大学的真义。

大学从"烤"到"熏"，主旨、模式、程序截然不同，需要大学从办学理念、环境和方式等方面进行系统转变：理念上，要致力于建设一个富有学术场所精神、能够对学生产生熏陶作用的大学；心态上，要改革急切出人才和科研成效的心理，磨练柴火慢炖的心性和功夫；环境上，要营造大学作为学术和文化机构应有的氛围，而不能只着眼于经费、设施和成果等硬件；环节上，要充分把握学生入校以后的熏陶，因为在一定生源质量的前提下，毕业生的发展状况直接取决于在读期间大学的"火候"；方式上，要从"满堂灌"的"烤"到"润物细无声"的"熏"，倾注更多的时间和耐心。

也许今天的大学还处在"烤"的时代，以至烤得大学有点儿焦虑，烤得大学有点儿变味，烤得大学有点儿不知所措……降低烤的温度，增加熏的功夫；减少烤的时间，尽快转向熏的程序；少一些烤的刻意，多一些熏的诗意，也许大学的味道就出来了。从历史经验看，被誉为"中国教育史上的丰碑和奇迹"的西南联合大学就流传不少这样的故事。例如，刘文典教授有一次上《文选》，刚上了半小时的课就结束了上一堂课的内容，本来接着要讲下一篇文章，但刘文典却突然宣布说："今天提前下课，改在下星期三晚饭后七时半继续上课。"众人不解，只好散去。到了约定之日，学生们才知那天是农历五月十五，刘文典要在月光下开讲著名的《月赋》。到了傍晚，只见清扫一新的校园里摆下一圈座位，刘文典一身长衫端坐桌前，在一轮皓月映照下大讲《月赋》之韵味，神情激昂，时起时坐,引经据典,侃侃而谈。那瘦削的身子前仰后合,长衫衣袂左右摆动,颇有一副仙风道骨的模样,直把众人引得如痴如醉,大呼"过瘾过瘾"![①] 民国学子的风流气韵之所以成为一种普遍的气质,恐怕就与大学、大师这样有诗意的熏陶有关系。

一边围着炭火取暖,一边听导游讲着火坑屋的故事,一边联想着我们的大学。听说土家族的火坑屋还有鼎罐、烟杆、捕鼠器、火坛、针线篮等,可是这个餐馆的火坑屋只有腊肉等食品。突然发现墙角的纸箱里有红薯,经过老板娘允许,拿了几个红薯,埋在炭火里。不一会儿,烤红薯的味道就出来了,香飘四溢。不知道这烤红薯的味道,是否也会往房梁上蹿,蹿进肉、肠、鱼、豆腐里面去?

用过午餐,一行人就要离开火坑屋了,还真有点儿恋恋不舍,还想在这里多熏一会儿。湘西的三千奇峰、八百秀水,似乎都不如这个火坑屋的"烟熏"让人思想流动。"我下午哪都不去了,你们去吧!""邬老师,您不去我们这行走的沙龙就开不成了,咱们还是边走边酝酿您的'大学与火坑屋'吧!"同行的弟子还是劝我离开。没有办法,只好悻悻离开,最后买了几斤熏肉熏肠带走,就是为了留住"挨熏"的记忆,带走"烟熏"的滋味。

"惟楚有才,于斯为盛。"看来楚人都是这样"熏"出来的。谨以此文献给2019年元旦!

[①] 岳南:《南渡北归》第一部《南渡》,湖南文艺出版社2015年版,第300页。

大学的"雪线"

2021年，我们研究团队有幸承接了四川某高校的一个横向课题。因此，七八月份多次飞往成都开展课题调研。课题完成之后，校方邀请我们课题组欣赏了位于四川甘孜州康定、道孚和丹巴三县交界处的雅拉雪山。

雅拉雪山，藏语全称为"夏学雅拉嘎波"（意为东方白牦牛山），海拔5820米（也有资料说海拔5884米），是康区藏民心中的神山。在漫长的岁月里，它浸润了千万藏人的希冀和梦想，给予他们以自然神圣的信仰。作为纯天然的生态旅游区，雅拉雪山宛如"圣洁纯净、遗世独立"之地。这里不仅是一处风景旖旎的旅游胜地，更是人们心中灵魂栖息的圣地。在世界变得日益拥挤、心绪日益烦乱的时代，那耸立于云霄白雾中的雅拉雪山，愈加显得难能可贵，令人心驰神往。

从山坡上穿越繁密葱茏的红杉木原始森林，时时刻刻都可以感受到延绵不绝的强大生命气息。在山腰间俯瞰大小不同、形状各异的海子，清澈澄明的湖水轻轻涤荡略感疲乏的身心，让人仿佛进入"万物皆隐，唯余空灵"之境，也给人一种庄严肃穆之感；在冰川、瀑布与湖水的交相映衬和彼此交融下，也不乏灵动秀逸之态。当然，最引人入胜的还数金字塔形雪峰下的高山湖泊——友措神海（也叫玉石海）。与之相距不远的还有一对姊妹湖垭拉措和镇朗措。放眼望去，微风拂过的开阔湖面掀起阵阵涟漪，在阳光的照耀下波光粼粼，皎洁中透出金色的光辉，如晶莹闪光的流动碧玉一般。行至他处，步移景换，花木扶疏，石影乍现，又是一番美不胜收的景色。湖的周围还错落分布着古冰川遗留下来的石滩，石滩之旁，古驿道边，温泉四布，与森林、草场、海子等共同构成了一幅浑然天成的奇巧画卷。雅拉河即发源于此,涓涓流水,绵延细致,不被狭窄的河岸所束缚,越过山石,穿过险滩,向远方奔流而去。山顶终年积雪,盛夏时日,阳光普照,更显磅礴之势,壮丽之美。

当地人把雅拉雪山叫做"大炮山"。站在不同的地方、处在不同的视角看雅拉雪山都会欣赏到不一样的美景:或如皇冠,或如莲花,或与金塔争辉,或与冰川相印,不一而足。但是过后,人们的嘴里、眼里、心里,总有一个相同的字眼,那就是——雅拉雪山。在藏传古籍《神山志易入解脱之道》中有对该山的记载,称其为"第二香巴拉"。

于我来说,进入藏区欣赏草原美景已是司空见惯之事,去年暑假就曾两次游览甘南草原,甘南草原与川西的阿坝、甘孜草原接壤,风景大同小异,只是隶属于不同的省份罢了。此次去甘孜的康定,主要是想一睹雅拉雪山的旖旎。川西风景的不同之处,就在于人们无须驻足观景,在车上观景与下车观景区别微乎其微,坐车自然也就成了观景的一部分。第一天从成都到康定,一路颠簸和一成不变的美景让人不禁产生了审美疲劳。第二天从康定到道孚的巴美,再从巴美到丹巴的甲居,途经的墨石公园着实让人大开眼界,如墨的石头一丛丛一簇簇或直或斜耸立着,变幻雄奇,置身其中宛如踏上了太空星球。舟车劳顿后终于来到了期盼已久的雅拉雪山。在318国道的观景台上,望着远处缠绕在蓝天之下的雅拉雪山,导游小刘的一番讲解引起了我们一行的兴趣。她说:

> 我每年都要带团经过这里看雅拉雪山,过去在这里看雪山,如果把雪山比作一个人,雪线是在雅拉雪山的腰部,你们今天看到的雪线,已经到了人的脖子,也不知道雪线还会升到哪个部位,也不知道你们明年或以后再来,是否还能看到雅拉雪山。

小刘是一位虔诚的藏族文化爱好者,面对雪线的不断上升,她的无奈之情写在脸上,乃至一种凄凉之感油然而生。远处,巍然挺立的雪山顶闪耀着刺眼的金属光芒。如果不是小刘的提醒，作为一个游客，又怎会注意雪线的上升？这不禁让我联想到了与高等教育相关的一个比喻——质量底线。

雪线是指在气候变化不大的若干年内，最热月份的积雪区的下限。雪线作为一种气候标志线，反映的是一地的气候状况，雪线上升意味着该地大气生态环境的恶化。那么高等教育质量是否也存在这样一条"雪线"呢？如果把整个高等教育系统看作是雪山，是否可以把雪线比喻为高等教育的质量底线？以此类推，高等教育质量底线是否也如同"雪线"上移抬升一样，出现了下滑现象，但普罗大众却浑然不觉？

面临全球气候变暖，雪线不断上移，保护雪线已成为全球共识。雪山的雪线需要全人类共同守护。那么，对于高等教育学人来说，难道不需要守住高等教育的质量底线吗？难道不需要建立底线标准吗？

近年来，学界关于中国大学教育质量的讨论一直有两种声音，有人说质量上升，有人说质量下降，但总体上认为下降的声音较弱，只有少部分学者提出了质量底线的预警。保护雪山，就是想方设法不让雪线上升；同样，保护高等教育质量，就是要让高等教育有自己的质量底线，要想办法不让大学底线失守，乃至毫无下限。事实上，在高等教育领域提出质量底线的概念，是对高等教育发展水平的朴素反思，要让这种反思不仅仅停留在模糊的直观感觉层面，而是用行动筑牢底线。

2020年10月，中共十九届五中全会通过了《中共中央关于制定国民经济和社会发展第十四个五年规划和二〇三五年远景目标的建议》。《建议》第一次明确提出了建设高质量教育体系的要求。《建议》颁布后，建设高质量教育体系的讨论开始升温，"高质量"迅速成为一个高频词，但如何认识和理解高质量的真正涵义，学界还没有达成共识。

2018年教育部发布的《普通高等学校本科专业类教学质量国家标准》中明确提出：教育质量标准建设是提高教育质量的基础工程。政策制定者希望标准的设置不仅能够成为衡量教育质量优劣的标尺，也能够成为高校治理的有效手段。虽然质量保障与质量标准的概念源于企业界,但教育质量标准的设立一定要遵循教育规律,因为基于市场逻辑建立的高等教育质量标准,往往使得大学失去教育的本意,也渐渐与立德树人的目标背道而驰。毫不夸张地说,这种现象严重侵蚀着高等教育的质量文化与质量精神,深刻威胁着高等教育质量的健康发展。

纵观当下,我国高等教育质量发展过程中仍然弥漫着重科研轻育人、重排名轻内涵、重学科轻专业等诸多不良现象,大学生就业率,学生毕业薪资水平,校友获得社会、经济、政治地位等成为衡量人才培养质量的标准,也成为学生上大学、选专业,学校增设热门专业、裁撤所谓冷门专业的重要依据。学生、家长和社会自觉不自觉地扮演起消费者的角色,大学成为个人获取社会声誉和资本的"名利场"。哈瑞·刘易斯(Harry R. Lewis)曾一针见血地指出,在当代大学中,学生成了消费者,大学的任务就是让学生开心,而不是给他们良好的教育。① 教育部部长陈宝生2018年6月21日在全国高等学校本科教育工作会议上对"玩命的中学、快乐的大学"的教育现象也进行了猛烈的抨击,并号召高校人才培养要回归常识、回归本分、回归初心、回归梦想,要把内涵建设和质量提升体现在每一位学生的成长中②。

教育活动是一项复杂的系统工程,高等教育不单单是学生享受教学服务—提交试卷或论文—获得分数的简单过程,而是建立在人与人之间互相信任的基础上,共同参与情感体验并跟随人类心理发展特征探索规律的一个过程。高等教育质量标准的建立不能无视教育本身的意义,不能无视高等教育活动的特殊性,更不能违背教育的基本规律。高等教育质量标准是教育标准,而非商品的标准,它需要摆脱教育自身的功利性,去发现教育中的"无用性"。人们既要关注教育质量中可检

---

① 哈瑞·刘易斯著、侯定凯等译:《失去灵魂的卓越:哈佛是如何忘记教育宗旨的》,华东师范大学出版社2012年版,第139页。
② 胡浩、吴晓颖:《教育部部长:中国教育"玩命的中学、快乐的大学"的现象应该扭转》,新华社成都6月21日电。

测、可观察的一面,更要关注教育活动背后深刻的一面。教育的质量标准不是一种社会经济标准,更不是排名和数字游戏的舞台,而是一个"我"将来会成为什么样的人的问题。雅斯贝尔斯认为,教育不过是人对人的主体间灵肉交流的活动,包括知识传授、生命领悟、行为规范等,使他们自由生长。尼采主张,人们应该学会"凝思",在美的面前平静下来,去期待和聆听最美妙、最遥远的声音。对教育的追求,就是对善和美的追求,如果教育忘记了这样的本意,不仅不会带来文明的昌盛,反而会陷入理性的疯狂。

不难发现,我国部分大学还没有质量底线意识。不久前我以"高等教育的质量底线"为题到一所学校讲学,该校分管教学的副校长毫不避讳地告诉我:学校为了让学生出国、就业,在本科生毕业成绩单上都会把绩点提高一些。我听了之后为之震惊,立刻询问这个情况在省内是否为普遍现象?他回答说比较普遍。事实上,我从2015年开始做高校毕业时的"清考"调查,经过三年努力,教育部在2018年8月份发文要求高校取消清考。但万万没有想到取消清考之后,竟然又有学校"发明"了提高绩点的对策。这让我陷入了深深的沉思:到底是教务部门的所作所为?还是质量保障部门的一意孤行?倘若真是这样,岂不意味着取消清考仍旧停留在纸上谈兵阶段?不过,这也恰好引起了我的新的研究兴趣点:到底有多少学校在悄悄地提高学生绩点,有多少学校将上级政策视为空谈,又有多少学校早已将教育的本质抛之脑后?再回过头来谈谈学生的考试成绩,如果纵观厦门大学过去一百年学生的成绩,随着时代的发展,30年代、50年代、70年代、80年代的学生考试分数,肯定也存在着绩点普遍抬高、逐年上涨的情况,甚至我们可以在无数据支撑的情况下大胆推测:当代大学毕业生的所有成绩单分数都高于几十年前。我也会逐步追踪这个数据,以此来验证这个推测和判断的科学性。我们更愿意看到有的同仁主动站出来,分享学生绩点的变化数据和曲线,从中透视学院和专业的发展历程,乃至反思质量监控究竟应该从何做起。

实际上，在大学的许多制度设计中，都隐含着底线思维和底线设计。例如人们熟悉的学分制、学期制、选课制等，其中都包含着一系列的底线设计。可是在实践中，人们却逐渐忽略了这些底线制度，也就是忽略了质量底线。首先，从选课制来看，在我国大学生的成绩单上不难发现这样一个现象：大四年级时，学生基本没有课上，即使有课，通常只有一至二门课，这就是人们常常挂在嘴边的大四"放羊现象"。严格来说，本科四年的教学计划，原则上应该是平均分配课程、学分和学时的，即使有一定的浮动空间，也不应太大，教学计划的严肃性也就在于此，可执行层面却常常是事与愿违。其次，再来看一下学分制，无论一所大学的学分总数是多少，基本上都是按照四年八个学期平均分配，可是在学生的成绩单上却可以看到，学生的学分主要集中在二、三年级。而在国外的大学，这种情况极为罕见。当一个学生每学期选课过多或选课过少，学校都会预警或提示。这在我国高校基本做不到，或者可以推测根本就没有。最后，再如人们耳熟能详的体育课，原本是人才培养中的重要组成部分，可是在实践中，学生入校时进行的身体素质测试和毕业时的体育课考试，基本流于形式；或者说在我国如今的大学，已经没有学生会因担心体育课成绩不合格而无法毕业。上述现象都属于高等教育的质量底线范畴，都是大学必须坚守的底线标准。

当前，我国高等教育正处于实现中华民族伟大复兴的关键时期，加快推进高等教育现代化、推动高等教育内涵式发展是实现高等教育强国这一伟大目标的重中之重。我国高等教育质量发展正面临着管理失灵、质量滑坡、信任危机等一系列的现实难题，这为我国高等教育质量的发展埋下了诸多隐患，妨碍着高等教育质量发展目标的有效实现。近二十余年来，我国高等教育规模不断扩大，中国已经成为全球高等教育规模最大的国家之一。高等教育从精英化走向大众化，更多年轻人有机会接受高等教育，这是举世瞩目的巨大成就。但是，从多数大学目前的情况看，前进中也不乏新的问题，如水课、清考、刷课等概念层出不穷，严重破坏了高等教育质量。

探讨我国高等教育的高质量发展，已经不在于对质量进行何种"高、大、上"的理论解读，而在于对现实中的底线失守进行深刻反思。理解高等教育的高质量需要应当从"木桶效应"切入：决定木桶容量的根本因素是最短的那块板，这就是高等教育质量的底线思维。如果对现实中的质量底线失守现象任其泛滥而不作为，就无法真正实现高质量发展。几年前众多高校普遍采用的清考制度，就是高等教育领域底线失守的典型案例。目前虽然清考现象得到了有效杜绝，但质量是否真的得以提升还有待科学评价的检验。

高等教育界对质量一词从不陌生，自有了教育就有了质量概念，教育与质量概念相向而行，且对质量的认识不断拔高，诸如质量是高等教育的生命线、永恒原则、核心竞争力等各种表述已被大众所熟知，业内对高等教育质量内涵和外延的解读也不断深化，如质量检查、质量监督、质量保障（外部质量保障、内部质量保障）、质量评估、质量文化等，这些词汇都已成了高等教育质量体系的基本概念和行动框架。现在党中央又明确提出高质量，显然是质量方面或多或少出现了某些问题。因此，我们需要从更深刻的角度来理解高质量，这绝不仅仅是简单地在质量前面加了一个"高"字，倘若仅仅从"高"的字面意思去解读质量，对于解决高等教育体系的底线失守问题毫无裨益。

2013年，我曾在中国高等教育学会的国际论坛上做过一个发言，我认为当时我国对高等教育质量的探讨更多是从教育的终极目标出发，是一种止于至善的理想追求或永无止境的信仰，当时还没有讨论对质量底线的反思与坚守。如今，距离这个发言已经过去了近十年时间，我们对高等教育质量上限的追求愈发强烈，却对底线的下滑视而不见，更遑论对今天高等教育质量应该坚守什么样的底线，以及如何坚守底线进行积极反思。我们不妨做一个假设：假如高等教育质量底线下滑，上限无限拔高，这是否真的是高等教育由大到强理想形态？人们是否认可这样的高质量？这又是不是构建高质量高等教育体系的应有之意？

伴随着我国高等教育进入普及化阶段,高等教育的机构类型更加多元化,对高等教育质量的评价与追求走向多元化是大势所趋。但允许多元质量观的存在,并不意味着降低底线标准,因为高等教育多元质量观的本质是以一种共同的底线或基点为前提,不然多元也只是相对主义或没有质量保证的代名词。[①] 这一点毋庸置疑。

棘手的是,高等教育质量底线的共同基点并不像雪山的雪线那样可以进行客观的测量和计算。尽管质量评估和认证制定了相应的质量外部评价指标,但我们却无法就此简单地以指标与数据作为判定质量底线的标准。因为,我们深知质量底线不在于设置最基本的及格线,而在于质量文化意识与教育规律真正潜移默化地走进每一个办学主体的思想和行动之中。当每一个高等教育机构义无反顾地把质量追求作为办学的义务与责任、生存的条件和信条时,底线就守住了。从这个意义上说,守住高等教育质量底线不仅是技术活,更是良心活,它强调质量本身的目的性和质量主体的内在自觉性,强调高等教育满足人们生存发展的价值和质量的需求。在良性状态下,个体才能通过接受高等教育提高能力,提升自身修养,从而能够在生活中获得自我的幸福感和生命的充盈感,也能为他人、为社会作出应有的贡献。

总之,我国的体制特色决定了普惠性的高等教育体系是其发展基础,即全民拥有公平享受优质高等教育的权利。但可以肯定的是,没有质量底线的高等教育不是人民满意的教育,更不是普及化高等教育的应有特征。高等教育的高质量发展需要底线思维,需要从制约高等教育的底线问题入手;只有强化底线思维,高等教育才会走向真正的高质量。

雪线的上升是对整个人类社会生存环境的预警。在此背景下,我国提出了碳中和与碳达峰的时间表。同样,建设高质量教育体系目标的提出是对当前高等教育质量的一记警钟。我们不应该像人类对待雪

[①] 单鹰:《高等教育原理论》,教育科学出版社2008年版,第270页。

山的雪线一样,当眼见雪线越来越高甚至即将消失的时候,才采取严格的保护措施。那时也许为时未晚,但必定要付出巨大而惨痛的代价。同理,每一个高等教育学人都应该有自觉的高等教育底线思维,反思、守护、提高高等教育的质量底线,这才是高质量的应有之意。尤其是在普及化阶段,高等教育的质量底线缺失,一定会从根本上限制我国高等教育的高水平发展。

看罢雪山和雪线,把自己的奇葩想法与同行人分享,没想到也引起了共鸣,他们同样认为今天大学的质量保障应该在建立底线标准上多下苦功。无独有偶,几年前在教育部高教司的支持下,全国高校质量保障机构联盟(CIQA)这个"民间"的组织倒颇有几分坚守高等教育质量底线的孤勇与热情。

返程路上,回望身后渐行远处的雪山,一派地老天荒的深远与神秘也逐渐淡出视线。雅拉雪山,在漫天的迷雾中更像是个若即若离的梦境。车窗外间或掠过几个或骑行或徒步的"驴友",他们清一色地配上一个背包,戴上骑行头盔、眼镜和手套,满身灰尘却掩盖不了身上的熠熠光芒。不禁令人思忖:这些"驴友"不也在挑战自己的极限吗?挑战自我极限的过程,不就是认识自己的毅力和体能的上限吗?不就是避免滑入"无底线"的人生哲学吗?

(原刊《高校教育管理》2022年第1期)

四、世界大学巡礼

剑桥之旅：一流大学的育人精神

2018年3月19日在广州登机赴英，开启了第四次剑桥大学之旅。此次前往剑桥，是参加剑桥大学圣约翰学院和英中发展中心联合主办的为期三天的"2018年中英教育峰会"，会议将在剑桥大学第二大学院——圣约翰学院举行。虽然是重访剑桥，但内心的期待并没有因为是重访而降低，反而多了一些憧憬。因为在自己从事大学管理的过程当中，积攒了越来越多的问题和困惑，能够再次有机会到世界上为数不多的古老大学参加学术会议，何尝不是一次精神与文化的"解惑"之旅。此次剑桥之旅收获颇丰，犹如一幅卷帙浩繁、意涵丰富而引人深思的长轴画卷。剑桥大学的所见所闻，不仅可以使自己反思当下我国一流大学的建设路径，也可以让自己重新审视一流大学的历史、制度与文化。

一、重温《剑桥语丝》

虽然之前也曾几次拜访剑桥，但都是走马观花，既缺少细致地考察，也缺乏深度访谈，总像隔着一层窗户纸，"真经"似乎并没有取回来。这次赴剑桥依然抱着"朝圣"的心态，内心的敬意依然有增无减。这次为了找到点儿"真经"，事先做了些功课，找来了金耀基先生的《剑桥语丝》，且一直带在身边。重访剑桥，重温《剑桥语丝》，在看与读的结合中，收获的与十几年前竟完全不一样了。

十几年前读该书，首先是把该书看成是一本教育随笔或游记，曾由衷地赞叹金先生这位社会学家的观察之微、文字之美、视野之奇、底蕴之厚。总的印象是：剑桥是世界大学的"活化石"，是世界大学的"博物馆"和"珍品"，只能供人观瞻，无法复制。再度重温《剑桥语丝》，最大的收获就是不会再把该书当成教育随笔，而是奉为一种教育哲学或大学理念。书中并不流于表面地观察众多的教育现象，即便是不经意间的只言片语也揭示出了大学所蕴含的种种精神与文化。之所以如此推崇此书，有如下充分的理由：

其一，《剑桥语丝》告诉我们什么是大学的基因。剑桥"是慢慢成长起来的，不是一下子创造出来的"。早在1960年代，剑桥大学副校长阿什比就用"基因"一词形容大学的特征，在《剑桥语丝》中，金先生细致入微地解读了剑桥的基因。读不懂《剑桥语丝》中的基因，就读不懂大学的基因，也读不懂大学的初心，更读不懂大学的文化和制度。初看"剑桥之经"是制度，本质则是文化。对我国大学而言，少于50年建校历史的大学（尽管这个提法有些绝对），恐怕谈不上有真正的大学基因。

其二，《剑桥语丝》告诉我们什么是大学的历史积淀。"是从'过去'走来'现在'的？还是从'现在'走去'未来'的？"剑桥的发展是"中古"与"现代"的平衡，以"中古"促"现代"是该校长期策略之一。在剑桥看来，"跨越式"发展有可能像运动员跨栏一样，撕裂裤子！

其三，《剑桥语丝》告诉我们什么是大学的定力。"剑桥的魔力是传统中一直有变动，在变动中又强劲地维持着传统。"剑桥的发展是静与动的平衡，以静制动是长期策略之一。在特定条件下，大学的"静"远比"动"更重要。

其四，《剑桥语丝》告诉我们什么是大学的发展目标。"一间伟大的学府，如弗兰斯纳所说，必须是'时代的表征'。"一所真正的一流大学，不仅仅是一个国家的大学，更是一个世界的大学，她可以超越社会各种组织、民族乃至国家。

其五，《剑桥语丝》告诉我们谁是大学的主人。剑桥既是一个学术共同体，也是每一个与剑桥相关者的家园。只有"每个人都只有'剑桥人'的感觉"，才能塑造出剑桥的灵魂。从校长、院长、教授、学生，到校园的敲钟人、校园周边的书店经理,都是大学的主人。

其六,《剑桥语丝》告诉我们什么是大学的精致。"剑桥的科学精神是求真,剑桥的艺术精神是求美。"剑桥的 31 个书院都是如此的精致,从博物馆到图书馆,乃至校园的咖啡屋,从校园的一树一草、一花一石到学院大门和餐厅的高脚台,乃至用餐仪式、毕业典礼等,都体现着无法复制的精致。

其七,《剑桥语丝》告诉我们什么是大学的特色。"剑桥的教育不像西洋油画,画得满满的,反倒像中国的文人画,有有笔之笔,有无笔之笔。真正的趣致,还在那片空白。"从学期设置到考试形式、考试内容等,让你理解有形的剑桥与无形的剑桥之区分与本质,乃至更深刻的内涵……

乍看之下,或许会觉得我主观夸大了《剑桥语丝》的作用。如果不信,建议诸君也找来此书仔细阅览一番,想必是开卷有益,且感慨良多。尤其是"一流大学"的掌门人,不妨都品读一下《剑桥语丝》,既可以清空一下原有的"内存",充填新的精神食粮,也可以补充一下缺失的大学常识,还可以缓冲一下功利或过急的心态。

二、剑桥的特色

(一)剑桥的导师制

此次在剑桥开会,主办方为每个参会嘉宾都配有志愿者。我的志愿者杨帆是一位来自河南的小姑娘。她本科就读于上海交大船建学院工程力学系,2016 年获国家留学基金委全额资助来剑桥攻读博士学位,来剑桥已经一年半有余。据她介绍,剑桥大学按照协议每年从中国招收 30 名博士生,而这些入选者都是"双一流"大学中的精英。杨帆生活在剑桥的丘吉尔学院,学习在工程系。在我的追问之下,她详细介绍了剑桥的导师制及自己所享受到的种种益处。剑桥为每一位博士生大致配有五种导师:学院配置的导师有两种,分别叫 Tutor、Mentor;学系配置的导师有三种，分别叫 Supervisor、Advisor、Mediator。不同的导师，角色功能各有分工，既相互独立，又联成一体，为博士生提供了高质量的指导和帮助。听到这里，不由感叹：剑桥的博士生会有这么多的导师，真乃幸事！

何谓 Tutor？杨帆认为可译为"学院生活导师"，相当于我国大学中的辅导员，是剑桥大学 31 个学院的特色。学生在生活上遇到任何问题，都可以找 Tutor，如生病住院、出差签字、换宿舍等。

何谓 Mentor？杨帆认为可译为"心灵导师"，职责主要是给学生提供理想和未来发展的指导，Mentor 大都是声望很高的学者。学生入学之后，学院都会给他们安排一位 Mentor，一般是在与学生专业相关的基础上随机分配。例如杨帆的 Mentor 同样来自工程系。

何谓 Supervisor？在杨帆看来，剑桥的 Supervisor 相当于我国的博士生导师，负责博士生的全部学业；与国内的导师相比较，最大的区别是身份平等，绝没有"老板"与"打工者"之区别。事实上，剑桥举世闻名的导师制，不仅存在于研究生培养领域，更存在于本科生教育领域。对于每位本科生所选修的每门专业课程，学院都会委派院士或博士生担任导师，每周以小组为单位上一次辅导课（supervision），多则三四人，少则一人，深入讨论，答疑解惑。这是一名普通本科生与院士、学术泰斗甚至诺贝尔奖得主进行当面交流的机会，真正体现了因材施教，布置作业的水平、讨论问题的前沿程度，完全不亚于研究生。也难怪牛津剑桥按照惯例，通常都会在毕业几年后，给获得了荣誉学士学位的本科生"赠送"一个文学硕士学位。本科生们戏言，大学的课程（lecture）可以不上，因为不点名，但学院的辅导课是绝对混不过去的。

何谓 Advisor？我国大学没有此类体系，杨帆认为应该叫博士生的学术顾问，或博士生的第二导师。这也是博士生入学之后的标配，且要陪伴其到博士毕业。对于博士生来讲，Advisor 的重要性不亚于 Supervisor，因为在博士生中期考试和答辩的最重要环节，Supervisor 是不能参加的，而 Advisor 必须参加。此外，如果一个博士生有了任何学术上的困惑,除了找自己的导师,还可以找学术顾问。

何谓 Mediator? 剑桥的每个系都配有一位专职的 Mediator。杨帆说 Mediator 可以译成"调解员"或"裁判",我说 Mediator 相当于中国的"信访办主任"。每当学生与学校、老师、同学、行政人员等有了各种纠纷,都可以找调解员仲裁或调解,例如博士生想换导师或转专业等。

经过杨帆的介绍,终于明白了剑桥的导师制究竟是怎么回事。剑桥的博士生同时拥有多位导师,实在令人羡慕!

(二)剑桥的学院制

众所周知,学院制是剑桥的特色,但学院与大学的关系到底如何? 即使对研究高等教育的人来说也是有些云里雾里。此次赴剑桥,穿越剑桥 800 多年的时光隧道,在多个学院之间游走,对剑桥的学院制终于有了初步体验。

剑桥共有 31 个学院。学院相对于大学,产权相对独立。学院有点儿私立的属性,而剑桥大学则有点儿公立的味道。严格来说,大学也不是我国意义上的公立,而是受政府支持,以评议院等机构代表公众和学术权力进行治理。大学和学院是不同的法人实体,它们之间有一系列的运行约定和规则。先有学院,后有剑桥大学,学院与剑桥实现了无缝对接,是剑桥成功的原因之一。我们下榻在唐宁学院(Downing College),开会在圣约翰学院(St.John's College),每天早餐在唐宁学院,晚宴分别在希德尼·苏赛克斯学院(Sidney Sussex College)和圣约翰学院。此外,还参观了国王学院、丘吉尔学院、罗宾森学院、西剑桥(新校区)。我们既看到了剑桥成立于 1208 年的最古老的学院——彼特学院(Peter House),也看到了剑桥成立于 1977 年的最新的学院——罗宾森学院。新老学院的分水岭,就是我们下榻的唐宁学院。该学院成立于 1800 年,在 31 个学院中,成立的时间居中,"与老的学院比是最新的,与新的学院比又是最老的"。

在 31 个学院中,明明都是学院,可英文名称却又不尽相同。大多数学院用的名称是 College;第一个成立的彼特学院叫 House;还有三个学院叫 Hall，即 Clare Hall、Hughes Hall、Trinity Hall。学生戏称这些叫 Hall 的学院都是前者的"附属食堂"，因为各学院的食堂也叫 Hall。学生的层级不同，对学院的认同感也不同。本科生对学院的依赖度和认同度最高，故校友捐赠给学院的多，给剑桥大学的少。31 个学院之间有明显的贫富差距。其中，富可敌国的是三一学院，听说三一学院的财富比其他 30 个学院再加上整个剑桥大学的财富还要多。据说如果每一步踏在属于三一学院的土地上，足以从剑桥走到伦敦再走到牛津。相反，资源相对有限的圣埃德蒙学院还需要租借其他学院的房间给学生住宿，聘请其他学院的老师给学生补课。学生下课后，都要回到学院。学院聘请的院士（fellow）相当于我国的"家教"。越是富有的学院聘请的院士越多，水平越高。

剑桥的"学院制"到底是个啥？克拉克·科尔说学院是"寺庙"；金耀基说学院是个"生活的场所"；志愿者杨帆说学院是"家"，是学生的生活区；厦大学子邵今是说学院是社交的场所。在我看来，学院既是学生公寓，也是富人庄园，更是一所"小大学"。

很显然，每个人对学院判断的角度不同，其答案也不同。有人基于建筑，有人基于个人体验，有人基于文化。在我看来，按照历史年轮划分，牛津、剑桥的学院是 1.0 版，哈佛、耶鲁的学院是 2.0 版，香港大学和香港中文大学的学院（移植到港澳台之后，称之为书院）是 3.0 版。今天我国的一些大学也办了书院，应该是 4.0 版。但如果按照学院/书院的功能和效果划分，其版本的顺序恐怕就应该调过来了。随着时间的推移，移植的学院/书院都无法具备剑桥的全部功能，因为被缩水或被"抽条"了。

据杨帆博士介绍，剑桥的每个学院在开学后都有一张"全家福"照片，在毕业季反而没有。这事儿有点儿新鲜。我国大学的"全家福"都是在毕业季拍摄。奥秘何在？听了杨帆博士的解释才明白，拍"全家福"选择的时间节点不同，彰显的教育意涵也显然不同。

其中，一些关于学院的小故事也颇为有趣。据介绍，19 世纪前建立的学院基本是方庭风格(Quadrangle),只有唐宁学院例外。唐宁学院之所以有一面没有用墙和建筑围起来,是因为不远处的三一学院不想让唐宁学院把院子围起来。这样一来,唐宁的庭院没有封闭,三一学院就可以保有剑桥最大的封闭式庭院。据说,三一学院每年都要给唐宁学院一笔钱才能搞定此事。后来参观的丘吉尔学院(成立于1960年)和罗宾森学院(成立于1977年)则摆脱了方庭风格,后者是剑桥最新成立的学院。

所以,说学院是个"小大学"也不为过。一个大学的基础设施在学院基本都有,麻雀虽小,五脏俱全。学院负责招收本科生,硕士和博士则由大学的学系负责,招来之后再分到各个学院。学院不受专业限制,每个学院都会招收各个专业的学生,但根据学院的学术传统和院士资源不同,特定学科的学生会对某些学院有独特的好感。喜欢数学的同学愿意去三一学院这个家,做牛顿的师弟,喜欢工程的同学愿意去丘吉尔学院,喜欢经济的同学愿意去女王学院,喜欢划船的同学愿意去休斯学院。而我说学院是个"富人庄园",就在于有的学院是两进乃至三进的方庭,且还有后花园。如圣约翰学院就是三进方庭,一座叹息桥又把学习区与生活区分开。

经过一番梳理和思考,突然发现剑桥大学的办学特色或办学理念,不是在大学(University)层面,而是在学院(College)。学院的历史不同,形成的制度和文化不同。说了这么多,对于剑桥学院制的理解或许还是"雾里看花",但也正因如此,才需要静下心来细细体会学院制的真正精髓与内涵。

(三)剑桥的仪式感

与志愿者和中国留学生聊天,他们都会不经意地提到初来乍到时令人不适应的仪式感,适应、体验和尊重仪式感是中国留学生要修的第一课。那么,剑桥的仪式感又体现在哪些方面呢?

首先,是学院的正式晚宴(formal dinner)。晚宴贯穿于剑桥学子的整个学习生涯。参加晚宴的所有人都要着正装,学生须穿学袍

(gown),学院的院士们坐在尊贵的高台餐桌/贵宾席(high table)上,整个过程充满了仪式感。餐前酒会活跃气氛,让大家先熟悉彼此,结识新朋友;随着一声锣响,大家沿着长长的桌子各就各位,院长或当晚主宾先诵读拉丁文,之后大家方可坐下,接下来便是西餐的系列程序。通常是三道菜加咖啡,但在一些特别隆重的场合,例如三一学院赖斯奖学金的晚宴上,居然多至八道菜,二楼小夹层里还有现场乐队为学生全程演奏古典音乐助兴。最后学生起立,等待院士离席,有的院士们转去内室品鉴雪茄,学生们这才可以照相、唱生日歌、玩掷币喝酒(penning)游戏,开始狂欢。所有学院的正式晚宴程序一样,但每周举行的次数不同。有钱的大学院每天都有晚宴,没钱的小学院每周至少一次,因为院士们是免费参加。听了中国学生的介绍,我觉得这不是晚宴,而是师生交流的沙龙。

其次,是剑桥的毕业典礼。毕业典礼是剑桥最讲究着装要求的场合。学生必须身穿黑色长袍,带白色学术领带(academic band)和标识学科专业的帽兜,有经验的人能从帽兜的颜色和质地上轻松看出一个人将要获得的学位。

毕业典礼均在剑桥参议院大厅(Senate House)举行。该建筑的功能就是授予学位和供大学参议员开会,有时也作为考场。毕业典礼全流程都是用拉丁文完成,授礼次序按学院划分。各学院的带路人将学生介绍给典礼主祭(通常是副校长或某学院院长),然后学生双手合十,逐一上前跪受主祭赐福,请注意是"跪受"。如果因为民族习俗不同,有的学生不想下跪,必须提前向校方提出申请。

最后,则是考试。曾在牛津读书的梁博士说,牛津的考试仪式感最强。牛津有专门的考试学院,大规模的考试必须到考试学院进行,参加考试必须穿学袍。在考试周的第一天,学院会给你准备一束白色的康乃馨,最后一天准备的是红色的康乃馨,中间的几天则是黄色的康乃馨。考场一般有三位考官,也都要穿正装。一位坐在考场前部的中间,另两位站在考场前部的两侧,原则上不可走动,以免影响学生考试。正在剑桥读书的杨博士说,剑桥考试的仪式感不如牛津,学院没有送鲜花,其他方面大致相同。

已经毕业的夏杨博士则给我补充了一个故事。1990年代,在剑桥大学的一次考试中,有个考生突然提出,要监考的学监为他提供点心和啤酒。考生说:"我坚持我的要求,先生。我不仅是请求,而且是命令您现在给我拿点心和啤酒。"他同时出示了剑桥大学校规的复印件,校规是400年前用拉丁文订立的,名义上永远有效。他指出其中不引人注意的一条:参与考试的所有学生,有权在考试过程中得到点心和啤酒。惊讶之余,学监在没有准备的情况下,只得临时拿来了可乐和汉堡作为替代品。那个机智过人的学生心满意足地坐在那里,一边舒服地又吃又喝,一边答完了他的试题。三个星期之后,剑桥大学给予这名考生罚款5英镑的处分,理由是:在考试过程中,该考生没有按照校规带上佩剑。

大学为何有厚重的仪式感?源自宗教还是源自早期大学的神圣?或许都有。我曾经问过国内的有关同仁:"贵校何时开始有穿学位服、拨流苏的毕业典礼?"答案几乎都是"2000年之后"。由此看来,不论大学的仪式感源自何时何处,仪式应该是大学的基因和传统,最终成为一种制度文化。没有经过仪式感熏陶的大学生,总觉得缺了点什么。而仅仅靠大学开设的礼仪课,恐怕还无法让仪式感融进自我。在当下国内大学的毕业典礼上,不知有多少同学穿着凉鞋就上了台!

三、剑桥的成功秘诀

(一)剑桥的成功要义

无疑,剑桥是成功的,是令人敬仰的。她就像一个大家族,在八百余年中不停地繁衍,生生不息。虽然已经说不清谁是这个大家族的族长或掌门人,但这个家族的魂还在!

剑桥的31个学院就像是31个孩子,尽管辈分不是很清晰——有的是同母异父,有的是同父异母,有的还有点儿双胞胎乃至三胞胎的味道,有的还属于领养的。但总体而言,你把这些孩子从头至尾看一遍,可以看出他们出自同一家族,具有相同的气质,既有外在的形似,也有内在的神似。只是由于经济状况不同,其实力及影响力略有区别罢了!

如果把剑桥当作"一流大学的偶像",大体可以归纳出如下特点:

1. 一流大学要有点儿贵族气。大学的贵族气质是全方位的:校园建筑的贵族气、各种仪式的贵族气、教授行为举止的贵族气、文体活动的贵族气、博物馆和图书馆的贵族气、餐厅乃至会议厅装修的贵族气。学院本科生的单人宿舍里,有专人打扫卫生、叠被子、倒垃圾,关系好的服务人员甚至可以帮学生熨西装。这与剑桥、牛津历史上从贵族学校所招收的学生们的教育传统是一脉相承的。无贵族气,无一流大学品位!

2. 一流大学要有点儿继承味儿。大学的继承味儿是源于根的,她应该是绵延的、经久的、无断裂的,即使当下不招人待见,只要没有危害,千万不要轻言改革。如果剑桥八百多年中,每个院长都要改革,恐怕就不是现在的剑桥了!一所大学特色的形成,即使不再需要八百多年中,少于几十年也是不够"特色"!当把改革成天放在嘴边,绝对改革不出来"特色",只能是破坏特色!无继承、无底蕴,无一流大学韵味!

3. 一流大学要有底线文化。大学的底线文化包括质量底线、礼仪底线、管理底线等,比如教学管理的严格、毕业审查的严格等。剑桥的质量底线是非常严格的,学校没有补考和重修制度,学生只要有一门课考试不及格,只能退学。当然有的学生抗议此规定,认为该规定不够人性化。于是个别学院允许补考,但你一定考不过!无底线,无一流大学品质!

4. 一流大学要有统一的硬件标配。大学的"硬件标配"就是大学办学的外在条件与物质环境。剑桥的31个学院,不管贫富差距有多大,都要有院长官邸,都要有 Senior Common Room(SCR)、Middle Common Room(MCR)、Junior Common Room(JCR),还要有礼拜堂、图书馆、餐厅、健身房等,宿舍要做到每人一间,任何有助于学生成长的基础设施都不可或缺。无完备硬件,无一流大学体魄!

5.一流大学要对所有的学生一视同仁,在公平的起点上让他们竞争。大学的一视同仁是大学育人最基本的前提。剑桥有英国最好的学生、欧洲最好的学生、世界最好的学生,没必要再把他们分成三六九等。无公平,无一流大学教育!

当然,在剑桥大学的学生之间也流行着一些坊间传说甚至恶作剧传统,比如光脚上房顶夜行、潜入礼堂偷东西、一夜之间把汽车搬上参议院大厅的楼顶等,再如三一学院和圣约翰学院的学生之间为争谁是第一而以世仇自居,不无黑色幽默。其实,这些坊间传说也蕴含着巨大的集体默契、文化自信和魅力。

(二)剑桥的变迁与转型

剑桥的成功离不开跟随时代的步伐转型。穿行于31个学院之间,流连于康河边与石桥上,与剑桥的教授、学生随意交谈后,才能体会到:看剑桥,仅仅围绕着康河是远远不够的。

沿康河而建的大约有11所学院,其中8所在市中心。那是第一代的剑桥学院,是历史的剑桥,既透射着沧桑,也折射着贵族气息。金耀基先生把剑桥分为"中古"与"现代",恐怕还不足以涵盖剑桥的变迁或转型。为了把剑桥八百余年的历史串起来,尤其是从我国语境下的转型角度解读剑桥,我特意去看了剑桥最新的两个学院和1934年建立的大学图书馆,最后又看了正在建设中的西剑桥。恐怕只有看了剑桥最古老的学院,再看最新的学院,才能真正体会剑桥的发展轨迹。这是此次剑桥之行最大的收获。

其实,剑桥正在转型,正在华丽转身。转型的过程就是崛起的开始,就是适应时代的发展。八百多年来,剑桥的最大转型就是进入21世纪之后正在建设的西剑桥,有点像我国大学扩招以来建设的新校区。西剑桥可以被认为是剑桥大学的新校区,距剑桥镇大约五公里,由大学负责建设,多是专业学系,与传统的学院无关。不知道若干年后,西剑桥是否会成为剑桥的另一个中心?剑桥的现代科技学科正在往西剑桥迁移,未来的布局主要是工科和现代技术,卡文迪许实验室正在陆续进驻,一座座工科大楼和厂房拔地而起。其建筑风格完全摆脱了传统的方庭建筑风格,全部为现代建筑。当然,西剑桥的建立也不断遭到学生的抱怨和调侃,如"田园牧歌式的西剑桥生活""芦苇荡中的西剑桥""农场上的西剑桥"等,就像国内的大学生抱怨新校区一般。

在卡文迪许实验大楼的标识牌上,写着"Cavendish Laboratory Physics of Medicine",这几个单词引起了我的沉思。卡文迪许实验室是20世纪自然科学界的传奇,是电子被发现、中子被发现、原子核结构被拆开等奠基性现代科学发现诞生的地方,有30多位诺贝尔奖得主。它旗下有分子生物实验室(LMB),后来独立出来了,这个实验室也有十余位诺贝尔奖得主,我熟悉的夏杨博士曾在该实验室攻读博士学位。DNA双螺旋结构、蛋白质三维结构、核酸测序、蛋白测序等一系列生命科学领域的里程碑就是在这里产生的。这都是源于对自然和生命本质的创新探索,是跨学科融合的产物,标志着20世纪科学发现的黄金时代。随着科研的"集团作战"和"军备竞赛",现在已逐渐落后于美国了。听了夏杨博士的介绍,我大致找到了剑桥成功的秘诀及可能"落伍"的原因。

(三)剑桥的厦大学子

在剑桥期间,专门约了厦大学子邵旻是做了一次访谈。在过去的十余年中,厦大每年都会有一两名学子到剑桥读博士,奖学金或来自留学基金委或来自剑桥大学。邵旻是乃剑桥奖学金的获得者之一。

邵旻是同学2014年从厦大外语系本科毕业,后在剑桥获硕士学位,2015年获剑桥奖学金,在剑桥教育系读博士,方向是应用语言学。厦大化学化工学院的金艳婷在剑桥化学系读博士,获得留学基金委奖学金。看到厦大学子本科毕业之后能在剑桥读博士,真是羡慕!回想1996年6月底第一次参访剑桥时,留下的感叹就是:如果再有机会读书,一定选择剑桥!看来此梦只能由厦大学子圆了!

邵旻是来剑桥已三年半有余,基本适应了这里的学习环境。他对剑桥最大的感受有两点。第一,剑桥的学术资源十分丰富。不论是图书馆还是网络资源,查找资料十分方便,只要你提出学术资料需求,总会有人帮你找到。剑桥的图书馆有三级体系:一是大学图书馆,二是学院图书馆,三是学系图书馆。可以说,图书馆无处不在。第二,剑桥的批判性思维训练十分严格。剑桥的导师十分注重培养学生的独立研究能力,尤其是批判性思维训练。他认为国内来的博士生普遍缺乏批判性思维,或者根本不知道什么是批判性思维,只有经过一两年的熏陶,才基本有了批判性思维的意识和概念。以他接触到的博士生为例,似乎都经历过批判性思维缺失的"阵痛期"。

邵今是深深体验到,剑桥的导师很鼓励学生进行独立思考,在对话和讨论中创造知识。这是剑桥大学最重要的传统。学院制和导师制确保了学生与老师、学生与学生之间经常进行沟通和交流,很多新的想法都来源于这类看似非正式的讨论。学院里有来自不同科系的学生和院士,鼓励学生间进行跨学科交流。他注意到,剑桥对本科生的重视程度超过研究生,本科生获得的学术资源不少于研究生。

邵今是谈到的批判性思维,这是一个沉重的话题!学生批判性思维的缺失,问题出在学生身上,导师也脱不了干系,而更深层的原因则是现有的教育体系。可放眼望去,似乎没有人正视这个话题,也无人去改变这种现实,更无人愿意承担这个责任。此次在剑桥,共接触了三位来自中国的博士生,都谈到了自己刚来剑桥读书时批判性思维的缺乏。难道中国的留学生只有经历了西方大学的"淬火"或"改造",才能唤醒批判性思维的本能?

碰巧的是,出国前一天,一位哥伦比亚大学教育学院的博士生参加我的沙龙。她的博士论文选题就是《中国初中生批判性思维实验研究》,当时正在成都的一所初中进行对比实验。她说自己的导师一辈子都在做这个课题,在不同国家、不同民族、不同年龄段进行对比实验。由此看来,我国教育研究中对批判性思维研究的缺失,说明我们还没有真正将批判性思维作为问题重视起来,这也是影响我国学生批判性思维发展的一个重要因素。

(四)剑桥的霍金

出访之前,国内报道了霍金逝世的消息。平时对霍金的关注不多,在他逝世之后,看到一篇文章,大意是说霍金曾预言"到 2060 年,人类社会将毁灭"。读罢该文的第一感受是:我应该无法赶上那一天。

霍金逝世后,剑桥大学的网站每天都会滚动发布纪念霍金的文章。其中,霍金说的一句话让人印象深刻:"记住要仰望星空,不要只是低头看脚下。"(Remember to look up at the stars and not down at your feet.)霍金所在的凯斯学院,在他逝世当日举行了追悼会。虽然霍金是个世界知名的学者,但其追悼会非常低调。甚至于是否举行公开葬礼,剑桥大学亦未做出最后决定,尚需等待与霍金家人协商、沟通。凑巧的是,当天中午用餐时,经过霍金工作、生活的凯斯学院,看见门口小小的广告栏上有一张简单的讣告,大门口的地上摆放着一些哀思霍金的鲜花。纪念的形式似乎有些冷清,驻足的路人也不是很多,但这丝毫不影响霍金在学术界的地位和人们对他的敬仰。陪同我们的志愿者杨帆博士讲了一个关于霍金与博士生的故事,令人感动。

2014 年 9 月,霍金工作的物理系迎来了一位女博士,名字叫克莱尔(Claire),据说是一位学物理的女天才。不幸的是,克莱尔与霍金患有同样的病,每天坐着轮椅上学,几乎无法与人交流。在克莱尔入学之后,霍金非常关心克莱尔,自愿担任克莱尔的 Mentor,经常与克莱尔交流,给予克莱尔精神上的鼓励。一位物理大师,一位女博士,两人的独特组合,构成了剑桥物理系一道独特的"师生风景"。杨帆还补充道:霍金作为剑桥的"名片",非常喜欢与学生交流,只要时间允许,经常参加凯斯学院的学生活动。

讲完这个小故事后,杨帆还提及自己与克莱尔是邻居,自霍金逝世之后,还没有见到过克莱尔。她希望克莱尔能够走出悲伤,成为霍金的传人。

四、结语:看得懂却做不到的剑桥之经

如此深度了解剑桥还是第一次。原本希望能够取到"真经",可是两天看下来,看到了真经,也看懂了真经,但要把这些真经移植到国内,且做到不打折扣,还真非易事!请见如下若干"做不到":

1. 真正的导师制做不到。虽然国内高校也都在推行本科生导师制,但无法做到像剑桥的 31 个学院那样,每周至少与本科生见面一次,做到一对一或一对三、四的辅导,更无法做到每个博士生有五类导师在其身边。

2. 生师比做不到。2016 年度,剑桥在校学生总数为 18420 人。其中,本科生 11934 人,占 64.8%;研究生 6486 人,占 35.2%。剑桥大学教职工总数为 11147 人。其中,教学科研人员(终身教职)1686 人,合同制科研人员 3950 人,二者合计 5636 人。按此计算,剑桥大学的生师比大约是 3.2∶1。

3. 教学科研人员与教学科研辅助人员之比做不到。如上所述,剑桥有教学科研人员(终身教职)1686 人,合同制科研人员 3950 人,二者合计 5636 人。而教学科研辅助人员 2017 人,神职及文秘人员 1840 人,二者合计 3857 人。按此计算,教学科研人员与辅助人员的比例大约是 1.5∶1。

4. 考试挂科就退学做不到。在挂科这件事上,我国大学已有补考、重修制度,但不知从何时何校开始,又发明了"清考"和"毕业后大补"等制度,这两种考试制度剑桥人应该听不懂。

5. 进校园收门票做不到。剑桥沿康河而建的几个老学院都收门票,价格 5—12 英镑不等。其中票价最贵的应该是国王学院,据说是因为里面新立了一块徐志摩《再别康桥》的石碑。剑桥学生凭学生证,可以带一位朋友免费参观。当然,学院不是为了赚这点小钱,而是为了有个门槛,端着一股"范儿"。

6.每逢假期,学生要把宿舍腾出来做不到。剑桥要求学生:假期一律把宿舍腾出来,如果有特殊情况,需要审批,留下的同学要集中住宿。腾出来的宿舍做"创收"之用,主要是举办各种夏/冬令营,客源主要是中国人。一年下来,至少创收一亿英镑。此次会议正逢春假,我们住的就是学生宿舍,条件很好,价格便宜。

7.一学年只有24个教学周做不到。剑桥和牛津一样,每学年有三个学期,每学期八周,共计24周,其中还包含最后两三周是没有教学计划的考试复习周,这应该是世界大学中最少的教学周数安排,可剑桥出了96个诺贝尔奖得主,牛津出了60个诺贝尔奖得主。我国高校每学年的教学周数一般在38—42周不等,看来为了诺贝尔奖,是否可以把教学周数降下来?

8.大学的行政部门、图书馆、IT中心全身心为师生服务做不到。以剑桥大学图书馆为例,剑桥没有的书,只要世界上有,都会尽可能帮师生找到。再以IT中心为例,电脑的任何问题都可以帮师生解决,甚至可以帮师生做几张动漫式PPT。一个大学行政教辅人员的服务质量与水平,部分决定了大学的教学科研水平。

9.博士学习阶段,几乎没有课程做不到。此次访谈的四位博士生,在剑桥的第一年,即在正式确认为博士生候选人之前的相当于硕士层次的基础研究阶段,只有两门课程——一门理论专题课,一门方法论课。基本上是每个教授讲一两讲,共同完成两门课程。其他学系里,甚至可以在整个博士培养阶段都没有统一的教学计划安排。凭个人经验判断:我国"双一流"大学的博士生课程门数,恐怕没有一个学校低于1000门!每个博士生修的课程恐怕很少低于6门。

10.大量的跨学科做不到。例如,本科生课程的跨学科、研究生科研训练的跨学科、教学科研机构的跨学科、本硕博住宿的跨学科等。在剑桥,可以说跨学科无处不在。

11.当了校长或院长,不做学问做不到。此次会议期间,与圣约翰学院和克莱尔学院的两位院长(Master)进行了交流。他们说:当了院长就不能再做学问,必须全身心投入到管理工作中去。对每个教授而言,在从政与从学之间进行选择都是痛苦的。当然,从政也有好处:校长工资是院长的两倍,院长工资比教授多一倍(具体数目不详)。

写了这么多"做不到",绝不是贬低自己的大学。是否非要做到?也没有想好!究其根源,可能是因为剑桥已有809年历史,我国近代大学只有百余年历史,正是我国高等教育发展的阶段性导致了这些"做不到";但另一方面,即使中国大学有足够的历史积累,走到今天就能全部做到吗?事实上,近代以来中国大学的发展基本上是以移植西方为根本路径的,但为什么这些没有学,是没看到还是根本学不来?各种原因,我想是复杂的,大家可以见仁见智。

此次剑桥之行,收获颇丰。唯一的遗憾就是3月22日晚上返回,错过了3月24日在泰晤士河上举行的一年一度牛津与剑桥的划船比赛。

(本文原题《剑桥之旅:追寻大学的精神与文化》,
原刊《复旦教育论坛》2019年第1期)

哈佛之旅:一流大学的治校文化

从进入高等教育研究领域,我就开始关注哈佛大学,至今已有三十余年。每次去美国,都尽可能到哈佛走一走、看一看,尽可能收集有关哈佛大学的资料,尽可能访谈在哈佛大学工作或访问过的教授们。日积月累,一个朦胧的哈佛逐渐清晰起来,一个曾经被视为"偶像"的大学,也逐渐被掀开神秘的面纱。比较遗憾的是,几次与哈佛擦肩而过,没能够在哈佛住上一段时间。在2002年申报"富布莱特学者"项目时,哈佛大学教育学院是我的首选,虽然收到了接收函,但却被告知不能提供独立的办公室,故退而求其次去了伯克利。再后来,原本有机会申请哈佛大学"燕京学者"项目,但由于种种原因,还是没有成行。尽管未能在哈佛待上一段时间,只是以访客的身份走近哈佛,但多年的关注和积累,关于哈佛的印象越来越清晰。虽然已不再视其为唯一的大学偶像,但尊敬的心态依然存在。

一、识读哈佛

1987年是我第一次关注到哈佛大学,也是第一次被这所世界顶尖名校的品格所震撼。那时,哈佛大学刚刚过完350岁的生日,学者赵一凡在《读书》杂志(1987年第1期)上发表《哈佛教育思想考察——兼评鲍克校长〈超越象牙塔〉》一文,记录了哈佛大学350周年校庆上那则轰动的新闻——"两个President之战":"哈佛校长和美国总统在英文里都称President,里根总统要求获得哈佛荣誉方帽的暗示发出之后,时任校长德里克·博克(Derek Bok)毫不客气地向报界宣布,他无意奉承

'另一位总统'的虚荣。一时间造成知识界领袖同政府首脑的对垒局面,最终居然以堂堂美国总统铩羽而告终。"① 该轶事引起了我的好奇,我便开始收集此类故事。后来发现,类似的事件在美国的其他大学也时有发生,如2009年,奥巴马总统出席亚利桑那州立大学毕业典礼并发表讲话,但校方表示拒绝授予奥巴马荣誉学位,因为"除了成为美国首位非洲裔总统、出过两本畅销书外,奥巴马'没做任何应得荣誉学位的事'"②。此外,在英国的牛津大学也有类似事情发生。有"铁娘子"之称的玛格丽特·撒切尔从政后,曾数次申请牛津大学的名誉博士学位,均遭到教授们否决。而最后一次被否决是在1980年代后期,正是撒切尔夫人政治生涯的鼎盛时期,当时的表决结果是738票反对,319票赞成。③

"两个President之战"颠覆了我的认知。国家元首想要一个"荣誉博士",而且是主动请求,竟然被断然拒绝。在我们看来这几乎是不可想象的事情,但确确实实在大学发生了。究竟是什么给了哈佛、给了博克校长这样的勇气和底气?尽管博克校长的举动实属空前,但也绝非怪诞离谱。哈佛对既有的社会责任感及其坚持的思想原则会驱使任何一位校长做出类似的决定。其中,博克校长在其著作《超越象牙塔》(Beyond the Ivory Tower)中提出的"3A原则"——学术自由、学术自治、学术中立——便是哈佛立校治学的根本,也是其捍卫自身权益、履行社会责任的准则。由此可见,一所优秀的大学一定是具有健全的自我意识和强烈的责任心、有定力的场所。大学不仅能够促进科学与文化的繁荣进步,更要紧的是它能以自身的稳定和自尊去校正社会的一时偏向,抵制其他利益的盲动。

---

① 赵一凡:《哈佛教育思想考察——兼评鲍克校长〈超越象牙塔〉》,《读书》1987年第1期。

② 《美百年老校对奥巴马说"不"》,[EB/OL].[2019-11-01].http://world.people.com.cn/GB/9118193.html.

③ 来自母校牛津大学的怠慢——《撒切尔夫人传:她想要的一切》,节选自[EB/OL].[2019-11-01].http://www.xinhuanet.com/world/2015-10/13/c_128312526.html.

我第一次走进哈佛,是 2003 年 2 月,受当年大学同班同学刘玉祥博士邀请,从美国西部来到东部过春节,因为当时他是圣约翰大学的院校研究中心主任,专业也是高等教育学。他带我游览了哈佛等大学校园,参观了哈佛图书馆,知道了该图书馆建立的背景。意料之外的收获是,此行还促成了厦大开设游泳课。

1912 春天,年轻的藏书家哈利·怀德纳(Harry Widener)写信告诉他的朋友,自己要和父母乘船去一趟伦敦,为自己的私人藏书购买书籍。他乘搭的游轮便是首次航行的"泰坦尼克号"。在返回美国的路上,怀德纳一家还在船上开了一个"派对"(1912 年 4 月 14 日)。那一夜,泰坦尼克号撞上了冰山,最终只有怀德纳夫人自己回到了美国。为了纪念在泰坦尼克号沉船事件中丧生的儿子,怀德纳夫人将哈利·怀德纳生前收藏的大约 3300 卷珍贵书籍捐给哈佛大学,成立了怀德纳图书馆。这些藏品中不仅有莎士比亚等人的手稿,还有德国活版印刷的《古腾堡圣经》(Gutenberg Bible)等。如果没有泰坦尼克号,也许就没有今天的怀德纳图书馆,纵使这种想法很不人道,也不浪漫。但正是这艘船,使得哈利留给后人不可估量的福利。正如美国参议员洛奇(Henry Cabot Lodge)在演讲中所说:"这个高贵的礼物带着巨大悲痛的阴影来到了我们中间。"①

怀德纳图书馆正门是类似罗马式的一排立柱长廊,门前是 27 级台阶。每次进图书馆前,就像进行一种心灵上的登攀。很多人可能不知道 27 级台阶的意义。这个数字实际上是为了纪念怀德纳,他正是在 27 岁的年华,随泰坦尼克号长眠于海底。在怀德纳图书馆红砖砌筑的坚实墙体外,耸立着两块石碑。其中一块的碑文是:"怀德纳,哈佛大学学生,生于 1885 年 6 月 3 日,1912 年 4 月 12 日与泰坦尼克号一起沉入大海。"另一块的碑文是:"这座图书馆是怀德纳的母亲捐赠的,这是爱

---

① 白露为霜:《哈佛故事:泰坦尼克号和威德纳的幽灵》,[EB/OL].[2019-11-17].https://www.backchina.com/blog/299872/article-141228.html.

的纪念。1915 年 6 月 24 日。"怀德纳夫人相信如果自己的儿子会游泳，或许尚能生还，所以她在捐赠这座图书馆时除了强调不得更改一砖一石的风格外，还期望哈佛的学生都能够学会游泳。这便是哈佛重视游泳课的一个重要原因。现在游泳课已经是厦大的必修课。尽管和哈佛开设游泳课的直接原因不同，厦大是因为地处海边，加之东南地区多雨，为了防止本该绽放的生命被水夺走，学校强制性地要求本科生必须学习游泳，否则无法顺利毕业，但从根本上来看，游泳课的开设是两所学校对生命的尊重和敬畏。

还有一点令我印象深刻，即哈佛大学早期的捐赠。17 世纪初，首批英国移民来到北美开拓自己的"伊甸园"，为了让子孙后代能够接受像牛津、剑桥一样的高等教育，他们在马萨诸塞州的查尔斯湖畔建立了美国历史上第一所高等学府，即当时的"新市民学院"。约翰·哈佛（John Harvard）先生是当时移民到这片新大陆的剑桥大学毕业生，不幸的是他在新大陆生活不到一年便因肺病去世。临终前，他立遗嘱将自己的图书及一半的房产（约 780 英镑）捐给了这座初生的大学。为了表彰这一善举，麻省大法庭在 1639 年下令学院改名为哈佛学院。[①] 这很容易让人联想到具有同样"成长"经历的耶鲁大学。几乎是在同一时期，英国移民在昆尼皮亚克海湾定居，同样是为了让欧洲文明在新大陆生根发芽而建立了一所大学，而且这所学校第二年才招收到第一个学生。耶鲁（Elihu Yale）先生向当时这所正处在襁褓之中的教会学校慷慨地捐出了价值 560 英镑的物品和 417 册藏书，以及一卷英王乔治一世的画像和纹章。加上耶鲁先生的捐赠，当时耶鲁图书馆的藏书只有 1000 卷左右。同样，为了感谢耶鲁先生的捐赠，董事会决定将学院更名为耶鲁学院。区区几百册藏书和几百镑的货物就可以"冠名"一所大学，在今天看来是难以想象的，但它播下的却是大学捐赠的种子。

---

① 徐飞：《细看哈佛》，辽宁教育出版社 2005 年版第 20 页。

二、哈佛的校长们

哈佛大学的成功,得益于一批大学校长。因为大学校长作为高校的掌门人,在美国高等教育发展的各个时期都扮演着非常重要的角色;美国高等教育的建立、转型、超越和成为世界高等教育的中心,都离不开美国大学校长的励精图治和开拓进取。[①] 正如阿什比(Eric Ashby)所说:"大学的兴旺与否取决于其内部由谁控制。"[②] 在美国,大学校长是一种非常复杂的角色。有学者通过比较研究,认为美国大学校长是首席学术和管理领袖,是领导者、合作伙伴、改革者和掌舵手,是职业管理者,是行政者、企业家和政治家,经历了精神领袖、行政寡头、财政专家向牧师兼职型、学者领导型、专家管理型、职业经理型的角色演变。[③] 这一点从对哈佛大学历任校长的研究中便可见一斑。

截至2019年,哈佛大学383年的办学历史中共有29任校长,平均每位校长任期13.2年(表1)。其中,科尼利厄斯·康威·费尔顿(Cornelius Conway Felton)校长因突发心脏病不幸倒在任上,成为哈佛历史上任期最短的校长。查尔斯·艾略特(Charles Eliot)是哈佛任期最长的校长,他用40年的时间将一所"旧式"地方学院转变为可以与古老的牛津、剑桥媲美的世界一流大学。正如美国作家亨利·詹姆斯(Henry James)所言:"他缔造了哈佛。"[④]

世界一流大学的校长一定要有开先河的创举。在哈佛的历史上,这样的校长并不在少数。1848年,爱德华·埃弗里特(Edward Everett)决

[①] 姜朝晖、黄凌梅、巫云燕:《谁在做美国大学校长——基于〈美国大学校长报告2017〉的分析》,《教育研究》2018年第10期。
[②] 伯顿·R.克拉克著、王承绪译:《高等教育系统》,杭州大学出版社1994年版第121页。
[③] 毛建青、邢丽娜:《美国大学校长的角色定位》,《高教发展与评估》2018年第3期。
[④] 亨利·詹姆斯著、朱建讯等译:《他缔造了哈佛:查尔斯·W.艾略特传》,广西师范大学出版社2017年版。

表 1　哈佛历任校长任期时间及重要事件统计表

序号	校长	任期	重要事件
1	亨利·邓斯特(Henry Dunster)	1640—1654	将剑桥"三科"与"四艺"搬进哈佛课堂
2	查尔斯·昌西(Charles Chauncy)	1654—1672	首位从未在哈佛就读过的校长
3	伦纳德·霍尔(Leonard Hoar)	1672—1675	开创了三年制培养模式
4	尤里安·奥克斯(Urian Oakes)	1675—1681	建成旧哈佛大厅
5	约翰·罗杰斯(John Rogers)	1682—1684	当选两年多后因病去世
6	英克利斯·马瑟(Increase Mather)	1685—1701	在塞勒姆驱巫案审讯中起过重要作用
7	约翰·勒弗里特(John Leverett)	1708—1724	创立了哈佛大学自由主义传统
8	本杰明·沃兹沃思(Benjamin Wadsworth)	1725—1737	制定了新的大学章程
9	爱德华·霍利奥克(Edward Holyoke)	1737—1769	对近百年哈佛课程体系进行全面的现代化改革
10	塞缪尔·洛克(Samuel Locke)	1770—1773	任职三年后主动辞职
11	塞缪尔·兰登(Samuel Langdon)	1774—1780	任期涵盖整个美国革命时期
12	约瑟夫·威拉德(Joseph Willard)	1781—1804	第一个用母语做开学演讲的校长
13	塞缪尔·韦伯(Samuel Webber)	1806—1810	哈佛传统由神学思想转变为自由主义
14	约翰·柯克兰(John Thornton Kirkland)	1810—1828	以德国式现代大学为蓝本改造哈佛教学制度
15	约西亚·昆西(Josiah Quincy)	1829—1845	创办理学院,自然科学受到极大重视
16	爱德华·埃弗里特(Edward Everett)	1846—1849	招收第一位黑人学生进入哈佛学习
17	贾里德·斯帕克斯(Jared Sparks)	1849—1853	因健康状况辞职
18	詹姆斯·沃克(James Walker)	1853—1860	为大学课程增添了音乐课
19	康威·费尔顿(Conway Felton)	1860—1862	任职两年零十天在办公室猝死
20	托马斯·希尔(Thomas Hill)	1862—1868	建立由哈佛大学主办的公开大学讲座制度
21	查尔斯·艾略特(Charles Eliot)	1869—1909	倡导自由选修制
22	劳伦斯·洛厄尔(Lawrence Lowell)	1909—1933	将德国的选修制与英国的导师制相结合
23	詹姆斯·科南特(James Bryant Conant)	1933—1953	发布《哈佛通识教育红皮书》

续表

序号	校长	任期	重要事件
24	内森·普西(Nathan Marsh Pusey)	1953—1971	进行了美国高等教育史上规模最大的募捐活动
25	德里克·博克(Derek Bok)	1971—1991	把现代化的管理方法和程序引进各学院和系科
26	尼尔·鲁登斯坦(Neil L. Rudenstine)	1991—2001	开创全校集中的学术计划
27	劳伦斯·萨默斯(Lawrence Summers)	2001—2006	因冒犯环境保护者、平权政策支持者被迫辞职
28	德鲁·浮士德(Drew Gilpin Faust)	2007—2018	哈佛第一位女校长
29	劳伦斯·巴考(Lawrence S. Bacow)	2018—	

资料来源:根据哈佛大学官网相关材料整理而成。

定招收一名黑人学生。在那个种族歧视尤为严重的年代,这一举措无疑具有非常大的风险。白人学生对此感到不满,并到校长办公室抗议:如果招收黑人学生,他们将会退学。埃弗里特校长平静地回答:"如果这位黑人学生通过考试,他将会被录取。如果你们退学,哈佛的收入将会被用作这位黑人学生的教育费用。"①这名黑人学生最终进入哈佛学习,成为哈佛的第一位黑人学生。埃弗里特校长也因此成为哈佛历史上第一位招收黑人学生的校长,这为教育公平的推进迈出了极为关键的一步。

20年后的1869年,哈佛再次诞生了一位具有划时代意义的校长——35岁的查尔斯·艾略特,他因在《新教育》中强调理科知识为欧洲提供了动力引发热议而被提名为哈佛大学校长。他上任后开展了一系列改革——设立教务长、系主任,保证学校各项管理事务有序灵活;提倡选修制,力求每个学生的培养过程都可以做到量身定制;设立入学考试,提高入学标准,面向世界范围招生;开展研究生教育,倡导学术自

---

① 向洪、王雪、张强:《哈佛人才》,青岛出版社2005年版,第7—8页。

由。这一系列改革举措对美国教育界乃至整个人类教育的进步产生了极为重要的深远影响。艾略特校长用 40 年的时间将一所偏安一隅的传统学院发展为世界顶尖大学,他也因此被罗斯福总统誉为"共和国第一公民",是美国现代大学的缔造者。①

艾略特校长的教育成就堪称卓越,后继者德里克·博克校长领导的哈佛多项改革(推进教育公平、重塑本科教育、调整组织结构、开辟经费来源等)所产生的深远意义几乎可以与之比肩。其《走出象牙塔》(Beyond the Ivory Tower)、《美国高等教育》(Higher Education in America)、《回归大学之道》(Our Underachieving Colleges)等著作,今天依然是高等教育学专业学生所必须研读的经典书目。而且博克校长在卸任 15 年后,因为第 27 任校长劳伦斯·萨默斯辞职,被邀请再度出山,于 2006 年 7 月 1 日至翌年 7 月 1 日担任哈佛大学代理校长一年,成为哈佛大学迄今为止唯一一位两度执掌校政的校长。②

仔细审视不难发现,哈佛成就卓著的校长都有一个共同特征:任期较长。实际上,世界著名大学校长的任期往往都比较长,例如,哥伦比亚大学的尼古拉斯·默里·巴特勒(Nicholas Murray Butler)校长任期长达 43 年,耶鲁大学的杰密·戴伊(Germi Day)校长任期达 29 年。③ 大学校长作为学校的领导者,其更替关乎着大学的命运。根据组织理论的观点,当组织结构确定后,个人对组织的行动及其成果起着关键的作用。大学也服从这一规则,正所谓"观其校长,知其学校"。④ 大学的发展具有滞后性,足够长的任期是确保政策措施得到有效落实、促进学校长期发展的基础。如果一所大学校长任期过短或更替频繁,

---

① 亨利·詹姆斯著、朱建讯等译:《他缔造了哈佛:查尔斯·W. 艾略特传》,广西师范大学出版社 2017 年版。

② 曲铭峰、龚放:《哈佛大学与当代高等教育——德里克·博克访谈录》,《高等教育研究》2011 年第 10 期。

③ 黄明东、刘永、郭梅:《试论大学校长任期》,《教育研究》2005 年第 5 期。

④ 刘秀丽、张君辉:《中外大学校长任期比较研究及其启示》,《外国教育研究》2007 年第 12 期。

很容易造成朝令夕改,政策和制度缺乏连续性,改革无法深入、持久。这一点已有研究证明,大学校长任期越长,其所在学校的绩效水平越高[1];大学校长任期与高水平大学的产生和发展直接相关[2];较长的校长任期是大学可持续发展的重要保障[3]。那么,大学校长任期多少年才合理呢?这似乎没有一个标准。耶鲁校长理查德·莱文(Richard Levin)的回答是:"现在的大学校长都不可能担任 40 年之久,但真正要进行一项具有深远意义的改革,足够长的任期是必需的。我认为给大学校长的时间至少应该是 10 年,否则什么事也干不成,15 年更合适。有的学校是 6 年,就太短了。"[4]

毫无疑问,哈佛校长是当之无愧的知识界领袖。但在我收集哈佛历任校长的资料时,突然发现哈佛的校长职位其实是一个"高危"职业。因为在 29 任校长中,有 9 任校长是在任期间去世,他们是查尔斯·昌西、尤里安·奥克斯、约翰·罗杰斯、约翰·勒弗里特、本杰明·沃兹沃思、爱德华·霍利奥克、约瑟夫·威拉德、塞缪尔·韦伯、康威·费尔顿,而伦纳德·霍尔校长因身体原因辞职后不久去世。哈佛大学有近三分之一的校长去世于任职期间,令人唏嘘!

关注哈佛校长们的演讲也成了我的"嗜好",尤其是 2018 年 9 月履新的第 29 任校长劳伦斯·巴考就职演说中的一段话,使我对一所世界名校的大学校长有了新的认识。他说:"我们必须确保高等教育仍然是如我这一代和我父母那一代一样,成为打破阶级的台阶。虽然大学教育有助于为那些设法毕业的学生提供公平的竞争环境,但入学的费用以及坚持到毕业的课程对许多家庭来说都是令人生畏的。这就是为什

---

[1] 刘畅、陈守明:《校长任期对一流大学绩效的影响——基于 1999—2018 年面板数据的实证研究》,《科研管理》2019 年第 5 期。

[2] 梁北汉:《人力资本·高水平大学·校长任期——高等教育发展的三个关键点》,《深圳大学学报(人文社会科学版)》2006 年第 6 期。

[3] 樊华强:《中美研究型大学校长任期比较研究》,《复旦教育论坛》2006 年第 5 期。

[4] 劳伦斯·H. 萨莫斯著、李环译:《21 世纪大学面临的挑战——在北京大学的演讲》,《中国大学教学》2002 年第 Z2 期。

么哈佛大学开创性的助学金计划如此重要,这项计划由劳伦斯·萨默斯校长创办,并由德鲁·浮士德校长进一步加强。我们希望可以对低收入和中等收入家庭说:'你只需要把你的孩子送到哈佛,你们不用付一分钱。'很大程度上也正是因为这一点,今年的大一新生里有268名成员是他们家中第一个上大学的人。"①没有想到,一位上任第一天的校长竟然关心学校招了多少"第一代"大学生!

三、哈佛的办学文化

前面对哈佛的认识都是在从事高等教育研究的过程中,通过各方面的资料接触到的。尽管哈佛历史上这些重要的事件和人物极大地丰富了我对哈佛的认知,但总还是有种"纸上得来终觉浅"的感觉。这也督促我不断找寻"触摸"哈佛的机会。我对哈佛的真正认识是从结识宋怡明教授(Michael Szonyi)开始的,他成了我深入了解哈佛的重要窗口。宋怡明教授是哈佛大学费正清中国研究中心主任。从1990年代初开始,他就与厦大结下了不解之缘,师从厦大傅衣凌教授和郑振满教授研究中国历史。他每年与郑振满教授的"田野调查之约",也成了我"走近哈佛"的心灵之旅。郑振满教授依据自己多次访问哈佛的经验认为:"哈佛大学的文化有三种,一是教授的夫人文化,二是本科教育文化,三是服务文化。"宋教授则认为哈佛的办学文化远不止这些。从2016年开始,宋教授每次来厦大,我尽可能找他聊天,陪他到福建农村进行田野调查,从而对哈佛大学的办学文化有了深入的认识。归纳起来,哈佛的办学文化主要表现在以下几个方面。

(一)哈佛本科教育文化

宋教授举了一个生动的事例。三年前,宋教授和文理学院的一位

---

① 里瑟琦科教观察:《哈佛新任校长就职演讲》,[EB/OL].(2018-10-07)[2019-11-20]. https://mp.weixin.qq.com/s/1crqjpdJIOUyE2z-ZMdTGg.

教授给本科生合开一门新课"亚洲侨民研究",起初只有三个本科生选课。鉴于是一门新课,学校还是配了两个助教。宋教授说:"两个教授加两个助教给三个本科生上课,这就是哈佛的本科教育。"两位教授在课堂上经常"吵架",让学生意识到历史不是一种记忆,而是一种学问。听宋教授说,联合授课在哈佛本科教育中十分普遍,约占总课程的三分之一。这种教学模式不仅深受学生好评,有利于训练学生的批判性思维,也受到教师的欢迎,因为无论几位教授联合授课,都是以同样的工作量计算。譬如,一门课程是3学分,由三位教授联合授课,每个教授的工作量都是3学分。哈佛的经验告诉我们,重视本科教育是一流大学成熟的标志。哈佛的本科教育文化,其实质是一种教与学的文化,师生互动已经成为一种自觉的选择,而非制度的约束。在教学文化的影响下,哈佛大学成功开展了多个具有世界引领性的人才培养改革,如跨学科人才培养等。从组织教学的角度看,联合授课为跨学科提供了操作之法;从学生学习的角度看,联合授课成为批判性思维训练的有效范式;从大学管理的角度看,联合授课的同工同酬机制激发了教师参与的积极性。哈佛的课堂教学改革,作为其本科教育的最基层,体现了一所大学人才培养的软实力。联合授课的课堂教学变革,不只是教师人数从一到多,而是改变了学生的学习方式、思维方式、发现和解决问题的方式。因此,跨学科人才绝非是一位"万能"教师"教"出来的,而是通过课堂、教学、组织等一系列的制度创新,促使学生"学"出来的。哈佛本科教育文化折射出了"以学生为中心"的理念,并将这一理念完美地与制度相结合,打造出了靓丽的哈佛本科教育"风情"。

(二)哈佛的通识教育文化

2016年7月,宋教授来厦大时,提到哈佛大学正在进行新一轮的通识教育课程改革,大约要一年时间。此次来厦,我便问他,这一轮通识教育课程改革进行到何种程度了?他说,方案已经完成。2016年底,哈佛召开了关于通识教育课程改革大会,几乎全校的老师都参加了,有的教授在发言时甚至还激动得哭了起来。因为他们认为,哈佛的每一次教学改革都会影响世界,全世界都会关注,这并不只是哈佛自己的事,他们深感责任重大!其实,在2012年,哈佛大学就启动了第六次(通识)课程改革,只是由于不够成功,在试行几年后又启动了这一轮改革。关于上一轮改革不够成功,宋教授解释道:"学生选课时总是会趋利避害,即便是哈佛如此优秀的学生也不愿意选严格的老师,怕通不过!毕竟他们除了交学费,另外每个学分还要交600美元,一门课两学分的话就是1200美元。一旦课程考试过不了,这个钱就白交了。"为了证明这一轮通识教育课程改革的成效,宋怡明教授特地邀请厦大通识教育中心李晓红教授再去哈佛学习和观察他们新一轮通识教育改革,也许他们不想让厦大人对哈佛通识教育的印象还停留在上一轮不够成功的改革上。

纵览哈佛大学课程改革历史,可以发现"二战"后哈佛大学的课程改革主要是围绕通识教育课程展开。在过去150年的时间里,哈佛大学共进行了六次大的本科课程改革:(1)1869年,校长艾略特在就职演说中明确支持德国选修制,主张给予学生充分的学习自由。在他的极力倡导下,自由选修制终于在哈佛大学得以推行。(2)1909年,校长洛厄尔就哈佛早期选修制中的学习自由滥用问题进行了补充,推行"集中分配制"和"核心课程制",哈佛将德国的选修制与英国的导师制结合起来,形成了独具特色的美国人才培养模式。(3)1945年,校长科南特任命了一个12人的专门委员会筹划哈佛本科教育,发布了著名的《哈佛通识教育红皮书》,对通识教育课程进行了新的设计。(4)1978年,校长博克执校期间,委任文理学院院长罗索夫斯基(Henry Rosovsky)主导了第二轮通识教育课程改革,建立了"核心课程"体系。1997年,鲁登斯坦校长在任期间,虽没有开展新的课程改革,但是他对近15年来哈佛的核心课程做了一次全面的"体检"。(5)2002年,校长萨默斯刚上任就委任哈佛文理学院院长科比(William Kirby)启动了1978年后规模最大的本科生课程改革,但由于萨默斯的异常离任,导致2007年才发布《通识教育任务报告》。新的通识教育计划取代原有的核心课程,这是哈佛人才培养的一次"颠覆性"改革。(6)2012年,校长浮士德(2007—2018在任)开启了宋教授所说的第六次(通识)课程改革。

(三)哈佛管理的服务文化

哈佛的服务文化主要是指对教学、科研人员以外的各种辅助人员(包括学校层面各职能部门)的服务意识。宋教授通过讲述自己的经历,让我对哈佛的服务文化有了更深刻的认识。宋教授说,刚到哈佛大学工作不久,还未晋升为终身教职的正教授,就接到哈佛燕京图书馆馆长的用餐邀请。说是请客吃饭,其实就是快餐,最贵也不超过15美元。邀请教师一起用餐是图书馆馆长工作的常态,他想了解宋教授做什么研究,需要哪些书。据宋教授回忆,他当时正在做有关台湾金门的研究,急需新资料。几年下来,哈佛图书馆已拥有最全的金门学研究专著和资料。宋教授补充道:"我们给馆长提供的购书信息,其实也是对图书馆的'精准服务',这会提高他们的购书效益。"宋教授话音刚落,一旁的邹振东教授便问道:"哈佛大学的财务报销如何?"邹教授问题一出,我们便会声一笑。宋教授回应说:"在哈佛东亚系办公室墙上有一个大的挂袋,分为各种小袋子。教师出差回来,把有发票的收据放在一个袋子,如果没有发票还要报销,就需要填写一个表,把你想报销的金额写上就可以了。"从宋教授那里得知,宋教授此行30天,每天的补贴标准为95美元,但在厦门期间,经常有朋友请吃饭,故返回哈佛后,要报销多少天补贴,还要根据最后的实际花费而填。宋教授还提到,哈佛大学有一项政策,凡是新引进的教师,学校都会给你50万美元作为安家费。他不知道这项政策是何时开始执行的,但只知道包弼德副校长(Peter K. Bol)在1960年代调入哈佛时,用这50万买了一栋大大的房子。而宋教授2006年调入哈佛时,只用了20万买了一个小房子。如果你买了房子,在你调离哈佛时,你是还钱还是把房子交给学校,由你自己决定,这笔钱不需要付利息;如果你是租房子,在调离哈佛大学时,只要把钱还给学校就可以了;如果你一直在哈佛工作,学校不会催你还钱,何时还钱给学校由你自己决定。

通过与宋教授的几番对话,我们深刻体会到哈佛大学的服务文化。用"服务"来概括,再贴切不过,因为在座的听者丝毫没有感受到是"行政的文化",但事实上,这些都是行政人员(或辅助人员)带给教师和学生的"服务"。在哈佛大学,对应学术的行政特征逐渐弱化,取而代之的是服务。这颠覆了人们认知中的学术、行政二元论。特别是在我国高校中,由于学术与行政的冲突,人们总是希望从刚性的制度层面"去行政化"。在我看来,哈佛大学的学术与行政关系已达到最高境界,即融为一体,你中有我,我中有你。正如宋教授所说:"哈佛的辅助(行政)人员认为自己和教授(教师和学生)是一个命运共同体。"或许正是由于哈佛大学的顶尖地位,行政的服务特征才如此凸显,这无疑是世界一流大学的软实力。但这也是我们无法用标准衡量和模仿的东西,因为这种服务已经内化于心,成为哈佛人的共识。这不仅来自行政人员对学术人员的服务,也来自学术人员对行政人员的服务,是一种相互服务的文化。制度可以模仿,模式可以借鉴,但唯独文化不能复制,它需要时间的积淀和养成。由此,我不禁联想到一个假设:当一所大学越是接近一流时,其服务文化的程度也会随之越高,反之亦然。追寻哈佛服务文化的根源,我们会发现其实质是一种命运共同体的文化,是世界一流大学管理的文化。这些文化的种子已渗透到哈佛每个组织和人员的"骨髓"中,根深蒂固、难以撼动。

(四)哈佛校长们的"遗产"文化

细数艾略特校长的前任,起初都是教士出身,有的还经历了美国独立战争,他们留给哈佛的遗产多是基础设施和硬件方面的,可以说是一种物质层面的遗产。但从哈佛近150年的发展历程来看,我们会发现,1869年艾略特校长上任是哈佛发展史上的分水岭。这被许多学者认为是哈佛进入内涵式发展的"元年",因为我们可以看到这150年间,哈佛的成名史都是在围绕教学、课程和人才培养改革展开,留给后人更多的是一种非物质遗产。这些遗产将哈佛推向了美国大学的顶尖地位,它的通识教育的理念与设计成为美国乃至世界高等教育改革的风向标。正如宋教授所说:"我们做什么,都会影响世界!"这个命题太深刻!

1869年以来,哈佛的六次重大课程改革都是在极为有名的校长手中诞生;或者更准确地说,正是这些享誉世界的课程改革让他们的名字留在了哈佛乃至世界高等教育的历史名录中。从以上改革的时间节点来看,我们似乎可以发现一个规律,即课程改革的频率越来越高,步伐越来越快:第二次离第一次是40年,第三次离第二次是36年,第四次离第三次是33年,第五次离第四次是24年,第六次离第五次仅10年。尽管这与校长的任期有关,但是这些密集的改革,充分说明哈佛校长对本科教育的高度重视。显然,自第21任校长艾略特接任以来,历任哈佛校长都将关注点放在人才培养,特别是本科教育上,即如何才能培养出一个"有教养的人"(Educated Man)。历任校长不遗余力地推动课程改革,始终在尝试破解这一"未解之谜"。因此,在这一过程中,历任校长无意中为哈佛留下了宝贵的非物质遗产。这些遗产之间不仅具有连续性和内在的逻辑性,而且都是对上一任遗产的丰富和完善。遗产历经百年的沧桑演化,让我们不仅感受到哈佛校长的魅力,而且还有一份大学的定力和执著。

(五)哈佛大学的捐赠文化

如前所述,哈佛大学诞生于约翰·哈佛捐赠的图书及一半的房产,当时约合780英镑。谁也不曾想到这颗捐赠的种子让哈佛成为今天世界上最有钱的大学。2008年世界金融危机时,哈佛大学基金会有392亿美元,相当于越南当年的国民生产总值,在世界上排第66位,真可谓富可敌国。2018年,哈佛捐赠基金高达383亿美元,成为世界上最有钱的大学,这已经是哈佛连续四年荣登捐赠榜榜首。哈佛大学的捐赠基金是专用且永久的资金来源,用以维持大学教学和研究的使命。捐赠基金几乎支持大学运作的各个方面,基金中最大的两个类别是教师的薪水、为学生提供的经济援助及奖学金。通常情况下,捐赠方会告诉大学该如何使用这些钱,以确保捐款能花在合理妥当的地方。为什么说捐赠已经成为哈佛的一种文化呢?其实,除了校友、公司等机构有支持大学办学的自觉外,规范、科学的捐赠基金管理也是非常重要的一个方面。哈佛大学管理公司(Harvard Management Company, HMC)是哈佛大学的一家非营利性全资子公司,其使命便是以可持续的方式管理捐赠基金,促使基金的增长,以支持大学的长期发展。实践已经证明,哈佛对捐赠基金市场化投资管理的方式是非常成功的,值得其他高校学习和借鉴。我国大学基金的管理是否能够诞生中国版的"哈佛模式"?答案仍要交给时间。

(六)哈佛教授的"夫人文化"

哈佛教授的"夫人文化"即沙龙文化(Party Culture)。宋教授说:"就职哈佛后,便深刻感受到这一文化,即每几周便会去教授家里参加沙龙(或称读书会)。"之所以叫"夫人文化",是因为早期哈佛大学教授的地位很高,夫人们的地位也随之见涨。她们大都不上班,只负责料理家务,每逢读书会,夫人们都会亲力亲为,准备茶点招待来宾。后来,宋教授也开始举办自己的读书会,每次都要花费100至200美元。随着参加读书会的人越来越多,特别是一些大牌教授慕名前来,宋教授有些吃不消,就去找系主任诉苦,想系里给些补贴,系主任得知后欣然应允。郑振满教授在哈佛访问期间,将读书会视为学术盛宴,经常参加教授家里的读书会,对"夫人文化"也是印象深刻,故将其称为哈佛的第一文化。在交谈中,我们无法考证哈佛沙龙文化从何诞生,但我们发现沙龙对学者充满着强烈的吸引力。读书会开放而包容,面向所有人,以书会友、以文沁心,学者们可以自由参与、自由讨论、自由发表见解,甚至还可以激烈争论。在这一场域中,学者们仿佛穿越到欧洲中世纪的"行会",不约而至的读书会甚至带有某种古典大学的气质。哈佛的沙龙传统释放着强烈的公共性,以思想团结大众,这无疑成为世界各国学者的"梦寐之地"。因此,即便这些沙龙都是教授的个人行为,也会得到哈佛大学管理者的支持。像宋教授提到的系主任——这些深谙其道的学者型管理者,自然知晓哈佛的学术共同体正是在类似读书会的社交中悄然形成的。

宋怡明教授的故事让人们感受更多的是一种无微不至。这些并不像哈佛学分制改革、通识教育改革、核心课程改革那样宏大,只不过是办学实践过程中类似神经末梢的一些小事,但正是这些小事,养成了哈佛的办学文化。以小见大,尽管文中的六个办学文化各不相同,但我们会发现六个小文化都指向了共同体这一大的文化——学术共同体、师生共同体和命运共同体。这是哈佛大学文化的根基,使其矗立于世界一流大学的巅峰。

结 语

哈佛大学走过了近四百年,过去一百年是哈佛腾飞的阶段,也是世界一流大学形成的重要阶段。这剧变中的一百年,不仅是哈佛大学的发家史,也是许多美国大学的发达史,如乔丹(David Jordan)执校的斯坦福大学、怀特(White)执校的康奈尔大学、吉尔曼(Daniel Gilman)执校的约翰·霍普金斯大学、塔潘(Henry Tappan)执校的密西根大学、哈钦斯(Hutchins)执校的芝加哥大学等一批大学开始走上了腾飞之路。虽然历史的积淀是一个重要因素,但我国建设世界一流大学不可能给我们二百年的时间积淀。如此看来,美国一流大学的形成始于一百年前,这恰是美国超越英国成为世界第一大经济体的时间,大约在19世纪末期。美国的经济发展推动了其一流大学的形成,而美国一流大学也为其国家经济发展提供了智力和技术的支持。如今,我国已成为世界第二大经济体,有媒体预测2030年中国经济总量将超过美国成为世界第一。然而,我国经济上的繁荣,却还未带来一流大学的整体繁荣,或者说我国现在的一流大学还没有为国家成为世界第一大经济体做好充分准备。这是值得我们反思和重视的问题。

(本文原题《走近哈佛:世界一流大学的治校文化》,原刊《复旦教育论坛》2019年第6期)

伯克利之旅:初遇翘楚

2002年9月—2003年6月,我作为富布莱特学者,赴美国加州大学伯克利分校(下文简称"伯克利")高等教育研究中心做访问学者。这是我第一次去美国,也是第一次走进世界一流大学。在此之前,我曾在英国利物浦大学和香港中文大学做过访问学者,对英联邦高等教育体系有了一定了解。这次选择伯克利,有如下几个原因:其一,伯克利高等教育研究中心是美国第一个专门从事高等教育的研究机构,与厦大高教所有同样的发展经历;其二,高等教育大众化理论创始人马丁·特罗教授在该研究中心工作,此时他的大众化理论开始在国内传播;其三,听说湾区景色优美,值得旅游的景点众多,再加上气候与厦门相近,不会出现水土不服。去了才知道,因为校主陈嘉庚,伯克利与厦门大学还有一定的联系。

一、伯克利历史与文化

为了访学顺利,我事先做了一些功课,自认为对加州高等教育系统和伯克利分校有了充分储备,然而访学一年之后,发现我对美国高等教育体系和一流大学的了解依然十分肤浅,根本不足以"西学中用"。美国国土有东西部之分,分界习惯上是以密西西比河为界,河东为东部,河西为西部;也有人把洛基山脉以东至阿拉巴契亚山脉以西之间称为中部,这样就把美国划分为东中西三部分。

纵观美国近400年的高等教育史,是从东部向西部逐步扩散和推进的历史,也是美国逐步改造欧洲大学模式、创立美国大学模式的过程。在 1862 年《莫里尔法案》颁布之前,美国西部几乎没有大学。1862年后,中西部开始出现一批由州政府资助的公立大学。这些学校虽然受东部传统大学影响,但已经有了明显的地方特色。

"二战"后至 1980 年代,美国高等教育进入黄金时代。很可惜,这个黄金时代只属于公立高等教育;对私立高等教育,却是"大萧条"时代。美国公立大学强势崛起,私立大学纷纷陷入困境,出现了公立大学"碾压"私立大学的态势,直至 1972 年,《高等教育修正案》的颁布才扭转了私立大学的颓势。于是,从 1990 年代开始至今,又出现了私立大学"碾压"公立大学的态势。从总体上看,过去 150 多年美国高等教育格局的改变,主要得益于美国西部崛起和大力发展公立高等教育。在这 150 余年的美国公立大学发展进程中,到处都可以看到伯克利的身影,加州大学伯克利分校扮演了领头羊角色,它为美国公立大学发展作出了巨大贡献。

(一)伯克利分校的历史

1848 年 1 月的一个早晨,手艺精湛的木匠詹姆斯·马歇尔(James W. Marshall)在亚美利加河边发现了一块金片。正是这块金片引发了加州历史上的"淘金热",从美国各地赶往西部淘金的人流犹如千万小溪汇入大海,揭开了美国西进运动(Go to West)的序幕,旧金山就这样一夜之间从一个小村落发展成为一个大都市,并由此带动了一批大学在美国西海岸扎根,与东海岸的"常春藤"遥相呼应。

伯克利的前身、私立加尼福尼亚学院(College of California)就是在这样的历史背景下应运而生的。1866 年,私立加利福尼亚学院与州立的"农业、矿业和机械学院"合并,成立了加利福尼亚大学(University of California),这是加州第一所全日制公立大学。1869 年 9 月开始招生时,全校只有 10 个教职员工与 40 名学生。[1] 为了纪念 18 世纪伟大

---

[1] John S. Whitehead,"*A Brief History of the University of California* by Patricia A. Pelfrey", *History of Education Quarterly*,2006,46(4):662.

的哲学家乔治·伯克利(George Berkeley),学校董事们提议在校名中加入 Berkeley,这就是伯克利分校名字的由来,也是伯克利城市名字的由来。① 董事会的这一举措,为这所刚刚合并的学校成为日后享誉全球的顶级学府埋下了伏笔。

伯克利开始进入公众视野是在 1930 年代,有两件事情值得一提。其一,当时的美国教育委员会向 2000 余名学者进行了一项调查,结果发现伯克利的学科建设足以跻身美国一流学府之列,这被认为是美国 200 余年来公立大学向私立"常春藤"联盟发出的首次挑战。② 根据此次调查结果,美国教育委员会评定伯克利拥有的顶尖学科(院系)数量位居全美第二,仅次于哈佛。

其二,1931 年伯克利校园后山上建立了"加州大学放射实验室"(Radiation Laboratory of the University of California),主要用于粒子回旋加速研究,劳伦斯就是在这里发明了回旋加速器,并获得诺贝尔物理学奖。借由劳伦斯的粒子回旋加速器,伯克利的研究人员还发现了多种重于铀的元素。有"中国居里夫人"之称的吴健雄,就是在这里证明了"弱作用下的宇宙不守恒"假说。正是因为这些卓越成就,该实验室参与了"二战"期间的"曼哈顿计划",成功研制出了原子弹,从此奠定了在美国乃至世界上的学术地位。后来,为纪念劳伦斯,该实验室更名为美国劳伦斯伯克利国家实验室(Lawrence Berkeley National Laboratory)。

但伯克利作为一所现代一流大学,真正为世界所熟知是在 1960 年代。那时正值越南战争的胶着时期,面对自己国家的帝国主义行径,伯克利学生首先组织起来抗议,著名的"越南日"座谈会便是在伯克利校园举行,抗议越南战争,同时要求在大学管理方面让学生有更广泛的参与权。正是因为这次抗议使得伯克利变得全球知名,成为当时美国社会变革的策源地之一,改变了几代人对政治和道德的看法。③ 我在伯

---

① John S. Whitehead,"A Brief History of the University of California by Patricia A. Pelfrey",*History of Education Quarterly*,2006,46(4):662.
② About Berkeley,[EB/OL].[2019-09-10].https://www.berkeley.edu/about.
③ 吕庆广:《1964 年伯克利自由言论运动新论》,《学术交流》,2014 年第 12 期。

克利期间,恰逢我国爆发"非典"(2003年春),亲身感受到了伯克利学生对"非典"可能引发的一系列问题的讨论。

粗略审视伯克利的发展史,不难发现,在美国重要的历史转折时期,伯克利几乎都参与其中,而且充分利用了每个契机,将学校的实力和地位推向至高点,既为美国社会发展作出了重要贡献,也为学校赢得了声誉。

(二)伯克利校园印象

2002年9月1日,是报到的日子。我带着旅游者的心态,边看风景边问路,走着走着就进入了校园。校园有震撼的景色、温和的空气,有庄严屹立的老橡树、青翠环绕的常青树丛,让人赏心悦目。伯克利校园与国外许多大学一样,有的地方有围墙,有的地方没有围墙。首先看到的是萨瑟校门(Sather Gate),十分简朴,别具一格。校门由三座青铜镂花图案门廊及四个花岗岩石方柱支架构成,中间为拱形大门,左右为长方形小门,无门扇全开放式,支撑中间大门的花岗岩石方柱上各刻有英文字,右边是"In Memory of Peder Sather 1810 – 1886",即"纪念彼得·萨瑟 1810 – 1886"。

谁是萨瑟?为什么纪念他?原来,彼得·萨瑟(Peder Sather)是美国历史上一位著名银行家,1848年加州发现黄金后,迁往旧金山与人共建了一家银行。随着事业不断成功,他开始赞助教育事业,1860年成为加利福尼亚学院的受托人,加利福尼亚大学也是在其慷慨捐助下成立。彼得·萨瑟去世后,遗孀珍妮为了纪念丈夫,继续向伯克利捐赠,其中最负盛名的就是以丈夫姓氏命名的校门和钟楼——萨瑟门和萨瑟钟楼(Sather Tower),后来萨瑟夫人还在伯克利创建了古典文学萨瑟教授基金会。

萨瑟门被设计师赋予了很多文化涵义:正门拱顶上的花盘是由一个光芒四射的五星及周边月桂叶相拥组成,五星光芒象征着知识与智慧的光芒,月桂叶象征着智能、护卫、和平和赞美。在萨瑟门四座花岗岩石方柱上方的南北两面,一共有八幅大理石板男女裸体浮雕像,朝南的四名裸体女性分别代表农学、建筑学、艺术、电学,朝北的四名裸体男性分别代表法学、文学、医学、矿业学。如今,古老的青铜校门是伯克利标志性建筑之一。

说起当年这八幅裸体浮雕作品,还有一段曲折的故事:1909 年 12 月,八幅浮雕安装后,因裸体惹来学校里那些一本正经的卫道士的非议与争议。1910 年 5 月,珍妮不得不建议换下这八幅裸体大理石浮雕,取而代之的是八幅纯大理石板。69 年后的 1979 年 12 月,这八幅大理石浮雕才重新被安装在萨瑟门的门柱上。不知道今天在萨瑟校门前拍照的游人们能否感受到萨瑟门的厚重历史?

伯克利校园的地标性建筑"萨瑟钟楼"建于 1914 年,属于哥特式建筑,高 307 英尺,是世界上第三高的钟楼。钟楼细长挺拔,直冲云霄,校园的每个角落都可以望见。塔尖下方有一镂空层,依稀可见几个铸铜色的大小钟。每天整点时刻,都会有人敲钟、奏乐。钟楼第八层有观景台,站在观景台上,可以俯瞰整个校园,远眺远处的金门大桥和金门海峡,湾区景色尽收眼底。高教中心距离钟楼不到 30 米,抽空登钟楼,也就成了一种放松和体育运动。这是我第一次对大学钟楼有了感觉,第一次知道了大学应该有自己的地标建筑,钟楼是一所大学文化命脉的历史见证。想不到的是,在校园竟然看到了以校主陈嘉庚名字命名的大楼 Tan Kah Kee Hall(陈嘉庚楼),校主的半身雕像矗立在门厅,纪念牌上写着"陈嘉庚家人及朋友捐建"。联想到萨瑟门和萨瑟钟楼,陈嘉庚也是厦门大学的"彼得·萨瑟"。

(三)伯克利校园文化

一所好大学的文化是全方位的,体育是文化,建筑是文化,图书馆是文化,校色是文化。以伯克利的体育为例,截至 2016 年,伯克利的学生及校友在奥运会上共获得 117 枚金牌、51 枚银牌、39 枚铜牌,金牌数和总奖牌数均位列全美第四,足以与许多国家抗衡。正是了解了伯克利体育之强大,我才得出"一流大学的体育强可敌国"这一判断。在中国近代大学中,对一流大学与体育关系的解读,理解最深刻的就是南开大学的创办人张伯苓先生,他那句"不懂体育的人不宜当(大学)校长"①至今仍然振聋发聩。

再以伯克利图书馆为例。该图书馆是美国第四大图书馆,仅次于美国国会图书馆、哈佛大学图书馆和耶鲁大学图书馆,在公立大学图书馆中排名第一,藏书超过1000万卷,涉及89000个种类。其中,班克罗夫特图书馆是世界上收藏马克·吐温作品和手稿的主要图书馆。走进该图书馆,仿佛马克·吐温(Mark Twain)笔下的那位"红袖添香"的陪读者依旧与伯克利的学人相依相伴。斯坦福校长乔丹(David Starr Jordan)曾说:"一座伟大的图书馆是建立一所伟大学府的必然要素。"②这句话用在伯克利图书馆一点都不夸张。

最后以伯克利校色为例。美国的大学都有代表自己学校的颜色,称之为"校色"或学校代表色,伯克利的校色是金色和蓝色。校色在体育比赛中的用途最大。此外,大学的标准字体、校徽、校旗等颜色通常也以校色为主色调;学校的网站、毕业典礼时礼堂的布置、校园的装饰,也经常使用校色为主色调。我在伯克利期间,高教中心的几位研究人员正在编写老校长克拉克·科尔高等教育文集 *The Gold and the Blue: A Personal Memoir of the University of California, 1949-1967*,书名用的就是伯克利的校色——金色和蓝色。在书中,"金色"代表着伯克利发展的黄金时代,"蓝色"代表着在黄金时代面对的进步与冲突。

(四)跨学科研究中心

"二战"后,劳伦斯实验室的成功带动了伯克利内部纷纷成立研究中心。③ 这些研究中心与传统的院系并行,直接由学校管理,科研经费由研究人员自筹,研究人员主要由合同制的研究者与校内教师组成。

---

① 申泮文、曾国华:《"不懂得体育的人不宜当校长"》,《中小学管理》2011年第10期,第52页。
② 井蛙:《芳香图书馆》,山东美术出版社2011年版,第129页。
③ [美]罗杰·盖格著,张斌贤、孙益、王国新译:《研究与相关知识——第二次世界大战以来的美国研究型大学》,河北大学出版社2008年版,第80—81页。

例如,伯克利高等教育研究中心,只有一位中心主任,且由工学院的院长兼任。由此联想到了哈佛大学费正清研究中心,也是只有一位主任是专职教师,另外八位是秘书,研究人员多数是校内人员兼职。这些合同制与兼职的教师由课题项目相联结,当课题结束或者经费终止,他们将会离开中心。2003—2012 年,伯克利各种研究中心每年争取到的科研经费为 8000 万美元,占全校科研经费 6%—46.8%。①

我曾经访问过伯克利跨学科研究院——Banato Istitute。这是一个跨学科研究平台,由负责科研的副教务长直接负责,主要从事环境、能源、信息、水资源等跨学科研究。跨学科团队由教授自由组合,向学校申请。凡是想享用或进入该楼的教授,必须有跨学科研究项目;如果没有,必须向学校申请跨学科研究基金。工学院林立伟教授是厦大兼职教授,他组织了一个跨学科团队,成功入选。他说,原来在工学院的办公和实验条件已无法满足他了,但学校短期内又无法解决,这次机会极大改善了自己的研究条件。这也就是说,伯克利是通过"实验条件配置"推动跨学科研究。这使我想起了 2011 年在密西根大学培训时,该校的生命科学研究院也是采取这种模式组建的。现在看来,一种新的大学理念的提出,必须有实践的载体,这样才接地气;一种新的大学理念的推进,也需要学校层面通过刚性的行政化手段推动,否则就是"乌托邦"。当然,也可以说一流大学的研究已经进入到了跨学科阶段,但目前国内大学配置办公和研究条件,基本上还是按照原来的学院建制进行。

(五)伯克利的两位校长

校长的职位在 1952 年加利福尼亚大学重新组织和扩张时创设。伯克利发展至 2002 年,共有 11 任校长为她服务。令我感兴趣的校长有两位:克拉克·科尔和田长霖。克拉克·科尔(Clark Kerr)是美国著名教育改革家,曾担任伯克利分校首任校长(1952—1958)和加州总

---

① UC Berkeley,"Sponsored Projects Annual Report," Fiscal Year 2003、2004、2005、2006、2007、2008、2009、2010、2011、2012 [R]. UC Berkeley Research Administration and Compliance Office,2003、2004、2005、2006、2007、2008、2009、2010、2011、2012.

校第十二届校长(1958—1967)共计 16 年。任职期间成就卓著,学生人数增加一倍,经费增加两倍,研究生院在全美名列前茅。1960 年他领导制定的著名的"加利福尼亚州高等教育总体规划",对美国其他州乃至整个世界的高等教育体制都产生了重大影响。今天,科尔校长的《大学的功用》(The Uses of the University)和《加利福尼亚州高等教育总体规划》(The California Master Plan for Higher Education)等名著,仍是博士生的必读书目。我在读博士时还组织 1998 级研究生班的几个同学翻译了科尔校长的《大学的功用》一书,可惜联系出版社时,比陈学飞教授晚了一步。到了伯克利才发现,科尔校长在美国的地位非常高,他是影响美国高等教育的重要人物。伯克利的第七任校长(1990 年 7 月—1997 年 6 月)田长霖教授是伯克利 122 年历史上第一位华裔校长,也是美国大学史上第一位华裔大学校长,田校长从 258 名候选人中脱颖而出,其学习和研究经历让人钦佩。他用 1 年 8 个月时间攻下普林斯顿大学博士学位,26 岁成为伯克利大学最年轻的"杰出教授奖"得主,40 岁当选美国工程科学院院士,60 岁成为美国国家科技委员会委员。[①] 他曾在与学生的对话中道出了自己能有此成就的奥秘,"我能有今天这么多突出成就,除了天分,还需要'谋事在我、成事也在我'的信念。"[②]

  伯克利何以如此成功? 田校长认为,天时、地利、人和是伯克利成功的外在条件;坚持学术本位,充分尊重教授会决定的学术方针则是它成功的关键。[③] 所以他治校的第一个方针就是全力维持伯克利在师资和学术上的杰出地位,坚持多元而卓越的治校理念。[④] 在其任内,加大吸引了全国最有才华也最多样的学生。同时,通过高薪聘请的手段,辅

---

  ① 《田长霖》,[EB/OL].[2019-09-10].https://zh.wikipedia.org/wiki/%E7%94%B0%E9%95%B7%E9%9C%96.

  ② 《我的校长田长霖》,[EB/OL].[2019-09-10].http://www.vimicro.com/newsroom/special/tianclxinhua.htm.

  ③ 《加州大学伯克利分校的人文理念》,[EB/OL].[2019-09-10].http://www.zmnedu.com/school/university/2496.html.

  ④ 《加州大学伯克利分校办学理念》,[EB/OL].[2019-09-10].http://college.liuxue360.com/us/berkeley/view.asp?id=360669.

之以优良的工作环境与自由开放的学术气氛,再加上加州得天独厚的自然环境,伯克利从美国东北部的学术重镇罗致了大批名牌教授和著名学者,"伯克利想要的顶尖人才,80%都争取到了"。田校长的思考,值得每一位大学校长深思。

每每走进伯克利校园,深深感觉到一所大学的文化无所不在。伯克利校园就像一部厚重的史书,一时一刻看不完,也看不明白。因为一所伟大的大学,每个角落都是伟大的。

二、厦门大学与伯克利办学实力对比

我2003年在伯克利做访问学者期间,厦大学校领导班子5月份换届。新班子干劲十足,开始有了把厦门大学办成世界"一流大学"的想法。于是,学校发展瞄上了伯克利,作为学习和追赶的参照系。其主要理由有三个:其一,当时国内高校"时兴"合并,且"没有医科就无法办成一流大学"的说法甚嚣尘上,而厦大当时没有医科,也没有条件合并医科,此时发现伯克利也没有医科;其二,伯克利是公立大学,两校在规模、学科等方面有很大的相似性;其三,由于陈嘉庚的影响力,两校的关系一直较好,研究伯克利较为方便。

2013年下半年,厦大在制定学校中长期发展规划时,想起了10年前的"初心"。于是,决定与伯克利做一个详细"对标",看看经过十年发展,两校的实力究竟还有多大差距。试图通过比较,判断厦大今天的方位在哪里,明天的方向又在哪里。经过几个月的准备,厦大于2014年寒假召开了一次中层干部务虚会,朱崇实校长的主题报告就是《建设一流大学——基于厦大与伯克利的比较》,朱校长的主要报告内容如下:

(一)办学条件与学生规模

伯克利占地面积约为7500亩,拥有完善的图书馆系统,有3个主图书馆,18个分科图书馆,11个隶属图书馆(拥有特别的收藏),图书馆共有超过1000万卷书,当代系列出版物9万册;另外,还有自然历史博物馆和艺术博物馆。厦门大学拥有三个校区,占地近9000亩,校舍建筑总面积200多万平方米,图书馆馆藏书总量762万册,固定资产总值40.8亿元,仪器设备总值16.8亿元;有7家附属医院。虽然从学校的占地面积来看,厦大具有一定的规模优势,但从图书馆的规模来看,伯克利的图书馆系统还是明显领先于厦大图书馆,这也是伯克利能够走向世界高等教育巅峰的一个重要保障。

在学生规模方面,厦大学生总规模明显高于伯克利分校。这主要是由于厦大的硕士生规模较大,是伯克利的4倍多。而本科生、博士生、留学生的规模都明显小于伯克利。其中,博士生规模仅为伯克利的1/2,留学生规模不足其2/5(图一)。博士生是科研产出的重要力量,而留学生是衡量学校国际化的重要指标。这说明厦大在科研规模和国际化水平上与伯克利还存在较大的差距。

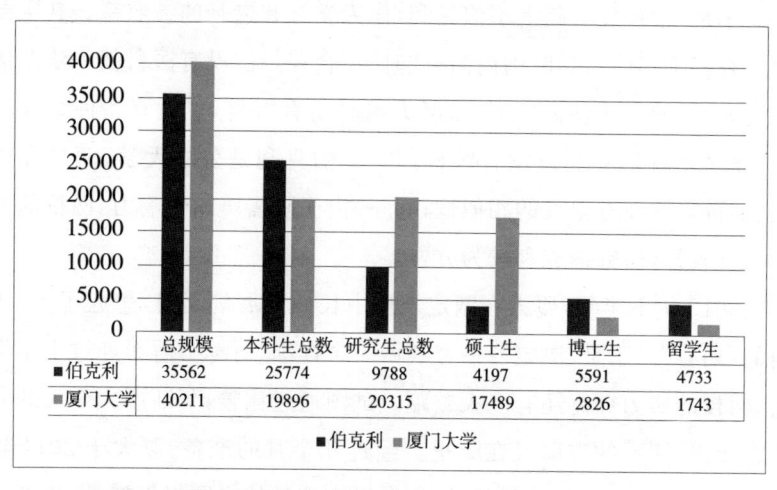

	总规模	本科生总数	研究生总数	硕士生	博士生	留学生
■伯克利	35562	25774	9788	4197	5591	4733
■厦门大学	40211	19896	20315	17489	2826	1743

图一 厦门大学与加州大学伯克利分校学生规模的对比

(二)办学经费

伯克利的办学经费呈现明显的震荡波动趋势。2007—2012年伯克利的办学经费最高达到145.2亿,最低降到122.4亿。这主要是美国高校的经费筹措模式导致的,伯克利的办学经费主要来自三个方面:政府拨款占主导,学费是第二大收入来源,捐赠、授予和合同收入也占相当大的比重。2008年美国发生金融危机,政府削减对高校的拨款,此时伯克利的办学经费也降至五年内最低。但值得注意的是,恰恰是在办学经费削减的情况下,伯克利的科研经费在2008年达到65.2亿的高投入,占了整个办学经费的53.3%。这充分说明伯克利对科研的重视,也在很大程度上解释了伯克利为什么能在诸多学科领域都拥有卓越的科研成就。

从总量上来看,无论是办学经费还是科研经费,厦大和伯克利都不属于同一个层级。即使在伯克利办学经费最低的2008年,也是厦大办学经费的四倍,到2012年则是厦大的十倍之多(表1)。但值得注意的是,厦大无论是办学经费还是科研经费都保持持续的增长趋势。其中,办学经费五年内增长了142%,科研经费增幅达129%。由此可见,在科研投入上两所高校的差距正在逐渐缩小。

表1　厦门大学与加州大学伯克利分校办学经费的对比(单位:万元人民币)

项目	年份	2007	2008	2009	2010	2011	2012
办学经费	伯克利	1452333	1223676	1262768	1388876	1484910	1425314
	厦大	138435	164459	202046	253103	303885	335302
科研经费	伯克利	368110	652461	434648	492554	451231	449018
	厦大	29720	36808	43294	51442	64151	68194

(三)科研水平

在科研论文方面,厦门大学和伯克利分校在2003—2012年间发表SCIE和SSCI论文的数量都呈逐年递增的趋势。从总量来看,2003—2012年伯克利共发表SCIE论文56528篇,SSCI论文10819篇,分别是厦大同期发文量的5.56倍和21.7倍。2012年伯克利发表SCIE论文6589篇,较2003年增长了37.6%,而厦大增长了307.8%;在SSCI论文方面,2012年伯克利发表1322篇,较2003年增长了66.5%,而厦大则从2003年的4篇增长到了2012年的128篇(表2)。尽管在两类论文发表总量上,厦大与伯克利还有较大的差距,但是从增长幅度可以看出二者的差距正在逐年缩小。

表 2　厦大与伯克利分校科研论文对比

年份	SCIE			SSCI		
	伯克利	厦大	伯克利/厦大	伯克利	厦大	伯克利/厦大
2003	4787	462	10.36	794	5	158.8
2004	5057	593	8.53	770	4	192.50
2005	5257	592	8.88	888	2	444.00
2006	5139	670	7.67	919	6	153.17
2007	5410	769	7.04	1090	34	32.06
2008	5543	962	5.76	1181	53	22.28
2009	6044	1177	5.14	1260	89	14.16
2010	6252	1409	4.44	1304	89	14.65
2011	6450	1646	3.92	1291	89	14.51
2012	6589	1884	3.50	1322	128	10.33

但是在顶级期刊发表论文的数量上伯克利具有压倒性优势。在 2003 年到 2013 年 8 月间，伯克利在 *Nature* 和 *Science* 的总发文量为 1160 篇，厦大只有 35 篇（表 3）。更令人吃惊的是：同期以中科院、清华大学为首的 20 家国内顶尖研究型大学在两本期刊上的总发文量仅有 577 篇，仅为伯克利高水平成果的 49.7%（表 4）。这显示出我国高水平科研成果与伯克利一校之比还有很大差距。

表 3　厦门大学与加州大学伯克利分校 *Science* 和 *Nature* 对比

年份	伯克利			厦大		
	Nature	*Science*	小计	*Nature*（及子刊）	*Science*	小计（含子刊）
2003	41	53	94	0(0)	0	0
2004	48	51	99	0(0)	1	1
2005	57	67	124	0(1)	0	1
2006	53	65	118	0(0)	0	0
2007	40	57	97	0(0)	1	1
2008	52	62	114	0(2)	0	2
2009	45	65	110	0(2)	1	3
2010	50	70	120	1(3)	0	4
2011	48	58	106	0(9)	0	9
2012	55	60	115	0(3)	1	4
2013.08	31	32	63	0(6)	0	6

表4 2000年以来中国科研机构在 N&S(含 Nature 子刊)发文排序

机构名称	Science	Nature	Nature 子刊	合计
中科院	51	69	118	238
清华大学	8	19	18	45
北京大学	5	8	30	43
香港大学	4	6	22	32
中国科技大学	2	9	20	31
复旦大学	7	4	19	30
香港科技大学	6	1	16	23
香港中文大学	0	0	22	22
厦门大学	4	1	16	21
上海交通大学	3	1	16	20
南京大学	3	1	11	15
浙江大学	4	1	8	13
中国农业大学	2	4	6	12
中山大学	1	1	6	8
华中科技大学	2	0	4	6
同济大学	0	2	3	5
华中农业大学	1	0	3	4
吉林大学	1	2	0	3
山东大学	0	0	3	3
南开大学	0	0	3	3

(四)教师队伍

截至2013年,伯克利有专任教师2177名,包括1580名全职教师和597名兼职教师(此外还有数千位靠自己科研经费维持的科研人员),厦门大学截至2013年有专任教师3042人,其中教授1124人、副教授878人(厦门大学现在也有数百位靠自己科研经费维持的科研人员)。虽然在教师规模上厦大具有明显优势,但是从高层次人才来看,伯克利在学术领域内顶级学者的数量远远高于厦门大学。

伯克利教师获得国家或国际荣誉共1432人次。其中,美国国家教育科学院院士、美国国家工程院院士、美国国家科学院院士共 240 人,仅在任教师中就有 8 名诺贝尔奖获得者、3 名图灵奖获得者、4 名普利策奖获得者(表 5)。雄厚的师资力量为伯克利的教学质量和科研发展奠定了坚实的基础。相较之,厦门大学的高层次人才数量则要少很多,共 340 人,而且从高层次人才的国际影响力来看,厦大也无法与伯克利媲美(表 6)。

表 5 伯克利高层次人才统计(人数)

American Association for the Advancement of Science Fellows(美国科学促进会会员)	225
American Philosophical Society(美国哲学会成员)	42
American Academy of Arts and Sciences Fellows(美国艺术科学研究员)	222
M.Turing(computing)(美国图灵奖)	3
Fields Medal in Mathematics(数学领域奖章)	3
Fulbright Scholars(富布赖特学者)	74
Guggenheim Fellows(古根海姆基金学者)	356
Howard Hughes Medical Institute Investigators(霍华德·休斯医学研究所的调查人员)	14
Institute of Medicine Members(医学研究所成员)	11
MacArthur Fellows(麦克阿瑟学者)	32
National Academy of Education(美国国家教育科学院院士)	8
National Academy of Engineering(美国国家工程院院士)	91
National Academy of Sciences(美国国家科学院院士)	141
National Medal of Science(美国国家科学奖章获得者)	12
National Poet Laureates(全国诗人得奖者)	1
National Science Foundation Young Investigators Awards(国家科学基金会年轻调查员奖)	61
Nobel Prize(current faculty members)(诺贝尔奖,目前在任教师)	8
Polk Award in Journaliam(波克尔新闻奖获得者)	2
Pulitzer Prizes(普利策奖获得者)	4
Shaw Prize(邵逸夫奖)	3
Sloan Fellows(young researchers)(斯隆学者,青年研究者)	115
Wolf Prizes in agriculture, mathematics, chemistry, physics, medicine and the arts(沃尔夫奖,在农学、数学、化学、物理、医学和艺术学方面)	45

表6 厦门大学高层次人才统计(人数)

两院院士	12
双聘院士	10
文科资深教授	2
中央"千人计划"入选者(含青年千人)	43
"973计划"首席科学家	8
"国家特支计划(万人计划)"入选者	8
国务院学科评议组成员	10
国家级有突出贡献专家	14
国家"百千万人才工程"	15
"长江学者"特聘/讲座教授	29
"国家杰出青年科学基金"获得者	38
教育部"新(跨)世纪优秀人才培养计划"	151

(五)学校和学科排名

伯克利的学校和学科排名在世界上基本保持在前10—20位。其中,2013年 US News 最佳公立大学排名中伯克利位列第一。而厦门大学在大学排名中一般保持在世界前500以内,国内排名保持在16—25左右(表7、表8)。而社会学、经济学、工程学等领域的学科排名基本在前5位。在第三轮全国学科评估中,厦门大学共有16个学科进入全国前十,整体位列全国高校第15名。前五名学科为海洋科学、统计学、应用经济学、民族学、工商管理;前十名学科为教育学、戏剧与影视学、化学、理论经济学、中国史、世界史、法学、外国语言文学、考古学、生态学、公共管理。虽然这在国内算是不错的成绩,但是与伯克利相比,不管是大学的整体实力还是具体学科的发展水平都有很大差距。

表7 伯克利在各类排行榜的排名

USNews2014美国大学综合排名	21
USNews2013美国大学本科教学质量排名	8
USNews2014美国大学最佳研究生院排名(商学)	7
USNews2014美国大学最佳研究生院(社会学)	1
USNews2014美国大学最佳研究生院(经济学)	5
USNews2014美国大学最佳研究生院(教育学)	12

续表

US News 2014 美国大学最佳研究生院(法学院)	9
US News 2014 美国大学最佳研究生院(工程学)	3
US News 2013 年最佳美国公立大学	1
2012—2013《泰晤士高等教育》世界大学排名	9
2012—2013《泰晤士高等教育》世界大学排名(物质科学领域)	2
2012—2013《泰晤士高等教育》世界大学排名(生命科学领域)	6
2012—2013《泰晤士高等教育》世界大学排名(工程与技术领域)	4
2012—2013《泰晤士高等教育》世界大学排名(艺术与人文领域)	7
2012—2013《泰晤士高等教育》世界大学排名(临床和健康研究领域)	9
2012 上海交通大学世界大学学术排名	4

表8　厦门大学在各类排行榜的排名

2013 上海交大世界大学学术排名	世界排名 430;国内排名 16
2013 台大排名(NTU Ranking)	世界排名 378;国内排名 18
QS 世界大学排名	451—500
中国校友会网 2014 中国大学排行榜	19
武书连 2013 中国大学综合实力排行榜	25
网大 2013 中国大学排行榜	16
人大 2013 中国大学排行榜	21
中国校友会网 2014 中国大学排行榜	19
武书连 2013 中国大学综合实力排行榜	25

　　在化学、工程学、材料科学、临床医学、植物与动物科学、环境与生态学、物理学、生物与生物化学等 8 个学科的发文数量的世界排名中，厦大均落后于伯克利。例如，工程学发文数量落后于伯克利 410 个名次，生物与生物化学落后 454 个名次，临床医学落后 926 个名次。相比之下，在论文总被引次数的世界排名中，厦大与伯克利的差距更大。例如在化学领域，厦大发文数量世界排名落后伯克利 25 个名次，但是在总被引次数的排名中却落后伯克利 107 个名次，生物与生物化学的总被引次数则落后 738 个名次，临床医学落后 1853 个名次(表9)。不管是在发文数量排名还是论文总被引次数排名中，厦大都明显落后伯克利。这说明无论是科研产出的数量还是质量，厦大与伯克利都存在明显差距。这一点从进入 ESI 排名前列的学科数量也有所体现。在所

有22个学科领域中,伯克利共有22个学科进入全球前1%,其中排名在前0.1%的学科有10个,排名在前0.01%的学科有6个。而厦大只有8个学科进入全球前1%,尚没有学科进入全球前0.01%(表10)。

表9 厦门大学与伯克利分校ESI学科发文与总被引数对比

学科	化学		工程学		材料科学		临床医学	
学校名称	厦大	伯克利	厦大	伯克利	厦大	伯克利	厦大	伯克利
发文数世界排名	48	23	430	20	308	81	1203	277
总被引数世界排名	110	3	472	6	300	8	2035	182
学科	植物与动物科学		环境与生态学		物理学		生物与生物化学	
学校名称	厦大	伯克利	厦大	伯克利	厦大	伯克利	厦大	伯克利
发文数世界排名	487	60	349	8	479	12	477	23
总数引数世界排名	638	16	566	4	741	6	749	11

表10 厦门大学与加州大学伯克利分校ESI学科结构对比

学校	ESI学科结构		
	全球前0.1%—前1%	全球前0.01%—前0.1%	全球前0.01%
伯克利分校	6	10	6
厦门大学	7	1	0

以上数据截止日期为2013年8月31日。又是六年过去了,再来看一下厦大的学科建设。截止到2019年3月,厦大共有16个学科进入ESI全球前1%,分别是:化学、工程学、材料科学、临床医学、植物与动物学、环境与生态学、生物与生物化学、数学、农学、社会科学总论、计算机科学、分子生物与遗传学、微生物学、药理与毒理学、地学、物理学,其中化学位列ESI全球前1‰。厦大进入ESI全球前1%学科数位列中国大陆高校第11位。

截至2019年3月,伯克利的校友、教授及研究人员中共有107位诺贝尔奖得主(世界第三)、14位菲尔兹奖得主(世界第四)、25位图灵奖得主(世界第三),其他还包括9位沃尔夫奖得主、45位麦克阿瑟奖得主、20位奥斯卡金像奖得主及19位普利策奖得主。2018—2019年度,伯克利位列*US News*世界大学排名世界第4、世界大学学术排名世界第5、泰晤士高等教育世界大学排名世界第15、QS世界大学排名世界第28。此外,泰晤士高等教育一直将伯克利列为世界上最具声望的6所大学之一,而在世界大学排名中心主办的世界大学排名中,伯克利位列世界第6名。真是不比不知道,一比吓一跳。

三、重新认识高等教育大众化理论

在伯克利,最大收获是结识了马丁·特罗(Martin Trow,1926—2007)教授。特罗教授是国际上最早对高等教育大众化理论开展研究的学者,被公认为是第一位描述高等教育从精英向大众化、普及化过渡的学者。基于特罗的杰出贡献,1997年,伯克利授予他"大学杰出成就及卓越贡献奖·伯克利荣誉状",这是该校的最高荣誉。2006年11月,美国高等教育研究会(The Association for the Study of Higher Education)授予他"霍华德·鲍文杰出事业奖"(Howard Bowen Distinguished Career Award)。

特罗大众化理论的产生得益于美国率先于1940年代实现了从精英高等教育向大众化高等教育转变,继而又于70年代初向普及高等教育转变。在这一背景下,特罗教授于1962年撰写了《美国高等教育民主化》一文,提出了"大众高等教育"(mass higher education)这一概念,并探讨了与美国大众高等教育有关的社会因素。[①] 1970年,美国在校大学生数约占高等教育适龄青年的一半,当年特罗教授写下了《从大众高等教育向普及高等教育转化的思考》一文,提出了"普及高等教育"(universal higher education)概念。[②]

伴随美国高等教育1970年代初首先跨入"普及阶段",得天独厚的

---

① M.Trow,"The Democratization of Higher Education in America",*European Journal of Sociology/Archives Euopéennes de Sociologie*,1962,3(2):231-262.

② Martin Trow,"Reflections on the Transition from Mass to Universal Higher Education",*Daedalus*,1970(Winter):1—40.

特罗教授在考察美国高等教育"量"的扩张和"质"的变化的基础上,于1973年撰写了《从精英向大众高等教育转变中的问题》这一重要论文,并在当年经合组织(OECD)召开的会议上首次发表。特罗以高等教育毛入学率15%以下、15%—50%和50%以上为界,将高等教育发展进程分为精英、大众和普及三个既相对独立又密切联系的阶段,并对高等教育大众化的各个阶段的内涵进行了质的规定,从而构建了高等教育大众化的理论体系,在国际上尤其是亚洲国家产生了巨大影响,影响我国高等教育已二十余年。

特罗高等教育大众化理论提出后,国内学者滕大春教授于1981年撰文介绍了美国高等教育大众化进程。① 1989年,北京大学高教所陈学飞教授在《美国高等教育发展史》一书中,介绍了特罗高等教育大众化"三阶段论"。1995年,厦大高教所谢作栩教授在王廷芳教授主编的《美国高等教育史》一书中,从特罗高等教育大众化发展阶段论的视角出发,专节论述了美国"高等教育的大众化与普及"。1997年,华中科技大学高教所硕士生叶欣茹撰写了《我国高等教育的大众化发展趋势及对策》硕士论文。从1998年开始,厦大高教所开始系统介绍特罗等国外学者有关高等教育大众化的研究文献,特别是在《外国高等教育资料》1999年第1期全文刊发了特罗教授1973年写的代表作《从精英向大众高等教育转变中的问题》之后,引起了国内极大关注。②

我国是否要接受这一理论、是否推进高等教育大众化,当时在国内存在较大争论。有学者认为,中国国力不够强大,高等教育难以实现大众化,断言高等教育大众化不适合中国国情,高等教育大众化对中国而言是一种理论误导③。但也有学者反对此看法,认为高等教育大众化是我国社会发展的必然选择,也有学者认为高等教育大众化是战略性

---

① 滕大春:《战后美国教育的改革》,《比较教育研究》1995年第6期。
② 马丁·特罗著、王香丽译、谢作栩校:《从精英向大众高等教转变中的问题》,《外国高等教育资料》1999年第1期。Martin Trow,"Problems in the Transition from Elite to Mass Higher Education,"Conference on Future Structures of Post-secondary Education,Paris 26th-29th June,1973.
③ 庞守兴:《高等教育大众化:一种理论误导》,《高等教育研究》1998年第5期。

的抉择。①

虽然学界对大众化理论讨论得"轰轰烈烈",但教育管理部门对该理论似乎仍心存顾虑。1999年1月,国务院批转的教育部《面向21世纪教育振兴行动计划》提出,高等教育规模要有较大扩展,到2010年入学率将达到适龄青年的15%。该计划虽然吹响了向大众高等教育进军的号角,但明显缺乏理论和研究基础,当时出台的文件只提"高等教育入学率"一词,不提"大众化高等教育"和"普及化高等教育"概念。大概在1999年前后,教育部某处长特地向厦大高教所索要了特罗1973年写的《从精英向大众高等教育转变中的问题》原文进行研读。正是带着关于"高等教育大众化"一系列问题的思考,我来到了伯克利。

我来伯克利的时候,特罗教授已经退休。俗话说得好,有缘千里来相会,无缘对面不相识。到高教中心报到后,给我安排的竟然是特罗教授以前的办公室。看着这间不足10平方米的办公室,想到自己坐的竟是特罗教授的椅子,我想这就是缘分吧,尽管它来得迟了些。特罗教授担任高教中心主任12年(1977—1988年),研究中心的房子是特罗设计的,中心发展蓝图是特罗制定的。在他主政期间,汇集了美国一批研究高等教育的著名学者,如伯顿·克拉克(Burton Clark)、约翰·道格拉斯(John Douglass)、大卫·斯特恩(David Stern)、谢尔顿·罗斯布拉特(Sheldon Rothblatt)等,打造了高教中心在美国高等教育研究界的辉煌。

虽然特罗退休了,但他还是经常参加每周三的中心学术例会,可以听到他的精辟见解。特罗教授告诉我,成立于1957年的伯克利高教中心是美国第一个研究高等教育的专门机构;当我告诉他,厦门大学高教所也是中国第一个专门研究高等教育的机构时,两个人似乎都有一种遇到知音的兴奋,这两个不同国度的"第一",似乎一下子就拉近了我们

---

① 刘勤勇、唐安国:《高等教育大众化:战略性的抉择——兼与庞守兴同志商榷》,《高等教育研究》1999年第1期。

之间的距离。当我再告诉他,他的关于高等教育大众化的代表作《从精英向大众高等教育转变中的问题》一文,就是由厦门大学高教所的一位教授和硕士生将其译成中文,并发表在厦大高教所主办的《外国高等教育资料》上时,他更加显得惊讶。因为在此之前,他只是听说这篇论文被译成了中文,但并不知道是谁译的,也不知道刊登在何处。我们偶尔共进午餐,会把学术例会上的讨论延伸到餐桌上;我们偶尔伴着和煦的海风,漫步于绿树掩映的校园里,走累了,就随意地在校园的草坪或长椅上坐下来,一边观赏着在我们身边跳来跳去的小松鼠,一边继续着我们的交流,总有说不完的话题。

在最初交往的日子,主要是我问他答,他向我详细介绍美国高等教育发展史。我们讨论最多的话题,是他的高等教育大众化理论:从大众化理论提出的背景、三个阶段划分的依据,以及他对自己理论的修正,再到美国高等教育市场化进程、美国高等教育财政、美国营利性大学的崛起;从美国高等教育大众化的经验教训,到西欧国家高等教育大众化的缓慢推进……不知特罗教授解答了我多少疑惑。那是一段令人难以忘怀的日子,更是精神上一种至上的享受。

当我告诉他,中国从1998年开始高校扩招,他的大众化理论在中国产生的影响已经超过了日本,他对我国高校扩招这个话题产生了浓厚兴趣。在与特罗教授的交谈中,他多次把中国称为一个"迷人的国家",很想有机会亲身感受一下高等教育大众化在中国的真实进展。他认为中国高等教育大众化的推进过程会更为复杂,因为中国人口太多,高等教育基础和传统与西方不同,一定会遇到与西方国家不同的问题。由于此时我国高校扩招才刚刚推进四年,对他提出的一系列问题,诸如就业、质量、财政等扩招后的矛盾还没有完全暴露出来,我无法一一回答。

通过与特罗教授的多次交流,我逐渐理解了他的高等教育大众化理论的真实含义,也发现了国内对他的理论在认识上的偏差。应该说,在高等教育大众化理论这个问题上,特罗教授自己是清醒的。他一再向我强调他的大众化理论只是一个预警理论,不是一个目标理论:"大众化是揭示变化的一种理论,是揭示变化的一个信号,它具有一种预警功能。"①

由此看出,特罗教授深知自己大众化理论有可能存在的缺陷。在我回国后发表的文章中,特意强调了大众化理论的预警功能。今天回过头来看,我国学者也包括我自己对他的大众化理论的预警作用的理解,并没有达到预警的高度。今天我国高等教育大众化进程中遇到的各种问题,正在越来越多地被他言中,甚至其严重程度已经超出了预警的范围。但需要指出的是,无论特罗教授的大众化理论在体系上有多大的缺陷,也无论中国的高等教育大众化进程遇到了多少被他言中的困境,对于如今那些有幸进入大学的适龄青年来说,大众化理论和实践都是一个福祉。特罗教授已经没有机会再来修正他的大众化理论了,复归大众化理论的真实含义,根据本国的国情对其进行修正,这一责任已经责无旁贷地落到了我们身上。②

如果今天我们重新解读特罗的大众化理论,我认为我们国家的高等教育一直处在大众化的"误读"中。当然,责任并不在特罗教授,而在我们自己。因为我们忽略了一个重要的事实:特罗在考察美国进入大众化和普及化时,美国的人口只有2亿多。1972年美国的人口也不过2.12亿,这就是问题的症结所在。中美之间高等教育大众化和普及化的指标划分,不能采取简单套用的方法。一方面,两国之间的人口规模不对等,中国的人口规模是美国的六倍;另一方面,两国之间的产业发展阶段与就业结构需求也不对等,套用特罗的三个量的指标,实际上是用基于2亿人口规模得出的结论指导一个14亿人口规模的大国高等教育的发展,必然会在我国高等教育发展中埋下难以预知的隐忧。但神奇的是,大众化理论的划分标准居然在我国风行这么多年,这更值得我们深思。在当年讨论这个话题时,只有北京师范大学的劳凯声教授

---

① 邬大光:《高等教育大众化理论的内涵与价值——与马丁·特罗教授的对话》,《高等教育研究》2003年第6期。

② 邬大光:《忆马丁·特罗教授》,《高等教育研究》2007年第5期。

对特罗的三个阶段划分指标提出了异议,但没有引起决策部门的重视。

在今天特别需要指出的是:面对我国高等教育 2019 年就进入特罗确定的普及化指标,我们必须反思。我们应该学习特罗教授的不是他对教育规模的具体量化指标,而是他解决本国高等教育问题的视角和方法,这不仅对我国应对高等教育普及化有重大的意义,也对解决大众化的遗留问题有重大意义。

把大众化教育仅仅理解为是多数人的教育,精英教育是少数人的教育,这种认识十分肤浅。从量的角度看大众化的划分,特罗的大众化理论也不适用于中国这个 14 亿人口的大国。在人口基数庞大的国家,对高等教育"量"的过度关注是没有意义的,然而现在仍有人沉迷于漂亮的数量增长。"量"只是"大众化教育"的一个特征,是高等教育发展过程中的自然结果,如果把它理解为一种判断标准,就是本末倒置的黑色幽默。我国高等教育尚未经历过精英教育的积淀,就开始快速提升数量,从而导致精英教育的内核还未来得及形成,就不断被冲刷、稀释。国立厦门大学的首任校长萨本栋先生曾经说过一句话:"一个学校的程度,一旦降低后,要想恢复就需要很大的力量。至于标准相当高的学校,到了适当时期,很容易增加他的学生数目。"[1]因此,萨本栋校长一直主张高等教育要"从质的方面力谋改进"[2]。现在回头看萨本栋的办学思想,是多么具有远见卓识啊!西方的精英教育并没有在"大众化阶段"或者"普及化阶段"丢失,而是在涓涓细流的历史长河中延续,坚实地保留下来,甚至闪耀出历久弥新的光彩。

仅仅从高等教育的发展阶段理论理解精英教育的内涵是片面的,甚至易引起混乱。精英教育不只是高等教育的一个发展阶段,也是一种教育理念、人才培养模式,更是一种深层次的文化底蕴。精英教育不只存在于精英教育阶段,大众化阶段、普及化阶段同样需要精英教育的

---

[1] 陈武元编:《萨本栋博士百年诞辰纪念文集》,厦门大学出版社 2004 年版,第 75 页。
[2] 许乔蓁、林鸿禧:《萨本栋文集》,厦门大学出版社 1995 年版,第 249 页。

传承发展,甚至对精英教育提出了更高的要求。在精英人才的选拔与培养、精英教育理念与气质方面当然要延续上一阶段的内核,还要根据时代的要求,焕发出新的生机,但是精英教育的底线与气质不能丢失。由于我国的高等教育发展的特殊曲线,精英教育未经成熟的积淀,在大众化教育阶段,能否补上精英教育的课?还是我们已经积重难返,永远错失了机会?是不是正因为这样,我们现在要发起高等教育"质量革命"?但愿这是我的多虑,但愿亡羊补牢犹未为晚。

此次访学最大的遗憾是没能邀请特罗教授来中国看看,以及未能出版他的文集。因为从伯克利回国后,我和谢作栩教授开始组织翻译他的有关高等教育大众化的文章,准备2007年出版,还在等他在授权书上签字。令人惋惜的是,2007年2月24日特罗教授因病医治无效逝世,享年81岁。

结　语

伯克利大学自建校以来,一直坚守兼收并蓄、自由开放的方针,集天下贤士于一堂,这也是他能够成为世界一流大学的根本原因,也是他的师生能获得107个诺贝尔奖项的根本原因。没想到的是:伯克利的教授在获得诺贝尔奖之后,唯一的优待就是在校园里有了一个专属停车位,那是一个独特的蓝色停车标识。16年又过去了,回想当年在伯克利访学的日子,是一段多么美好的时光。一个学者,能有机会休整一年,去世界一流大学充电,与世界一流学者对话,真的是一种享受!可惜,访学归来,却走上了另外一条"学术道路"。

(伯克利的部分数据引自朱崇实校长在厦门大学2014年寒假务虚会报告,特此说明。谢作栩教授提供了20世纪末国内讨论大众化的理论进展资料,谨此致谢。)

(本文原题《伯克利之旅:美国公立大学的翘楚》,
原刊《复旦教育论坛》2019年第5期)

芝加哥之旅:纪念杜威访华100年

因为杜威(John Dewey),我来到了芝加哥大学。1919年4月30日,60岁的杜威偕夫人抵达上海,开启了中国之行。恐怕杜威自己也没有想到,此行竟然在中国产生了如此巨大的影响。直至一百年后的今天,在中美两国的教育界似乎又隐隐约约听到了杜威的声音和脚步声。应芝加哥大学邀请,5月1日至4日,我有幸参加了芝加哥大学举办的"过去与现在——纪念杜威访华100周年教育论坛"(Centennial Colloquium on Dewey: Then and Now)。我从来没有研究过杜威,也从来没有想过写一篇纪念杜威的文章。由于是学校委派,迫不得已,才着手做一些功课。作为研究杜威的"迟来者",只能换一个角度审视杜威:那就是如何看待和解读杜威的归来?能够利用此机会,既了解杜威,又能深入了解芝加哥大学的成功秘诀,更是自己心仪已久的期盼,也算是一举两得。

一、杜威访华访厦:不解之缘

1919年,杜威在日本收到了昔日学生胡适和蒋梦麟代表北京大学发出的邀请,决定访问中国。两年多的时间,杜威访问中国十余省,发表近200场演讲,并坚持每月向美国的报刊投稿报道中国见闻,呼吁美国政府和民众支持中国转型,期望中国通过教育和社会改革而非革命的方式实现转型。中国迸发出来的热情和生命力给杜威留下了深刻印象。他在写给哥伦比亚大学同仁的信中说:"西方再也看不到同样的东西,这几乎就是恢复青春……"他的女儿说:"中国是杜威最爱的仅次于美国的国家,与他访问日本留下的印象形成了鲜明对照。"胡适在《杜威先生与中国》一文中说:"自从中国与西方文化接触以来,没有一个外国学者在中国思想界的影响有杜威先生这样大的。我们还可以说,在最近的将来几十年中,也未必有别个西洋学者在中国的影响可以比杜威先生还大的。"①

杜威与厦门大学结缘,始于厦门大学创办之初的开学式。1921年4月6日,经过一年的筹备,校主陈嘉庚在集美学村举行了厦门大学开校式,杜威偕夫人、女儿莅临开学式。正是出于这个"缘分",芝加哥大学发专函,邀请厦大派人参加纪念杜威来华100周年活动。杜威参加厦大开学式,得益于首任校长邓萃英。1918年8月,教育部决定每年选派教授赴欧美各国留学,北京高等师范学校教务长邓萃英教授作为首批入选者,与朱家骅、刘复、杨荫榆等七人赴美,这是我国教师留学(做访问学者)之始。邓萃英在哥伦比亚大学教师学院做访问学者期间,师从杜威一年,由此结下了师生缘。作为陈嘉庚"圈定"的首任校长,邓萃英邀请杜威来厦大参加开学式并做演讲,也就顺理成章了。

校主陈嘉庚在开学式上说:"美国杜威博士及其夫人、女公子与邓君同来,不胜荣幸。下午两点,杜威博士在此讲演,再二三日,即往香港、广东游历。俟厦门演武亭校舍落成,再请杜威博士讲演。鄙人冒昧,已办小学,又办中学,今又办大学,然大学种种经费非予一人所能独力负担,尚须集腋成裘。惟先筹款而后开办,未免太迟,不如先行开办,此三五年之经费,鄙人可先牺牲,一面募捐补助,谅可支持。"②

杜威在开学式上则说:"鄙人到此,有三种希望:(一)望在学人数日多,人才辈出,如太阳经天,光照世界。我美国亦不胜欣慕。(二)希望学术发达,为富国之根本。私立国立,当一同进行。(三)望到会诸君,须景仰陈君。中国人多自私自利之心,惟陈能公而忘私,中国人人能效陈君之公,则救国何难之有。"③

---

① 引自葛懋春、李兴芝:《胡适哲学思想资料选》,华东师范大学出版社1981年版,第181页。

②③ 《记厦门大学开校式》,《申报》1921年4月16日。

4月6日下午,杜威做《大学之旨趣》专场讲演,现抄录杜威部分演讲内容:

> 我今所说,为中国大学之问题,即是发达学者之能力。中国天然物产甚丰富,或贷弃于地而不知采取,或以天然物品售诸外人,待其制成有用之物,转售中国,此为一种大漏卮,皆因无能力之故。譬如中国煤炭甚富,若尽行开采,可供全世界之用。无人开采,则千百年仍蕴藏于地。又如乡间沙漠之地,无人灌溉,无人种植,虽千百年仍无生产。中国人如无教导,则永不能发达其固有之能力。以厦门观之,中国人非无能力,如菲律宾、新加坡、槟榔屿、泗水、苏门答腊、仰光,以及美洲、欧洲、日本之华侨,以闽粤为最多,亦有经营许多大事业以援助祖国者。中国之不强,皆因能力不发达。欲发达其能力,必自教育始。学校养成之人才,对于国家之关系有二:一是道德,一是工商业。工商业之发达,即由学问而来。现在中国人之学问,较前清大有进步,如电线、铁路、飞机等项,中国皆有。有知识而后能发达工业,欲发达其知识,必先研究科学。中国人之勤苦,为世界所公认。今中国人所少者,惟新科学。欲以新科学发明新事业,即在此大学研究。尚有一层,中国人之通病,在界限太分明,南北已分界限,又有各省各地方之界限,大学当捐除此等畛域。中国人尚有两种病:一病在不用功,一病在用功过勤。不用功之病固不待言,即用功时间太多,对于世界潮流不知应付,仍是不完全之人。外国人有知识,尤知知识之作用处。若专用功以求知识,而不能用于国家社会,何益之有。现今欲驱逐腐败之人,必先有驱逐之能力。智育体育之外,尚有许多要务,望学生自家研究,就中尤以养成公共之能力为最要。愿学生于功课之余,练习此公共能力,以养成完全之人才,是则鄙人所厚望也云云。①

---

① 《记厦门大学开校式》,《申报》1921年4月16日。

杜威来厦大参加开学式并做演讲,有他自己的考虑。在华期间,他除了考察公立大学之外,还考察了当时国内几所由民族资本举办的私立大学,如张伯苓举办的南开大学、陈嘉庚举办的厦门大学、张謇举办的南通大学。此外,杜威还考察了阎锡山资助的山西大学。正是这些富有生命力的大学,给杜威留下了深刻印象,于是他才会发出"中国人人能效陈君(陈嘉庚)之公,则救国何难之有"的感慨。

3月底收到学校"指派"的任务,赴芝加哥大学参加"纪念杜威访华100周年"研讨会,才知道2019年是杜威访华100周年,也是杜威诞辰160周年。此时才发现,国内已经悄然开始了纪念杜威的活动。最有影响力的当属《华东师范大学学报(教育科学版)》2019年第2期设立的《向杜威致敬:纪念杜威访华100周年》专刊,其中7篇为杜威专题研究文章。这些文章围绕着杜威教育思想进行了多视角的新时代解读,然而读下来,虽然具有历史意义,但缺乏现代价值,不过对了解杜威还是很有帮助的。

进入2019年,对杜威的纪念并不仅仅局限于中国,美国一些大学也都在举行纪念杜威访华100周年的系列活动。如杜威曾经任职的哥伦比亚大学教师学院的中国教育研究中心、戈特斯曼图书馆(Gottesman Library)和中国学生学者联谊会,联合主办了一系列纪念活动。2019年2月,在哥伦比亚大学教师学院,举办了电视纪录片《有个学校叫南开》(英文版)首映式,该纪录片讲述了张伯苓与导师杜威先生的友谊,以及张伯苓、严修创办"南开"系列学校的精彩故事。据悉,作为纪念杜威先生访华100周年系列活动的重要内容,哥大教师学院的中国教育研究中心年内还将举办杜威教授和中国学生学者交往历史图片展、杜威教育思想学术研讨报告会等活动。①

真没有想到,杜威悄然归来了,杜威似乎"复活"了。他一生勤于思

---

① 崔涛:《杜威访华100周年系列纪念活动》,[EB/OL].(2019-03-05)[2019-05-02]. https://mp.weixin.qq.com/s/Mzd4kspnmpj3QfKjFG0ZLw.

索,孜孜不倦,笔耕不辍,著述宏富,"给后世留下了一笔5000页文章和18000页专著的遗产"。①面对悄然归来的杜威,心中不免产生了一个挥之不去的疑问:100年前,杜威在中国经历了"追星"般的待遇;70年前,他饱尝了铺天盖地式的批判;40年前,他走进了中国大学的教科书;今天,他又接受着"隆重"的纪念。同一个人,为什么会遇到如此不同的待遇?已逝的杜威是否能够感知到这一切?

100年前杜威在中国享有的礼遇,首先得益于一批弟子的影响力。他的弟子几乎都是民国时期的重要人物,如胡适、陶行知等,还有当时的一批大学校长,如郭秉文(东南大学校长)、郑晓沧(代理浙江大学校长)、陈鹤琴(南京师范学院院长)、蒋梦麟(浙江大学校长、浙江工商大学校长、北京大学校长)、张伯苓(南开大学创建人)、李建勋(北京师范大学校长)、邓萃英(曾任北京师范大学校长、厦门大学校长、河南大学校长)等。正是这些学生对导师的崇拜,无形中助推了杜威思想的迅速传播,极大地提高了杜威在中国的影响力。

没有想到,到了1950年代,一度被蔡元培称为"西方孔子"的杜威,瞬时由教育理论上的"有道明君"沦落为了思想精神上的"独夫民贼"。人们对待杜威的态度也开始由众星捧月转向了口诛笔伐。50年代初,在教育领域,苏联学者对美国教育进行了无情批判,其中就包括对杜威及其实用主义哲学的抨击。基于学习苏联经验的需要,国内一些报刊对苏联的这一类批判性文章进行了广泛宣扬。例如,1950年《人民教育》杂志创刊号发表了由苏联教育学者冈察洛夫撰写的学术文章《实用主义与实验主义的教学论批判——教育原理教学论节录》。在这种思潮影响下,国内学界开始了对杜威的声讨。

在我国,学界最早对杜威展开声讨的为原复旦大学教育学系曹孚教授,他以博士论文中的观点和材料为基础,撰写了《杜威批判引论》,

---

① 李玉:《我国最大西方哲学经典翻译工程〈杜威全集〉在我校首发》,[EB/OL].(2015-08-10)[2019-05-02].http://news.fudan.edu.cn/2015/0810/39514.html.

分两期分别于1950年10月和11月发表在刚刚创刊不久的《人民教育》杂志上。至此,曹孚教授成为了新中国成立后系统批判杜威的第一位学者,他的"檄文"也拉开了国内学界批判杜威及其实用主义思想的帷幕。检索中国知网(CNKI)数据库可以发现,1950—1959年间,国内发表了60余篇批判杜威及其教育思想的论文和著作。曾经受人追捧的杜威一时被扣上了一大堆"帽子"——世界反动势力中最凶恶的人物、美国资产阶级实用主义反动教育学的旗手、现代反动资产阶级思想家们的盟主、华尔街老板以最高代价豢养的美帝国主义麻醉人们和侵略世界的工具、帝国主义社会最狡猾的拥护者、华尔街财阀大王的高级宣传员、帝国主义和华尔街老板们最忠实的辩护士等。[①]

不仅中国一个国家,美国和苏联在20世纪中期也对杜威教育思想展开了批判。现在回过头来看,我国1950年代批判杜威是冷战的具体表现;而美国1950年代批判杜威,则是后现代主义对现实主义的批判,两者的价值取向完全不同。1920年代,杜威理论在中国受到追捧,原因是他的理论契合了当时中国社会的现实和教育的发展目标。从当前世界各国教育理论和实践的发展来看,对杜威教育思想的研究,自1960年代就已回潮。关于杜威及其著作的研究项目不只在数量上有所增加,而且在质量上不断提高,在范围上也在逐渐扩大。

杜威理论在我国的第二次"复归"是在改革开放之后,以进入高校教材为开始。以教育学科为例,在1980年代,赵祥麟、王承绪编选出版了《杜威教育论著选》(华东师范大学出版社1981年)、单中惠著《杜威传》(安徽教育出版社1987年)、滕大春著《外国教育通史》(山东教育出版社1990年)等,许多教育学科的大学教材中都有杜威教育思想的专章。改革开放后进入教育研究领域的学者,基本上都是通过这些教材了解杜威的教育思想。几个月前,在某"双一流"大学参加本科教学审核评估听课时,恰巧听到一门哲学课,讲的是杜威的美学思想。出于学

---

① 何光权:《1949—1981年中国教育批判研究》,西南大学出版社2010年版,第187页。

科的限制,不知道杜威的思想还在哪些领域一直受人怀念?

杜威及其实用主义思想在过去100年的中国大起大落的遭遇,从一个侧面反映了我国的学术生态和走向。无论如何,杜威的影响在中国近代教育史上都是不可抹去的一页。诚如美国教育学者施瓦茨(Schwarz)在《杜威实用主义在中国》一书的前言中所说:"约翰·杜威和现代中国之间,是二十世纪中国知识分子历史中最迷人的插曲。"① 又如我国学者元青所言:"杜威与中国的关系问题是近代思潮史、教育史和中外文化关系史上最有意义的课题之一,缺乏对这一课题的描述与评价,那么这些领域的研究便是不完整的。"②

如何评价杜威? 我认为北京师范大学张斌贤教授说得有些道理:"就这种影响的广泛性、复杂性和深刻性而言,几乎没有一位现代教育家能与杜威相比。但在另一方面,也没有哪一位现代教育家的思想像杜威思想那样在不同时期、不同国度曾经历大起大落的境遇,这种现象在我国尤甚。"20世纪20—30年代杜威思想曾被奉若神明,50—70年代则被斥为邪说,80年代曾有过一个短暂的复兴时期,到21世纪初又"时兴"了几年。不论是何种情形,一方面说明我们需要杜威,因为杜威重要;但另一方面也说明我们不了解杜威,很少有人真正潜心研究杜威。"迄今为止,大多数曾发表杜威教育思想研究成果的学者基本上都是将杜威教育思想的研究作为临时的学术兴趣,前期缺乏系统积累,后期又无完整计划。在这种情况下,要使杜威教育思想研究保持在较高的水平实在是一种奢望。"③ 而在严肃的学术研究少有作为的同时,却突如其来地形成了一场自发的"神化运动",杜威在突然之间又被尊奉为教育界全知全能的"神明"。近年来,数量惊人的论文相继面世,其共同的特点是试图从杜威教育思想中寻求种种启示,"杜威教育思想似乎

---

① A.哈利·巴森著、乔有花译:《约翰·杜威对世界教育的影响》,《外国教育研究》1984年第3期。
② 元青:《杜威与中国》,人民出版社2001年版,第2页。
③ 张斌贤、刘云杉主编:《杜威教育思想在中国》,北京大学出版社2019年版,序第2页。

又成了包治百病的灵丹妙药,教育中的任何工作领域似乎都能够从杜威思想中获得解决问题的灵感"。① 这种令人啼笑皆非的现象既造成了教育学术界"劣币驱逐良币"的状况,又因将杜威教育思想偶像化,最终导致杜威教育思想研究的娱乐化。

胡适曾说:"实在是我们自己改造过的实在。这个实在里面含有无数人造的分子。实在是一个很服从的女孩子,她百依百顺地由我们替她涂抹起来,装扮起来。好比一块大理石到了我们手里,由我们雕成什么像。"② 杜威在中国的境遇,何尝不是一个"女孩子"? 他是一个被不同的人阐释的"女孩子"杜威。"杜威归来"也许是当下学人对杜威最好的一种纪念方式。

二、芝加哥大学校园印象:建筑博物馆

芝加哥大学是我走访的第 43 所美国大学,漫步校园是必不可少的节目。如果说芝加哥是摩天大楼的故乡,那么芝加哥大学就是当之无愧的"建筑博物馆"。一位与会的研究生向我们大致描述了芝加哥大学的建筑。

之所以说芝加哥大学是"建筑博物馆",还要从 1871 年芝加哥城的那场大火说起。这场人类历史上最为惨重的火灾因奶牛踏翻马灯而引发,芝加哥三分之一的城市被烧毁,将近一半的人无家可归。在火灾区内,只剩下一栋房屋和五栋公共建筑未倒塌。大火过后,城市重建工作迫在眉睫。大火在带来巨大灾难的同时,也给人们带来了反思与革新的力量。美国大量的资金迅速涌入芝加哥,众多建筑学者纷纷选择扎根芝城,加入到城市重建的洪流中来。芝加哥首先尝试建造钢铁结构的建筑,以建筑师威廉·勒巴伦·詹尼(William Le Baron Jenne)设计

---

① 张斌贤、刘云杉主编:《杜威教育思想在中国》,北京大学出版社 2019 年版,序第 2 页。
② 《胡适作品集》第四集,台湾远流出版公司 1986 年版。

建造的世界上第一座摩天大楼——家庭保险大厦（Home Insurance Building）的落成为标志，轰轰烈烈的建筑革命随之兴起，对现代建筑学发展产生了举足轻重的作用。经过近20年的重建与修复，城市面貌焕然一新。

芝加哥大学正是在芝加哥城重建的过程中孕育成长起来的。石油大王约翰·洛克菲勒于1890年决定创办芝加哥大学。支援芝加哥城建设的建筑师自然也就成了建立芝加哥大学校园的重要力量。于是，众多风格迥异、各成一派的建筑物在校园里拔地而起。例如，Cobb Lecture Hall是芝加哥大学1892年10月1日开学时的第一座校园建筑，以捐助人Silas Cobb的名字命名，这座建筑由Henry Ives Cobb设计，模仿了英国牛津大学的哥特式风格，是芝加哥大学最早的16座建筑中造价最昂贵的一座。再如Robie House，是建筑师Frank Lloyd Wright于1908—1910年为捐赠者Frederick C. Robie设计的，其架构设计融入了砖和木头的元素，最大特点是采用了艺术玻璃窗，通过柔和的光线将室内外空间融为一体。1963年，该建筑被列为美国国家历史地标建筑，被认为是草原式建筑的最佳典范。再来看看法学院（Laird Bell Law Quadrangle）的建筑。该建筑群从1950年开始设计，设计伊始就受到重要公众人物的关注。1958年，首席大法官Earl Warren为新的法学院设施奠基；1960年在工程结束时，副总统尼克松为其题词，这组Eero Saarinen建筑群被誉为现代建筑的至高成就。2008年的翻新和修复工程既保持了建筑原有的辉煌，又使它更能满足当代的需求。修复工程的成功使D'Angelo Law Library荣获2008年Richard H. Driehaus Foundation Preservation Award之修复工程奖。

在芝加哥大学看建筑，类似的例子不胜枚举，从最初的校园规划到最新的现代塔楼，都是由最具前瞻性和最受尊敬的建筑师设计，他们精雕细琢，成就了芝加哥大学的建筑风格与精神内核。它们既不同于哈佛、耶鲁等对英式建筑的一味学习模仿，也不同于斯坦福大学同一颜色、同一风格的建筑群，更不同于伯克利分校作为现代建筑风格代表的独树一帜。它是从古到今、从哥特到现代的完美结合。每经过一段时光的洗礼,便在校园里留下独特的点点印记。看着这些庄严、美丽的校园建筑,再看看芝加哥大学校徽上的凤凰,这不就是浴火重生的精神写照吗!这不仅仅是一幢建筑的浴火重生,也是芝加哥大学的涅槃重生。一所大学的精神,就这样首先从她的建筑开始了。

杜威实验学校的对面是洛克菲勒大教堂(Rockefeller Chapel),也叫大学教堂(University Chapel)。教堂于1925年动工,1928年完成,已经成为美国大学校园里最漂亮的教堂之一。每到整点,教堂的钟声就会响起,中午12点的钟声更是别具一格,钟声伴随着管风琴的音乐声一同响起,待整点钟声结束之后,还会再传来管风琴的音乐声。尽管不知道是什么曲目,但足以拨动心弦。凭感觉是一首催人奋进的曲目,不知是否在鞭策学子勿浪费光阴?当然,这只是音乐"门外汉"的个人解读,因为这是第一次听到大学的钟声与管风琴的"合奏"。被悠扬的钟声和音乐声吸引,我漫步来到了洛克菲勒大教堂。可惜,一对新人正在进行婚礼彩排,看门人不让进到里面,只能在门厅隔着窗户欣赏教堂的华丽。向看门人要了一份教堂简介,标题竟然是"洛克菲勒留给大学的最后的礼物"(Rockefeller Final Gifts),上面写道:

> 洛克菲勒希望至少150万美元用于修建一个大学教堂。他认为宗教的精神应该贯穿并控制着大学,所以代表宗教的建筑也应该体现其作为大学的中心、主导的特色。教堂可以适当地体现目前和谐美好的各类建筑的精神,从而使校园里所有其他建筑就如同从大学教堂里获得灵感一样,反过来也似乎是在为教堂作出他们的贡献。因此,在大学里的建筑群中,大学教堂处于中心和主导地位,表明最理想的大学应该是被宗教精神所主导的,它的各个系都要受宗教精神的启发,所有的成果都要献给最崇高的目的。
>
> ——1912年12月13日

在大学教堂的钟声和管风琴音乐声中漫步校园,是一种难得的享受,我发现了许多过去没有注意到的校园细节。

其一,芝加哥大学的"方庭"与牛津、剑桥、哈佛、耶鲁有较大区别,尽管还是叫"方庭"(Quadrangles),但不再是封闭的"方庭",而是开放的"广场",也没有了欧洲大学常见的长廊。芝大的核心区建筑就像是一块试验田,既可以看到哈佛、耶鲁的影子,又可以发现与它们的不同。这也许就是创办者约翰·洛克菲勒憧憬的"既可以与哈佛、耶鲁相比肩,又与哈佛、耶鲁不同的大学"吧?

其二,在哈珀纪念图书馆的阅览区,每个沙发前面都井然有序地摆放着一个垫脚凳。在哈珀纪念图书馆老楼的外墙上,可以看到一块与众不同的石头镶嵌其中,旁边附有一个标志牌,上面清晰地镌刻着石头的来历:"STONE FROM DOUGLAS HALL OLD UNIVERSITY OF CHICAGO 1856—1886"。原来,芝加哥大学的前身是由美国浸信会建立的一所教会学校,该校与芝加哥大学同名,但在1886年因财政困难而倒闭。1890年,洛克菲勒在这所倒闭的教会学校基础上开始重新筹建芝加哥大学。为了纪念这所倒闭的"老芝加哥大学",在建哈珀纪念图书馆时,特意从道格拉斯老楼找来了一块石头,镶嵌在图书馆的墙里。看到这个指示牌,令人深有感触:如何尊重历史?找一块旧楼的石头是一种尊重,办学历史不从1856年算起也是一种尊重。

其三,建筑物的大门。虽然过去已经参访了许多所大学,但对每栋楼的大门发生兴趣还是第一次。这里的每栋楼都有一个厚重的大木门,把门推开还需要花费一点力气,也许是年龄大了的缘故,不刻意加大一点力气,还无法开门。这时候我突然冒出了一个"奇葩"的想法:为何这些楼的大门要修得如此厚重,而且有一些还是两道门?难道是要向学子表明敲开知识的大门并非易事?

转完了芝大校园的 Main Quadrangles,突然想到了一个话题:如果看美国的大学,首先从东海岸的哈佛、耶鲁看起,再到中部的芝大,最后到西海岸的斯坦福和伯克利,仅仅从校园建筑的层面而言,是否可以对美国大学的发展得出一些新的认识？赵炬明教授后来告诉我："如果从东向西看美国的大学，确实可以看到一个美国大学风貌从古典至现代再到当代的历史。尽管她们之间隐隐约约地保留着一点欧洲古典大学的痕迹，以显示她们的文化基因和历史传承。"芝加哥大学校园时时让你感受到：一砖一瓦，构筑着这所大学的发展根基；一座座楼宇，诠释着这所大学的文化内涵；一群群建筑，证明着这所大学的历史文脉。

三、芝加哥大学的成功"秘诀"：校长与学派

成功的大学总有自己的绝活，不成功的大学总有太多的借口。芝加哥大学的历史只有 128 年，时间并不算长，但在世界高等教育上的顶尖地位众所周知，常年位列全球大学排行榜前十。究竟如何看待芝加哥大学的成功？芝加哥大学何以在短时间内能取得如此卓越的成就？这当然是多重因素相互交织的结果。两天的走马观花，似乎悟出了两个秘诀：其一是有伟大的校长，其二是有自己的学派。

从建校历史来看，作为一代石油大亨，洛克菲勒的财富与魄力奠定了这所大学发展的基础，为芝加哥大学的创立与发展注入了雄厚资金，使学校不必担心财政短缺。而更为重要的是，芝加哥大学产生了几位著名的大学校长，尤其是创校校长的贡献功不可没。芝加哥大学创办至今，共产生了 13 位校长，该校不仅"盛产"大学校长，而且盛产年轻的大学校长：威廉·哈珀（William Rainey Harper）出任芝大首任校长时年仅 35 岁，罗伯特·梅纳德·哈钦斯（Robert M. Hutchins）出任校长时年仅 30 岁。哈珀和哈钦斯均被列为美国最负盛名的大学校长之列。

哈珀是美国 19 世纪末 20 世纪初著名的教育家和学术领袖，1891 年至 1906 年，担任芝加哥大学校长 15 年。他在担任芝加哥大学校长的同时，还担任了布拉德利大学的（Bradley University）第一任校长。上任伊始，哈珀便为学校制定了严格的教师和学生选拔标准，他希望在

较短的时间内建成"一所可以和东部的哈佛和耶鲁媲美的大学"。① 他认为,一个校长必须把所有的热情投入到无情的引进有才能的教师、学生和管理者中去。② 在他执掌芝加哥大学期间,一度被称为是管理上的偏执狂。上任之初便成功鼓动克拉克大学(Clark University)三分之二的老师辞职,心甘情愿加入芝加哥大学任教;说服了8位在任的大学校长和近20名系主任辞职来芝加哥大学执教,这在美国教育史上是空前的。正是这一举动让哈珀在美国高等教育界一战成名,芝加哥大学在短短数十年间一跃成为世界顶级大学之一。

在综合英国模式和德国模式优点的基础之上,哈珀对芝加哥大学进行了卓有成效的建设,在芝加哥大学建立了美国大学里第一个社会学系和古埃及学系,创立了芝加哥大学出版社,支持终身学习,推行"三学期"制度。他的这些做法后来成为美国其他大学纷纷效仿的对象。在任期间,哈珀校长被称为"芝加哥匆忙的年轻人"和"教师们的教师"。③ 因为他在担任校长与系主任的情况下,依然给自己排了全职教师的课,他认为行政人员不能独立于授课之外。哈珀1906年因患癌症逝世,年仅49岁,却留下了一所伟大的大学,被誉为"芝加哥大学之父"。

除了管理工作之外,哈珀潜心学术,出版了一系列专著,主要代表作有《归纳希腊法》(*An Inductive Greek Method*)、《归纳希腊语入门》(*An Inductive Greek Primer*)、《归纳拉丁法》(*An Inductive Latin Method*)等。高等教育著作有《高等教育的趋势》(*The Trend in Higher Education*,1905)、《提出大学问题:在国家教育协会上宣读的六篇论文》(*Present College Questions*:*Six Papers Read Before the National*

---

① The University of Chicago.History,[EB/OL].[2019-05-02].http://www.uchicago.edu/about/history.shtml.

② 《芝加哥大学:这里走出了近百位诺贝尔奖得主,也欢迎热爱知识的你》,[EB/OL].(2018-10-09)[2019-05-22].http://www.sohu.com/a/258441032_752210.

③ 刘永刚:《20世纪美国高等教育的先锋——芝加哥大学》,《民办教育研究》2005年第6期,第105—106页。

Educational Association, *at the Sessions Held in Boston*, 1903)、《芝加哥市教育委员会的报告》(*Report of the Educational Commission of the City of Chicago*, 1899)、《小学院的前景》(*The Prospects of the Small College*, 1900)等。

哈珀开创了真正意义上美国式的现代化大学模式。对此,弗雷德里克·鲁道夫(Frederick Rudolph)在《美国大学史》(*The American College and University*)中作了这样的评价:"芝加哥大学的创立对美国高等教育面貌和前景的塑造是那个年代任何其他事件都无法企及的,它的创立是美国历史上代表一个时代精神的事件之一。"① 与此同时,美国社会各界感叹道:"芝加哥大学似乎一夜之间就跻身美国名校行列了。"

芝加哥大学第五任校长哈钦斯1929年11月上任,1950年12月卸任,任职时间长达21年。他是芝加哥大学历任校长中,始任最年轻、任期最长,也是最具影响力且最具教育情怀的一位。哈钦斯是20世纪上半叶美国最著名的高等教育思想家和改革家,永恒主义教育哲学流派的代表人物,被誉为"永恒教育大师"。如果说哈珀奠定了芝加哥大学发展的基石,那么哈钦斯则带领芝加哥大学迈入了一个新的时代。哈钦斯任上经历了经济大萧条与第二次世界大战这样命运多舛的时代,但是,作为美国著名的教育家,哈钦斯不畏艰难与挑战,上任之初便进行大刀阔斧的改革,通过一系列举措使芝加哥大学浴火重生,为其迈向世界一流奠定了坚实的历史基础。此次改革引起了美国高等教育界的热切关注,被公认为是20世纪高等教育的第一次伟大变革。

在高等教育领域,哈钦斯更是为后人留下了众多学术遗产。他的代表作有《美国高等教育》(*The Higher Learning in America*)、《学习型社会》(*The Learning Society*)、《为自由而教育》(*Education for Freedom*)、《教育中的冲突》(*The Conflict in Education*)、《乌托邦大学》(*University of Utopia*)等。他的一些著作在我读博时就有台湾学

---

① 引自肖明波:《芝加哥大学校长哈钦斯》,《中华读书报》2013年11月27日。

者将其译成了中文,我们那一代的博士生几乎都读过他的书。哈钦斯任校长以来,以实现通识教育为目标,采取了核心基础与专业课程分离的政策,提出了旨在防止学术课程和职业课程过分专门化的"芝加哥计划"(国内学者将其翻译为"百科全书式的教学计划")。这项计划对美国许多大学的本科通识教育产生了巨大影响,其创立的"核心课程"(Common Core)概念也一直沿用至今。

哈钦斯长期从事大学的领导、教学和研究工作,在理论研究和实践探索过程中形成了内涵丰富而又独树一帜的大学理念,成为20世纪大学理念发展史上的一个重要人物。在他任职期间,学校最大的特色就是学术机构不断进行调整和改革,大学各个部门间的学术交流日益广泛。他的通识教育试验、设立本科生院、维护学术自由、经典巨著全民阅读等都搞得有声有色,引起了全国的广泛关注,成为了20世纪上半叶美国最有影响力的大学校长——甚至连哈佛大学在寻找新校长时都向他讨主意。

此次访问芝加哥大学,印象最深的就是闻名遐迩的"芝加哥学派"(Chicago School),包括著名的芝加哥经济学派、芝加哥社会学派、芝加哥建筑学派、芝加哥气象学派、芝加哥文学和电影批判学派以及芝加哥数学分析学派等。众所周知,自1969年诺贝尔经济学颁奖以来,全球共产生了78位诺贝尔经济学奖得主,其中共有29名经济学奖获奖者是芝大校友或教研人员,约占总人数的40%。截至2014年,世界上约15%的诺贝尔物理学奖得主、10%的诺贝尔化学奖得主在(曾在)芝加哥大学工作或求学。

芝加哥学派自诞生之初就带有杜威实用主义的烙印,用杜威的话说就是:知识就是实践。芝加哥学派学以致用的学术理念,推动了芝加哥大学各个学科的快速发展,同时也使得芝加哥大学迅速屹立于世界一流大学之林。但归根结底,芝加哥学派的兴起是与芝加哥这个城市的社会、政治及经济环境分不开的。

通过参加此次会议,我对芝加哥大学的经济学派有了点滴感受。

此次会议中有一位大会主旨演讲嘉宾——2000年诺贝尔经济学奖得主、芝加哥大学的海克曼教授(James J. Heckman),他演讲的主题是"培养重要的技能"。海克曼教授的主旨演讲从杜威的"儿童教育"思想切入,介绍了他对中国农村留守儿童的研究,以及他对中国盛行的"校外补习"和"家教"现象的看法:

(1)关于留守儿童。海克曼教授首先讲到杜威的教育理论中缺少对家庭的分析,他认为不同的家庭对孩子的教育成果会有不同的影响。尤其是讲到中国进城务工人员不断增加之后,由于户口政策的限制,他们无法享受到城市的教育资源,更多地选择把孩子留在农村老家由老人看管,这就造成了城乡之间父母在参与子女教育上的巨大差距,从而导致了孩子在不同技能上的差距,造成了更大的不平等。

(2)关于"校外补习"和"家教"。他认为中国的"校外补习"和"家教"现象可能会导致学生之间的不平等,因为事实上贫困家庭的孩子更需要"校外补习"和"家教",而有条件接受"校外补习"和"家教"的孩子,往往来自富裕家庭。

最后,海克曼教授以杜威1916年的名言"成功的学校要做成功的父母为其子女提供的教育"(Successful schools do what successful parents do)作结。

海克曼教授是厦大的老朋友。2016年3月11日,厦大95周年校庆期间,海克曼教授在厦大做了题为"能力的培养与测评"的讲座,他以模型验证的形式对我国的扶贫、教育不均等社会问题提出了一些政策建议,至今他演讲的部分内容还令人记忆犹新:

其一,他认为家庭教育在个人能力形成过程中的作用是最为基础和有效的。衡量家庭教育的标准在于父母的投入、引导质量,并不在于家庭收入本身。研究表明,有良好家庭教育的孩子,能力较强,创造力、抗压力也更强。海克曼教授以此引发了大家对于教育投入的思考,并由教育的根本延伸至扶贫政策的建议。

其二,他指出,一切证据表明,长期有效的扶贫政策就是投资教育,而并非单纯的收入再分配。在扶贫过程中,应注重对贫困家庭儿童的投资。中国的扶贫政策应避免重蹈覆辙,并从美国经验中积极吸取教训,从儿童教育着手,着重解决能力、动机、健康等方面的问题,才能真正解决贫困,从根本上消除贫富的两极分化问题。用中国老话说,就是"授人以鱼,不如授之以渔"。

海克曼教授的演讲令人备受感动。一位经济学诺奖得主,竟然如此关注中国的教育问题,而且就是我们身边的问题。难道这就是芝加哥大学经济学派产生的"秘诀"吗?由此联想到了我国的一流大学建设。

我国当下的一流大学建设,已经延伸到了学科层面,即"双一流"建设。在这个过程中,是否应该思考学派的话题?学科与学派到底是什么关系?两者是否有本质区别?还真是说不清楚。为此,特意请教了一位同仁,他说:"学科是知识的体系化,学派是学科实力强大的表现。学派的标志是有泰斗级的人物、有专属自己的理论体系和研究方法、有一支可持续捍卫这种理论体系和研究方法的老中青结合的队伍,并在学术界享有盛誉。"

1980年代,卢嘉锡先生曾在厦大60周年校庆大会上慷慨呼吁"建立厦大学派"。过去几年,也有一些"双一流"大学提出了要建立自己的学派,如某某大学学派,看来这一话题已经引起了重视。显然,只讲学科建设,不讲学派建设,是学科发展的初级阶段。恰巧最近看到一篇文章,说哲学应建立三个一级学科,理由是仅有哲学门类与哲学一个一级学科,没有再细分若干个一级学科,不符合学科建设逻辑。难道这就是学科建设吗?最近越来越觉得,业已形成的学科建设有点儿"跑马圈地"的味道,"圈地式"的学科建设思路只能是死路一条。学科建设如果继续这样走下去,一定会成为另一个"车辙"!

结　语

此次会议,两位曾任美国杜威研究会的会长来了,杜威的曾孙女也来了。会议期间,与会代表参观了杜威实验学校的老校区和新校区,从其中依旧可以感受到杜威"做中学"的教育理念在延续。例如,竟然在小学二年级看到了"创意工作坊",各种木工工具应有尽有;在低年级的教室里,看到了各种小动物。会议开幕式之前,会场大屏幕一直滚动播放着"重走杜威路"的纪念片,其中两组镜头令人印象深刻。一组是出自国内一位儒商李先生之手的画作,其中有一幅作品刻画的竟然是杜威1921年4月6日在厦门大学的演讲。经询问才知道,过去三年,李先生大致沿着杜威在中国的足迹走了一遍,也到了厦大当年举行开学式的集美学村。另一组是杜威实验学校的12位同学于2018年开始到中国"重走杜威路"的镜头。重走杜威路,让杜威再归来,也许是对杜威访华一百周年的最好纪念。

(本文原题《芝加哥大学之旅:纪念杜威访华100年》,
原刊《复旦教育论坛》2019年第3期)

密西根之旅：一流大学的办学理念

2010年5月，我参加了由教育部、国家外国专家局组织的"高校领导海外培训项目——2010年美国密西根大学研讨班"，在密西根大学进行了为期两周的学习。虽然我曾多次出国，并走访过许多世界一流大学，但像这样零距离地接触世界一流大学的校长、副校长、院长、系主任及其不同职能部门、不同领域的管理者和学者，当属首次。研讨班围绕"建设世界一流研究型大学"这个主题，听了20余场报告，内容涉及办学理念、发展战略、管理体制、筹资体制、人才培养、科学研究等事关学校发展的诸多重大问题。我们还考察了密大的主要教学、科研设施，列席了校董事会会议，走访了密西根州立大学和福特汽车公司，并与密西根州政府和企业界人士进行了友好交流。此次学习、交流加深了我对世界一流大学的认识及对我国建设世界一流大学的思考。

一、跻身一流，教育理念先行

密西根大学建立于1817年，是美国西北部地区的第一所大学。经过二百余年的发展，密西根大学已经位列美国公立大学前三，在全美大学中排名第16位左右。该大学有4个校区，19个学院。目前在校本科生4万余人，研究生21395人；生师比为15：1，学校的目标是10：1。学校每年招收的本科生约占招生总数的70%，研究生占30%。密西根大学拥有世界一流的师资队伍，其中诺贝尔奖获得者（教师及校友）9人，国家科学院院士23人，国家工程院院士23人，国家科学奖章获得者6人，国家技术奖章获得者1人，古根海姆会员34人，麦克阿瑟会员 19 人。

密西根大学能够跻身美国乃至世界一流大学行列到底靠什么？在我们看来，最根本的是密西根大学的办学理念。在听取报告、参观考察和交流互动的过程中，时刻能够体会到密大人办学理念的深深烙印，这些办学理念构成了我们对密西根大学的基本认知。

大学办学理念是在对大学是什么、大学与社会的关系等认识基础上形成的一系列有关大学应该"做什么"和"怎么做"的观念。大学办学理念是一个整体系统，包括多方面的内容，是分层和多元的。从密西根大学的办学理念来看，它至少分为两个层面：一是对大学是什么以及大学与社会关系的认识；二是对大学应该"做什么"和"怎么做"的认识。从内容上看，密大的办学理念包括育人理念、科研理念、社会服务理念和管理理念等。

（一）密西根大学对大学使命的认识

大学使命是大学办学理念的根本内容，它既是大学办学理念的一种价值表达，也是大学开展一切活动的逻辑起点。大学的教学、科研、社会服务和制度建设等一系列问题，都是围绕这一核心价值展开的。密西根大学提出的大学使命是"创造、交流、保存和应用知识，并培养挑战当下和充实未来的领袖和市民"，努力通过上述两方面的卓越才能为密西根州和世界人民服务。

密西根大学认为，大学是知识和人的发展的共同载体，其功用既包括知识的传承、创造和应用，也包括个性的人（既可能成为领袖，也可能只是市民）的培养。密西根大学把"领袖与市民"共同作为大学的培养目标，既阐明了研究型大学的精英价值，也体现了研究型大学"顶天立地"的人才观。培养的人应当"挑战当下和充实未来"，则更是简明地表达了大学应尽的社会责任，并且是一种更加深刻的责任感。

在对大学使命的认识上，密西根大学还认为，密西根大学对密西根州的责任主要是教育，特别是提供高质量的本科教育和影响政策的研究，为本州社会和经济发展服务。密西根大学把为密西根州和世界人民服务作为自己的使命,既反映了密大对大学与社会关系的认识,也表明了大学应该具有的战略眼光。在密西根大学看来,大学有责任为州的经济发展作贡献,尤其是作为一所公立的研究型大学,更是责无旁贷。大学对经济发展作出贡献,可以为大学赢得更多的政府支持、更高的社会认可度。

密西根大学对大学与社会关系的认识,突出表现在为密西根州服务的理念和实践中。例如,密西根州的支柱产业是汽车制造业,美国三大汽车公司都在密西根州。2008年世界金融危机爆发后,美国出现经济衰退,该州正处在经济转型的"十字路口"。在此困境中,密大自觉地担当起社会责任,提出"为州经济转型作贡献"的口号,并付诸行动。密西根大学主动牵头,联合密西根州立大学和韦恩州立大学(Wayne State University)(这三所大学都是研究型大学),计划在该州打造"大学三角带",形成类似于斯坦福大学附近的硅谷的高新技术区,希望三所大学能够成为挽救密西根州经济的动力。也许在不久的将来,一个新的"硅谷"会在密西根州诞生。此外,在过去五年里,密大科学研究产出了1750项发明创造,创办了许多新公司,帮助密西根州创造了上千个新的就业机会;学校还通过各种文体活动、零售服务等,每年吸引约35万游客,为该州经济创造了上亿美元的盈利。

(二)大学校长与办学理念

研讨期间,我们与密西根大学校长柯尔曼女士(Ms. Coleman)有过多次接触,使我们感受到了大学校长对一所大学承担的责任。柯尔曼女士已担任密大校长八年,之前曾任爱荷华州立大学(Iowa State University)校长七年(1995—2002),在美国是一位资深的研究型大学校长,曾被《时代》杂志评为美国最优秀的五位大学校长之一。在柯尔曼校长看来,校长是一所大学理念的倡导者和维护者,同时也是学校的人文形象、知识传承和科技创新的代表。大学校长既要满足社会对大学形象的关注,更要通过大学形象的塑造来表达大学的诉求。唯有如此,校长才能得到政府、社会及校内师生的支持。

当有中国校长问究竟是什么使得密西根大学成为美国一流的研究型大学时,柯尔曼校长回答说有四个原因:一是大量的捐赠,如2009—2010年度,整个密西根大学包括医疗系统的预算是52亿美元,而学校获得的捐赠就达59亿美元;二是不断增加的研究经费,包括大量的联邦政府资助,2009年学校的研究经费支出达10.2亿美元,其中大部分是联邦政府的资助,还有一些来自私人基金会和企业界;三是大量的博士生人数,2007—2008年度,全美博士学位授予总数约6.3万个,大约半数(48%)由60所有博士学位授予权的研究型大学颁发,密西根大学有753人获得博士学位;四是众多的学科领域和不断推进的跨学科融合为密大带来了新的资源。

在她看来,八年来自己对密大的主要贡献有三:一是提倡跨学科的理念,二是改善学校办学条件,三是为密西根州的经济转型作贡献,解决州的经济发展难题。

在柯尔曼校长的三大贡献背后,既隐含着她的办学理念,也隐含着她对大学校长职责的认知。跨学科的大学教育理念是柯尔曼校长一贯坚持的大学办学核心理念之一;为密西根州经济转型作贡献,帮助解决州的经济发展难题,是大学服务社会理念的真实反映;而改善学校办学条件,既是柯尔曼校长认知中大学校长的主要职责,也包含了大学发展必须依靠坚实的物质基础的理念。

柯尔曼校长对这一问题的回答,反映了她对美国一流大学形成路径的认识。大学虽然是精神的场所,但大学首先必须生存,在满足生存需求的基础上,要想成为一流大学,必须有足够的经费支持,争取获得大量的捐赠经费和政府科研经费就成为必然。其次,大学要在考虑办学成本与效益的基础上关心学生的个人发展。最后,优势学科和跨学科融合是一流大学形成不可或缺的条件。

对于中国大学校长关心的大学排名,柯尔曼校长说:"如果美国公立大学的学生规模降下来了,就会与那些私立大学齐名。"这反映了柯尔曼校长对大学排名的淡然态度,对于中国大学校长来说,也蕴涵着一个深刻的命题:大学校长真正应该关心的是什么?

柯尔曼校长最大的手笔是2009年耗资近10亿美元,买下了原辉瑞制药总部,作为密大的第四个校区。辉瑞因密西根州经济发展滞后迁走,留下了20余万平方米的研究中心和厂房。柯尔曼校长经过反复论证,最终说服董事会买下了这片厂房,在美国引起轰动。在美国金融危机不见好转,州财政拨款不断减少的背景下,能够有如此大的动作,反映了柯尔曼校长的气魄和办学远见。

在我眼里,科尔曼女士是一位有理念的大学校长。在我们听报告的过程中,柯尔曼校长有一句发人深省的话:"大学的形式是私立的,大学的精神是公立的。"此言表达了大学对于反映人类普世价值的大学精神的坚守,即大学教育的目的是使人成为人,成为"全人"。她还于2009年10月提出,将可持续发展作为学校的战略重点。为此,密西根大学成立了可持续发展执行委员会和校园可持续发展办公室,任命了负责可持续发展的特别法律顾问,并制定了相关政策和工作方向。目前密大的可持续发展研究主题有水资源和人类健康,气候环境影响的因素,可居住的社区交通环境、地理环境以及信息科技,密西根大学的优势、地理位置与面临的挑战等。利用可持续性项目进行跨学科研究,是密西根大学目前优先实行的项目。

(三)印象深刻的三个具体办学理念

1."以生为本"的育人理念

大学首先是一个教育机构,高等教育在本质上是一种育人的社会活动,培养人才是大学最基本、最重要的社会职能,也可以说是大学的第一要务。大学育人理念是对"培养什么样的人"和"怎样培养人"两个问题的解答。在本次学习活动中,我们深刻体会到了中美大学在育人理念及实践上的差异。

密西根大学认为,"培养挑战当下和充实未来的领袖和市民"是大学的使命。而能够"挑战当下和充实未来"的人,绝不是仅仅具有专业知识,或为了短期功利目的接受教育的人。柯尔曼校长对育人使命的解读让我们印象深刻,她说:"大学要顶住社会和家长的压力,不要为了就业去教育学生。一定要让学生和家长明白一个道理,大学的使命是要让学生思考做人的问题。面对社会、学生和家长那些功利性的要求,我们要敢于说'不'!"这正是密西根大学全人教育的理念:密西根大学给予学生的不仅是知识,更有做人的道理。

在"怎样培养人"的问题上,密西根大学坚持通识教育的育人理念,注重培养学生学习知识与创新兴趣的结合。在本科教育阶段,密西根大学强化通识教育,淡化专业教育,目的是给学生选择专业留下足够的空间和时间。在密大看来,通识教育是一种更有效的专业教育,是一种使人持续发展的教育。它包括三个层面:一是通识教育的精神或理念,核心体现的是"培养什么样的人"的问题;二是通识教育的培养方案,核心体现的是"如何培养人"的问题;三是通识教育的制度,核心体现的是"如何保障人的培养"的问题。密西根大学的课程向所有学生开放,学生的专业是自己选择形成的。这种做法无疑体现了学生的权利,尤其是学生的学习权利。

密西根大学"以生为本"的理念,不仅反映在教学方面,也反映在为学生服务上。就业服务就是其中很有特点的一项。密西根大学学生就业服务的核心理念是让学生了解他们自己和周围的世界,能够终身设计自己的职业,并非只是让他们毕业后能够找到自己的第一份工作。大学要给学生成长创造更多的机会,因为很多学生并不知道毕业之后能够做什么。大学要提供给学生足够的时间,让他们摸索自己毕业后究竟想干什么,是就业还是继续深造。

2.跨学科的发展理念

跨学科是我在此次研讨班上听得最多的一个概念,我们所到之处、所听之音,无一不渗透着跨学科理念的影子。这一理念是柯尔曼校长上任伊始,根据新世纪科学研究的发展趋势,结合自己的办学经验提出的一个新的大学发展理念——"不合作就死亡"(Partner or Perish)。她认为,从学术发展的角度看,跨学科研究和教学更容易出人才、出成果,更容易实现学术创新。因此,在跨学科的发展理念下,学校的人才培养、科学研究无处不体现出跨学科的特色。在柯尔曼校长的倡导下,经过几年的强力推进,密西根大学的交叉学科发展迅速,跨学科所带来的优势正在逐步彰显。

在深入考察的过程中,我们发现,密西根大学的跨学科理念不仅是一个学科建设的理念,更是一个现代知识社会条件下创造知识(科研)的理念,一个育人(复合型人才培养)的理念,甚至是学校配置教育教学资源的理念。应该说,柯尔曼校长提出的跨学科理念是一种现代大学的发展理念,其影响力正在全美大学迅速传播。

3. 分权治理的管理理念

在大学的内部治理结构上,密西根大学的成功经验有两条:一是质量和学术地位与分散式治理结构息息相关,每个学科领域的前沿应该由各学术单位来界定和谋求,而不是在学校层面界定;二是学校层面的功能是提供资源和质量管理。这两条经验,究其本质,其实就是分权。分权是美国构建国家体制的主要原则,也是美国式民主在管理领域的表现形式。大学分权的背后,既有美国传统文化因素的影子,也包含着人们对大学这种社会组织的复杂性的认识。

二、多管齐下,推动教育实践

(一)密西根大学的育人实践

在本科教育方面,密西根大学与美国绝大多数研究型大学一样设有文理学院。文理学院的设置既体现了美国本科教育的特色(强调通识教育),也体现了美国大学对本科教育的重视。密西根大学设立文理学院主要基于以下考虑:(1)知识是人类资本的一种形式,它改变了我们和世界的关系,因此,渊博的学识永远是有益的;(2)学生必须有充分的自由,选择将来智力发展的路径,无论是高中时期的准备还是大学入学考试,都不应该确定文理学科中的学习领域;(3)大学生不能过早职业化,广博的文理教育必须先于所有领域的职业训练,渊博的知识所带来的人文效应能培养出更优秀的专业人士,所有领域的专业教育都应当认可这个观点;(4)本科教育必须围绕一套分散于各领域的必修课程(占本科课程的大部分)和一套专业方面的课程(占本科课程的1/4)来进行;(5)文理学院的宗旨是为人生而学,不论经济状况是否改变,所学到的知识和技能都会在人的一生中体现其价值;(6)研究型大学应促进以研究为导向的研究生教育和文理学院的本科教育相结合,这对两者都有裨益。

密西根大学本科教育的主要特色体现在以下三个方面:

一是文理学院的育人特色。密西根大学共有本科生3万人,其中文理学院有1.7万名本科生,占全校本科生的57%。庞大的文理学院体现了密西根大学提出的大学使命——培养领袖和市民,而不是专业人才。密大文理学院院长认为,大学必须牢记本科生教育的使命:不是为就业作准备,而是为做人作准备。因此,文理学院的人才培养思路是实施通识教育。他还提出,一般说来在研究型大学,本科生专业要少于研究生专业;在研究生层面,硕士专业要少于博士专业。密大商学院院长则认为,美国大学的情况正在发生变化,"当前需要把重点放在本科教育上,而不是 MBA"。

但是,密西根大学文理学院在实践中也遇到了很多问题:首先,在规划和资源分配上存在困难,必修课和专业课并不总是相互对应;其次,院方认为必须提供的课程(如古代语言学)和学生想学的课程(如更多的经济学课程)之间存在固有的矛盾;再次,研究生教学和本科生教学也存在矛盾,教师往往更偏爱前者。

二是本科教育课程改革。以工学院为例,工学院每隔十年要进行一次大的课程改革。密大课程改革的原则有以下四个方面:(1)外部世界是否发生了变化,学生是否发生了变化,大学的利益相关者是否发生了变化;(2)大学对学生应该有什么期待,学生对自己有什么期待;(3)要考虑共同课程与专业课程的关系;(4)要提出有益于行动的建议。需要提及的是,工学院专业课是60个学分,有16个学分是通识教育课程。

三是本科教育对实践教学环节的重视。密西根大学的本科教育注重学生经历(体验),重视进行国际交换,提倡创业学习,鼓励学生自己做项目,请知名教授给本科生上课。各学院大都设有学生种子基金,资助学生开办公司,不需要教师的参与。以工学院为例,目前有十个学生开的公司,既有研究生,也有本科生。在学院层面有孵化器公司,帮助或为学生提供项目。

此外,密西根大学在服务学生就业方面也彰显了"以学生为本"的育人理念。按照规定,学校的就业服务中心必须以先进的科技方式每天工作24小时,每周7天可以被无间断地访问。除了利用招聘会之外,学校经常借助社会媒体为学生求职服务。就业服务中心不仅设在学校层面,院系层面也有。此外,学校成立了创业指导中心。就业服务中心和创业指导中心的工作重心是帮助学生了解自己,了解社会,主动策划自己的未来;有针对性地指导学生发展,积极促进学生发展。密西根大学发现,借助实习是提高就业的有效方法,不少雇主从实习生中挑选正式员工。因此,密大参加实习的学生比例在不断提高,1992年仅有17%的学生有实习经历,2008年则达到了50%。

在研究生教育方面,密西根大学有106个博士项目,90个硕士项目,共有7500名硕士和博士研究生。研究生分专业型和学术型两种。密西根大学研究生教育的主要特色体现在以下四个方面:

一是注重创新,强调跨学科、跨专业的理念。研究生院的主要职责除监督学生的研究进展,处理答辩申请和颁发学位等事务外,还负责推广跨学科项目。密西根大学给研究生院一定的基金支持,资助有潜力的项目和成绩优秀的学生。研究生院认为,促进研究生教育质量最主要的因素是教授孜孜不倦的精神和对学生的极力支持。研究生培养质量保障的关键是导师的创新能力,资助是招好学生、培养学生、出高质量成果的关键。

二是实行集中式管理。研究生院对所有学科领域实行集中式管理,研究生院有一个教师执行委员会,共有12名教师,是从3000名教师中选出来的,还有2名学生代表。每学期研究生院与各个教师定期举行1—2次会议。历史上,密西根大学研究生院行政的力量大,但现在其学术特征更为明显。

三是招生由教授决定。研究生院不负责招生,招生主要由教授来决定。对录取博士生数量问题,州政府不具有任何影响力,招生数量由各系系主任根据资金数量决定。学生就业因受金融危机的影响出现困难,密大博士生招收数量有所下降。柯尔曼校长说:"密西根大学不想让学生花五六年时间拿到博士学位,却找不到职位。"

四是重视对研究生培养质量的追踪。密西根大学每年都会对毕业研究生进行调查,以此来衡量研究生教学的质量,发现不足与需要改进的地方,进而提高与完善。调查问卷涉及研究生经历、导师、课程质量、发展机会等内容,主要侧重学生的研究质量,较少关注教授的研究质量。如何确保学生的研究质量是密西根大学当前正在思考的问题。

(二)密西根大学跨学科的办学实践

自柯尔曼校长提出"不合作就死亡"的跨学科发展理念以来,密西根大学始终把发展跨学科的研究与教学作为学校的一项重要任务,并通过一些带有"刚性"的措施,推进跨学科研究和教学。他们采取的具体做法包括以下三个方面:一是成立跨学科的研究平台,如生命科研中心;二是安排跨学科研究经费,通过经费资助引导和鼓励跨学科的科研和教学;三是将跨学科研究与教学作为学生通识教育的载体,培养学生的社会责任感,约束自身行为。

密西根大学的跨学科体现在多个层面,如跨学科研究、跨学科人才培养、跨学科管理等,以及系与系的跨学科、院与院的跨学科、学校之间的跨学科。经过几年的推动,目前密西根大学有二十多个交叉学科单位,如生命科学研究院、国际研究院和社会研究院等。密大在学校层面积极营造有助于跨学科研究与教学的资源配置方式、制度和机制,以及环境和校园文化。

例如,密西根大学把工学院与艺术学院、设计学院都放在北校区,以便进行跨学科的研究和教学。在密大工学院,有一个吴贤铭制造中心,该中心主要与艺术学院合作。工学院提出,今后还要进一步加强与艺术学院的合作。又如,为推进跨学科教学,学校成立了跨学科委员会。学校鼓励不同专业教师之间的合作,动员教授撰写跨学科的教学计划,并提供经费资助。密西根大学的《全球环境变化》课程,属于自然科学和社会科学的交叉课程,也属于交叉学科之一。该门课程由3—4位教授组成团队开展教学,协商教学材料,着重量化分析,营造跨学科的学习过程;学生在实验室练习,也在课堂作演讲报告,实现真正的"做中学"。这门课程在密西根大学已有20年的历史,已有4000多名学生上过这门课程。

如今,跨学科研究和教学已成为密西根大学人才培养和科技创新的重要途径,同时也成为该校服务区域经济、社会、科技发展的重要途径。从密西根大学提倡跨学科的经验来看,要把这一理念落到实处,首先需要有效的管理体制作支撑,构建跨学科研究的有效组织模式;其次有效的内部运行机制不可或缺;再次,发展与产业界的联系,获得产业界的支持是非常重要的解决途径。

(三)密西根大学的分权管理实践

密西根大学的分权管理实践主要体现在以下两个方面:

一是高度分权的管理体制。大学内部治理结构的高度分权,既可以说是密西根大学的特点,也可以说是美国研究型大学的一个共同特点。在分权管理的理念下,董事会给予校长很大的权力,校长又把权力下放给学院,各学院院长享有充分的学术权力和行政权力。学校鼓励学院自主、创新、负责,鼓励院系之间的竞争与合作,此类事情都由院长们决定。

现在,美国的大学基本上是"校长主外、教务长主内"的治理模式。在全美50个州里,密西根州政府是对州立大学影响最小、干预最少的,州政府没有高等学校事务委员会。

自1852年以来,密西根大学共有13位校长,早期没有校长,由董事会运作。密西根大学的八人董事会由密西根州公众选举产生,这一制度早在1850年就写进了州宪法(在美国只有密西根州和科罗拉多州的校董是民选的,其他州都由州长任命)。每个董事会成员每届任期八年,彼此任期相互交错,没有届数限制,每两年会拿出一个校董席位来选举。董事不领工资,是一种荣誉。董事会主要负责选聘校长,审定学校经营经费,审定大宗土木工程和地产交易,审定教授晋升和高层管理任命,制定政策以及提供向导。董事会下设两个委员会,即金融、审计和投资委员会以及人事、薪酬和管理委员会。董事会每年开会11次,会议分为非正式会议和正式会议两种。董事会的内部会议不能作出决策,如果要作出决策,必须召开公开会议。目前密大校董中有七人是律师。

二是密西根大学的教授治校。密西根大学把教授看作一种资源、一种伙伴关系,有些时候还是一种可贵的批评源泉。在密西根大学,主要学术职能由教授来主导,如创建课程、聘用和提拔教授、选择研究题目和出版途径、建立学生录取标准和选择录取学生等。

教授治校的依据来自于美国大学的核心准则——学术自由。只有学术自由才能保证大学在社会里的特殊角色——自由探究的场所。教学自由包括确定教授的主题、课程和教授方法,评估学生和教授的方法,确立学位要求和录取标准。研究自由包括建立与职业规范相符的研究日程,基于学术潜质来决定教授聘任,基于学术成就来决定提拔和给予终身教职,发布研究结果。另外还有两个方面的学术自由,即内部言论自由——评价和批评大学政策的自由,外部言论自由——作为公民个人参与公共辩论,不受院校限制和报复。

包括密西根大学在内的美国州立大学的分权管理有两个显著的特征。一是分散化的学术管理。美国的大学或者说高等教育在联邦政府层面没有统一的管理体制,而是通过州立大学的形式实行高等教育管理的分散化,而在一所州立大学中又倾向于学术管理的分散化。就是这样一种分散化和责任制,使高等教育的科研、教学处于不断的竞争压力之中。二是组织机构的完备、运作程序的严谨与公开。美国的大学治理结构,除了体系层级清楚之外,整个制度的公开透明是一个非常重要的方面。需要特别指出的是,大学一切事务与决策的公开,被认为是公立大学的特征。

(四)密西根大学的科研及其管理实践

在美国,获得联邦政府科研经费的多寡是表明一所大学地位的重要指标。2009年密西根大学获得该项经费约为6.55亿美元,占全校科研经费收入的64.4%。这项指标在全美大学中名列前茅,令密大人感到自豪。密西根大学科研的主要资助来源包括:联邦政府、州政府及所在地政府、行业及职业联合会、基金会/非营利组织、产业/企业。这样的经费来源渠道体现了密大科研及其管理实践的三大特色:

其一是搭建科研公共平台,注重科研成果转化。密西根大学的科研管理注重潜力发展与创新。学校积极创建科研公共平台,成立科技成果转化办公室,建立公司,力图通过科技成果转化为社会服务,为大学带来社会和经济效益,例如创建生命科研中心,设备和空间由中心统一支配和管理。

密西根大学的科研经费支出1999年约为5亿美元,2004年为7.5亿美元,2009年达到了10.16亿美元,比上年增长9.4%。在严峻的金融危机形势下,密西根大学在2009年能够收获近10亿美元科研经费、350项发明,并成功收购位于北校区的科研综合区,令美国的很多大学感到意外。面对这样的辉煌业绩,密大科研副校长认为,这得益于各个学科有高水平的教师。与此同时,随着跨学科研究理念的扎实推进,密西根大学平稳地重塑了科研的发展路线,这也意味着学校拆除了基础科学和应用科学之间的屏障,并在学术界和诸多伙伴之间建立了跨学科的合作关系,共同解决复杂的难题。

其二是注重改善与产业界的关系。在产业界自主的研究项目中,对知识产权保持一个现实的视角对合作双方都十分重要。密西根大学在协商知识产权条款上的一个关键目标是,权衡和取舍当前的研究资助和将来技术转化收益之间的利害关系。除了接受来自产业界的资金,学校还向产业界提供某些专门设施的使用权及存在剩余生产能力的服务,并从中获得收入。

长期、多重目的的项目关系,最令大学和产业界双方满意。密大有很多的主协议、预先商妥的标准条款和基本指示协议,这些协议大大加速了学校与资助者之间建立项目合同的进程,并提供了双方合作的诸多机会。

其三是设立各种委员会,对科研活动提供伦理及安全方面的监督。如院校伦理审查委员会、大学使用和护理动物委员会、利益冲突委员会、职业安全和环境健康和生物安全委员会等。

密西根大学是世界顶级的研究型大学之一。2009年,该大学开支预算总额为26亿美元,其中科研支出预算占39.1%。其科研方面取得如此的成功,可以归结为以下几个主要因素:一是有许多高水平的学院和专业;二是不仅拥有世界级的学者,而且还有一批具有创业者精神的教师,教师可以根据自身构想,利用可用资源开展科研,同时机构和基金会对创新性的想法往往会积极回应;三是日益增长的交叉学科的研究特性;四是学校为科研提供了非常可观的校内资金;五是优异的科研支持环境,如行政支持、硬件设施先进等。

(五)密西根大学的师资队伍建设实践

一流的大学要有一流的师资,两者相辅相成。一流师资的建设既要有经济待遇和学术自由的制度保障,也要有关注教师专业发展的机制。密西根大学的师资队伍建设实践主要体现在以下两个方面:

其一是教师的经济待遇和学术自由的制度保障。密西根大学实行的终身教职制度,是高水平教学和高质量科研的重要保障和有效机制。职称(助理教授、副教授和教授)显示的是职业位置,终身聘任则保证了教师的独立性。作为一种手段,终身聘任的目的在于确保教师教学、研究和校外活动的自由,以及充足的经济保障。这项制度确保了教师职业对有能力的人具有吸引力。终身聘任是共同治理的一部分。

密西根大学的治理自1837年3月18日颁布组织法案以来从未改变,大学由校董事会治理,行政人员和教师分享权力。在密西根大学早期的文件中,显现了两个原则:校董事会在作出决定时应该咨询、听取教师的意见,有时需要征得教师的许可;校董事会承认有些决定应适当取决于教师。

其二是教师专业发展的机制。密西根大学关注教师专业发展和教学能力培训。作为研究型大学,密西根大学一直对高质量教学给予更多关注。在教师专业发展方面,密西根大学通常关注教学培训,为教师提供专业技能的支持与训练。

密西根大学教学培训的主要内容,一是教学改进的策略,如在学科内做工作,对优秀的教学给予资源方面的奖励,资助教学方法创新和课程改革,突出创新而不是纠正,利用教学技术吸引教师参与改进,对新教师给予特别支持;二是教学改进的方法,如实施教师能够讨论教学和分享想法的项目,实施教师能够听取学生想法的项目,实施单独且保密的咨询,实施课堂观察,听取期中学生的反馈,实施项目资金竞赛,出版教学策略的读物和开发相关网站。

学校通过各种措施,吸引教师在教学中有效使用教学技术,以改善学生的学习,如在推广、支持、评估和传播四个环节中来推动,鼓励教师合作,合作形式既有教师之间的合作,也有与其他支持单位的合作。

密西根大学之所以对教师的教学培训十分重视,是因为他们认为,研究主要是教师个人能力和兴趣的事情,而教学是大学的使命。

三、筹措经费,提供有力保障

经费是一所大学赖以生存的经济基础,更是一流大学形成的重要条件,从这个意义上说,世界一流大学是用钱"堆"起来的。用柯尔曼校长的话说,大量的捐赠和不断增加的研究经费是密西根大学成为美国一流研究型大学的两个重要原因。那么,密西根大学是怎么做的?

(一)完善的组织运营

密西根大学的筹资之所以取得不菲的成就,得益于他们在校长的带领下,有一支很强的筹资团队,在筹资过程、方法、策略、组织和实施方面积累了丰富的经验。

首先,明确分工,各司其职。密西根大学董事会职责中与经费有关的内容包括审定学校经营经费、审定大宗土木工程和地产交易。董事会下设金融、审计和投资委员会。董事会的内部会议不作出决策,如果要作出决策,必须举行公开会议。

校长在筹资中扮演如下角色:为学校提供远景和方向;支持主管发展的副校长和保障人员在全国范围内的募捐活动;积极与捐赠人会面并参加全国的捐赠活动;在游说重要的捐赠人过程中扮演一个积极的角色;招募筹资活动的志愿者并在活动中与他们会面;向捐赠者的捐赠表示感谢。

院长在筹资中担当以下职责:陈述学院的清晰方向、前景及系列筹资工作的重点;为发展官员提供充足、合理的预算资金;每个月抽出几天时间拜访在学校和其他城市的潜在捐赠人;发展基金会以确立学院和学校收益的长期关系;利用基金会拓展资金来源渠道;在被邀请参与的教师中说明期望值;对学院发展官员的工作报以高期望;定期感谢志愿者和捐赠人。

其次,设立机构,配备专人。学校设立大学发展办公室、大学发展社区、大学社区三层组织,专设负责社会资金的筹款副校长岗位,同时给各级组织配备人员。大学发展办公室有160位工作人员,其中专职人员有30人,他们主要负责筹资,其他人员提供服务。另外,19个学院和17个部门还有320人专职从事筹款工作。

再次,思路清晰,过程完善。密西根大学筹资的一般路径是:选择与确定潜在的捐赠人——收集潜在捐赠人的信息——制定策略并协调潜在的捐赠人—密切联系潜在的捐赠人—吸引潜在的捐赠人—制定游说计划—游说捐赠人—完成捐赠协议—感谢捐赠人并管理资金。

(二)有效的应变策略

柯尔曼校长在研讨班上的演讲中提到:"尽管公立大学的政府财政拨款在减少,但公立大学所秉承的公共精神必须坚持。"政府财政拨款不够,在一定程度上为密西根大学提高适应市场经济的能力提供了契机。密西根大学为应对政府日益减少的财政拨款,除提高学费标准外,还在以下两个方面作出了努力。

一是在积极开展筹资活动的同时,有效运作捐赠基金。在过去五年中,尤其是金融危机后,密西根州政府预算出现困难,因而不再那么大力度地资助密西根大学。密西根州是全美唯一高等教育拨款呈负增长的州,增长率为－5.1%。面对这个困境,密西根大学重视多渠道筹措资金,筹资业绩显著。在过去五十多年里,密西根大学的筹资项目和私人支持不断扩大,如1946年以来密大已经先后发起五次筹资运动,1946—1953年筹资8500万美元,1961—1967年筹资7.2亿美元,1981—1987年筹资17.8亿美元,1991—1997年筹资14亿美元,2000—2008年筹资32亿美元,超过36万捐款者参与了募捐。在历次筹款中,实际筹资额度均超过了预定目标。在积极募捐的同时,密西根大学还颇有成效地运作捐赠基金。2009年,密西根大学的捐赠基金达到60亿美元,名列全美824所公立院校的第6位。根据2010年公布的调查结果,受金融危机的影响,全美大学捐赠基金平均损失了18.7%,密西根大学的捐赠基金在2008—2009年度下降了20.7%,但近十年内每年的投资回报率为9%,是同期其他大学投资回报率的两倍。

二是加强科研成果转化。如前所述,密西根大学科技成果转化办公室担当了转化学校科技成果的角色,并把追求科技成果转化中的领先发展水平作为学校发展目标。密大科技成果转化的内容包括发表和宣讲科研成果、教师咨询、会议及活动和将技术授权给商业合作伙伴等。

(三)严密的预算分配制度

作为预算主管,密西根大学教务长把年度普通资金预算分配给学术单位、公益单位(如图书馆、博物馆)、行政单位,但不给附属单位,如医院、学生住宿、运动场馆等,也不规定各单位使用何种预算系统。预算模型中大概有95%的普通资金给各单位,教务长和校长手中保留大约5%的普通资金以处理特殊需求及开启新的项目。2010年密西根大学的普通资金预算为13.5亿美元。

预算模型分配有四个目标:一是鼓励各单位设立优先目标并发展新的活动,二是在单位层面形成激励机制以实现资源的有效利用,三是为鼓励各单位合作提供途径,四是为中心行政单位提供充足的资源以完成其使命。预算模型的作用在于激励各单位科学高效地运用手中的资源,积极鼓励它们追求新的、高的、优的目标。

预算模型中有两种受资助项目:一是竞争型资金模型——项目拨款,这是最普遍的项目类型;二是产业界资助模型——合同,通常是非竞争性的,商业协议和项目结构占管理工作的一大部分。

密西根大学在经费预算中注重对教师和学生的资助。比如,学校支持年轻教师发展,为他们提供稳定的待遇。据了解,密大医学院和工学院的年轻教师加盟密大后,可获得大约100万美元的科研启动经费。另外,学校也给予研究生院一定的基金支持,以资助有潜力的项目和成绩优秀的学生。

四、我国研究型大学与密西根大学的十大反差

从密西根大学的情况来看,美国一流大学的办学理念并不神秘,对我们很多人来说并不陌生,基本上是一些人所共知、朴实无华的道理。然而,这些理念之所以如此让人印象深刻,是因为他们能够让这些理念成为学校的共识,并在办学实践中真正贯彻和落实这些理念,有扎实的行动去践行这些理念。反观我国的研究型大学可以发现,与密西根大

学相比,至少存在以下十大反差。

一是学校战略规划。尽管密西根大学认为学校的战略规划是一个"体现价值的文件",但令人诧异的是在密西根大学竟然没有学校层面的发展战略规划,而是每个学院都有自己的战略规划。以文理学院为例,该院制定计划的过程包括:(1)各单位准备五年计划;(2)院长办公室和经选举产生的教授委员会共同评审各项计划,并制定五年有效的资源配置;(3)对资源配置有明确的标准和程序的要求,例如,对所有申报教授的任命和终身聘任,都由同一个委员会根据学院的标准和程序评审;(4)每十年由同类机构的学者组团进行评估(也许是由于大区认证委员会每十年要对大学进行一次认证,学校的规划主要体现在认证报告里面)。反观我国的大学,在学校层面,战略规划的制定和执行往往是"两张皮",缺乏约束力。学院的战略规划更是杂乱无章,用一句谚语形容就是"脚踩西瓜皮,滑到哪里算哪里"。

二是跨学科的理念与实践。密西根大学通过校级层面的资源配置方式,以刚性、强制乃至高压的手段推进跨学科研究和人才培养,大大出乎我们的意料。反观我国的大学,除极少数大学正在进行跨学科的尝试外,这个问题并没有引起普遍的高度重视。教师的跨学科研究意识不强,各学科相对封闭,跨学科研究的研究平台、合作与运行机制、管理体制等,一系列障碍摆在我们面前。如果现在开始实实在在地重视这个问题,还可收"亡羊补牢犹未晚"之效。

三是大学文化。密西根大学注重校园文化建设,无论是教学楼、教室、图书馆、博物馆、休息室、餐厅乃至整个校园,都充满着浓厚的人文气息。在密西根大学历史上,博物馆很早就开始扮演重要的角色,在某种意义上是与大学的核心使命联系在一起的。有些博物馆致力于研究,有些致力于教学,对本科生和研究生意义重大。全校至少有12个博物馆且门类丰富。对于一个大学级别的博物馆来说,密西根大学艺术博物馆的展品水平已相当高了,新扩建部分的展馆模仿了纽约现代艺术博物馆(MOMA)的设计风格。最有特点的是其作品的文字说明,较其他博物馆要详实很多,很适合学生学习。密西根大学有 19 个图书馆和若干分布于校园各处的私人馆藏,有 800 万册图书、7 万多份期刊及 250 多万册数字化图书。图书馆 24 小时对学生开放。由此可见,博物馆和图书馆已成为学校完成教学和科研任务的重要资源。另外,在学校各个角落随处可见摆放的艺术品,这种随意却有心的校园文化让学生饱受艺术的熏陶,有助于培养他们的审美情操和艺术鉴赏力。反观我国大学的校园建设,更多地表现为"面子工程",如豪华的校门、观光电梯、雄伟的校园广场等;校园文化气息趋淡,物质享乐气氛渐浓,网络垃圾充斥校园,各种"门"的丑闻不断,严重影响了大学生的精神面貌和审美情操。

四是财政拨款。在美国各州,2009 年公立大学财政拨款占学校经费比例的平均值是 24%,密西根大学更低,仅为 20%。与此相对,2008 年我国公办大学财政拨款占学校经费比例的平均值是 45%,事业性收入占 55%。由此可见,政府对大学的财政拨款固然重要,但从长远来看,大学适应市场经济的融资能力更重要,这或许是一流大学必须具备的一种能力。

五是大学组织机构。在密西根大学,最大的两个组织机构是教与学研究中心和大学发展办公室(类似于我国大学的校友会)。教与学研究中心有近 60 人,主要任务是监控教学质量,既负责教师的专业发展,尤其是教学技能方面的发展,也负责学生对教学的满意度分析。大学发展办公室有专职人员 30 人,主要负责募捐,并为校友提供全方位的服务,包括校友的生老病死,以及帮助校友的孩子上学和找工作等。与此相对,在我国大学里,最大的组织机构显然不是这两个部门,即使是校友会,也较少涉及上述工作。从表面上看,中美两国大学存在组织机构设置的不同,而实质上反映的是两国大学对办学理念认知的差异。

六是对学院院长的考核。在密西根大学,学院院长有很大的权力,因此,对学院院长的考核与评价显得尤为重要。密大采取的方法是,在院长五年任职期满后,不是由校长对院长进行评价,而是聘请校外的至少五名教授来进行评价,其核心内容是:院长在任职期内是否根据学院的发展规划把学院带上了一个新的高度。反观我国大学,对学院院长的考核与评价虽有一套严密的组织程序,但重点显然不在是否根据学院的发展规划把学院带上了一个新的高度。

七是以生为本。密西根大学的本科生图书馆和研究生图书馆24小时开放,而且在午夜零点之后,学生从图书馆回住处,可以打电话给出租车公司,车费由学校买单。密西根大学的大学生就业服务中心也是24小时开放。此外,只要是密大的学生,有事提前预约,便可以进入学校所有的实验室做实验。密大的上述种种做法,在我国的大学里几乎就是天方夜谭。

八是人才培养。密西根大学在人才培养方面有两个特点需要引起我们重视:一是密大把本科教育的地位提得很高,二是密大实行的是比较典型的通识教育。我国的大学实行的是典型的专业教育,并已形成根深蒂固、积重难返的传统。尽管我国的大学管理者对通识教育的理论已经谙熟于心,但在实践中,尤其是面对社会对专业教育抱有极大的期待、希望大学生毕业之后就能上手的时候,对通识教育往往就敬而远之了。密大的经验告诉我们,通识教育是一种更有效的专业教育,是一种可以让人持续发展的教育。专业教育并不一定适应社会需要,实施通识教育是一种更好的选择。

九是本科生和研究生的比例关系。我们许多人认为,在研究型大学,研究生的数量应该大于本科生,或者至少两者持平。从密西根大学的情况来看,并非如此。此外,密大攻读专业学位的研究生人数也大大低于学术型学位。由此可见,我国在这个问题上对研究型大学的把握可能还不够准确。

十是本科生毕业率。在美国,本科生学习四年后的毕业率不到50%,密西根大学本科生四年毕业率是72.5%,本科生六年毕业率是87%。而在我国,本科生四年毕业率大致在95%左右。可见,美国是典型的宽进严出,而我国则是典型的严进宽出。宽进严出和严进宽出虽都是一种管理制度,但其背后反映的是中美两国大学不同的教育质量观。

五、思考与建议

研究型大学不仅是对学校定位的设计,更多的是办学理念在发展历程中的积淀和显像,即通过当前的自然状态显现出来,更深层次的是一代代教师对这种理念的接受、适应和创造。通过此次学习交流,我们可以看到,密西根大学已经历了经济衰退的洗礼,正在重塑公立大学发展的新路径。

对我国大学而言,我们可以寻求一种与西方大学不同的发展道路,但必须清楚一流大学的使命到底是什么,这样才不会迷失方向。从表象上看,密西根大学几乎是用钱"堆"起来的,但若从大学历史的角度审视,在其背后实际上还是大学理念在起主导作用。对追求一流大学的人来说,理念和成长显然比结果更为重要。如果忽略了一流大学的生成过程和路径,不能领会一流大学的生成机制,也许我们会走许多弯路。

一个国家在世界上的强大,几乎都有一流大学的支撑,都有一流大学的卓越贡献。基于此,我国对一流大学寄予了极高的期望,建设世界一流大学已经成为国人的梦想。目前,我国经济及高等教育的快速发展,进一步催生了更加强烈的建立世界一流大学的愿望,大学自身也产生了强烈的成为世界一流大学的冲动,我国也确实需要一批具有世界影响力的一流大学。《国家中长期教育改革和发展规划纲要(2010—2020年)》提出:"到2020年,高等教育结构更加合理,特色更加鲜明,人才培养、科学研究和社会服务整体水平全面提升,建成一批国际知名、有特色、高水平的高等学校;若干所大学达到或接近世界一流大学水平,高等教育国际竞争力显著增强。""加快建设一流大学和一流学科。"国家对建设世界一流大学充满了信心,作为"985"、"211"大学的领导,更是责无旁贷。为此我们提出以下建议:

一是在理论上重新认识大学的使命。现代大学制度建设,从表面上看是一个制度问题,在本质上是一个理念问题。例如,市场因素对大学的渗透和影响,网络技术对大学的冲击,高等教育规模扩张引发的毕业生就业问题,已经远远超出了历史上任何一次社会变革对大学制度的挑战。所以,越是面对纷繁复杂的观念变化和社会需求,越应该从大学理念的视角把握大学制度。我国大学现在最缺的恐怕不是制度,而是体现大学精神的文化。在我国今天的大学中,各种制度不可谓不多、不全、不细,但实际产生的效果却不尽如人意。相反,在大学中愈来愈强化的"制度现象",似乎正在加剧大学人对大学制度的抵触情绪。大学作为一种特殊的社会组织,维系其活力和发展的是大学精神。因此,在建设现代大学制度时,应该考虑大学精神。只有具备大学精神,才能真正成为大学。

二是改革投资体制。从国家宏观层面来说,我国政府对高等教育事业的资助意愿和力度,有助于实现高等教育公平和社会的和谐发展;从微观和高等学校层面来看,它显现了高等教育为社会服务的公共性质。但更为重要的是,一所大学特别是世界一流大学,仅仅依靠政府的投入是远远不能满足其办学需要的。通过提高教育质量和水平,培养优秀的学生,提供良好的社会服务,以卓越的品质和声誉赢得社会的广泛认同,获取较高的科研经费、社会捐助及服务收入,才是大学生存之根本,这也是世界一流大学的生命和活力之所在。因此,我国政府应该在大学可能的经费筹措渠道方面,有一定的配套制度安排。

三是深入探讨大学的专业化管理。密西根大学在融资、科技成果转化、教师发展等方面都体现了非常高的专业化水准。以筹资为例,专业化的筹资团队、科学的筹资方式、高效的筹资组织以及人性化的筹资方法等,都值得我们学习、借鉴。当前,我国的大学在管理上并不具备专业化的能力。社会正在关注"大学去行政化"问题,与此同时,我们大学自己还要关注管理专业化问题。这恐怕也是世界一流大学的一个显著特征。

四是人才培养模式需要进行深层次的改革。我国大学业已形成的人才培养模式具有如下四个特征：(1)人才培养过程中的诸多趋同。例如，人才培养方案趋同、教学计划趋同、专业趋同、课程趋同、教材趋同和教学方法趋同等。严重的趋同，既影响了大学办出特色，也导致了拔尖创新人才的匮乏。(2)过度的以教师、课堂和知识讲授为中心。例如，我国大学教学计划总时数世界第一，教学周数世界第一，一门课程的教学时数世界第一，必修课比例世界第一，学分数在世界上亦名列前茅。这些被人忽视的"世界第一"，究竟是有利于培养创新人才还是不利于人才的成长，人们往往较少去思考。(3)人才培养过程的诸多环节缺乏衔接，割裂严重。例如，必修课与选修课截然分开，主课与辅修课截然分开，素质教育课程与专业教育课程截然分开，本科生课程与研究生课程截然分开等。这些"截然分开"的后果是学生的自主学习缺少了空间，知识面明显狭窄，知识结构不合理。(4)以专业或系形成的人才培养方案，使整个人才培养过程局限在一个极度封闭的系统中。这些特征也是我国人才培养模式的弊端之所在，应寻找消除这些弊端的办法。

五是把学习权利还给学生。密西根大学的课程是向所有学生开放的，学生的专业是自己选择形成的。这种做法无疑体现了学生的权利，尤其是学生的学习权利。反观我国，大学是否认同学生的学习权利，显然目前还没有达成共识。我国大学的人才培养模式在观念和技术层面上都还无法满足学生自主学习的要求。从这个意义上说，在人才培养这个问题上，我国研究型大学与世界一流大学还有很大的差距。我们的大学要充分考虑学生的权利，首先应将学习权利还给学生。

六是培育大学精神和文化。密西根大学充满了大学的人文关怀，强调对人的理解、尊重、关心和爱护，注重培养人的自由创造精神与人的主体性。今天，我国大学在硬件上与国外大学相比差距在缩小，我们的图书馆藏书多了，操场变大了，餐厅宽敞了，但我们的大学精神却在衰微，大学笼罩在浮躁、功利的气息里。例如，师生交流少了，教师上完课就走人的现象多了，名牌教授更是牛气冲天，不愿教低年级学生，不认识教过的学生，学生也开始"看不起"学校。一个大学的人文关怀如同空气、阳光与水一般，不可或缺。大学是遗传和环境的产物，这是剑桥大学前校长阿什比(Eric Ashby)的名言。从这个意义上说，创建世界一流大学的过程，就是培育大学精神和文化的过程。过分的浮躁、功利、限制等，都不利于世界一流大学基因的生长。因此，培育大学精神和文化，刻不容缓。

通过此次学习，大学校长们一致认为，不是中国的大学不能有所作为，只要社会配套制度和办学自主权能够得到充分落实，中国的大学一定能够有所作为。我们在美学习期间，美国尚未从金融危机的低谷中走出来，但密西根大学的前任校长说："虽然美国面临着经济危机，但美国高等教育正在发生巨大的变化，这个变化将会影响整个世界的高等教育。"由此可以看出，美国作为一个经济大国和军事大国，对领导世界高等教育也有一个"大国梦"。我们中国一定要坚定建立高等教育强国和冲击世界一流大学的信心。

(本文原题《世界一流大学解读——以美国密西根大学为例》，
原刊《高等教育研究》2010年第12期)

非洲大学之旅:走进非洲与《走出非洲》

得益于厦门大学在非洲建立的两所孔子学院,我有机会访问了非洲6个国家的11所大学,横跨了东非、西非和南非。当下的高等教育学人,大都是西方大学的崇拜者,谈起西方大学,都可以滔滔不绝,信手拈来。殊不知,在非洲的大地上,还有许多让我们难以想象的大学,甚至近似于"原始"的大学,但就是在这样的"原生态"校园里,可以看到许多闪光之处。大学之伟大,就在于适应并服务本国经济社会发展;大学之神圣,就在于深深地扎根自己的土地。已经五年了,没有机会再次走进非洲,有点怀念曾经走进非洲的日子。

传说非洲是一片神奇的土地,踏上非洲一直是自己的梦想。在过去几年,得益于厦门大学的国际化战略,我有机会踏上这片神奇的土地。从2009年至2014年,先后四次赴非洲访问,走访了非洲6个国家的11所大学,分别是肯尼亚的内罗毕大学(University of Nairobi)、尼日利亚的纳姆迪·阿齐克韦大学(Nnamdi Azikewe University)、拉各斯大学(University of Lagos)、奥卡国立理工学院(Awka National Institute of Technology)、南非的斯坦林布什大学(University of Stellenbosch)、开普敦大学(University of Cape Town)、喀麦隆的雅温得第二大学(University of Yaounde Ⅱ)、埃塞俄比亚的亚的斯亚贝巴大学(Addis Ababa University)、马克雷大学(Mekelle University)、巴哈达尔大学(Bahir Dar University)、利比里亚的利比里亚大学(University of Liberia)。走进非洲,既圆了非洲之梦,近距离审视非洲大学的发展,又看到了非洲富有与贫穷的差距,还感知了非洲的文化与风土人情。

一、《走出非洲》与非洲印象

四次走进非洲,基本都与孔子学院的活动相关。第一次走进非洲是 2009 年 10 月 11 日—23 日,到了肯尼亚、尼日利亚和南非三个国家。此行是赴肯尼亚参加"非洲地区孔子学院 2009 年联席会议",11 日凌晨抵达肯尼亚首都内罗毕,会议注册之后,不想浪费在非洲的难得时光,下午就去参观凯伦·布里克森(笔名伊萨克·丹森)故居。到了故居才知道,凯伦是《走出非洲》一书的作者,她凭这本自传体小说获得诺贝尔文学奖提名。1980 年代,小说被改编成同名电影,斩获奥斯卡七项大奖,一举成名。如此耀眼的成就,我事先对此竟一无所知,好在凯伦故居有《走出非洲》(Out of Africa),买来看了后大致知道了《走出非洲》的梗概。没想到,第一次走进非洲,竟然是从《走出非洲》开始。

《走出非洲》展示了凯伦为何要走出非洲的心路历程。1914 年,年轻富有的丹麦姑娘凯伦随男爵丈夫旅居肯尼亚,经营一个咖啡农场。凯伦是一位具有反抗精神的现代西方女性,希望"原始非洲"通过她的努力变成"欧式非洲"。凯伦让她的佣人戴欧式的白手套,给庄园的河流改道,想要在非洲为土著办一所学校,但是遭到了当地的酋长和英国总督的嘲笑、反对,甚至她后来终于寻觅到的爱人、男主人公丹尼斯也持相反意见,因为他觉得"我们不是这里的主人,我们只是从这里路过的行人"。西方人理所当然地认为优越的西方文明应该覆盖一切,但丹尼斯认为非洲之所以非洲,是因为它的特性和风格,非洲人有他们自己的故事和文明,流淌的溪水有其不愿意改变的方向,辽阔的土壤不喜欢工业文明的味道。所以丹尼斯不需要"Out of Africa",因为他从来就没有"Into Africa"。后来凯伦的庄园被一场大火吞噬,她的爱人也离她而去,从"年轻富有"到"一无所有"像是作者埋下的伏笔。凯伦本想改变非洲,非洲却改变了她,非洲的自然环境、风土人情让她实现了自我意识的觉醒,辽阔壮美的自然风光让她看到非洲自有的神圣和伟大,从而变得包容和博大。她终于明白非洲不是欧洲的复制品,终于不再一心只想"Into Africa",而选择了"Out of Africa"。1931 年,她离开非洲回到了故乡丹麦,不再回去——"我总是一再启程,因为哪里都陋于非洲。"

一个小时的参观,即使有解说员的讲解,也无法区别"Into Africa"与"Out of Africa"的含义,更无法理解凯伦的内心世界。只是明白了一个浅显的道理:大多数的局外人,也许包括我自己,都是怀揣着猎奇或观赏的心态走进非洲,而身处其中的非洲人则带着失望或希望"走出非洲"。我对非洲的了解,就这样从《走出非洲》开始了。今天的非洲,已经成了传统和现代高度混杂的社会。全球化无孔不入地渗透到了非洲的每个角落。在原始丛林的窝棚里,你可以看到智能手机一天天增多,大学里到处是一群群西装革履的青年。但是,就在西方的立法、司法和行政系统建立的同时,传统的酋长制度不但依然存在,而且酋长仍然拥有很大权力,在有些地区甚至掌握着生杀予夺的权力。

第二次赴非洲是 2010 年 8 月 10 日—19 日,到了喀麦隆和埃塞俄比亚两个国家。此行是参加"2010 年孔子学院非洲联席会议",会议在喀麦隆的雅温得第二大学举办。两天会议安排得很满,没有机会多看几所大学,好在大会主办方给与会代表安排了志愿者,为我们的活动提供了诸多方便。我的志愿者、外向健谈的本科生戴安娜出生于典型的中产阶级家庭。她的父母是教师,舅舅和舅妈是医生。当我试探性地提出能否去参观一下时,她爽快地答应了。戴安娜每年学费 5 万克朗,相当于人民币 300 元。在喀麦隆,教师和医生的收入差不多,但医生的地位较高,经常有患者送"红包",生活条件远远好于教师。戴安娜说,大学毕业后在喀麦隆找工作很容易,她的理想是当一名老师。而我的同事谢作栩教授则说:在南非,大学生就业十分困难,一些冷门专业的硕士毕业生,申请开出租车都很难;硕士当小学教师或特殊学校教师就更难了。

访问埃塞俄比亚是意外之喜,而且是外交部长的邀请。在外长的精心安排下,我们访问了亚的斯亚贝巴大学、马克雷大学和巴哈达尔大学。埃塞俄比亚的高等教育起步很晚,全国最早的大学是成立于1950年的亚的斯亚贝巴大学。到了2000年,建成了13所大学;2010年,发展为22所大学。政府计划到2010年9月份,再增加10所大学。2000年埃塞俄比亚的高等教育毛入学率只有1%,2009年为10%。在埃塞俄比亚,上大学不用交学费,但要交住宿费、生活费。但这些钱上学期间不用交,等学生毕业后找到了工作,有了收入之后才开始交,目的是让更多的青年人能够上大学。公立高校男女生比例不平衡,女生目前只占到20%左右。2011年,埃塞俄比亚只有13所公立大学,大都集中于城市,且具有培养研究生资格的大学只有亚的斯亚贝巴大学等少数学校,能培养博士学位学生的大学则更少,亚的斯亚贝巴大学的研究生数量占到全国高校的90%左右。

第三次赴非洲是2012年1月30日—2月10日,率领厦大艺术团赴非洲三国孔子学院巡演,艺术团在利比里亚、尼日利亚两个国家进行了七场演出。在利比里亚首都蒙罗维亚市的演出是此次巡演最重要的一场,出席观看演出的嘉宾包括利比里亚总统瑟利夫(E. J. Sirleaf)、副总统博阿凯(J. N. Boakai)及众院副议长、部长、陪审大法官、国会议员、联合国维和部队特别代表团总司令穆罕默德·哈立德少将、各国外交使节等各界知名人士。中国驻利比里亚大使赵鉴华高度赞扬了此场演出,他说:"这场演出的规格是史无前例的,艺术团创造了一个外交奇迹。因为按照利比里亚的法律和安全保卫条例,总统和副总统不能同时出席一场社会活动。"艺术团在利比里亚期间,从下飞机到离开,始终都由我国驻利比里亚维和部队保障安全。为了感谢维和部队,艺术团赴维和部队进行专场慰问演出,艺术团的师生还特地到哨位上,为当时因站岗而不能到现场观看的执勤战士进行现场表演。

第四次赴非洲是2014年11月24日—30日,此行是参加由南非高教部举办的"中国—南非高等教育校园规划建设与能力发展研讨会"。四次非洲之行,亲眼所见的非洲与书本上的、想象中的非洲有极大的反差。有些印象刻骨铭心,乃至带来心灵的震撼。

印象之一:大学的厕所　在尼日利亚的阿齐克韦大学和利比里亚的利比里亚大学,厕所少得可怜。虽然利比里亚大学是全国最好的大学,但学校的工作和生活条件非常简陋。如果不是亲眼所见,根本不会相信整个大学校园只有校长办公楼有厕所。后来才知道,厕所不足的问题普遍存在于各级学校中。根据联合国教科文组织的数据,2016年,利比里亚小学中,有分性别厕所的比例仅为21.7%,初中有分性别厕所的比例仅为2.8%。在阿齐克韦大学,厕所也不是很多,只有高级职员的办公楼才有公共卫生间,学生如厕只能自己想办法,厦门大学孔子学院的老师上厕所也是个大问题。在校园的丛林里,不时可以看到随地小便的学生甚至老师,大家已然见怪不怪。教师的办公楼有厕所,但是随时需要上锁,钥匙由老师们自己揣在兜里,或者由专人看管。2010年,孔子学院扩建时,申请增加一个自由开放的卫生间,希望能给孔子学院的学生提供一个公共厕所,但是,这个计划因为不符合当地实际情况而流产。原因之一是水资源极度紧张,连老师的饮用水都是靠汽车定期运送补给,根本不可能提供冲洗厕所的水;原因之二是经济上的艰难,很少学生能用得起厕纸,基本都是用随手捡来的旧报纸、墙上的广告纸、作业本。所以,孔子学院希望用厕所让非洲文明起来的计划,没有实行两天,就只能入乡随俗,像当地学校一样,将厕所锁了起来,只能解决教师的如厕问题,特别是女教师的问题。

印象之二:"辩经"式课堂　在利比里亚大学,由于内战刚结束,学校没有一间像样的教室,建筑物的外墙上还残存着清晰可见的弹孔,教室的墙四面漏风。学校和学生没有钱买教材,连粉笔都没有。大多数的课堂教学以讨论为主,类似我国寺庙的"辩经",同学们围得里三层外三层。学校没有餐厅,学生中午吃饭都是在石头上架起锅,自己生火煮大麦。在阿齐克韦大学校园内,我们随时可以看到树下课堂——一个教授带着一群学生,在大树下围成一圈,这就是一个教室了。比这好点的,是大棚教室——一个巨大的凉亭式建筑,四面没有围墙,只有连体的桌凳,老师靠着自己的嗓子,加上一块黑板,就是一个教室了。这样的凉棚大得难以想象,几十米甚至上百米连起来,好几个院系同时在凉亭里上课,大家各讲各的课,时不时还向相邻的老师借支粉笔。各个课堂上课的内容交织干扰。一些正式的考试也常常在这样的大棚里进行。

印象之三:教授的地位 厦大艺术团在阿齐克韦大学演出后,学校宴请,吃的是自助餐。开始之前,校方宣布了取餐顺序:第一是艺术团的客人,第二是教授,第三是校长和处长,第四是工作人员。当我听到教授优先于校长和处长取餐时,内心一惊,这里对教授的尊敬出乎意料。在非洲,大学教授有着不菲的收入,不过校内的收入差距悬殊,特别是职称差别很大。在阿齐克韦大学,资深教授每月有大约50万奈拉的收入,大约人民币2万多元,绝对的高收入阶层,是副教授的两倍、普通讲师的三四倍。教授治理学校的体制也使得教授们有着极大的荣誉感。阿齐克韦大学定期举行的校务委员会会议,就是由教授和各学院院长(教授也是绝大多数院长入选的门槛)组成的审议会,可以讨论和审批学校的一切管理事务。在这个官本位严重的国家,虽然校长有着巨大的权威,但是教授从来都是受到尊重的。在到处是棚户的非洲,你可以看到,几乎每个大学的教授都居住在相当漂亮的私人别墅。

印象之四:校长官邸 厦大在阿齐克韦大学的第一任孔子学院中方院长是纪能文副教授。当我第一次到纪老师的住处,发现他住的是校长官邸,十分吃惊。原来,学校为了他住宿的安全与舒适,把校长官邸腾了出来,并为他配备了一辆轿车。在阿齐克韦大学,公车配备很普遍,学校的高级管理层,直至各个学院(包括孔子学院)的院长,都有学校的配车,还包括学校分配的司机和汽车的用油配额。资深副校长(行政副校长、教学与学术副校长各一名)离位后,可以免费带走自己的汽车,唯一的差别就是从此需要自己加油,自己找司机或自驾。

印象之五:保安的责任心 访问阿齐克韦大学时,学校给我们配了保镖。在入住的第二天早上起来,发现门口的台阶上坐着一个保镖。后来得知,为了保证我们的安全,他昨天晚上在台阶上坐了一宿。接下来的几天也都如此。真是令人感动!

印象之六:过高的文盲率　　根据联合国开发计划署报告,肯尼亚2004年成人识字率为84.3%,2010年成人识字率近90%,在非洲国家中名列前茅,其余国家的文盲率都较高。2006年,尼日利亚文盲率约为47%;2003年,利比里亚的文盲率约为58%;1995年,喀麦隆成年人的文盲率为37%,东部地区的文盲率更高;2004年,埃塞俄比亚成年男性识字率为50%,女性识字率为23%。据联合国儿童基金会的数据,2018年尼日利亚失学儿童数量上升至1320万。

印象之七:过高的生师比　　在埃塞俄比亚,亚的斯亚贝巴大学的生师比为37.9∶1,马克雷大学为34∶1,巴哈达尔大学为29.1∶1。在利比里亚,利比里亚大学2009年在校生17620人,教职工331人,生师比高达53.2∶1。

印象之八:面积很大的校园　　访问的11所大学,校园占地面积一般都是几百公顷。例如,巴哈达尔大学有三个校园,未来会有六个校园,土地都是政府无偿划拨。阿齐克韦大学在校生有3万人,校园有9000多亩,校园里种了许多玉米,就像是一个农场,且有许多野生的猴子在校园里嬉戏。阿齐克韦大学校园内,没有任何住宿区,每天放学后,教师下班回家,学生散去,校园便是空空如也。由于没有电源,晚上校园漆黑一片,只有保安打着手电,来往巡逻。

印象之九:有温度的文化　　在南非的大学中,校领导的构成有白人与有色人种的比例问题。如斯坦林布什大学的国际处处长、厦大的老朋友罗伯特博士,就是因为是白人,几次未能如愿当上副校长。在阿齐克韦大学,凡有老师过生日,校刊都会登出以校长名义发来的贺信。每逢厦大孔子学院的教师过生日,也都会在校报上看到校长的祝福,十分暖心。

印象之十:大学的仪式感与课间舞蹈　　阿齐克韦大学的法学院

要求所有的学生,无论多热的天气,都要西装革履,才能进入学院。此外,在非洲的大学校园,经常可以看到学生围在一起跳舞。这种独特的课间活动,不止是学生的嬉戏与娱乐,更是一种源自内心的爱与自由的表达。

印象之十一:动听的城市名称　肯尼亚首都内罗毕,拥有"东非小巴黎"和"阳光下的绿城"之称。城市绿树成荫,花团锦簇。埃塞俄比亚有三个动听的名字——东非水塔、非洲屋脊、美女之国。之所以被称为"东非水塔",是因为非洲的母亲河蓝色尼罗河(Blue Nile River)发源于此。"非洲屋脊"的称呼来源于首都亚的斯亚贝巴 2400 多米的海拔高度。

印象之十二:一个国家有三个首都　南非是世界上唯一同时存在三个首都的国家。2009 年,行政首都是茨瓦内(Tshwane,原名为比勒陀利亚),是中央政府所在地;立法首都开普敦(Cape Town)是南非国会所在地;司法首都是布隆方丹(Bloemfontein)。

四次非洲之行,让我永远不能忘记的一句话是阿齐克韦大学校长约瑟夫·阿汉勒库(Joseph Ahaneku)说的:"我们是穷国办大学,国家的高等教育资源十分有限,我们的大学也是资源局限型组织,但穷人家更要养出好孩子。"朴素的一句话却道出了高等教育之于贫穷、管理者之于高校建设、学习之于学生的深刻内涵,道出了深刻的教育情怀。

每次到非洲,都可以感受到巨大的贫富差距。非洲国家的基尼系数都很高,根据全球扶贫工作组的数据,喀麦隆、埃塞俄比亚、利比里亚、尼日利亚、肯尼亚、南非生活在国家贫困线以下的人口的百分比分别为 37.5%(2014)、23.5%(2015)、50.9%(2016)、46%(2009)、36.1%(2015)、55.5%(2014)。在非洲可以看到大片的棚户区,如开普敦的棚户区有 150 万人,内罗毕棚户区有 80 余万人。开普敦的棚户区主要是纳米比亚、博茨瓦纳等国家涌入的非法移民。因为南非不实行户籍制度,法律规定可以自由迁徙。政府出资为棚户区通电通水,使棚户区的居住条件逐步改善。真的很难想象,就在一条路的两边,一边是棚户遍地,一边是豪宅林立,完全两个不同的世界。每当经过棚户区,我都想叫司机带我们去看一看,但都被他拒绝,因为棚户区的治安环境很差,即使当地人进去都很危险,容易遭到抢劫。在内罗毕、开普敦等大城市,可以看见铁皮屋和豪宅并存的现象。在内罗毕的大街上,也许是联合国的数千雇员构成了巨大的高消费人群,豪车比比皆是;在开普敦海边的半山海景别墅里,隐藏着贝克汉姆、撒切尔夫人的儿子、戴安娜王妃的哥哥等各界名流。南非南部沿海地区的存在,使我们看到了非洲大陆巨大的贫富差距。在开普敦等沿海地区,我们看到的是十足的现代风情和典型的欧洲特色。这里高楼林立,别墅联排,气候宜人,商品琳琅,来来往往,你能看到的更多的是白人,而不是有色人种。这和大家印象之中的其他非洲地区,特别是南撒哈拉地区、东非地区,形成了巨大的反差。

每次到非洲,都可以感受到非洲的自然美,尤其是开普敦的好望角、桌山、福尔斯湾等,景色十分优美。好望角是海的尽头和陆地尽头的结合处。正是在这里,大海的美与陆地的美紧紧地融合在一起,海水的碧绿,浓郁得像是一块融化的翠色碧玉倾泻于此。在靠近海岸之处,熠熠发光的白色沙滩与碧绿的大海底色相溶,仿佛大自然的调色板。白色的沙滩、碧绿的大海、岸边上无尽的帝王花(南非国花)、强劲的海风,让人流连忘返。企鹅、海豹、狒狒、羚羊不时地在海边上的公路上出现,宛然一幅动态的风景画卷。

二、斯坦林布什大学瑞滕波什小学印象

总结非洲高等教育的共同特征,是一件很困难的事情,因为不同国家经过不同的殖民时期,每个国家都深深地留下了殖民地时期的痕迹。如南非、尼日利亚和肯尼亚曾是英国的殖民地,喀麦隆曾是法国的殖民地,埃塞俄比亚曾是意大利的殖民地,利比里亚曾是美国的殖民地,宗主国的痕迹依稀可见。四次出访非洲,两次到斯坦林布什大学和阿齐

克韦大学,原因就是厦大与这两所学校合作建有孔子学院,而这两所大学基本上是采用英国大学的办学模式。

在斯坦林布什小镇,有一所在非洲乃至世界享有声望的高等学府——斯坦林布什大学。该校建于1866年,是南非最古老大学之一。经过一个多世纪的发展,学校的教育质量和科学研究位于非洲乃至世界前列,在学院学生构成中,研究生比例在南非所有大学中最高,占学生总数38%,并且有8%为国际学生。在整个非洲,排名前十的大学,南非占了八所。

斯坦林布什镇颇有欧洲风情,居民主要以白人为主,全镇给人印象最深刻的就是白——白色的教堂、白色的房子、白色的茶具、白色的菊花、白色的汽车、白色的排水沟等,白得宁静、淡定、优雅、高贵,给人一种纯洁清新的味道。漫步在白色小镇,令人忘记一切烦恼,使躁动的心归于平静。令人惊奇的是,在这个以白色为主要基调的小镇上,又会使你感到白与黑的反差。例如,白色教堂的黑色尖顶,教堂门口一白一黑的人物雕塑,白色建筑前的黑色人物雕塑,上黑下白的路标,白色矮墙头上的黑色小猫……心中又不禁充满了疑问:为什么在一个以有色人种为主的国家中,有这样一个白人小镇?为什么在小镇崇尚白色的同时,会有黑色的衬托?南非只有8%的白人,目前已经出现了类似于美国的"反向歧视"现象。也许由于这样的缘故,越来越多的白人开始向小镇聚集,小镇成了白人的领地。

"斯坦林布什大学的校园与斯坦福大学很像。"当我脱口说出这一印象时,陪同的人告诉我:不止你一个人有这样的观感。校园的许多建筑几乎都掩盖在树荫里。这是一个以白人为主的大学,80%的学生为白人。有色人种很难进这所大学,主要原因在于该校主要教学语言为非洲荷兰语(Afrikaans),在研究生阶段用英语教学。据记载,非洲荷兰语由300年前的荷兰人抵达非洲大陆之后所创造,也算是传统意义上的白人语言,因此现在的荷兰人也能听懂。正是由于语言的限制,有色人被拒绝在了这所百年老校的大门之外。为了改变这种状况,南非政府向学校提出,如果多招一个有色人种学生,政府给予高额补贴,但校方不为所动。

斯坦林布什大学的建筑别具一格。法学院的欧·胡佛格博(Ou Hoofgebou)楼是极具代表性的历史建筑,大楼可追溯到1880年12月20日,由建筑家卡尔·奥托·海格(Carl Otto Hager)设计,1886年11月6日竣工。1964年斯坦林布什大学扩建了这幢楼的两翼,目前该楼归法学院使用。由于竣工至今已有一百多年的历史,师生们亲切地称之为老主楼。2015－2016年,南非爆发了全国性的学生抗议运动——"学费必须降低"。在大规模的抗议活动中,学校多栋建筑被烧毁,但历史悠久的欧·胡佛格博楼却完好无损。这或许正好说明了老主楼在人们心中的地位,因为这不仅是一栋建筑,而且还是斯坦林布什大学的历史地标。

斯坦林布什大学的中心地带被称为"红场",地面皆为红砖铺成。在红场下面有一个地下两层的图书馆,是世界第一个地下大学图书馆。为什么把图书馆放在地下?请教了几个人都没有得到答案。学校的硬件设施非常好,学生公寓几乎都是两人间,每个学生公寓都设有内务委员会并配备工作人员,以维护学生的安全,监管、协助学生的社交活动。公寓内配备有洗衣房、餐厅和共用起居室。女生公寓设有公共休息室,而男生公寓甚至设有酒吧,完全超乎人们的想象。

南非盛产葡萄酒,全国有4000多个酒庄,斯坦林布什大学就是一个被酒庄包围的世界,校园周边有三百多个酒庄。基于这个便利条件,南非唯一的葡萄种植与酿酒学院就开设于此,成为享誉世界的红酒研发基地。到斯坦林布什大学,参观酒庄是必不可少的行程。在酒庄,可以免费品酒,可以举行婚礼;在酒庄,可以看到非洲的油画、雕塑和各种工艺品。酒庄既是一个酒的世界,也是一个艺术世界。

斯坦林布什大学作为一所百年老校,其内部管理有许多做法值得借鉴,大致可归纳为如下九点:

——校长的职业化 一位教授若被聘为校长,其称呼就变为某某博士,或某某校长,绝不允许再称呼为某某教授了。校长的职责就是尽责做好董事会委托的大学管理工作,必须全身心投入学校的管理工作,不能再从事教学和科研工作。

——管理队伍的精干 学校有3万多学生,仅设八个二级学院,每个学院只有一位院长(dean),配备一位院长秘书,专职处理全院的人、财、物等方面的管理事务。学院下设几个系,系主任(chairman)与各专业负责人协同管理教学与考评等工作。每个系设一位教学秘书,协助管理全系的教学工作。教师的评聘由系教授会确定标准,是否聘任由系教授会面试决定后,报院长批准。

——教学质量评估 斯坦林布什大学非常重视质量监控。在本科教学方面,南非有内部质量保障体系(Internal Quality Assurance, IQA),由各系自行决定聘请外部专家来评估,全校不做统一部署。大学不设教务处这样的职能部门。

——管理质量评估 所有学校层面的管理职能部门主任(相当于国内大学的处长),每年都要接受全体正教授和二级学院院长的评价:合格者可续任,优秀者(10%)薪酬增加6%-8%,不合格者聘期一到就解聘。每个职能管理部门,如外事处、研究生处等,每隔三年就要自行聘请外校和国外专家来做管理质量评估(Management Quality Assessment, MQA)。

——大学招生实行申请制 学校是按学院招生,一些热门专业很受追捧,如法学院报名人数是招生数的三四十倍。学生若申请不到法学院的入学资格,就申请文学院,拿到文学"荣誉学位"(honor degree)后,再学习一年研究生课程并做学位论文(相当于中国的研究生一年级),才申请到法学院的本科生入学资格,又开始读法学院的一年级。按学院招生后,各专业教师在开学初的前两周(试听周)授课中,都使出浑身解数,吸引学生学习本专业。第三周,学生交了某专业课程的学费后,就相当于确定了专业,即使反悔,也不再退还学费。

——大学实行学分制 学生期末考试不及格,没有补考、清考一说,只有交钱重修。有的学生要学习 5—10 年,本科才能毕业。热门专业的教授为保持其专业的精英性,不肯扩招,学校也不存在调专业的现象。

——专业按成本收费 学费是按专业课程实践性高低等教学活动成本计算的,如土木工程专业的学费比建筑学高一倍;首饰专业还要求学生自己购买金银等贵重材料进行实践教学,毕业后可以带走自购的贵重材料。

——吸引人才的政策 学校对本校教师子女接受高等教育有很好的优惠政策。如果教师子女考入本校,可以免去学费;如果教师子女想读的专业在本校没有,校方会支付他们在其他大学读书的学费。因此,学校的教师队伍十分稳定。

——关爱学生 学校规定,教师不得在学生食堂用餐,因为学生食堂的午餐价格大约减半。除了餐饮补贴之外,学校对学生的安全也极其重视。晚上七点之后,如果女学生尚未回到宿舍,便可以给校内警察打电话,由警车送回去,以确保安全。即便是女学生晚上出去喝酒,只要打电话到警察局,警车也照送不误。

在访问斯坦林布什大学期间,在谢作栩教授安排下,我们参加了孔子学院与瑞滕波什小学(Rietenbosch Primary School)孔子课堂签约仪式,顺便了解了南非的基础教育,这是额外收获。校长告诉我们,这所招收有色人种孩子的小学有 824 名学生,有 35 位教职工,其中 22 位教师的工资来自政府拨款,其他教职人员的工资要靠学校自筹。校长说,每个学生的办学成本需要 2000 兰特,而政府给的生均拨款只有 569 兰特。出于无奈,学校"发明"了一系列创收办法,大致如下:

——学费 交不起学费的学生,可以从家里带各种农产品抵交,如鸡蛋、鸡肉、鱼、水果、粮食等,老师再把这些农产品加工成各种小食品,在校内的小商店出售。

——校内小商店 出售教师做的各种小食品、学生从家里带来抵交学费的各种东西(也是以食品为主)。学校每天安排两个教师当售货员,除了校长之外,所有的教职员工都要在课余时间加工制作食品。

——文体活动 学校文体活动是创收的重要手段,主要靠卖票创收。活动既有学校层面的,也有班级层面的。门票价格依据活动内容不等,最高的是橄榄球和足球等体育活动的门票,大约 20 兰特。

——校服罚款收入 学校规定每天都要穿校服,如果在周五这一天没有穿,就要罚款 2 兰特。老师和同学一般都有意在周五这天不穿校服,所谓的罚款实际上相当于捐赠。

——捐赠收入 这次签约孔子课堂之后,中国汉办每年投入 1 万美元,这对该校来说是一笔很大的投资。

校长从教 35 年,做了 15 年校长。面对拮据的经费,我问他为什么还要做校长?他回答说喜欢这个职业。签约休息期间,校长拿出了教师们做的春卷给我们吃,并且开心地说道:"签约之后,我办公室的电脑终于有钱换新的了。"谢作栩教授说,该校条件在南非属于中等偏下,还有条件更差的,好在南非所有中小学都给学生提供早餐和午餐,因此有色人种孩子都积极上学,在学校吃了午餐后,晚上回家就不用吃饭了。这政策与我国义务教育有很大不同,能否称之为"引诱教育"呢?

三、非洲风情与文化

走进非洲,你可以领略到舞蹈的野性之美。从他们的表演中你可以看出争斗,又能见到和睦。尤其令我惊奇的是,在简单的音乐中,演员的动作是如此的整齐划一,他们的音乐和舞蹈细胞是与生俱来的。吃着非洲烤肉,看着非洲舞蹈,你会浮想联翩,沉浸在美好的享受中。这一刻,或许你才真正走进了非洲。舞蹈演员身上的每一块肌肉似乎都被调动起来了,尤其是臀部肌肉的调动。从文化的角度来看,世界不同的地域招待客人的方式不同。比较一下,可以发现,在中国,舞蹈是艺术是表演给别人看的;在非洲,舞蹈是生活,是用来表达自己感情的,是一种本能,与有没有人看没有关系。人们开心激动,跳舞;不开心郁闷,也跳舞;婚礼、庆典是跳舞的时候;葬礼和驱邪等场合更是跳舞的时候。纪能文副教授告诉我:有一次在阿齐克韦大学的校务会议上,校长宣布一个大概是可以涨工资的决定,一群教授立即站立起来,走到会场中间,跳了一会,然后坐下来继续开会。有一天,一位教授去世,老师们同样围着灵柩跳舞,为他送行。

走进非洲,你可能惊讶于汽车的普及程度。原来,非洲国家的汽车几乎都是日本的二手车,马路边最多的就是汽车修理行。听驻喀麦隆大使馆的郑参赞说,日本把淘汰的二手车都无偿送给了这些非洲国家,但汽车配件是要买的,他们主要的盈利方式是销售汽车配件。真是"聪明"的日本人。

走进非洲,你可以感受到足球的魅力。在公路旁,经常可以看到许多赤裸上身的男孩子在踢足球,这里虽然没有草皮,只有两根木头支起的球门,但是孩子们踢得很开心。不由使人想起被誉为非洲雄狮的喀麦隆足球队和西非雄鹰的尼日利亚足球队。

走进非洲,你可以感受到非洲人的淳朴。去尼罗河的路上,路边的孩子们看到我们的车,不时地向我们招手,就像40年前的中国,乡下孩子们一看到汽车,就兴奋得不得了。我曾几次走进路边的住户家里,几乎都是家徒四壁,年轻的妈妈身边往往都是几个甚至十几个孩子。我的志愿者戴安娜,有兄弟姐妹十人。非洲的高出生率,除了有原始的生殖崇拜的原因之外,在简陋的医疗条件下,极高的婴幼儿死亡率恐怕也是一个因素。一位的士司机曾告诉我,他有兄妹15人。他问我有几个孩子,当我告诉他,中国实行的是"独生子女"政策时,他大声惊呼:"如果上帝把你的一个孩子拿走了,你不是什么都没了?"纪能文副教授告诉我:在尼日利亚南部的依波地区,询问孩子的个数,居然是个禁忌。他做客依波朋友家时,曾随口问过主人,有几个孩子,久久没有得到回答。后来,同行的一位当地的朋友悄悄告诉我,这是个不可以公开打听的问题。依波原始的习俗认为,每个孩子都是上帝的礼物,没人嫌弃孩子多了。而不断地回答孩子的个数,会让上帝感到,礼物多了,你已经厌烦了,上帝就不再给你了。

此外,值得一提的是,埃塞俄比亚使用与世界各国完全不一样的历法体系,不仅有不一样的年份、日期,甚至每天的计时都有完全不一样的习惯。据说这源于700年前他们与西方国家关于基督诞生日的一场争论。他们觉得公历纪年(Gregorian Calendar),也就是我们现在说的阳历依据的基督诞生日的说法不正确,他们认为基督诞生日应该更晚些。因此,他们确定的埃塞俄比亚历法体系的年份比阳历晚了八年。虽然月份与西方历法体系相同,但计算方法不同,因此日期也有差别。得知了埃塞俄比亚的独特历法体系以后,不由得吓了一跳,也暗自庆幸这次到埃塞俄比亚的访问没有因为历法不同造成误会。因为按埃塞俄比亚的埃历,我们的访问时间应该在5天以后!于是,我问接待官员:是否因为两套历法而造成诸多麻烦?接待官员告诉我们,没有这种情况发生。在埃塞俄比亚,凡是受过教育的公民,都更加倾向于使用阳历,手表的设定也根据阳历。但对于没有受过教育的普通公民,在本国范围内都很自然地使用埃塞俄比亚自己的日期和计时方法,这和我们阴历、阳历并用很相似。

遗憾的是,四次访问非洲,都没有机会游览非洲动物园,只是在内罗毕开会期间,主办方安排了游览位于市郊的纳库鲁(Nakuru)国家公园。这是非洲第一个保护鸟类的国家公园,以火烈鸟闻名于世,火烈鸟数量达220万只,占世界火烈鸟总数的三分之二。在公园里,每当一个司机发现了动物群,就会通过对讲机告诉其他司机,然后所有的车就会一窝蜂地疾驶过去,场面很是壮观。

四次非洲之行,都可以深深地感受到中国的印记。在埃塞俄比亚,我们看到了由中国援建的高达100米的非盟总部大厦。在喀麦隆杜阿拉,入住的大中华饭店就是由中山大学一个校友办的。他告诉我们,在他1995年刚到杜阿拉的时候,整个城市只有九个中国人,如今,杜阿拉已有近3000个中国人。在拉各斯,有西非暨尼日利亚华人华侨联合总会和尼日利亚中国总商会,拉各斯最好的东方大酒店就是华人开的。

最后建议大家,如果有机会去非洲,一定要事先做些功课。有两本书值得阅读,一本是凯伦的《走出非洲》,一本是张远翔的《动物天堂:肯尼亚》。这两本书将告诉你非洲的历史和大自然的神奇。

(本文原刊《复旦教育论坛》2019 年第 2 期)

伊朗的大学之旅

2009年8月6—12日,应伊朗伊斯法罕(University of Esfahan)大学的邀请,我和谭绍滨教授赴伊朗访问。这是我第一次出访中东国家,好奇和神秘感使我暂时淡忘了伊朗近期连续三起飞机失事、大选后的街头抗议和好心朋友善意的劝阻,勇敢地踏上了赴伊朗的行程。

一、伊朗印象

波斯帝国、两伊战争、伊斯兰革命、石油、沙漠、干旱、核武器、与西方抗衡,伊朗在我的记忆中始终和这些词语联系在一起。谈起经济、宗教生活、教育和风土人情则知之寥寥。七天紧锣密鼓的行程下来,新鲜场景、奇趣故事层出不穷,神秘感已逐渐消散,慢慢展现在面前的是一个友善、干净、休闲、"讲政治"的伊朗,其经济发展水平与我国1980年代中期的水平大致相当。

我们领略了伊朗的"特立独行"。在大多数外人的眼里,伊朗属于阿拉伯国家,可事实上,虽然伊朗绝大多数人信仰伊斯兰教,但伊朗始终不认为自己是阿拉伯国家。除此之外,伊朗的特别之处也俯拾皆是。其一,伊朗说波斯语,而不是阿拉伯语,这也是伊朗否认自己是阿拉伯国家的一个重要理由。"伊朗"的字面意思是"雅利安人的国家",因此伊朗人更习惯自称雅利安人。其二,伊朗的公休日是周四和周五,周六和周日照常上班。其三,伊朗的男卫生间没有小便池,站着方便被认为不卫生……

宗教在伊朗人的生活中是十分重要的,我们时时刻刻都会感受到弥漫在周围的宗教气氛。在伊朗,每人每天要做五次祷告,陪同我们的赛义德教授经常会挤出时间去做祷告。因此,所有机构、家庭,包括机场大厅、商场、大学校园都有专门的祷告场所,为大家提供方便。大学里祷告的时间相对固定,祷告的音乐声和上下课的钟声便时常交替在耳边回荡。在街头,在商店,在学校,所到之处随时可以看到宗教领袖霍梅尼和哈梅内伊的画像。出乎意料的是,在浓厚的宗教气氛中,却不时地感受到非宗教的色彩。在我们所接触的人当中,对于聊一些政治话题非但不忌讳,而且他们明确地告诉我们,伊朗的许多问题都能找到"政治"的影子:总统选举、福利政策、大学校长产生、大学管理等问题都与政治有千丝万缕的联系,这一点令我颇为费解。强大的宗教影响与"政治"之间难道有着什么内在关联?尤其是我们接触的几个年轻的博士生、硕士生,谈起伊朗的政治、宗教乃至涉及他们自身的出国留学政策,都不乏见解,且头头是道。然而,我能听得出来,宗教对年轻人的影响在相对下降,伊朗正面临着深刻的观念冲突与价值选择,否则你就会很难理解,虽然宗教领袖哈梅内伊已经站出来声援内贾德,依然会有人上街示威游行。

　　此次访伊,正值伊朗大选刚刚结束,内贾德连任成功。但反对派对选举结果抱有异议,指责选举存在舞弊行为,大规模示威游行依然持续不断。我们去伊朗前,由此引发的街头暴力冲突至少导致20人死亡,数百人遭拘捕。我们是8月5日晚上十点半抵达德黑兰的,这一天恰巧是内贾德宣誓就职、开始第二个总统任期的日子。按照原计划,我们应该在德黑兰先停留两天,然后再去伊斯法罕。或许是从安全的角度考虑,邀请方临时决定我们先去伊斯法罕,暂时避开这一敏感时期,返程时再在德黑兰停留。当我们走出机场,一切都显得十分平静,感觉不到任何的紧张气氛。第二天,负责接待的赛义德教授才告诉我们,德黑兰昨天还是爆发了示威游行,许多军警全副武装上街警戒,不过没有发生暴力冲突。

　　在伊朗这七天,经常会听到对内贾德的议论。内贾德现年52岁,以对西方国家强硬闻名,尤其是因他公然蔑视美国的权势而在一些地方备受推崇。在支持他的人看来,内贾德是一个好总统,一个很亲民的总统。最让支持者津津乐道的是,从他第一届总统任期开始,每个月他都会抽出十天时间,带领全部内阁成员到一个城市了解民情。每到一处,他和部长们会兵分几路下到普通百姓尤其是低收入的家庭,嘘寒问暖。对低收入家庭当面提出的要求,他往往会当场开出"支票"。在他第一个总统任期内,几乎走遍了伊朗所有的城市及乡村。因此,此次总统选举中,低收入阶层给予了他极大的支持,他也自认为是世界上最体恤民情的总统。中产阶级则对他这一做法颇有微词,在他们看来,这种做法根本没有必要,无非是在炫耀权力。因此,此次的大规模示威游行,参加者以中产阶级居多。

伊朗原本十分富有,但由于西方部分国家的长期制裁,经济多年来一直低迷。现今伊朗的银行存款利率是 20%,但通货膨胀率却是 25%。在伊朗,惟一便宜的就是石油,国家每个月配给每辆汽车 100 升低价汽油,每公升汽油折合人民币仅有七毛钱,超过部分每公升折合人民币也只有三元钱。也许是这个原因,伊朗在 20 年前就基本普及了汽车,成为了一个汽车王国。但汽车的档次不是很高,大多数排气量在 1.4L—1.6L,很少见到国外的高档车。我们在伊朗七天,有两次经历让我们体验到了伊朗汽车的质量问题。第一次是我们到的当天晚上,在从德黑兰到伊斯法罕的途中,在距离目的地大约 50 公里的地方,我们的汽车没油了。茫茫沙漠,前不着村后不着店,我们一时手足无措。沉沉夜幕中,开车的小伙子站在马路边,不时向驶过的汽车招手示意。终于有一辆车停了下来,开车的小伙子丢下我们,带上两个大可乐瓶,就上了那辆汽车。大约一个小时过后,小伙子拎着从前方加油站带回的两可乐瓶汽油回来了。我们又继续赶路。到宾馆,已是凌晨四点,侍者见到我们的第一句话就是"Good Morning"!第二次是在去卡尚(Kāshān)游览返程的路上,刚离开卡尚大约 20 多公里,汽车就抛锚了,原来是发动机的皮带断了。抛锚地点同样让人摸不着头脑,40 摄氏度的高温,连一棵乘凉的树都找不着。等了大约一个小时,汽车维修厂的拖车才从卡尚赶过来。我们坐在两个前轮高高吊起的汽车上,仰靠在座位上,就像飞机起飞时的感觉一样。但大家笑声一片,似乎还真有种奇妙的滋味。

虽然伊朗的汽车很普及,但在农村,依然可以看到骑着毛驴的人。我们曾开车去一个叫阿比扬涅(Abyaneh)的古镇。这是一个很能够体现伊斯兰风情的小镇,依山而建,错落有致。从山上引来的水,顺着村民自建的水渠可以流到每一户人家。几百年前用来储水的地井如今成了观光的景点。小镇上所有的房子都是夯筑而成,有些像我国的"干打垒",但每座房子都有阳台和阁楼,在纯朴中折射着现代建筑的风格。小镇的房子全部是深红色,有别于其他地方以黄色为主的房子。在四周都是沙漠和黄色山丘的衬托下,红色的房子就犹如沙漠中的一片红色的海,显得那么耀眼。在小镇上,你既可以看到开着汽车的青年人,也可以看到骑着毛驴的村民。最令人难忘的场景是年迈的老太太,骑着胖乎乎、圆滚滚的毛驴,飞快地行走在石子铺就的小路上。此情此景,游客们就像进入了梦幻般的仙境。一位上了年纪的老太太看到我们,下了毛驴,非要叫我们到她家买些东西,我们只好来到她家的小院,买了一些当地的小食品。除了红房子,就是这个小镇的女性服装非常有特点,与传统的以黑色为主的伊斯兰服装完全不同,彩色的披肩,鲜艳的长袍,使每一个女性都置身在五颜六色的世界里。遗憾的是,这个小镇上的女性不让拍照。即使那位卖给我们食品的老太太,当我们提出要给她照一张相,也被她婉拒。据说是因为这一小镇的女人照片已经有了很高的"文化遗产价值"。

无论是在伊斯法罕还是在德黑兰,更令人称奇的是在街头很少见到乞丐。我就这个问题请教了赛义德教授。他说大致有两个原因,其一,伊朗的家庭观念很强,如果在一个大家庭中,有一个人生活得不是很好,全家人都会尽力帮助他,家庭的纽带减少了伊朗的穷人。其二,他认为穆斯林的斋月对减少穷人也有很大帮助。在斋月期间,除了老人、病人和小孩,其他的人在日出之后至日落之前都不能吃任何东西,也不能喝水,各种媒体在此期间会及时告知每天日出和日落的准确时间。凡是经历过斋月的人,都会对挨饿的滋味有切身的感受,伊朗人通过斋月形成了乐善好施的品德。真的没有想到,斋月竟有如此积极的社会意义。更为重要的是,伊朗还建立起了对穷人资助的社会保障体系。例如,每当有人去世,无论你是否认识这个人,你都可以去参加他的葬礼,而且去的人很多。每个参加葬礼的人至少会拿出 10 美元左右,这些钱不是给死者家属,而是给一个慈善机构,这个慈善机构再把这些钱分配给穷人。也就是说,葬礼在伊朗是"义捐"的代名词;参加葬礼,就是在参加社会公益活动。

在伊朗的七天中,我们还经历了一个特殊的日子,使我们更加深刻地感受到了伊朗的慈善文化。8 月 7 日是伊斯兰教历的舍尔邦月(Shaban)15 日,是伊朗的一个宗教领袖 Iman Zaman 的生日。他已去世一千多年,但人们依然认为他还活着,在他每年的生日这一天,全社会都要举行纪念活动。纪念的方式就是几乎所有的商家都会拿出自己的产品或一部分钱出来,让人们免费享用。8 月 6 日晚上,我们就感受到了纪念的气氛。我们到市里去观光,发现交通堵塞得十分厉害,马路两边的食品店或餐馆都派出服务生,端着装有小食品或冷饮的盘子,站在路边或直接走到你的汽车边,叫你品尝,并大有你不吃就不让你走的架势。许多大的商家已开始搭建户外大棚,为第二天的活动做着准备。因此,每年的这两个晚上,大街上热闹非凡,此起彼伏的熙攘声,不绝于耳;许多商家门口都排着长队,等着领取慈善物品。如果是游客,你可以在这两天免费品尝到具有伊斯兰风味的各种小吃。

伊朗给我的感觉有些封闭。我们见到的所有伊朗人,包括大学教授,对中国都知之甚少。除了接待我们的赛义德教授,他们都没有去过中国,中国在他们的眼里是一片陌生的土地。赴伊朗前,我特意开通了手机的国际漫游,手机明明有信号,可就是无法通话。我们住的两个地方,一个有电视,一个没电视,即使有电视也没有英文节目。就此问题,我特意问了赛义德教授,他说伊朗对电视还有些管制。另外,在伊朗很少见到外国人,当我们走在伊朗的大街上,很多人都会以好奇的眼神看我们。本来我是以好奇的眼光在看伊朗,没想到,我们却成了他们好奇的对象。因此就会经常出现当我回头再想看一看某人的时候,那个人也正在回头看我。连我自己都觉得好笑,在大街上从来没有这么高的回头率。其实,伊朗在1979年之前很开放,此后伊朗开始强化宗教信仰和民族文化。

原本在我的印象中,伊斯兰国家的女性都是以黑色的服饰为主,但没想到伊朗的许多女性已经不再围黑色的披肩和穿黑色的长外衣,而是各种颜色都有。即便披肩和外衣是黑色的,但裤子可能是牛仔裤。我们听说,在此次反对内贾德的示威活动中,参加示威的女性都身穿绿色的长外衣,带着一副手环。我想这可能就是因长时间被统一装束而造成的一种反弹。我发现,伊朗的女性很美且爱美。在大街上,时常会看到刚刚做完隆鼻手术的女孩。听说伊朗的美容业十分发达,且水平不在韩国之下。伊朗女性的美主要体现在脚上和鞋上,有的穿着高跟鞋,不穿袜子,脚趾上涂着红色的指甲油。这不由得使我想起了形容福建惠安女的一首打油诗:"封建头,现代肚。省着袄,费着裤。"如果用这首打油诗来形容伊朗的女性,恐怕就应该改成"传统头,现代足。省着伞,费着布"。伊朗的女性都不打伞,也许是围着披肩的缘故。但大多数女性都喜欢戴一副大号的墨镜,无形当中增添了一抹现代的气息。

伊朗人很喜欢享受生活,到了周末,许多家庭都会开车出去,带着自助餐,找一个阴凉的地方,把地毯往地上一铺,就开始了一天的闲暇时光。拿伊斯法罕来说,城外有树的地方极少,仅有的几条河由于今年特别干旱,水也枯了。尽管如此,在干枯的河边,凡是有树的地方,都会有很多家庭在树荫下聚会。伊朗的8月份正值盛夏,白天的气温很高,但太阳一落山,气温很快就会降下来。白天大街上的人不是很多,到了晚上,城市的夜生活非常热闹,店铺一般都要到午夜12点后才打烊,午夜堵车更是一奇观。每个夜晚都好像是一个节日,就好像所有的人和汽车都来到了大街上,年轻人骑着摩托,在汽车的夹缝中串来串去,不时地还表演着杂技式的危险动作,让人目不暇接。

二、伊朗的高等教育

在伊朗期间,我们主要走访了三所国立大学,即德黑兰大学、伊斯法罕大学和伊斯法罕科技大学。伊朗层次和类型分明的大学体制、集权式的大学管理、竞争激烈的入学考试、大学中浓厚的宗教和政治氛围,给我们留下了深刻印象。

伊朗的高等学校主要包括四个部分,即开放大学、国立大学、私立大学和营利性大学(统称伊斯兰阿萨德大学,全国有三百多个校区)。其中国立大学54所,国立医学院42所,私立大学289所,营利性大学300多所。2008年在学大学生人数达350万,此外还有4万在学硕士生和2万在学博士生,2008年毛入学率为38.86%。伊朗最好的大学有八所,被称为"Top 8",对这八所大学,国家并没有再排名。2006年教育经费支出占GDP的5.5%,占政府全部经费支出的19.5%。

伊朗的国立大学全部免费,水平也明显高于营利性大学和私立大学。私立大学的学费一年大约是800美元,阿萨德大学的学费又是私立大学的三倍多,近3000美元。有趣的是,伊朗的女大学生人数始终超过男生。以我们这次访问的伊斯法罕大学为例,女生约占70%。赛义德教授认为,这是因为是在伊朗就业很困难,很多男青年如果找到工作,就不会去读大学,如果在大学期间找到了工作,也会放弃学业。其实,战争让伊朗损失了大批青壮年男性,导致伊朗社会男女比例失调早已是一个不争的事实。为了找到好丈夫,女孩子们争着抢着去上大学;一旦抱得金龟婿,就立刻回家做全职主妇了。

从大学内部管理而言,大学校长选任充分体现了伊朗大学的"讲政治"。大学校长不是由学校选举产生,而是由高等教育部任命,副校长是由校长任命。在正副校长的遴选上,教授没有发表意见的权利。每当总统换届,都会有一大批校长被换掉。这也就是说,目前在任的大学校长都是内贾德的支持者。大学校长的学术背景和研究水平不是很重要,有些大学的校长新总统上任前还是副教授。对此做法,教授们甚为不满。伊朗的大学校长只负责校内的管理事务,没有融资的责任。公立大学的经费都由国家财政拨款,拨款方式有些像英国,在高等教育部下面设有一个"大学拨款委员会",其成员由政府官员和教授构成。委员会根据大学的学生数量、生师比、研究成果、学生入学的考试分数等标准确定拨款额度。尽管有了一套相对完整的拨款体系,但如果某大学的校长与高等教育部的关系好,也可以获得更多的财政支持。

伊朗的高考制度很特殊,国立大学实行全国的统一高考,在波斯语中称为 Konkur,私立大学和营利性的阿萨德大学举行独立的入学考试。由于国立大学免费,考生的第一选择都是参加统一高考,由此导致国立大学入学考试的残酷激烈程度丝毫不逊于我们国家的高考。赛义德教授的小儿子下学期就要进入高三,高二已把全部课程学完了,高三的一年时间都用于复习,这一点与我国十分类似。伊朗的高考形式非常独特,就是一门综合考试,考试时间共 4 个半小时,考试题目都是多项选择题,内容包括了高中的全部学科,宗教也是必考内容之一。高考主要是根据死记硬背来选取学生,同时还兼顾考生对伊斯兰政府的忠诚度。由于伊朗的高考一直存在问题,政府正在考虑改革高考制度,其方案就是以高中的累计平均绩点 GPA 作为大学的录取标准。

没有想到,伊朗除私立大学之外,还有营利性大学,而且在海外还建了五个分校。特别值得注意的是,营利性大学的地位、声望和历史都在私立大学之上。阿萨德(Azad)在波斯语里的意思是"一无所有",既有人把 Azad University 译为"没有钱的大学",也有人把它译为"自由大学",意思是你要交钱才能读。Azad University 已有二十余年的历史,而私立大学只有十余年的历史。赛义德教授说,由于政府对 Azad University 的监管很严,营利的空间很小,因此才有了后来的私立大学。

这次惟一比较遗憾的就是没有机会访问伊朗的私立大学,但巧合的是,一直陪同我们的赛义德教授就是一所私立大学的举办者,并担任过一年大学校长。他告诉我们,在伊朗要想办一所私立大学,必须要有一个由10人组成的理事会,上报高等教育部。私立大学是否能够举办,关键看这些理事会成员的背景,包括学术背景和经济背景。一般来说,在上报的10人中,上面只会批7—8人,然后叫你再推荐人选;只有在经过两三次反复之后,才能最终确定。就经费来说,以他这所大学为例,每个创办人出资1万美元,其中5000为现金,共10万美金就办起了这所大学。创办伊始,只批准办一个专业。在创办的前三年,每年过后高等教育部都会组织有关人员来进行评估,通过评估就允许你再办一个专业。如果三次评估都顺利通过,就批准你永久办下去的资格。赛义德的这所学校已经办了两年,前两次评估都顺利通过,下学期就要进入第三年。第一年招了三百多名学生,第二年招了七百多名学生,第三年估计会达到九百名学生。大学没有自己独立的校园,都是靠租校舍。至于何时能建起自己的校园,完全看学校的招生人数和所收的学费。在伊朗,最大的私立大学也只有5000学生。由此看来,伊朗私立大学的发展模式与我国一样,都是靠滚动发展。惟一不同的是,伊朗对营利性大学和私立大学都有财政补贴。正是这一政策,既刺激了社会举办私立大学的积极性,同时也摆脱了依靠规模的发展模式。

伊斯法罕科技大学给我留下的印象很深刻。这是一所以工程学科为主、建校只有31年的大学,但发展非常快。校园占地1100多公顷,是伊朗最大的校园,占地面积是厦门大学的4倍。伊斯法罕科技大学是德黑兰之外最好的大学,属于"Top 8"之列,他们自己认为在伊朗排名第五。我们是第一批到访的中国同行,学校十分重视,校长与我们进行了深入的交流。该校给我的印象有点儿像香港的科技大学,办学历史虽然不长,但学校影响力上升得很快,政府对该校的投入要超过一般公立大学20%。学校还利用巨大的校园,无偿给教师提供建房用地,这一优惠政策吸引了许多教师前来任教。因为在伊斯法罕,每平方米的建房用地已经从八年前的 100 美元,涨到今天的 1800 美元。与校长的交谈中,有一句话给我留下了深刻的印象。他说学校现在是假期,但由于我们是一所研究型大学,所以学校的公共服务体系永远没有关门的时候,因为研究是不能停止的。伊朗大学正教授的月薪大约 3000 美元,副教授 1500 美元,刚毕业的博士大约 800 美元。大学的研究经费全部来自企业,在国家层面没有研究项目,但学校设有研究经费,许多教授都是向学校申请经费。

说到伊朗的高等教育,还必须了解教会学校(Religious School)。在伊朗期间,我们有幸参观了位于卡尚市的一所教会学校。如果仅从英文的字义上看,很难说 Religious School 是高等教育机构,只能说是教会学校。但是,由于只有完成 8 年的义务教育才有资格入学教会学校,他们要学习 9 年方可获得学士学位,学习 12 年才能获得博士学位,因此可以说这些教会学校都属于高等教育机构。在教会学校读书不仅可以免交一切费用(包括住宿),每个月还有大约 70 美元的助学金。在过去,到教会学校读书的青年人较多,因为比较容易找到工作。最近几年,由于就业形势不好,许多学生中途退学。我们参观的这所教会学校,只有 50 个学生。许多教会学校与清真寺合二为一,就像与厦门大学一墙之隔的南普陀寺,同时也叫闽南佛学院。我们参观了这所教会学校的学生宿舍。学生宿舍都是在清真寺的最底层,其实已经是地下部分了。但由于中间有一个很大的天井,宿舍并不显得昏暗,看上去有点像西北的窑洞。三人一间,没有床,都是睡在铺有地毯的地上,每人有一个砌在墙上的书架,整个设施十分简单。在与一个学生的聊天中,我们问他在这里生活得愉快吗?他的回答出乎我们的意料。他说在这个教会学校,绝大多数人都是内贾德的支持者,只有他例外,因此他生活得不是很愉快。看来,即使在教会学校,也有比较浓厚的"政治气氛"。

伊朗的大学校园内都有清真寺,给师生用于祷告。大学里的清真寺既是一个宗教场所,也是学生们读书和休闲的场所。清真寺都铺有地毯,里面有电源插孔和无线网络,学生可以在里面自由地看书、上网、休息。这一点与西方国家大学里面的教堂完全不同。我们参观了伊朗历史最悠久的德黑兰大学,主校门入口处,有一个开放式的钢结构祷告场所,它是德黑兰大学参加伊斯兰革命的象征。因为伊朗所有的祷告场所都是封闭的,只有这一个是例外。

伊朗的大学普遍与中国交流甚少,我们所到的伊斯法罕大学和伊斯法罕科技大学都把我们作为尊贵的客人,在交流中,都流露出了与厦门大学建立姊妹学校的愿望,几乎都事先准备好了交流备忘录,就等着我们签字了。在两个大学的介绍中,只有在伊斯法罕科技大学,我们看到了一张十几年前中国西部某个城市的市长率领沙漠考察团访问该校的照片。我在想,下一次,恐怕就是我们厦门大学访问的照片了。

三、穆斯林婚礼

8月7日晚上,赛义德教授的外甥女结婚。他邀请我们参加,我们应允下来。从来没有参加过穆斯林的婚礼,能够有这样一个机会,当然不会放过。穆斯林的婚礼都是在晚上举行,一般是在晚上9点开始。我们大约在10点赶到酒店,已经有了许多来宾,但还是没有正式开始。当我们走进宴会厅的时候,许多人都以好奇的眼光看着我们,似乎是天外来客。有的好奇地问我们:"你们是住在这个宾馆的客人吗?"当他们得知我们是中国来的客人时,都十分高兴,纷纷过来握手打招呼,这让我们感到受宠若惊。婚礼大厅的中间用屏风隔开,男女来宾分开入座。赛义德教授告诉我们,只有新郎才能过去女宾那一方。我们听了略感遗憾,来参加婚礼,竟然看不到新娘。参加婚礼的来宾都是双方的亲戚,外人不多。入座之后,服务生拿来了甜点和饮料。男宾的这一方,客人们坐在那里聊天;屏风的另一边,尖叫声、口哨声、掌声伴着疯狂的舞曲,十分热闹。也许是女宾的狂欢刺激了几位青年男宾的情绪,他们也伴着对面的舞曲,跳了起来,可是只持续了几分钟,也就停了下来。也许没有女性作舞伴,男性的荷尔蒙就无法激发出来。突然,对面发生了刺耳的尖叫,原来有几个屏风倒了,还没等我们看清楚对面的场景,立刻就有人把屏风立了起来。赛义德教授说,之所以不让男宾过去,是因为女宾们在狂欢的时候,可以拿掉头上的披巾和脱掉长外衣,展露出完整的女性容貌。我在想,不知道穆斯林的女性在一生中会有多少次这样的机会,可以把自己的真实形象展现给众人。

大约在11点钟,屏风打开了。原来在吃饭的时候,男女宾客是可以见面的。此时,我们才见到了新娘,犹如初识庐山真面目。新娘身着一件帽子与衣服连为一体的风衣,有点儿像几十年前北方人在冬天穿的"棉猴"。风衣长长的一直拖到地上,整个人只露出一张脸。新娘的个子很高,长得很漂亮。整个婚宴很简单,没有主持人,也没有什么仪式,只是自助餐,没有酒,只有饮料。吃饭的时候,只有新娘和新郎坐在一张桌子上。很少有人过去与他们打招呼,他们也没有到客人的桌上致谢,就像会议的自助餐,吃完了就可以走人。在婚宴上,你看不到任何特殊的礼节。看来,穆斯林的婚礼最经典的部分是在宴会开始前,女宾狂欢的那一段时间。可我们却不能目睹,颇感失望。于是,我就跟赛义德教授说,能否过去与新婚夫妇照张相,他说可以。新婚夫妇看到来了两个外国人,显得有些儿不自然。见此情景,我们也不好提出与他们合影,只是给他们照了一张结婚照。

婚宴过后,已是午夜12点。赛义德教授又带我们去新娘的家。我们以为穆斯林的婚礼也有"闹洞房"的习俗,为了参加一个完整的婚礼,以开眼界的心态就去了。实际上,并不是去"闹洞房",只是参观新居。房子有200平米,是新娘的父亲送给女儿的。在伊朗,基本上男主外,女主内。房子一定是丈夫买,内部的装修一般由妻子的"私房钱"完成。新娘的父亲在开公司,很富有,准备把这个房子给女儿。但丈夫说只是临时住,将来还要自己买,因为住娘家给的房子是很没有面子的。在伊朗,参加婚礼也是要"送礼"的。亲戚之间大约300美元,同事之间大约70美元,一般都是送金币。等你的女儿或儿子结婚,对方会把同样的礼金还给你。伊朗的生育政策是三个孩子,如果超过了三个,就要交给政府一笔钱。实际上,穆斯林的婚礼分两次。第一次是订婚仪式,相当于我国北方农村的"换盅"。但与我国"换盅"的区别是,在订婚仪式之后,夫妻双方就具有了法律意义,而在我国则不具有法律意义。在法律上,伊朗至今实行的还是一夫多妻制,赛义德教授说,实际上真正实行一夫多妻的并不多,在伊斯法罕大学,也只是听说只有一位职员娶了两位妻子。

在伊朗期间,能够有机会参加穆斯林的婚礼,是一个意外的收获。穆斯林的婚礼与我国的婚礼很接近,唯一的差别恐怕就是男女宾客分开。在伊朗,男女分开的场合很多,如在中小学,男女同学是分开的,不在一个学校;在各种祷告场所,男女是分开的;进机场大厅和通过安检是男女分开的。

伊朗对我而言,已褪去神秘的面纱。德黑兰的萨德阿巴德(Saad Abad)皇宫、厄尔布尔士(Alborz)山脉以及山峰下的达尔班德(Darband)峡谷,伊斯法罕的摇晃的宣礼塔(Shaking Minarets)、伊玛广场(Immam Khomeini Square),都让我增添了些许似曾相识的感觉。在伊朗,我体会到了意志与沙漠、宗教与政治、生活与信仰的紧密关系和冲突,世间的公平之道似乎也蕴藏其中。恶劣的自然环境对人的严峻考验与无垠沙漠下深埋的丰富石油,犹如伊朗人在正式活动的开场白中经常说的一句话那样"奉真主之名"。回想此次顺利的伊朗之旅,恐怕也全体现在这句话里了。

(本文原题《揭开伊朗社会和高等教育的神秘面纱——赴伊朗散记》,原刊《现代大学教育》2010年第1期)

后　记

把工作和生活中的灵感和想法落成文字，形成一篇随笔是我已经坚持多年的习惯。用随笔记下自己当时的想法和感受，是忙碌工作的释放，也是回忆往事的舟楫，很少考虑是否发表、出版，写好了就放在案头或公众号里。没想到有些随笔被编辑看中，陆续成了期刊、报纸上的文章。数十年来写下了多少文字，发表了几篇文章，我也没算过。直至几年前，商务印书馆的谢仲礼编审问我愿不愿意把这些随笔整理出版，我欣然同意，倏然发现竟已留下了可以成书的文字，这些重编成书的文字也迎来了她们的"二次生命"。

一想到中国历史最悠久、品味最高雅、影响最广泛的出版社——商务印书馆愿意为我出书，有点儿喜出望外。因为自求学以来，教育、历史、文学、科学各个领域的书籍看了不知多少，印有"商务印书馆"标识的书籍总能触动我的思绪，或畅然于某一学术命题，思考它的来龙去脉，或进入一段往事，回味历史叙事中的人物与事件，或置身在想象的世界，体验别样的人生旅程。潜意识里已形成"商务印书馆"等于"精品"的印记，甚至以"商务印书馆"的标识作为读书和买书的选择标准。商务印书馆能给我出书，内心深处还是有点小自豪的。

这次整理随笔的过程是一次回味过去的旅程，也是一次深化思想的机会，更是一次自我反省的契机。回顾自己作为一名学者，一个大学管理者的成长过程，就这些随笔而言，写的时候只是想记录下来，完全是想到什么写什么。但就是这种随意的书写，反而留下了很多值得回味的文字。而在"什么是好大学"的思考中，我也经历了从"大学的理想或理念"到"什么是好大学"的思考转变过程。刚刚进入高等教育研究领域时，写东西总会不自觉地使用大学的理想、大学的理念等学术语言、西方语言，可能也是年轻学者的语言，这在一定程度上是在用脱离人民群众的语言来表达自己的所思所想。现在，我更喜欢于用"什么是好大学"这样的通俗语言、中国语言，可能也是老一辈学者的语言，还是接地气的语言去记述我的所见所闻。看到这些5年前、10年前，甚至有些是20年前的文字，脑海中浮现的是一个中青年大学人对于大学的感受与憧憬，文字真挚、热烈，思考随性、发散，尽管部分内容有失严谨，有失周全，但考虑到忠实于当时的自己，忠实于曾经的思考，我依然选择尽可能保留当时的表述，留下一个真实的自己，并承担对这些保留文字的全部责任。

本书收录的文章大抵是从21世纪开始的各种游记和随笔，涉及的国家和地区既有美国、英国等高等教育强国，也有伊朗、非洲等第三世界国家和地区。虽然内容稍显庞杂无序，但感受是真切的，记录是真实的。在记录的过程中，有些原来比较模糊的问题，如"什么是好大学"，主线也逐渐明晰起来。如果说流行的排行榜指向的是"好大学"的硬指标，那么，这里的"斯文""钟声""火坑屋""车辙"等具象，隐喻的是"好大学"的"软文化"；这里的"好大学"不是经费、论文、帽子、设备等指标衡量出的好大学，而是传承古典大学精神和拥抱现代社会风气的"好大学"，是无论时光如何流转，大学始终能留给人们的、永恒不变的精神和气质。

需要承认的是，本书的内容并不全面，未能完整地把大学的方方面面囊括进来，只是当时心境的记录与后续思考的整理，是率性的，是即时的，也是天真的、纯粹的。倘若你怀抱着从这书中获得体系化认知的想法阅读本书，那可能会让你失望。本书是从一位教师和管理者的视角，记录一个大学人在旅行和生活中对于"好大学"的感知感想。虽已尽力用朴素的、平实的语言来描绘"好大学"的意象，但在字里行间还是流露出一丝丝"贵族气息"，因为缺少一份来自学生的，对"好大学"的直观感受，本书无法真正做到"接地气"，这是令人遗憾的，也是极难避免的。学生、教师与管理者站在各自的立场上,对于"好大学"的看法总是不尽相同,"好大学"作为一种价值判断在不同的时代也常有不同的标准,从未有过"好大学"的绝对标准,由此,"好大学"有一直研究下去的必要。

出书是一件令人愉悦,也颇有成就感的事情,给当下的学人提供一个交流和批判的论题也好,给后人留下些许可供想象和思考的文字也好,包括在高等教育学中留下自己的足迹也好,总是一件于人于己都有益的事。但出书的过程却是极费心力的,如果没有传承李放教授的游学传统,没有师承潘懋元老师"文章不写半句空"的教诲,可能我就会很少带着学生游学,口述录写下这些文字;如果没有谢仲礼的敦促,这些文章估计要散落在期刊、报纸,甚至书房的某个想不起来的角落;如果没有我的学生帮忙校对,我的书稿可能会延迟很久;如果没有商务印书馆专业的编辑和校对工作,这本书就很难与各位读者见面,在此一并致谢!

后记的结尾要特别感谢我的爱人,是她贤惠、辛勤地照顾家庭,我才能从繁杂的家务中解脱出来,在工作时间,访游世界各地,遇见形形色色的大学;在休息时间,讲学大江南北,寻觅中国大学的文化之根;也是她成为了我绝大多数随笔的第一读者,提供了很多宝贵的修改意见。